ALTE UND NEUE LOGIK

HUSSERLIANA

EDMUND HUSSERL

MATERIALIEN

BAND VI

ALTE UND NEUE LOGIK
VORLESUNG 1908/09

AUFGRUND DES NACHLASSES VERÖFFENTLICHT VOM
HUSSERL-ARCHIV (LEUVEN) UNTER LEITUNG VON

RUDOLF BERNET, ULLRICH MELLE UND KARL SCHUHMANN†

EDMUND HUSSERL

ALTE UND NEUE LOGIK

VORLESUNG 1908/09

HERAUSGEGEBEN VON
ELISABETH SCHUHMANN

SPRINGER-SCIENCE+BUSINESS MEDIA, B.V.

A C.I.P. Catalogue record for this book is available from the Library of Congress

ISBN 978-94-010-3783-9 ISBN 978-94-007-1075-7 (eBook)
DOI 10.1007/978-94-007-1075-7

Printed on acid-free paper

INHALT

ALTE UND NEUE LOGIK
VORLESUNG 1908/09

I. TEIL

Einleitung: Idee der reinen Grammatik und Grundunterscheidungen

II. TEIL

Hauptpunkte der Lehre von den Urteilsformen

EINLEITUNG DER HERAUSGEBERIN

Der vorliegende Band enthält den Text der vierstündigen Vorlesung, die Husserl im Wintersemester 1908/09 in Göttingen unter dem Titel „Alte und neue Logik"[1] gehalten hat. In den Sommerferien 1907 stößt Husserl inmitten des ersten Ausarbeitungsversuchs seiner Vorlesung „Einführung in die Logik und Erkenntniskritik" vom Wintersemester 1906/07[2] auf „das Problem der Bedeutung und des analytischen Urteils".[3] Er bricht den Ausarbeitungsversuch ab, da er „bei der Idee der apophantischen Logik auf die Notwendigkeit" aufmerksam wird, „mir über die Bedeutungsfragen klarer zu werden".[4] Aber auch diese Untersuchungen kann Husserl nicht zu Ende führen, und am 13. Januar 1908 schreibt er an Brentano: „Trotz der intensiven Arbeit des letzten Jahres bin ich zu keinem Abschluss gekommen, und seit 2 Monaten stocke ich ganz, unter den Folgen einer Ueberarbeitung leidend."[5] Erst im Sommer 1908, in der „Vorlesung über Urteil und Bedeutung", vertieft Husserl sich wieder in die Bedeutungsproblematik und ergänzt den Bedeutungsbegriff der *Logischen Untersuchungen*, den er nun als „phänologischen" bezeichnet, durch einen zweiten, den er den „phänomenologischen" nennt.[6] Diese Weiterentwicklung erforderte eine neue Darstellung der Logik, die Husserl mit der Vorlesung „Alte und neue

---

[1] Der Titel dieser Vorlesung mutet merkwürdig an. Wie Husserl gleich zu Beginn der ersten Vorlesungsstunde sagt, will er „in den nachfolgenden Vorlesungen ... versuchen", seine Hörer „in die neue Logik einzuführen, d.h. in die erst in unserer Zeit sich in voller Reinheit konstituierende philosophische Logik. Durch beständige Kontrastierung derselben mit der alten Logik in ihren sehr verschiedenen Begrenzungen und historischen Gestaltungen hoffe ich, Ihnen zugleich einen Einblick zu verschaffen in die ungeheure Geistesarbeit, die in Jahrtausenden geleistet werden musste ...". Husserl bringt jedoch äußerst wenige Vergleiche mit der alten Logik, geschweige denn eine „beständige Kontrastierung" (Hervorhebung E. Sch.), wohingegen die vermutlich in den letzten Vorlesungsstunden vorgetragene, überwiegend aus der Logikvorlesung des Wintersemesters 1902/03 stammende traditionelle Schlusslehre wiederum nicht der neuen Logik gegenübergestellt wird.

[2] Veröffentlicht in *Husserliana* XXIV.

[3] Tagebuchnotiz vom 6. März 1908 (*Husserliana* XXIV, S. 449).

[4] *A.a.O.*

[5] Edmund Husserl, *Briefwechsel*. In Verbindung mit E. Schuhmann herausgegeben von K. Schuhmann, Dordrecht/Boston/London 1994, Bd. I: *Die Brentanoschule*, S. 49.

[6] Einen ausführlichen Vergleich des Bedeutungsbegriffs der *Logischen Untersuchungen* mit

Logik" verwirklichen will. Er setzt den 1908 herausgearbeiteten erweiterten Bedeutungsbegriff voraus und baut auf ihm seine Logik auf. Jedoch sieht er von der Herausarbeitung einer Geltungslehre ab, vielmehr beschränkt er sich auf eine Formenlehre der Bedeutungen. Umso verwunderlicher ist es, dass Husserl mit keinem Wort auf die in der Sommervorlesung entwickelte Bedeutungslehre und den in ihr gegenüber den *Logischen Untersuchungen* weiter entwickelten Bedeutungsbegriff hinweist, zumal er in der Logikvorlesung von 1908/09 betont, „dass ich den Begriff der Bedeutung jetzt besser, sachgemäßer fasse als damals", nämlich „in dem II. Band meiner *Logischen Untersuchungen*".[1] Weder ist in der Wintervorlesung vom „phänologischen" und „phänomenologischen" Bedeutungsbegriff der Sommervorlesung die Rede, noch werden die von Husserl nachträglich diesen Ausdrücken hinzugefügten Termini „phansisch" und „ontisch" in der Vorlesung des Wintersemesters verwendet.

Die Logikvorlesung von 1908/09 war ausdrücklich „für Anfänger" bestimmt. Vor der Vorlesung, wohl im Oktober 1908, legt Husserl in einer Reflexion Gang und Ziel der Vorlesung dar: „Es ist doch meine Aufgabe, meine Anfänger in die traditionelle und ‚moderne' Logik insoweit einzuführen, dass sie wissen, was unter diesem Titel behandelt wird und welche Probleme und Theorien hier strittig sind, welche Lösungen etc. Andererseits soll ich sie in die wahre Logik einführen in ihren verschiedenen Schichten. Ich kann ausgehen von der Logik als Bedeutungslehre ... Dann, nachdem die Idee dieser Disziplin entwickelt ist, hätte ich von der aristotelischen Logik, von der scholastischen, von der Logik als Kunstlehre zu sprechen, von der kantischen Logik, von der Logik des englischen Psychologismus, insbesondere eines Mill und Beneke, wodurch die ganze moderne deutsche Logik wesentlich bestimmt war, wenigstens nach ihren Hauptrepräsentanten Sigwart und Erdmann. – Wie komme ich zur Bedeutungslehre? Die Logik als Kunstlehre der Erkenntnis, der wissenschaftlichen Erkenntnis? Zunächst Wissenschaft von der Vernunft, vom λόγος. Logisches Denken in der Wissenschaft. Wissenschaft von der Wissenschaft (Wissenschaft von dem Denken, das Wissenschaft schafft; Wissenschaft vom Inhalt von Wissenschaft überhaupt). Bedeutung. Wissenschaft vom logischen Denken: Wissenschaft von dem im Denken, was dasselbe logisch macht, d.i. vom Bedeutungsgehalt und von seiner Beziehung auf Wahrheit. – Wie dann weiter? Dann traditionelle

---

dem der „Vorlesung über Urteil und Bedeutung" liefert Ursula Panzer in der „Einleitung der Herausgeberin", *Husserliana* XXVI.

[1] F I 1/149 (unten, S. 249).

Logik. Wie sie dem gerecht wird. Wie die aristotelische Logik zuerst, aber in metaphysischer Vermischung, den Bedeutungsgehalt zur Abhebung bringt. Mindest das Denken in dieser Hinsicht betrachtet. Wie die neuere Logik das ‚rein' Logische im apriorischen Sinn nicht anerkennen will, von Urteilslehre spricht, von Vorstellungen, von allerlei Psychologischem. Der Kern der alten Logik war Bedeutungslogik, ohne sich aber dessen in seiner Reinheit bewusst zu sein."[1]

Diese neue Darstellung der Logik kostet Husserl viel Arbeitskraft. Bereits am 16. Dezember1908 schreibt Malvine Husserl an E. Albrecht: „Jetzt ist er furchtbar abgehetzt, soviel wie in diesem Semester hatte er sich noch nie aufgeladen."[2] Husserl selbst äußert sich am 5. März 1909 gegenüber Daubert: „Ich bin sehr semestermüde. Habe mir etwas zuviel zugemutet. Es gieng aber tüchtig vorwärts."[3] Wiederum heißt es in einem Brief vom 18. März 1909 an Paul Natorp: „Die völlige Umarbeitung bzw. Neuausarbeitung meiner 4st⟨ündigen⟩ Logikvorlesungen ... absorbirte meine Kräfte bis auf den letzten Rest."[4] Diese Arbeitsüberlastung könnte auch ein Erklärungsgrund dafür sein, dass Husserl die letzten Vorlesungsstunden so gut wie sicher unter Zuhilfenahme des Endstücks der Logikvorlesung aus dem Wintersemester 1902/03 bestritten hat.[5]

Vermutlich setzte sich Husserl nach Ablauf des Semesters noch einmal mit dem in der Vorlesung Erreichten auseinander. Deswegen hätte Husserl auch, wie er in dem bereits erwähnten Brief vom 18. März 1909 an Paul Natorp schreibt, anlässlich eines nicht zustande gekommenen Besuchs mit diesem „gar zu gerne" über die „verschiedenen möglichen Umgrenzungen der ‚reinen' Logik" diskutiert. „In allen diesen Punkten", fährt Husserl fort, „bin ich gegenüber den Log⟨ischen⟩ U⟨ntersuchungen⟩ wesentlich fortgeschritten".[6] Das bedeutet aber nicht, dass er damals schon zu endgültigen Ergebnissen gekommen wäre. In einer nachträglichen Notiz zur Vorlesung hält er dementsprechend fest: „Indessen, was mich beunruhigt, ist, dass ich noch immer keine völlig klare innere Einheit all der Probleme besitze, reinlich auseinander gelegt und geordnet und systematisiert."[7] Mit dieser

---

[1] A I 10/31b.

[2] *Briefwechsel*, Bd. IX: *Familienbriefe*, S. 44.

[3] *A.a.O.*, Bd. II: *Die Münchener Phänomenologen*, S. 59.

[4] *A.a.O.*, Bd. V: *Die Neukantianer*, S. 109.

[5] Es handelt sich um den Teil der Logikvorlesung von 1902/03, der die Schlusslehre der traditionellen Logik sowie die reine Mathesis enthält; evtl. auch noch um den Teil über Wahrscheinlichkeitslehre (= Husserliana Materialien, Bd. II, S. 217–267).

[6] *Briefwechsel*, Bd. V: *Die Neukantianer*, S. 108f.

[7] Siehe unten, S. 96.

Unklarheit der Probleme dürfte auch die Mitteilung in dem genannten Brief an Natorp zusammenhängen: „Von mir ist in absehbarer Zeit keine Logik zu erwarten."[1]

Die Rede in dem gleichen Brief von einer „völliger Umarbeitung bzw. Neuausarbeitung" bezüglich der Vorlesung „Alte und neue Logik" setzt zumindest eine zugrunde liegende frühere Vorlesung voraus. Hier bietet sich vor allem die im Wintersemester 1902/03 gehaltene Vorlesung über „Logik" an.[2] Wie die Vorlesung „Alte und neue Logik" den Anfängern „durch beständige Kontrastierung" der neuen Logik „mit der alten Logik ... einen Einblick ... in die ungeheure Geistesarbeit, die in Jahrtausenden geleistet werden musste", verschaffen will, so war es auch das Ziel der Logikvorlesung von 1902/03, „eine Darstellung der Logik zu geben, welche den Interessen des Anfängers dienen und ihm den Zugang zu den Schätzen zweitausendjähriger logischer Arbeit eröffnen könnte". Auch in der Vorlesung von 1902/03 wollte Husserl die „wichtigsten, auf reformatorische Neugestaltung der traditionellen Logik abzielenden Versuche" kritisch erörtern.[3] In der Tat hat Husserl für die Vorlesung „Alte und neue Logik" vom Wintersemester 1908/09 auf die „Logik" von 1902/03 zurückgegriffen. Dementsprechend findet der Inhalt der Blätter F I 25/17–19[4] der alten Vorlesung seinen Niederschlag in den Blättern F I 1/19–21 (S. 26, Z. 17 – S. 31, Z. 14)[5] der neuen Vorlesung. Die Blätter F I 19/31–34,[6] die zwar aus der Vorlesung „Logik und Erkenntnistheorie" vom Wintersemester 1901/02 stammen, aber in der Logikvorlesung von 1902/03 wiederverwendet wurden, hat Husserl 1908/09 mit Nullen versehen, nachdem er den Inhalt dieser Blätter für die neue Vorlesung übernommen und auf den von ihm als „166"

[1] *A.a.O.*, S. 111.

[2] Schon U. Panzer äußerte die Vermutung, dass dieses Vorlesungsmanuskript der Vorläufer der Logikvorlesung von 1908/09 sein könnte („Einleitung der Herausgeberin", *Husserliana* XXX, S. XIX, Anm. 3). Allerdings ordnet sie die von ihr genannten diesbezüglichen Einleitungsblätter der Vorlesung „Logik und Erkenntnistheorie" des Wintersemesters 1901/02 zu, wohingegen diese Blätter die Einleitungsblätter der Vorlesung „Logik" vom Wintersemester 1902/03 darstellen (veröffentlicht in *Husserliana Materialien*, Bd, II). Das Anfangsstück der Vorlesung von 1901/02 liegt als Blatt 4–7 und 38–54 in Konvolut K I 20. Zur Problematik dieser Blätter siehe E. Schuhmann, „Einleitung der Herausgeberin", *Husserliana Materialien*, Bd, I, S. Xff. Veröffentlicht sind die betreffenden Blätter in *Husserliana Materialien*, Bd. II, S. 271–307. Eine Aufstellung der noch vorhandenen, zu dieser Vorlesung gehörigen Blätter wird geboten in E. Schuhmann, „Einleitung der Herausgeberin", *Husserliana Materialien*, Bd. II, S. VII, Anm. 3.

[3] *Husserliana Materialien*, Bd. II, S. 3.

[4] *A.a.O.*, S. 22–27.

[5] Bezugnahmen auf den Text des vorliegenden Bandes werden im Folgenden nachgewiesen mit Seiten- und evtl. Zeilenangabe.

[6] *Husserliana Materialien*, Bd. II, S. 211–217

bis „168" (S. 254, Z. 3 – S. 258, Z. 5), „175" und „176" (S. 265, Z. 13 – S. 268, Z. 17) paginierten Blättern dieser Vorlesung weiter ausgebaut hatte. Weiterhin notierte Husserl auf das von ihm als „87" (S. 134, Z. 32 – S. 135, Z. 15) paginierte Blatt: „Von hier Darstellung von Sigwart nach den alten logischen Vorlesungen". Dementsprechend trug Husserl anschließend an Blatt „87" den Text der beiden in der Wintervorlesung wieder verwendeten Blätter der Archivpaginierung F I 19/147–148[1] der Vorlesung „Logik und Erkenntnistheorie" des Wintersemesters 1901/02 vor[2] und gebrauchte die zwei folgenden 1902/03 vorgetragenen Blätter der Archivpaginierung F I 19/151–152[3] als Grundlage für die beiden von ihm versehentlich jeweils als „88" paginierten Blätter der neuen Vorlesung (S. 139, Z. 3 – S. 142, Z. 8). Während Husserl diese Blätter wieder an ihren ursprünglichen Ort zurücklegte, reihte er die beiden aus der Vorlesung von 1902/03 stammenden Blätter der Archivpaginierung F I 1/119 und 121[4] in das Manuskript seiner neuen Vorlesung ein und paginierte sie als „128" und „129". In die im Vorlesungsmanuskript von 1902/03 entstandene Lücke legte er ein Blatt ein (F I 19/14) mit der Notiz: „Hier fehlen zwei Blätter, entnommen für die Logik 1908, p. 128/9".[5] Die Rückseite dieses Blattes trägt den gestrichenen und nicht vorgetragenen Text von 1908/09, den Husserl auf dem von ihm als „121" (A I 1/25) paginierten Blatt (S. 183, Z. 19 – S. 185, Z. 3) weiter ausgearbeitet und vorgetragen hat. Wie bereits erwähnt, benutzte Husserl für die letzten Vorlesungsstunden den die traditionelle Schlusslehre und die rein logische Theorienlehre behandelnden Schlussteil der Logikvorlesung von 1902/03, in den er neben einigen Blättern der Vorlesung „Logik und Erkenntnistheorie" vom Wintersemester 1901/02 auch zwei Blätter aus der Logikvorlesung von 1896 eingeschaltet hatte. Schließlich sei noch erwähnt die große Übereinstimmung des Textes des als „140" paginierten Blattes von 1908/09 (F I 1/132; S. 211, Z. 36 – S. 213, Z. 20) mit dem der Blätter F I 19/25–27 von 1902/03,[6] wie auch des Textes der 1908/09er Blätter „166" bis „176" (F I 1/152–162; S. 254, Z. 3 – S. 268, Z, 17) mit dem der1902/03er Blätter F I 19/31–34.[7]

---

1 *A.a.O.*, S. 131–136.

2 Dass Husserl diese beiden Blätter vorgetragen hat, geht daraus hervor, dass er 1908/09 nicht nur einige Textstücke dieser Blätter, sondern auch, um die Blätter an Blatt „87" anschließen zu können, den ersten Satz von Blatt F I 19/147a gestrichen hat.

3 *Husserliana Materialien*, Bd. II, S. 136–138.

4 *A.a.O.*, S. 186–189.

5 Im Manuskript irrig „127/8".

6 *Husserliana Materialien*, Bd. II, S. 202–206.

7 *A.a.O.*, S. 211–217.

Die bereits genannten, aus der Logikvorlesung von 1902/03 stammenden und für die Vorlesung „Alte und neue Logik“ verwerteten Blätter F I 25/17–19 zeugen auch dafür, dass Husserl zur Vorbereitung der neuen Vorlesung ebenfalls das Manuskript der Vorlesung „Einführung in die Logik und Erkenntniskritik“ vom Wintersemester 1906/07[1] zur Hand genommen hat. Husserl hatte die Blätter der alten Logikvorlesung im Winter 1906/07 wiederverwendet, sie aber nicht mehr in das ursprüngliche Manuskript zurückgelegt, vielmehr der späteren Vorlesung einverleibt.[2] Eine im Winter 1906/07 auf Blatt F I 25/19a hinzugefügte Randbemerkung arbeitete Husserl 1908/09 in den Text der neuen Vorlesung ein.[3] Mit dem auf Blatt F I 1/27b (S. 38, Z. 35 – S. 39, Z. 26) notierten Seitenvermerk „30b“ verweist Husserl auf die Rückseite des von ihm als „30“ paginierten Blattes der Vorlesung von 1906/07 (F I 25/31b),[4] deren Text als Vorlage für Blatt F I 1/27b von 1908/09 diente. Außerdem reihte Husserl der Vorlesung „Alte und neue Logik“ drei aus dem Herbst 1907 stammende kurrentschriftliche Ausarbeitungsblätter der Vorlesung von 1906/07 ein.[5] Sie liegen als die Blätter 32–34 in Konvolut F I 1 und wurden von Husserl 1908/09 von „29“ bis „31“ paginiert. Die Vorlesung von 1908/09 sollte die Vorlesung von 1906/07 offenbar verbessern und weiterentwickeln. Jedenfalls notierte Husserl gleich auf eines der ersten Vorlesungsblätter (F I 1/5b): „Von vornherein ist die Idee der Kunstlehre auszuweiten zur Idee der Wissenschaftslehre. Die Betrachtung führt also nicht unmittelbar von der allgemeinen Definition der Kunstlehre zur Frage nach den psychologischen Fundamenten, sondern zunächst die Ausgestaltung der Kunstlehre zur normativen Wissenschaftslehre und dann die Frage nach ihren psychologischen Fundamenten, ähnlich wie in der Darstellung 1906/07, nur dass manches Schiefe weggestrichen bleibt.“

Erwartungsgemäß griff Husserl in der Logikvorlesung von 1908/09 auch auf seine *Logischen Untersuchungen* zurück. Eine „Anmerkung, die von Interesse, obschon nicht gerade von besonderer Bedeutung ist für unseren weiteren Gang“ (S. 19, Z. 25 – S. 20, Z. 10) fußt auf den §§ 11 und 47 der *Prolegomena*. Auf Blatt F I 1/42a heißt es: „Den ersten Versuch, dieser logischen Disziplin als einer notwendigen Unterstufe der formalen

[1] Veröffentlicht in *Husserliana* XXIV.

[2] Infolgedessen sind diese Blätter nicht nur in *Husserliana Materialien*, Bd. II, S. 22–27 veröffentlicht, sondern auch in *Husserliana* XXIV, S. 17–23.

[3] Vgl. *Husserliana Materialen*, Bd. II, S. 26, Anm. 1 und unten, S. 30.

[4] *Husserliana* XXIV, S. 35.

[5] Auf diesen Blättern hat Husserl den Text der von ihm als „32“ bis „34“ paginierten Blätter der genannten Vorlesung „Einleitung in die Logik und Erkenntniskritik“ ausgearbeitet, die als die Blätter 32–34 in Konvolut F I 25 liegen (veröffentlicht in *Husserliana* XXIV, S. 36–38).

Logik gerecht zu werden, macht die IV. der Abhandlungen, welche den Inhalt des II. Bandes meiner *Logischen Untersuchungen* ausmachen. Ihre Hauptgedanken habe ich, mit einigen Verbesserungen, hier darzustellen." (S. 57). Auf Blatt F I 1/149a (S. 249) bezieht Husserl sich gleichfalls auf die IV. Untersuchung, insbesondere auf die §§10 und 14, wohingegen er mit einem Verweis auf Blatt F I 1/126a (S. 202) §36 der V. Untersuchung im Auge hat.

Wieder zur Hand genommen hat Husserl die Vorlesung „Alte und neue Logik" für seine im Winter 1910/11 gehaltene Vorlesung „Logik als Theorie der Erkenntnis".[1] Von dieser Vorlesung sagt Husserl in der 1. Beilage der *Formalen und transzendentalen Logik*, sie sei die letzte seiner Göttinger formal-logischen Vorlesungen gewesen.[2] Tatsächlich weist vor allem die auch 1910/11 vorgetragene Formenlehre der Bedeutungen große Übereinstimmung mit der 1908/09 erstmals ausgearbeiteten auf.[3] Eine Reihe von Querverweisen in beiden Vorlesungsmanuskripten bescheinigt, dass Husserl die frühere Vorlesung als Vorlage für die spätere benützte. Die Randnotiz „p. 52" auf Blatt F I 2/31b der Vorlesung von 1910/11 bezieht sich auf einen Satz des von Husserl als „52" paginierten Blattes F I 1/58 der Vorlesung von 1908/09 (S. 82, Z. 20–21). Auf demselben Blatt von 1910/11 findet sich noch die Bemerkung: „Zur Lehre von den Kernen. Wichtiges nachträglich Logik 1908, p. 145" (S. 219, Z. 1 – S. 220, Z. 17). Auf dieselbe Seite verweisen zwei weitere Notizen, einmal auf Blatt A I 32/2b und dann auf einer in das Manuskript der 1910/11er Vorlesung eingelegten abgerissenen Hälfte eines Universitätsschreibens vom 1. Dezember 1910 (F I 2/29). Die letztere Notiz lautet: „Ad 91ff. Zur Lehre von den Kernen, Ergänzungen; Logik 1908, 145f." Ihr korrespondiert der Vermerk auf Blatt A I 32/9b (S. 218, Z. 27–39): „Cf. Logik 1910, 90ff."[4] Die andere Hälfte des Universitätsschreibens liegt unter den Blättern des Vorlesungsmanuskripts von 1908/09 (F I 1/136) und trägt den Text: „Ad 143. Eine Reihe von Unterschieden, die bei gültigen Schlüssen besprochen werden: perfekte – imperfekte etc., propositionale Schlüsse und nichtpropositionale Schlüsse sind als vor der Geltung liegende Schlussformen hier zu besprechen. Cf. 168ff." (S. 244ff.). Ebenfalls von

[1] Diese Vorlesung, die Husserl noch dreimal wiederholt hat, nämlich in den Wintersemestern 1912/13, 1913/14 und 1917/18, ist in ihrer Letztfassung veröffentlicht in *Husserliana* XXX. Von der 1910/11er Vorlesung liegt eine Xerokopie der Mitschrift von Margarete Ortmann im Husserl-Archiv Leuven unter der Signatur N I 3.

[2] Vgl. *Formale und transzendentale Logik. Versuch einer Kritik der logischen Vernunft, Husserliana* XVII, S. 299, Anm. 1.

[3] Vgl. *Husserliana* XXX, S. 93–254.

[4] Diese Blätter „90ff." sind veröffentlicht in *Husserliana* XXX, S. 115ff.

1910/11 dürfte die Notiz auf Blatt F I 1/71a (S. 96) „Modifikationen. Nicht benützt“ stammen, die dem Hinweis auf dem als „99“ paginierten Blatt der späteren Vorlesung entspricht: „Über Modifikationen könnte hier einiges gesagt werden; cf. die Vorlesungen 1908/09, p. 62–63“, zumal diese beiden Blätter (F I 1/71–72; S. 96, Z. 8 – S. 99, Z. 13) zufolge der Ortmann-Mitschrift 1910/11 nicht benützt wurden. Ebenfalls auf diesem Blatt „99“ weist Husserl noch hin auf „Logik 1908, 132b“ (S. 200, Z. 14 – S. 201, Z. 7). Wiederum entspricht den Querverweisen „cf. 71 ff. (1908)“ auf Blatt „108“ bzw. „Cf. 72 1908/09“ auf Blatt „109“ der Vorlesung von 1910/11 die Anweisung „hier“ auf Blatt „72“ der Vorlesung von 1908/09 (S. 113).[1]

Neben diesen Querverweisen enthält die Logikvorlesung von 1908/09 noch eine Anzahl verschiedener, im Laufe der Ausarbeitung der 1910/11er Vorlesung hinzugefügter Randbemerkungen und Anweisungen.[2] Nur einige, den Gang der Vorlesung betreffende Anweisungen seien hier erwähnt. Blatt F I 1/135b (S. 217, Amn. 1): „Für 1910! Zu sagen ist jetzt: was S. 146 und ff. ⟨S. 220 ff.⟩ näher ausgeführt ist“; F I 1/152b: „Vorher der Unterschied der mittelbaren und unmittelbaren Schlüsse, cf. bei ⟨Blatt⟩ 169 und 176“ (S. 258, Anm. 1 und S. 267, Anm. 1); F I 1/162a: „Voranstellen vor ⟨Blatt⟩ 169“ und schließlich F I 1/154b: „Die Anordnung des Weiteren ist unpassend. Die Unterscheidung der Schlüsse in unmittelbare und mittelbare von S. 176 muss allem voran kommen, und zwar schon vor den Imperfekt-perfekt-Unterschied, da die imperfekten immer mittelbar sind.“

Einige wenige Blätter der Vorlesung von 1908/09 hat Husserl 1910/11 wiederverwendet. Es handelt sich dabei zum einen um die Blätter F I 2/85–90 (S. 185, Z. 4 – S. 193, Z. 15), die die husserlsche Paginierung „122“ bis „127“ der Vorlesung von 1908/09 tragen und als Ergänzung „zu 133 ff.“ der Vorlesung von 1910/11 dienten.[3] Die letzte Seite dieser Blätter ist mit der Notiz versehen: „Alte Blätter 122 ff. aus der Lehre von den Leerstellen-Urteilen.“ Zum andern hat Husserl 1910/11 die Blätter F I 1/146–148 (S. 242, Z. 18 – S. 248, Z. 24) wieder benützt, die er in der alten Vorlesung von „160“ bis „162“ paginiert hatte. Im Rahmen der späteren Vorlesung gab er ihnen eine zweite Paginierung, nämlich „167“ bis „169“, und schaltete sie zwischen

[1] 1908/09 hatte es geheißen: „Der nächste Fortschritt, den wir zu machen haben, ist der, dass wir die Operation der Attribution einführen.“ 1910/11 schreibt Husserl: „Wir führen jetzt die Operation der Attribution ein“.

[2] Diese Hinzufügungen werden mit der entsprechenden Zeitangabe in den Fußnoten gebracht.

[3] Diese Blätter „133 ff.“ sind veröffentlicht in *Husserliana* XXX, S. 178 ff., die 1908/09er Blätter „122“ bis „127“ *a.a.O.*, S. 350–355 als „Beilage XI“.

die Blätter der Archiv-Paginierung F I 2/127 und 128 ein.[1] Entsprechend notierte Husserl auf Blatt F I 2/127b: „Hier benützt die p. 160–162 der Vorlesung von 1908.“ Sie wurden nur 1910/11 benützt und darum wieder in die ursprüngliche Vorlesung zurückgelegt. Endlich liegen noch die von Husserl als „181“ bis „183“ (S. 274, Z. 12 – S. 278, Z. 21) paginierten Blätter als die Blätter 7–9 in Konvolut F I 12, das einen Teil des 1910/11er Vorlesungsmanuskripts enthält. Husserl verwendete diese Blätter als Beilage zum folgenden, der späteren Vorlesung zugehörigen Blatt F I 12/10b, das den Hinweis trägt: „Beilage 181 ff., alte Vorlesung“.[2] Erwähnt sei noch, dass die Vorlesungen von 1908/09 und 1910/11 nicht nur inhaltliche, sondern auch zahlreiche wörtliche Übereinstimmungen aufweisen, was darauf hindeutet, dass Husserl 1910/11 bei der Ausarbeitung der einzelnen Vorlesungsstunden das Vorlesungsmanuskript von 1908/09 neben sich liegen hatte.[3]

Ein als Gesamtumschlag für das Vorlesungsmanuskript von 1908/09 dienender Briefumschlag mit dem Poststempel vom 5. Dezember 1933 legt die Vermutung nahe, dass Husserl dieses Manuskript, in welchem Zusammenhang auch immer, auch noch zu dieser Zeit zur Hand genommen haben dürfte.

*

Der Text der Vorlesung „Alte und neue Logik“ wurde von Husserl während des laufenden Semesters in Gabelsberger Stenographie mit Tinte auf in der Mitte gefaltete Blätter niedergeschrieben. Husserl hat den Vorlesungs-

---

[1] In *Husserliana* XXX wären sie zwischen S. 226 und 227 einzuschalten. Da Husserl die Blätter jedoch nach 1910/11 nicht mehr benützte (siehe die textkritische Anmerkung zu 226, 35, *a.a.O.*, S. 497), wurden sie *a.a.O.*, S. 360–363 als „Beilage XV“ veröffentlicht.

[2] Ein gleichartiger Hinweis auf dem folgenden Blatt F I 12/11a muss gelesen werden als: „Beilage (181 ff. aus der älteren Vorlesung)“, nicht, wie es in der textkritischen Anmerkung zu 247,19 (*Husserliana* XXX, S. 501) geschieht, als: „Beilage (181 b⟨is⟩ h⟨ier⟩ aus der älteren Vorlesung)“. Husserl hatte den Hinweis ursprünglich, vielleicht versehentlich, auf das Blatt F I 12/11a niedergeschrieben, ihn aber ausradiert und auf das Blatt vorher notiert. Demzufolge wird die in der genannten textkritischen Anmerkung geäußerte Vermutung fraglich: „Der Text auf diesen Bl. sollte wohl ursprünglich das Textstück von ‚Den Charakter‘ bis ‚Sinn‘. ⟨= *Husserliana* XXX, S. 247, Z. 20 – S. 248, Z. 17⟩ ersetzen“, zumal Husserl dieses Textstück, wie aus der Vorlesungsmitschrift Ortmanns ersichtlich ist, am 6. Februar 1911 vorgetragen hat.

[3] Einige Beispiele für diese Übereinstimmung: unten, S. 94–95 (F I 1/68 und 69) – *Husserliana*, XXX, S. 126 f.; unten, S. 118 (F I 1/89b unten u. 90a oben) – *Husserliana*, XXX, S. 151, Z. 28 ff.; unten, S. 147 (F I 1/111a unten) – *Husserliana* XXX, S. 142, Z. 7 ff.; unten, S. 153 f. (A I 1/2) – *Husserliana* XXX, S. 172, Z. 22 – S. 174, Z. 2; unten, S. 159 (A I 1/6b oben) – *Husserliana* XXX, S. 185, Z. 12 ff.; unten, S. 169–172 (A I 1/15–17a) – *Husserliana* XXX, S. 193–196; unten, S. 203 (F I 1/126a Mitte und b) – *Husserliana* XXX, S. 207, Z. 23 – S. 208, Z. 31; unten, S. 232 f. (F I 1/140) – *Husserliana* XXX, S. 221 f.

text weder durch Überschriften noch nach einzelnen Vorlesungen gegliedert, wohl aber hat er das Manuskript vermutlich noch während, spätestens aber nach Ablauf des Semesters paginiert.[1] Neben Veränderungen, Einfügungen und Randbemerkungen, die Husserl mit dem für die Niederschrift verwendeten Schreibmittel, also so gut wie sicher gleichzeitig vorgenommen haben dürfte, weist das Vorlesungsmanuskript auch Streichungen, Veränderungen, Randbemerkungen und Hinzufügungen mit anderen Schreibmitteln (Bleistift, Blaustift, Rotstift, dunklere bzw. hellere Tinte) auf. Wie durch den Vergleich des Vorlesungstextes sowohl mit der Ortmann-Mitschrift der Vorlesung „Logik als Theorie der Erkenntnis" von 1910/11 als auch mit dem in *Husserliana* XXX veröffentlichten Vorlesungstext letzter Fassung sowie den dieser Veröffentlichung zugrunde liegenden Manuskripten festgestellt werden konnte, stammt weitaus der größte Teil der Streichungen, Veränderungen usw. schon von 1908/09.[2] Offensichtlich las Husserl für die Vorbereitung einer neuen Vorlesungsstunde den Text der vorhergehenden Stunde nochmals durch, wobei er diesen mehr oder weniger, vor allem stilistisch, veränderte, aber auch mit Randbemerkungen versah.[3] Auch las

[1] Die offensichtlich nach Ablauf des Semesters hinzugefügte Notiz auf Blatt F I 1/105a (S. 96, Anm. 1) setzt schon die Paginierung des Vorlesungsmanuskripts voraus. Für die Paginierung während des laufenden Semesters könnte Husserls Bemerkung auf Blatt F I 1/97 sprechen, er habe Blatt „82 und 83 zur Arithmetik nicht gelesen" (S. 128, Anm. 1).

[2] Viele der Einfügungen und Randbemerkungen tauchen weder ausdrucks- noch inhaltsmäßig in der Vorlesung von 1910/11 und den Wiederholungsvorlesungen der späteren Jahre auf. Weiterhin verwendete Husserl 1908/09 eine andere Art Blei- und Blaustift. Was endlich die kleineren Veränderungen vor allem stilistischer Art anbelangt, so scheint es unwahrscheinlich, dass Husserl solche 1910/11 oder gar noch später vorgenommen hätte, da die Vorlesung „Logik als Theorie der Erkenntnis" von 1910/11 aus der Vorlesung von 1908/09 so gut wie keine Blätter übernimmt, die Eintragung von Veränderungen auf deren Blätter also zwecklos gewesen wäre. Zudem stellt die Vorlesung von 1910/11 streckenweise eine mehr oder weniger genaue Abschrift der Vorlesung von 1908/09 dar, so dass Husserl eventuelle kleinere stilistische Änderungen sogleich in den neuen Text von 1910/11 eingearbeitet haben dürfte.

[3] Ein Beispiel dafür ist die Bemerkung mit Bleistift auf Blatt F I 1/113b (S. 151, Anm. 1) „Nachträglich bemerke ich: Was die ‚Unbestimmten' anlangt, so müssen es, wie wohl scharf hervorgehoben werden muss, nominal unbestimmte Gegenstände sein; das ‚ein S' im Prädikat oder vielmehr als Prädikat begründet kein partikulares Urteil. Das ist noch nicht klargestellt. Leider konnte ich das nicht mehr in der Vorlesung sagen." Ein anderes Beispiel: Auf Blatt F I 1/95b (S. 126) fügte Husserl mehrere Male mit dunklerer Tinte den Ausdruck „das Je und Je" hinzu. Da er diesen Je-und-Je-Gedanken in der Vorlesung von 1910/11 wie auch noch 1917/18 vorgetragen hat, könnte man vermuten, dass es sich um spätere Einfügungen handle. Doch taucht in der nachfolgenden Vorlesung dieses „Je und Je" wieder auf, aber nun nicht mehr als Einfügung, sondern im laufenden Vorlesungstext selber. Infolgedessen ist es wahrscheinlicher, dass diese Einfügungen bei der Vorbereitung der folgenden Stunde niedergeschrieben wurden. Schließlich sei noch auf die Randbemerkung mit Bleistift auf Blatt F I 1/62a (S. 85, Anm. 3) hingewiesen: „Die nachfolgenden Blätter dienten nicht genau als Vorlage für die Vorlesung. Zum

Husserl kurz vor einer Vorlesungsstunde den dafür vorbereiteten Text noch einmal durch und brachte auch dann noch Änderungen an.[1] Schließlich dürfte er bei einem nochmaligen Überlesen des Manuskripts nach Ablauf des Semesters den Text vor allem mit kritischen Bemerkungen versehen haben.[2] Nur eine kleine Anzahl von Veränderungen, Randbemerkungen usw. dagegen entstand bei der Vorbereitung der Vorlesung „Logik als Theorie der Erkenntnis" des Wintersemesters 1910/11. Naturgemäß finden sich die meisten dieser Bemerkungen auf den wenigen in dieser Vorlesung wieder vorgetragenen Blättern von 1908/09.[3]

Der weitaus größte Teil des Vorlesungsmanuskripts liegt in Konvolut F I 1. Dieses Konvolut umfasst 198 Blätter und besteht aus zwei Teilen, die von einem aus dem ersten und letzten Blatt (1+198) gebildeten Gesamtumschlag umschlossen werden. Diesen Gesamtumschlag bildet ein Briefumschlag mit dem Poststempel „5. XII. 33". Der aus einem amtlichen Schreiben vom 14. Juni 1910 bestehende Innenumschlag (2+116), der die von Husserl mit Bleistift von „1" bis „97" paginierten Blätter enthält, trägt nach der mit Rotstift geschriebenen Ziffer „I" die Blaustiftaufschrift: „Logik (formal) 1908/09. Einleitung, Idee der reinen Grammatik und Grundunterscheidungen, bis zur Formenlehre. I. Teil." Die Blätter 3–15, die von Husserl von „1" bis „14" paginiert sind, werden auf Blatt 18a mit der husserlschen Paginierung „15" fortgesetzt. Dazwischen liegen die beiden unpaginierten Blätter 16–17 (S. 22, Z. 18 – S. 25, Z. 25), die ihre Fortsetzung auf 18b (S. 25, Z. 26 – S. 26, Z. 17) haben, das die husserlsche Paginierung „15a" trägt. Da die zwei Blätter also zwischen 18a und 18b gehören, wurden sie später (wohl 1910/11), da nicht paginiert, als „Beilage" bezeichnet, obwohl sie ursprünglich keine Beilage, sondern den Beginn einer neuen Vorlesung bildeten, in der Husserl einen Gedanken der vorhergehenden Vorlesung korrigiert.[4] Zwischen die als „28" und „32" paginierten Blätter 31 und 35 hat Husserl die drei bereits erwähnten langschriftlichen Ausarbeitungsblätter seiner Vorlesung „Einführung in die Logik und Erkenntniskritik" aus dem Wintersemester 1906/07 eingeschoben

Glück habe ich Besseres sagen können, als geschrieben ist. Zum Teil habe ich die Schwierigkeit der Sache scharf hervorgehoben."

[1] Auf Blatt F I 1/137a änderte Husserl sein Beispiel: „dass heute ein klarer Wintertag ist" mit Bleistift um in: „dass heute ein trüber Wintertag ist", da offensichtlich am Tag der Vorlesung das Wetter umgeschlagen war.

[2] Siehe unten S. 63, Anm. 1; S. 83, Anm. 1; S. 86, Anm. 1; S. 96, Anm. 1; S. 115, Anm. 1; S. 149, Anm. 1; S. 215, Anm. 1; S. 221, Anm. 1; S. 229, Anm. 1.

[3] Siehe besonders die Seiten 242–248.

[4] Aus diesem Grunde notierte Husserl auf das letzte Blatt der vorhergehenden Vorlesung: „Wesentliche Korrektur in der nächsten Vorlesung".

und sie entsprechend von „29" bis „31" paginiert (S. 45, Z. 1 – S. 46, Z. 17). Die unpaginierten Blätter 48–50 (S. 67, Z. 8 – S. 70, Z. 40) sind Beilage zu Blatt 47, das Husserl als „44" paginiert hat. Diese drei Blätter wurden „neu ausgearbeitet in der Wiederholung der nächsten Vorlesung". Das als „44" paginierte Blatt trägt von der Hand Ludwig Landgrebes die, allerdings wieder ausradierte, Notiz: „II. Kapitel. A". Am oberen Rand von Blatt 51a mit der Paginierung „45" steht die Notiz: „Vorlesung 18/XI".[1] Blatt 54 (S. 75, Z. 8 – S. 77, Z. 19) war erst als Beilage zu dem als „47" paginierten Blatt 53 gedacht, wurde dann aber doch als Blatt „48" in den laufenden Vorlesungstext eingegliedert. Dagegen sind die unpagnierten Blätter 59 (S. 83, Z. 29 – S. 84, Z. 6) und 61 (S. 85, Z. 9–19) Beilagen zu Blatt 60, das die Paginierung „53" trägt. Wie Blatt 47 ist auch dieses Blatt mit einer Notiz von Landgrebe, nämlich: „IV. Kapitel" versehen, die diesmal aber nicht ausradiert wurde.[2] Jedes der Blätter 62–66, die von „54" bis „58" paginiert sind (S. 85, Z. 20 – S. 92, Z. 35), hat Husserl mit Bleistift durch ein „x" wohl als die Blätter gekennzeichnet, die „nicht genau als Vorlage für die Vorlesung" dienten, wie es in einer Randbemerkung auf Blatt 62 heißt. Blatt 70 enthält eine Überlegung „ad 62. Zum Gang der Ausführungen" (S. 96, Anm. 4). Blatt 73 (S. 102, Z. 4–18) ist eine Beilage zum nachfolgenden, als „64" paginierten Blatt 74. Die Notizen auf den unpaginierten Blättern 81 und 82 beziehen sich auf den Inhalt der Blätter „68" (S. 107, Z. 4 – S. 108, Z. 26) bzw. „54" (S. 85, Z. 20 – S. 87, Z. 7). Wie das unpaginierte Blatt 85 (S. 112, Z. 21 – S. 113, Z. 12) eine Beilage zum folgenden als „72" paginierten Blatt darstellt, ist das unpaginierte Blatt 100 (S. 131, Z. 22–32) eine solche zu dem vorhergehenden Blatt „84". Die vielleicht schon in den Weihnachtsferien, ansonsten wohl gleich nach Ablauf des Semesters niedergeschriebenen Überlegungen zum Gang der Vorlesung auf Blatt 105 (S. 96, Anm. 1) beziehen sich auf die bis „60" paginierten Blätter. Demgemäß müsste es nach diesem Blatt (= F I 1/68) liegen.

[1] Mit diesem Datum kann nicht die Vorlesung von 1908/09 gemeint sein, da der 18. November ein Mittwoch war, die Vorlesung „Alte und neue Logik" aber an den Tagen Montag, Dienstag, Donnerstag und Freitag gehalten wurde. Es könnte sich also um eine Vorlesungsstunde der Vorlesung „Logik als Theorie der Erkenntnis" von 1910/11 handeln, da der 18. November 1910 auf einen Freitag fiel, an welchem Tag diese Vorlesung gehalten wurde. Zudem notierte Husserl dieses Datum auch auf Blatt F I 15/62b aus dem Manuskript der Vorlesung von 1910/11. Es ist aber unwahrscheinlich, dass Husserl den Text des betreffenden Blattes 1910/11 vorgetragen hat, da weder die Mitschrift Ortmanns noch die betreffende Stelle des Vorlesungsmanuskripts von 1910/11 irgendeine Ähnlichkeit mit ihm aufweist. Vielleicht wollte Husserl das Blatt ursprünglich an diesem Datum benützen, ließ sein Vorhaben dann aber wieder fallen.

[2] Der Kontext dieser landgrebeschen Notizen ist nicht deutlich.

Auf der Vorderseite des nächsten Innenumschlags (117+197), in dem der zweite Teil mit den von Husserl ebenfalls mit Bleistift von „128“ bis „143“ und „151“ bis „180“ paginierten Blättern liegt, steht nach der Ziffer „II“ mit Rotstift die Blaustiftaufschrift: „Logik (formal), WS 1908/09, II. Teil. Sachhaltige Bedeutungen und mathematische Bedeutungen 146ff.“ Mit Bleistift wurde „123ff.“ hinzugefügt. Das erste Blatt, 118 (S. 185, Anm. 3), auf das Husserl notierte, was er in der Vorlesung vergessen habe auszuführen, ist nicht paginiert und lässt sich am ehesten dem als „122“ paginierten Blatt des ersten Teils zuordnen. Die beiden Blätter 119 und 121 (S. 194, Z. 1 – S. 196, Z. 11) stammen aus der Vorlesung „Logik“ des Wintersemesters 1902/03.[1] Sie wurden 1908/09 wieder vorgetragen und entsprechend als „128“ und „129“ paginiert. Zwischen diesen beiden Blättern liegt ein älteres Blatt mit Ausführungen über den kategorischen Satz, das weder vorgetragen noch als Beilage verwendet wurde. Zwischen den Blättern der husserlschen Paginierung „143“ und „151“ liegt die schon erwähnte Hälfte eines Universitätsschreibens vom 1. Dezember 1910, dessen andere Hälfte sich als Blatt F I 2/29 im Manuskript der Vorlesung „Logik als Theorie der Erkenntnis“ vom Winter 1910/11 befindet. Da die stark bearbeiteten Blätter 146–148 (S. 242, Z. 18 – S. 248, Z. 24) nicht nur in der Vorlesung von 1908/09, sondern auch in der von 1910/11 gelesen wurden, tragen sie sowohl die Paginierung der früheren („160“ bis „162“) als auch die der späteren Vorlesung („167“ bis „169“). Hinter den paginierten Blättern der Vorlesung „Alte und neue Logik“ liegen mehrere die Schlusslehre und die rein logische Theorienlehre behandelnde Blätter der Logikvorlesung von 1902/03 (167–190), in die Husserl neben einigen Blättern aus der Vorlesung „Logik und Erkenntnistheorie“ des Wintersemesters 1901/02 auch noch zwei Blätter aus der Logikvorlesung von 1896 eingeschaltet hatte.[2] Bei den letzten sechs im Umschlag des zweiten Teils liegenden Blättern (191–196) handelt es sich um logische Themen behandelnde Blätter aus älterer Zeit, deren erstes die Notiz „altes Blatt“ trägt.

Zwei Blätter, auf denen Husserl die universelle Aussageform nach Sigwart behandelt (S. 135, Z. 16 – S. 139, Z. 2), stammen aus der Logikvorlesung von 1902/03.[3] Sie liegen als die Blätter 147–148 in Konvolut F I 19, das den

[1] Blatt 119 trägt die irrige Randbemerkung: „Aus Logik 1901“. – Die Blätter sind veröffentlicht in *Husserliana Materialien*, Bd. II, S. 186–189.

[2] Diese Blätter 167–190 sind veröffentlicht *a.a.O.*, S. 217–249.

[3] Siehe die Notiz auf Blatt F I 1/103a: „Von hier Darstellung von Sigwart nach den alten logischen Vorlesungen.“

weitaus größten Teil des Vorlesungsmanuskripts von 1902/03 enthält.[1] Um diese Blätter an das als „87" paginierte Blatt der Vorlesung „Alte und neue Logik" anschließen zu lassen, strich Husserl die beiden ersten Sätze von Blatt F I 19/147a. Er gab diesen beiden Blättern 1908/09 allerdings keine neue Paginierung, eben weil er sie nach Gebrauch wieder in das alte Konvolut zurücklegte.

Die von Husserl als „98" bis „121" paginierten Blätter (S. 153, Z. 1 – S. 185, Z. 3) befinden sich in Konvolut A I 1. Wahrscheinlich hat Ludwig Landgrebe diese Blätter in Zusammenhang mit der Ausarbeitung der „Logischen Studien" aus dem Konvolut F I 1 genommen und in einen eigenen Umschlag gelegt, zu dem er einen von der Kant-Gesellschaft an ihn gerichteten Brief vom 9. Oktober 1929 verwendete. Die Vorderseite des Umschlags trägt von Landgrebes Hand die Bleistiftaufschrift: „Existentialurteil und Inexistentialurteil, aus Logik 1908/09, I. Teil. Dazu noch evtl. Logik 1910, II., S. 129ff." Auch das erste im Umschlag liegende Blatt ist mit einer Notiz Landgrebes versehen: „Aus Logik 1908/09 I". Als „104" paginierte Husserl die Rückseite eines Göttinger Universitätsschreibens vom 1. Dezember 1908. Auf der Vorderseite des Schreibens befinden sich einige, vielleicht auf die Vorlesung „Grundprobleme der Ethik" vom Winter 1908/09 bezügliche Notizen. Das letzte im Umschlag liegende, nicht zur Logikvorlesung von 1908/09 gehörige Blatt, das die Notiz „sehr wichtig" trägt, bezeichnete Husserl als „Originalblatt zu 133ff." Auf ihm fußen die Blätter „133ff." der Vorlesung „Logik als Theorie der Erkenntnis" von 1910/11.[2] Vermutlich legte Husserl das Blatt zu den Blättern der Vorlesung von 1908/09, weil er die darauf niedergeschriebenen Gedanken „leider nicht 1908 betont" hatte.[3] Die in

[1] Für eine genaue Beschreibung dieses Konvoluts vgl. *Husserliana Materialien*, Bd. II, S. XIf.

[2] *Husserliana* XXX, S. 179ff.

[3] Der Text des Blattes lautet: „(Originalblatt zu 133ff. Sehr wichtig.)

Nota: Das habe ich wohl in meinen Vorlesungen (leider nicht 1908) längst betont, will es aber noch einmal notieren: Bei den Sätzen mit Unbestimmten ist es ein Unterschied, ob das ‚ein' so viel bedeutet wie ‚etwas überhaupt' oder ‚ein gewisser' (*quidam*). Den Unterschied suche ich im Weiteren darin, dass das *quidam* ‚Wirklichkeit setzt', das bloße ‚etwas überhaupt' nicht.

So ist: ‚Etwas ist rot' = ‚Etwas überhaupt ist rot' = ‚Es gibt Rotes'.

‚Etwas ist nicht rot' = ‚Etwas überhaupt ist nicht rot' = ‚Es gibt nicht Rotes'.

‚Etwas ist überhaupt rot' = ‚Alles ist rot'.

‚Etwas ist überhaupt nicht rot' = ‚Alles ist nicht rot'.

‚Etwas ist überhaupt nicht-rot' = ‚Nichts ist rot, es gibt kein Rotes'.

Ebenso: ‚Einiges ist a' = ‚Es gibt einiges a. Einiges a existiert. Ein A existiert nicht' etc.

Hier fehlt überall die Setzung in ‚etwas', in ‚ein a' etc., nämlich es ist keine Untersetzung vorhanden. Ebenso: ‚Ein Mensch ist ein Säugetier', ‚Eine Eiche ist eine Pflanze'.

der Umschlagaufschrift genannten Blätter der Logikvorlesung von 1910/11 befinden sich nicht in dem Umschlag.

Zwei unpaginierte, aus dem Vorlesungsmanuskript genommene Blätter (S. 164, Anm. 1) liegen als die Blätter 33 und 34 in Konvolut K I 23. Husserl hat sie mit der Notiz versehen: „Nicht gelesen und benützt, aber vielleicht noch zu überlesen." Die Blätter dieses Konvoluts befinden sich in einem Umschlag mit der Bleistiftaufschrift: „Beilagen zu den Logik-Vorlesungen 1908/09." Dann folgt mit Blaustift: „1908/09, Logik formal. Darin das Stück über Existentialsätze aus der Logik 1896.[1] Darin über mathematische Verallgemeinerung. Ferner über den Satz vom Widerspruch."

Die von „122" bis „127" paginierten Blätter (S. 185, Z. 4 – S. 193, Z. 15) liegen als Blatt 85–90 zwischen den als „133" und „134" paginierten Blättern des zweiten Teils der Vorlesung „Logik als Theorie der Erkenntnis" von 1910/11 in Konvolut F I 2 und dienten auch als Beilage zu diesen Blättern. Dementsprechend sind sie mit Bleistift als „alte Blätter, zu 133ff." bezeichnet.[2] Dieses Konvolut umfasst 141 Blätter, die in einem Umschlag (1+142) liegen, der folgende Rotstiftaufschrift trägt: „II. Logik 1910.[3] Das Schlussstück über Kategorienlehre in eigenem Umschlag." Mit Bleistift wurde hinzugefügt: „Zweites Stück von 1910, 73ff."[4]

Die auf S. 215, Anm. 1 veröffentlichte „Nota ad Logik 1908/09" steht auf Blatt 4 des Konvoluts A I 12. Die fünfundzwanzig, aus der Hallenser Zeit

---

Dagegen: ‚Ein Mensch hat gerufen', ‚Einige Menschen sind verbrannt', das heißt nicht: Es gibt überhaupt Menschen, die verbrannt sind, sondern: gewiss mehrere Menschen.

Die Existentialsätze sind also keine Grenzfälle von ‚kategorischen Sätzen', von Sätzen mit Untersetzungen. Im ‚existiert' steckt das ‚etwas überhaupt'? Das andere ‚etwas' ist das *quoddam*.

‚Sokrates existiert' = äquivalent ‚Etwas überhaupt, das ‚Sokrates' ist, ist' (nicht identisch) = ‚Irgendetwas überhaupt ist identisch mit Sokrates'? Das geht nicht. Denn da müsste beiderseits Setzung statthaben.

Weiter bemerke ich: Unter dem Titel allgemeine Urteile:

allgemeine Existentialurteile: ‚Eine Summe a + b existiert für beliebige Werte der a und b' = ‚a + b ist eine Zahl für beliebige a und b',
allgemeine Beschaffenheitsurteile,
allgemeine hypothetische Urteile,
allgemeine disjunktive,
allgemeine konjunktive."

1 Im Manuskript irrig „1895/96".
2 Erstmals veröffentlicht in *Husserliana* XXX als „Beilage XI", S. 350–356.
3 Vor „1910" ist gestrichen: „1908 und".
4 Eine ausführliche Beschreibung dieses Konvoluts findet sich in *Husserliana* XXX, S. 437ff.

bis 1913 stammenden Blätter dieses Konvoluts, die in kurzen Einzeluntersuchungen und Notizen hauptsächlich urteilstheoretische und formal-logische Themen behandeln, liegen in einem Umschlag (1+26), für den Husserl einen an ihn gerichteten Brief des Historischen Seminars der Universität Freiburg vom 14. Mai 1920 verwendete.[1] Die Vorderseite des Umschlags trägt den Titel mit Bleistift: „Formale Logik".

Wie die von „98" bis „121" paginierten Blätter hat Ludwig Landgrebe wohl auch die Blätter, die Husserl von „144" bis „150" paginiert hatte (S. 217, Z. 23 – S. 228, Z. 9), aus dem ursprünglichen Konvolut F I 1 genommen und zusammen mit den von „90" bis „95" paginierten Blättern der Vorlesung „Logik als Theorie der Erkenntnis" vom Winter 1910/11 in einen eigenen Umschlag gelegt. Dieser von einem Schreiben der Notgemeinschaft der Deutschen Wissenschaft an Landgrebe vom 8. August 1929 gebildete Umschlag, der in Konvolut A I 32 liegt, trägt von der Hand Landgrebes folgende Aufschrift mit Bleistift: „Zur Lehre von den Kernen. Vollkerne und Leerkerne, Individual- und Generalkerne. Aus Logik 1908/09 und 1910." Dazu notierte Husserl mit Blaustift: „Noch zu beachten!" Ebenfalls von Husserls Hand befindet sich auf Blatt 2 die Notiz: „Aus Logik 1910, II." sowie auf Blatt 9: „Aus Logik 1908/09, II."

Die letzten drei, von „181" bis „183" paginierten Blätter der Logikvorlesung von 1908/09 (S. 274, Z. 12 – S. 278, Z. 21) liegen als die Blätter 7–9 in Konvolut F I 12, das den letzten Teil des Manuskripts der Vorlesung „Logik als Theorie der Erkenntnis" von 1910/11 enthält, zu dessen als „183" paginiertem Blatt die drei Blätter eine Beilage bildeten. Auf den Blättern 3–5 des Konvoluts steht der Text eines Briefentwurfs an Carl Stumpf vom 11. Mai 1902 „über allgemeine Gegenstände".[2] Sie liegen in einem als Umschlag verwendeten Briefumschlag mit dem Poststempel vom 20. April 1929. Der Gesamtumschlag (1+70), ein Göttinger Universitätsschreiben vom 13. Februar 1911, trägt u.a. die Hauptaufschrift: „Schlussstück der Vorlesungen über Logik als Theorie der Erkenntnis, Winter 1910/11."[3]

*

Da Husserl beinahe alle Veränderungen des Vorlesungsmanuskripts während des laufenden Semesters oder kurz nach dessen Ablauf vorgenommen hat, wird der Vorlesungstext prinzipiell in letzter Fassung wiederge-

[1] Veröffentlicht in *Briefwechsel*, Bd. VIII: *Institutionelle Schreiben*, S. 169.
[2] Veröffentlicht in *Briefwechsel*, Bd. I: *Die Brentanoschule*, S. 169–173.
[3] Eine ausführliche Beschreibung dieses Konvoluts findet sich in *Husserliana* XXX, S. 443 f.

geben, d.h. so, wie er kurz nach Ablauf des Semesters vorlag. Konsequenterweise mussten dabei allerdings an zwei Stellen gewisse Unstimmigkeiten in Kauf genommen werden. Während ein nach Ablauf des Semesters gestrichenes Textstück, das Husserl jedoch vorgetragen und auf das er sich in der folgenden Stunde bezogen hatte, in den Fußnoten gegeben wird (S. 89, Anm. 1), bleibt ein anderes (paginiertes) Textstück, das Husserl aus Zeitmangel oder welchen Gründen auch immer nicht gelesen hat, im laufenden Text stehen (S. 128ff). Die wenigen in der Vorlesung „Logik als Theorie der Erkenntnis" von 1910/11 verwendeten und damals bearbeiteten Blätter werden selbstredend nicht in Letztfassung geboten, sondern es wird der ursprüngliche Vorlesungstext von 1908/09 wieder hergestellt. Dementsprechend wurden 1910/11 gestrichene Textstücke im Text belassen und diese Streichungen nur in den Fußnoten angegeben; auch stehen die Hinzufügungen und Veränderungen von 1910/11 in den Fußnoten.

Veränderungen, bei denen nicht entscheidbar ist, weder aus inhaltlichen noch aus sonstigen Gründen, ob sie noch während des Semesters, kurz danach oder erst 1910/11 vorgenommen wurden, sind in den Drucktext aufgenommen, ohne dass dies eigens in Fußnoten erwähnt würde. Während der Niederschrift gestrichene Textstücke werden, sofern sie inhaltlich Neues bringen und von einiger Wichtigkeit sind, in den Fußnoten geboten. Randbemerkungen aus der Zeit der Niederschrift wurden nach Möglichkeit in den Text eingegliedert. Alle sonstigen, auch die wenigen über den Text verstreuten Randbemerkungen von 1910/11, werden als Fußnoten gegeben. Diese späteren Randbemerkungen erhielten ebenso wie die später vorgenommenen Veränderungen einen speziellen Zeithinweis; auch nach Ablauf des Semesters zugefügte Randbemerkungen wurden entsprechend gekennzeichnet. Da nicht festgestellt werden konnte, ob Husserl von ihm in eckige Klammern gesetzte Textstücke vorgetragen hat oder nicht, wurden sie im Text belassen und mit runden Klammern versehen. Der Übersichtlichkeit halber wurden in den Vorlesungstext einige wenige Überschriften von der Herausgeberin eingefügt, für die zum Teil Husserls (spätere) Randbemerkungen benutzt werden konnten.

Fußnoten mit Asterisken enthalten neben einigen Erläuterungen zu von Husserl in der Vorlesung gebrauchten Beispielen Literaturhinweise der Herausgeberin.

Verschreibungen Husserls und fehlerhafte Sätze wurden stillschweigend korrigiert. Alle Hinzufügungen der Herausgeberin sind in spitze Klammern ⟨...⟩ gesetzt. Die in den Manuskripten überaus zahlreichen Unterstreichungen wurden nur in den wenigen Fällen (und zwar als Sperrdruck) berücksichtigt, in denen sie zum besseren Verständnis des Textes beitragen. Die Rechtschreibung wurde weitgehend den neuen Regeln des Duden angepasst.

*

Wiederum möchte ich an dieser Stelle dem Direktor des Husserl-Archivs zu Leuven, Professor Rudolf Bernet, sowie Professor Ullrich Melle für ihre freundliche Hilfe und Unterstützung meiner Arbeit danken. Mein besonderer Dank gilt Karl Schuhmann für seine Ratschläge.

Elisabeth Schuhmann

ALTE UND NEUE LOGIK

VORLESUNG 1908/09

I. TEIL

EINLEITUNG: IDEE DER REINEN GRAMMATIK UND GRUNDUNTERSCHEIDUNGEN

⟨*Umgrenzung der philosophischen Logik*⟩

In den nachfolgenden Vorlesungen will ich versuchen, Sie in die neue Logik einzuführen, d.h. in die erst in unserer Zeit sich in voller Reinheit konstituierende philosophische Logik. Durch beständige Kontrastierung derselben mit der alten Logik in ihren sehr verschiedenen Begrenzungen und historischen Gestaltungen hoffe ich, Ihnen zugleich einen Einblick zu verschaffen in die ungeheure Geistesarbeit, die in Jahrtausenden geleistet werden musste, ehe die Vorbedingungen für die Entstehung der Logik als einer philosophischen Grundwissenschaft gegeben waren, so dass endlich die ihr eigentümliche Problematik klar erschaut und die für sie angemessene philosophische Methode entdeckt werden konnte.

Einführung in diese philosophische Logik bedeutet zugleich Einführung in die Philosophie selbst. Denn die philosophische Logik ist die Eingangsdisziplin der Philosophie, sie ist in der Reihe der philosophischen Disziplinen die ihrer Natur nach erste, sie ist Voraussetzung und Fundament für alle anderen Disziplinen, die im echten Sinn philosophische heißen können. Um einen aristotelischen Ausdruck zu gebrauchen, der freilich dem Stagiriten anderes bedeutete: sie ist „Erste Philosophie", und zwar die Erste Philosophie im strengsten und eigentlichsten Sinn. Man kann freilich, und nicht ohne Grund, den Begriff der Ersten Philosophie noch weiter spannen, derart, dass sie auch die philosophische Ethik und Ästhetik, kurzum die gesamte philosophische Axiologie umfasst. Aber dann käme in dieser Gruppe Erster Philosophien doch wieder der philosophischen Logik die erste Stelle zu, sie wäre ihrer Natur nach die Erste in dieser Reihe Erster Philosophien. Im Übrigen soll mit dieser Bezeichnung als Erste Philosophie eben nichts weiter als die natürliche Ordnung, die grundlegende Stellung bezeichnet sein. Der aristotelische Name Erste Philosophie, dem die Folgezeit aus zufälligen Motiven den Namen Metaphysik unterschob, betraf, trotz mancher Zusammenhänge, eine andere Disziplin. Es ist daher nötig, dies gleich zu betonen und zum Ausdruck zu bringen, dass ich nicht etwa daran denke, in der Weise Hegels etwa, unter dem Titel Logik eine Metaphysik zu behandeln. In der philosophischen Logik hat die Philosophie ihr tiefstes Fundament, und sofern ist sie Erste Philosophie. In der Metaphysik aber kulminiert sie, und sofern könnte man diese die höchste oder letzte Philosophie nennen.

Also bei der geschilderten fundamentalen Stellung der philosophischen Logik bedeutet, wie ich sagte, die Einführung in die Logik zugleich Einführung in die Philosophie überhaupt. Eine solche Einführung stellt nun methodisch ihre eigenen Forderungen, die im Wesen der Philosophie überhaupt tief begründet sind. Es geht bei ihr nicht an zu verfahren, wie man bei allen „natürlichen“, den vorphilosophischen Wissenschaften verfahren kann, nämlich mit einer kurz gefassten Definition der Disziplin zu beginnen und dann sofort zum dogmatischen Vortrag überzugehen, also einen Grundriss hauptsächlichster Theorien zu entwerfen, die, vom Nächstliegenden und Leichtesten zum Schwierigen fortschreitend, den Anfänger sofort in die Disziplin selbst und ihr theoretisches Getriebe hineinstellen. So kann man, sagte ich, in jeder natürlichen Wissenschaft verfahren, in der Mathematik, in allen Naturwissenschaften, in der Psychologie, nicht aber in der Philosophie. Zwar kann man es auch in der Logik, nämlich der Logik im traditionellen Sinn. Es gibt ja auch von ihr Grundrisse genug, selbst Grundrisse à la Göschen.* Aber es muss gesagt werden, dass, was da unter dem Titel Logik geboten wird, noch vor der Philosophie endet, noch auf der Stufe vorphilosophischer, bloß natürlicher Wissenschaft stehen bleibt.

Im Fortgang unserer weiteren Betrachtungen werden Sie es verstehen lernen, warum ⟨es⟩ für jede natürliche Wissenschaft eine dogmatische Einleitung der angegebenen Art geben kann und warum es eine solche nicht geben kann für eine philosophische Wissenschaft, und Sie werden dabei den soeben nur terminologisch angezeigten Gegensatz zwischen natürlicher und philosophischer Wissenschaft selbst verstehen lernen. Es wird sich nämlich klar herausstellen, dass wir in der natürlichen Denkhaltung, in der wir alle ursprünglich leben und aus der wir auch in den nichtphilosophischen Wissenschaften niemals hinaustreten, das Philosophische überhaupt nicht zu Gesicht bekommen, wie weit wir erkennend und immer neu forschend auch weiterschreiten mögen. Gewiss, wir haben in der natürlichen Denkhaltung einen unendlichen Horizont, unsere Wissbegier findet darin unendlich man-

* „Sammlung Göschen“, vom Verlag De Gruyter herausgegebene Sammlung von Einführungen aus sämtlichen Wissensgebieten.

nigfaltige Befriedigung, es etablieren sich in der natürlichen Denksphäre immer neue Wissenschaften, wir schreiten fort von Naturwissenschaft zu Naturwissenschaft, von Geisteswissenschaft zu Geisteswissenschaft, von mathematischer Disziplin zu immer neuen Disziplinen; und jede dieser Wissenschaften hat ihre Unendlichkeiten von Problemen und lösenden Theorien. Und doch umspannt dieser unendliche Horizont nicht alle Erkenntnisunendlichkeiten. Der natürliche Verstand ist begrenzt: Ihm entgeht eine nur in der philosophischen Denkhaltung sichtlich werdende Dimension. Der Breite natürlicher Erkenntnis nachgehend sind wir als natürlich denkende Menschen sozusagen „Flächenwesen“,* die keine Ahnung haben von den Höhen und Tiefen der dritten Dimension. Und in dieser liegt alles, was wir im echten Sinn Philosophie nennen. Ich warne Sie, das in irgendeinem mystischen Sinn zu verstehen. Das Bild soll nur eine gewisse wesentliche Unvollkommenheit und Unvollständigkeit der natürlichen Erkenntnis andeuten, und zwar so: Wie eine dritte Dimension nichts ist ohne das Feld der ersten und zweiten, so ist auch die Philosophie nichts, ihr fehlt jedes Substrat, ohne wesentliche Rückbeziehung auf das natürliche Erkennen und seine Wissenschaften. Und andererseits, so wie eine Fläche ihren vollen Seinswert erst erhält als Grenze einer dreidimensionalen Mannigfaltigkeit, so erhalten die Ergebnisse der natürlichen Wissenschaften ihren vollen Seinswert erst in der Vertiefung der Philosophie.

Nun ist aber der Übergang von der natürlichen in die philosophische Denkhaltung nicht etwa mit einem selbstverständlichen Augenaufschlag zu vergleichen. Die philosophischen Fragestellungen bieten sich nicht in einem Ruck dar, in dem ⟨wir⟩ natürliche und philosophische Denkhaltung miteinander vertauschen könnten. Es bedarf vielmehr umfassender, methodisch geleiteter Reflexionen, die uns allmählich das fühlbar machen, was der natürlichen und gewissermaßen naiven Denkweise fehlt, und uns zu den neuen Problemstellungen emporführen. Und so kommt es, dass man, wo Philosophie, echte und wahre Philosophie, in Frage ist, nicht schlicht anfangen und darstellen kann und dass jede Einführung in die Philosophie den Charakter einer reflektiven Emporführung haben muss. Sowie die Dimension des Philosophischen gewonnen ist, wird es dann auch sofort klar, dass erst diese volle und ganze Dreidimensionalität unseren höchsten und letzten Erkenntnisinteressen genugtun kann, ja nicht bloß das, dass nur sie auch den höchsten und letzten Gemütsinteressen genügen kann; kurzum: dass

* Vgl. Hermann von Helmholtz, „Über den Ursprung und die Bedeutung der geometrischen Axiome“, in *Vorträge und Reden von Hermann von Helmholtz*, 2. Bd., Braunschweig 1884, S. 7 f.

sich erst mit der Philosophie die höchsten und letzten Menschheitsprobleme erschließen. Ich weise hier darauf hin, damit Sie sich dessen bewusst werden, dass die mühseligen Einsamkeiten der philosophischen Logik nicht bloß um der großen Erkenntnisse, die sie in sich selbst gewähren, beschritten werden, sondern dass eine höhere Würde dieser Mühen in der stetigen Annäherung an die letzten Gipfel unserer Erkenntnissehnsucht liegt, zu denen nur von hier aus ein Weg gebahnt werden kann. Wie fern, ja unerreichbar jene Gipfel zur Zeit noch sind und wie wenig auch die philosophische Logik selbst noch erforscht ist, so fühlen wir uns gegenwärtig doch voll freudiger Hoffnung, wir sind des sicher, dass die ersten entscheidenden Anfänge gemacht und dass die richtigen Methoden gewonnen sind. Man hört unsere Zeit so oft eine Zeit der Dekadenz nennen. Ganz im Gegenteil: Wir leben in einer wahrhaft großen Zeit! Uralte Ziele menschlichen Strebens werden mit Aufwand wahrhaft heroischer Arbeitsanspannung endlich errungen, und über alle alten Zielsetzungen reichen überall neue, immer höhere und höchste. Und so leben wir auch, das ist meine feste Überzeugung, wenigstens in den Anfängen einer wahrhaft großen philosophischen Epoche. Es ist eine Lust, jetzt zu leben* und sich an all dem Großen, das im Werden ist, als Mitstrebender zu beteiligen. Wir sind in der modernen Philosophie nichts weniger als Phantasten: Über die Kindheitsperiode sind wir eben hinaus. Wir haben den Mut und den Willen höchster Ziele, aber wir erstreben sie auf den sichersten Wegen, auf den Wegen geduldiger und stetiger Arbeit. Will man uns noch, wie Kant es gegenüber den Metaphysikern getan, als Luftbaumeister von Gedankenwelten** verspotten, so fühlen wir uns gar nicht mehr betroffen. Wir lassen uns auch dieses Gleichnis gefallen. Luftbauten fangen ja an, eine gar solide Sache zu werden; und Luftbaumeister solch solider Flugapparate zu werden, die uns ganz reell zu den Höhen emportragen möchten, die früher nur der Phantasie zugänglich waren, das ist es, was wir gar gern werden wollten, und kommen wir nicht dahin, unsere Nachkommen sollen dank unserer Arbeit sicher dahin kommen.

* Nach Ulrich von Hutten, Brief an Willibald Pirckheimer vom 25. Oktober 1518 („juvat vivere").

** Kant, *Träume eines Geistersehers,* I. Teil, 3. Hauptstück (A 58).

⟨*Logik und Psychologie*⟩

Gehen wir nun an die Sachen![1] Das Wort „Logik", welches uns historisch zuerst in der stoischen und der späteren peripatetischen Schule entgegentritt, ist abgeleitet von dem griechischen Worte „λόγος", welches verschiedene Bedeutungen hat: Es besagt Wort und Rede, Gedanke und Bedeutung, Verstand oder Vernunft und endlich Vernunftgrund. Und all diese Bedeutungen, so wenig sie sich decken, kommen für die Disziplin in Betracht, die den Namen Logik trägt. Sie hat es in gewisser Weise mit den Worten und Reden zu tun. Reden sind aber wirklich Reden (nämlich nicht bloß Lautkomplexe, bloß artikulierte Lautgebilde), weil sie etwas bedeuten, weil mit ihnen etwas gesagt und gemeint ist. Darin liegt für die Logik das Primäre, also in den Gedanken, den Bedeutungen. Diese Worte sind nun selbst wieder vieldeutig, und wir werden scheiden lernen zwischen den subjektiven Erlebnissen des Sprechenden, seinen „Gedanken" im Sinne seiner aktuellen Denkerlebnisse, und zwischen Bedeutungen oder Gedanken in einem nicht subjektiven Sinn, in einem Sinn, der nicht solche aktuellen Erlebnisse meint, und der selbst wieder ein mehrfacher ist. Nun, mit beiderlei hat es die Logik zu tun. Aber sie ist gemäß einem neuen Sinn des Wortes „λόγος" nicht nur überhaupt Wissenschaft vom Denken und von den Gedanken oder Bedeutungen, sondern Wissenschaft vom Verstand oder der Vernunft. Das deutet an: Sie ist Wissenschaft vom vernünftigen Denken, vom richtigen gegenüber dem unrichtigen, unvernünftigen. Und sie ist nicht bloß überhaupt Wissenschaft von den Bedeutungen, von den Gedanken, die den Inhalt des Denkens ausmachen, sondern von gültigen Bedeutungen, von wahren Gedanken gegenüber den falschen, den ungültigen. So hängt alles nah zusammen.[2]

Für unsere Zwecke ist es nun von größter Wichtigkeit, was hier so nah zusammenhängt, dass es zunächst ungeschieden ineinander überfließt, aufs sorgfältigste zu unterscheiden, um die Problemschichten und Disziplinen, welche der Titel Logik traditionell befasst, zu differenzierter Klarheit zu

[1] Von vornherein ist noch zu sagen, dass λόγος auch Grund heißt, also Logik die Lehre von den Gründen. Ferner, von vornherein ist die Idee der Kunstlehre auszuweiten zur Idee der Wissenschaftslehre. Die Betrachtung führt also nicht unmittelbar von der allgemeinen Definition der Kunstlehre zur Frage nach den psychologischen Fundamenten, sondern zunächst die Ausgestaltung der Kunstlehre zur normativen Wissenschaftslehre und dann die Frage nach ihren psychologischen Fundamenten, ähnlich wie in der Darstellung 1906/07, nur dass manches Schiefe weggestrichen bleibt.

[2] *Gestrichen* Worte, Aussagen bedeuten etwas, und in aktueller Rede ist mit ihnen etwas wirklich gedacht; so haben wir neben den Lauten die Denkakte, Bedeutungen, die Gedanken, das Gedachte.

bringen; und weiter handelt es sich darum, diejenigen, welche ihrer Natur nach zu getrennten Wissenschaften gehören, scharf zu trennen, die bisher übersehenen neu zu bestimmen und zu formulieren, um schließlich, nachdem wir am Leitfaden der wesentlichen Zusammenhänge immer weiter fortgeschritten sind, die Problemgruppen erfassen und charakterisieren zu können, welche die eigentlich philosophische Logik ausmachen. Just auf die Logik hat Kant das berühmte Wort gemünzt: „Es ist nicht Vermehrung, sondern Verunstaltung der Wissenschaften, wenn man ihre Grenzen ungeschieden ineinander laufen lässt."* Auch er bedurfte, um die Idee der „transzendentalen Logik" gewinnen zu können, einer eigenen auf das Wesen der traditionellen Logik gerichteten reflektiven Untersuchung. Solche Untersuchungen, obschon sie noch vor der Schicht eigentlich philosophischer Problematik liegen, bilden doch, sofern sie die unerlässlichen Vorbedingungen für die Gewinnung derselben sind, ein Grundstück philosophischer Arbeit und sind darum mittelbar selbst als philosophische in Anspruch zu nehmen. Sie bilden sozusagen die Vorhalle zum Tempel der Philosophie selbst.

Unser Verfahren soll rein analytisch sein. Wir gehen aus von dem Nächstliegenden, von dem dem Anfänger Selbstverständlichen. Ist die Logik die Verstandes- oder Vernunftlehre, handelt sie von Reden und Denken in Hinblick auf die Frage, ob es ein „logisches" oder vernünftiges ist oder nicht, so wird wohl ihr Wesen am besten damit näher bezeichnet werden können, dass sie die wissenschaftliche Disziplin sei, welche die Normen aufsuchen und begründen soll, nach denen wir die Richtigkeit oder Unrichtigkeit unseres Denkens abmessen können, bzw. die praktischen Regeln, denen gemäß wir im Denken vorgehen müssen, wenn unsere Gedanken wahre Gedanken sollen sein können. In Leben und Wissenschaft ist es beständig die große Frage, ob wahr ist, was wir urteilen, ob wir uns von den Dingen nicht falsche Gedanken machen, und immer wieder sehen wir uns vor die Frage gestellt, welchen Weg wir denkend beschreiten, wie wir unsere Gedanken ordnen und verknüpfen sollen, um zuverlässig die Wahrheit zu treffen. Diesem Bedürfnis kommt die Logik entgegen, die Logik als Vernunftkunst, Denkkunst, oder vielmehr als Kunstlehre vom Denken, und zwar vom erkennenden, einsichtig die Wahrheit treffenden Denken. In der Tat ist die Logik schon in alten Zeiten als solche Kunstlehre definiert und im Sinne solcher Zielgebung bebaut worden. Um nur ein Beispiel zu nennen, so definiert im 18. Jahrhundert der berühmte Wolff, der herrschende Philosoph in der Periode der deutschen Aufklärung: *Logica est scientia dirigendi facultatem cognoscitivam*

---

* Kant, *Kritik der reinen Vernunft*, B VIII.

*in rerum cognitione.** Unzählige logische Werke zeigen schon im Titel dieses Ziel scharf ausgeprägt. Schon im Altertum ist es maßgebend gewesen, und wenn Augustin die Logik die Kunst aller Künste, die Lehrerin und Richterin aller Wissenschaften nennt,** so hat auch er es offenbar vor Augen. Denn vernunftgemäße Begründung, Anordnung und Verknüpfung aller Sätze macht alle Wissenschaften zu Wissenschaften und ist nicht minder in allen Künsten, allen technischen Disziplinen erforderlich, wenn ihre Regeln bindende Kraft sollen haben können.

Mit dieser Idee nun tritt die Logik in ein nahes Verhältnis zur Psychologie, so sehr, dass wir zunächst geneigt sein werden, sie ganz und gar von der Psychologie abhängig zu machen. Die Logik bezieht sich auf den Verstand, d.i. ein psychisches Vermögen, ein Vermögen des Denkens, und näher des richtigen Denkens, ähnlich wie sich die normative und praktisch gerichtete Ethik auf den Willen bezieht, auf das Vermögen zu wollen, und speziell auch gut, sittlich zu wollen. Auf die Psychologie werden wir also im einen und anderen Fall verwiesen. Sie werden ja alle schon davon gehört haben, dass es unter dem Titel Psychologie oder Seelenlehre eine Wissenschaft gibt, die nicht wie die Physik, überhaupt die Naturwissenschaft im gewöhnlichen Sinn, von den Tatsachen der physischen Natur handelt, sondern von den so genannten psychischen Tatsachen, zunächst von den in innerer Wahrnehmung erfassbaren aktuellen Erlebnissen psychischer Wesen und in weiterer Folge von den psychischen Dispositionen und den realen Einheiten dieser Wesen, dieser Ichs selbst. Psychische Vorgänge sind z.B. Wahrnehmungen, Erinnerungen, Erwartungen, Gefühle, Begehrungen, Wollungen, Affekte u.dgl. Auch die Erlebnisse des Denkens gehören natürlich hierher, z.B. die Erlebnisse, die wir beim Verstehen eines Satzes haben oder beim Aussagen eines Satzes, wie wenn wir sprechend sagen, dass etwas ist oder nicht ist, und davon überzeugt sind; mit einem Worte, wenn wir „urteilen“. Alles Schließen, Beweisen, Theoretisieren, das wir als Lehrende oder Forschende aktuell vollziehen, ist ein Gewebe von psychischen Vorgängen oder, wie man auch sagt, „psychischen Phänomenen“; alle solche Tatsachen gehören zu irgendeinem Ich und sind mitsamt dieser Beziehung Tatsachen der Psychologie. Sie machen ihr Forschungsgebiet aus. Und dasselbe gilt von den solchen psychischen Phänomenen entsprechenden psychischen Dispositionen: so alle angeborenen Fähigkeiten des Wahrnehmens, Urteilens, Fühlens usw.

* Christian Wolff, *Philosophia rationalis sive logica*, Leipzig und Frankfurt 1728, §61, hier zitiert in der vom Original leicht abweichenden Fassung in Bernard Bolzano, *Wissenschaftslehre*, Sulzbach 1837, Bd. I, S. 25.

** Augustinus, *De trinitate* I. 2. c. 22, zitiert in Bolzano, *Wissenschaftslehre*, Bd. I, S. 15.

und nicht minder die durch umbildende Erfahrung und Übung erworbenen Fähigkeiten und Fertigkeiten, z.B. musikalische, mathematische Fertigkeiten u.dgl., eben als Fertigkeiten psychischen Auffassens der Musik in Vorstellung und Gefühl, mathematischen Auffassens der arithmetischen oder geometrischen Zusammenhänge usw. Alle diese Tatsachen erforscht die Psychologie in ähnlichem Sinn wie die physische Naturwissenschaft, sie beschreibt, sie klassifiziert, sie geht den empirischen Zusammenhängen nach und wo möglich exakten Gesetzen, aus denen dann vorgegebene Einzelnheiten der Erfahrung unter den Umständen, in denen sie auftreten, als notwendig, als gesetzmäßig erklärt werden können.

In diesem Sinn gehört also auch der Verstand als psychisches Vermögen und als Titel für gewisse Klassen psychischer Erlebnisse in die Psychologie.

Wodurch unterscheidet sich dann aber die Logik von der Psychologie, da doch die Logik es mit dem Verstand, einem psychischen Vermögen, zu tun hat und die Psychologie die Wissenschaft von allen psychischen Vermögen ist? Ist sie etwa ein „bloßer Teil oder Zweig der Philosophie“,[1] reduziert sie sich auf Psychologie des Intellekts? J. St. Mill, einer der bedeutendsten Logiker des 19. Jahrhunderts, hat sich gelegentlich so ausgesprochen,* aber mehr aus Übereilung des Ausdrucks. Die Antwort liegt ja nahe: Die Logik als die vorhin charakterisierte Kunstlehre und Normenlehre des Denkens interessiert sich für die Tatsachen des intellektiven Gebietes nicht um ihrer Tatsächlichkeit willen, in Absicht, sie theoretisch zu erforschen. Das tut die Psychologie, und sie tut es vollständig in Hinblick auf den umfassenden Zusammenhang der psychischen und psychophysischen Natur. Der Logiker interessiert sich für psychologische Tatsachen und psychologische Zusammenhänge vielmehr nur, soweit sie für seine normativen Absichten in Frage kommen. Also nicht auf psychologische Gesetze als Gesetze des faktischen Ablaufs der psychischen Denkerlebnisse hat er es abgesehen, sondern auf „logische“ Gesetze, d.i. normative und praktische Gesetze. Er fragt nach den Normen, an die man sich binden muss, und nach Regeln, welche zu befolgen zweckmäßig ist, wenn man eben einen Zweck bzw. eine normative Idee, die der Wahrheit, nicht verfehlen will. Mit diesem Ziel, mit dieser Idee der Richtigkeit kommt in das bloß Psychische der Gedanke der logischen Norm herein. Die Psychologie normiert nicht, ebenso wenig ⟨wie⟩ die Physik es tut. Physische Gesetze sind Naturgesetze; sie sagen: In Wirklichkeit verhalten

[1] *Recte* Psychologie.

* Vgl. John Stuart Mill, *An Examination of Sir William Hamilton's Philosophy and of the Principal Philosophical Questions Discussed in His Writings*, London 1878, S. 461 f., zitiert in *Prolegomena*, § 17 (*Husserliana* XVIII, S. 64).

sich Massen, Energien usw. allgemein so und so. In gleicher Weise sind die psychologischen Gesetze sozusagen Gesetze der psychischen Natur. Es ist eine allgemeine, in allgemeinen Sätzen auszusprechende Tatsache, dass sich psychische Vorgänge so und so abspielen, dass sich psychische Dispositionen so und so ausbilden usw. Normen aber sagen nicht: Allgemein ist es so, sondern: So soll es sein. Denken soll so und so beschaffen sein, sonst kann es nicht richtiges, verstandesmäßiges, logisches Denken sein. Oder anders ausgedrückt: Sonst verfehlt es notwendig die Idee der Wahrheit. Und wieder: Hinsichtlich der praktisch empfehlenswerten Maßnahmen, der methodischen Regeln, sagt die Logik: Es ist vorteilhaft, so und so zu verfahren, sonst verfällt man leicht in Verwechslungen, in Trugschlüsse usw.

Damit soll aber nicht der innere Zusammenhang der Psychologie mit der Logik (mit der Logik im Sinne jener Kunstlehre des verständigen Denkens) bestritten, also einer Loslösung der Logik von der Psychologie das Wort geredet werden. Es bleibt doch dabei, dass die Logik, wenn sie das Denken und die Denkdispositionen normieren und praktisch regeln will, es mit psychischen Funktionen zu tun hat. Psychisches ist das, was sie regeln will. Und so wie sonst die Aufstellung vernünftiger Regeln für eine Tätigkeit die Kenntnis dieser Tätigkeit voraussetzt, nach ihrem Wesen und ihren tatsächlichen Bedingungen, so wird es sich auch hier verhalten. Es liegt also nahe zu sagen: So wie sich auf die physische Naturwissenschaft physische Technologien gründen, auf die theoretische Chemie etwa die chemische Technologie, auf die theoretische Mechanik die mechanischen Technologien, so gründen sich auf die Psychologie eben psychologische Technologien, so z.B. die Pädagogik, und darunter auch die Logik. Ja man kann bei passend erweitertem Begriff von Pädagogik die Logik unter sie befassen. Unser Denken im Sinne der Idee der Richtigkeit erziehen, das kann man ja auch als die Aufgabe bezeichnen, die alles, was die Logik in unserem jetzigen Sinn tut und will, mit umspannen müsste; wie ich nicht näher auszuführen brauche.

Das alles sind nahe liegende Gedanken, und es liegt so offenbare Berechtigung in ihnen, dass wir uns nicht wundern dürfen, dass sie von so vielen Logikern an die Spitze gestellt werden. Allerdings, nicht wenige gehen erheblich weiter, sie tun so, als ob diese Abhängigkeit der Logik von der Psychologie, die ganz selbstverständlich ist, besagte, dass Logik all ihre theoretischen Unterlagen aus der Psychologie schöpfte oder zum mindesten alle für sie irgend wesentlichen Unterlagen. Das aber ist falsch, und der Irrtum, der hier begangen wurde, war verhängnisvoll für die ganze moderne und vorwiegend psychologistische Logik. An ihm lag es, dass die Möglichkeiten, andere Begriffe von Logik zu begrenzen, nicht gesehen wurden und dass der Weg zur philosophischen Logik verbaut blieb. Ich spreche von anderen Begriffen von Logik oder, was dasselbe besagt, von Möglichkeiten, Wissenschaften vom Verstande oder vom Verstandesmäßigen noch anders zu begrenzen als im Sinne jener Kunstlehre. Ich erinnere: Logik als Kunstlehre will uns anleiten, Denken hinsichtlich seiner Richtigkeit und Unrichtigkeit zu beurteilen und uns im praktischen Denkverfahren möglichst in der Linie der Wahrheit zu halten. Also wohlgemerkt: Eine deutliche Idee von Logik haben wir bisher abgegrenzt, eine Disziplin, die den Namen Logik führt und in Jahrtausenden geführt hat. Wir sagen kurzweg: die logische Kunstlehre. Die bekämpfte Ansicht, deren Hauptrepräsentant in England Mill, in Deutschland etwa Sigwart ist, sieht nur diese Logik. Und in ihrer Auffassung des Verhältnisses zwischen Logik und Psychologie liegt, dass es, wenn wir von den metaphysischen Problemen, zu denen das Denken Anlass gibt, hier absehen, nur zweierlei Wissenschaften vom Denken gibt, einmal die theoretische Wissenschaft, die Wissenschaft von den Denktatsachen oder den Verstandestatsachen, und eine auf sie durchaus gebaute Kunstlehre: die Logik. Sie ist eine wissenschaftliche Disziplin, aber keine theoretische mehr, welche aus den theoretisch-psychologischen Erkenntnissen Nutzen zieht zu Zwecken der Regelung im Sinne der Idee der Richtigkeit bzw. Wahrheit.

Nun könnte uns schon das letzte Wort stutzig machen. Die Idee der Richtigkeit ist keine psychologische Tatsache, es ist kein psychisches Erlebnis und keine psychische Disposition. Woher nimmt die Logik diese Idee und somit all die idealen Forderungen, die in dieser Idee beschlossen sind, die sorgfältig auseinander zu legen ein Hauptstück ihres Geschäftes sein muss? Kann und muss es nicht auch Wissenschaften von Ideen geben? Sind Ideen etwas, von dem in Wahrheit ausgesagt werden kann, so muss es doch eine Wissenschaft geben, welche von den Ideen handelt und die auf sie bezüglichen Wahrheiten in wissenschaftlicher Strenge begründet.

Und so dürfte es vielleicht eine Wissenschaft geben, ja muss es eine Wissenschaft geben, welche von der Idee der Wahrheit und dem in ihr Beschlossenen handelt. Und vielleicht hängt diese Idee mit anderen Ideen unlösbar innig zusammen, und wir werden auf eine recht umfassende und weit verzweigte Wissenschaft geführt, die gar nichts mit Psychologie zu tun hat, sofern wir eben in der Psychologie Tatsachen finden, aber keine Ideen, und sofern Psychologie als Wissenschaft zwar Wahrheiten ausspricht, aber zum Untersuchungsgebiet nur psychische Phänomene und Dispositionen aller Art hat. Die Idee Wahrheit ist aber, wiederhole ich, offenbar kein psychisches Phänomen und keine psychische Disposition.

Was ich hier gesagt habe, diene nur als Vordeutung. Ehe ich an die Ausführung gehe und die klare Ausweisung neuer wissenschaftlicher Gebiete, die in einem tieferen Sinn als Wissenschaften vom λόγος, vom Verstand, von den Gedanken und vernünftigen Gedanken u.dgl. bezeichnet werden können, muss ich kurz einen Grundfehler der „psychologistischen" Auffassung der Logik bezeichnen. Jede Technologie weist, wenn sie den Charakter der Wissenschaftlichkeit haben soll, auf theoretische Wissenschaften zurück, d.h. auf Wissenschaften, welche ohne Rücksicht auf ein normatives oder praktisches Ziel ihr Gebiet durchforschen. Die Einheit der Wahrheiten einer theoretischen Wissenschaft, in dem hier fraglichen Sinn, ist sachliche Einheit. Was sachlich zusammengehört, wird zusammen behandelt. Eine Kunstlehre aber, indem sie fragt, was zur Erreichung eines Zweckes dienlich sein kann, stellt ihre Sätze, die freilich auch Wahrheiten sein müssen, zusammen eben unter dem Gesichtspunkt des leitenden Zweckes; und sie wird die theoretischen Kenntnisse, die sie braucht, oder die jeder, der diesen Zweck am besten erreichen will, gebraucht, bald aus dieser, bald aus jener theoretischen Wissenschaft zu nehmen haben. Die Einheit des Zweckes fordert Zusammenordnung vielerlei Mittel, und diese Mittel können auf sehr verschiedene theoretische Zusammenhänge zurückweisen. Die Baukunst wird rekurrieren müssen auf die Mechanik, überhaupt auf die verschiedenen Zweige der Physik, ferner auf die Mathematik, aber auch auf mancherlei andere Disziplinen, auf die Kunstwissenschaft, insbesondere die Lehre von den Baustilen u.dgl.

Wenn also die logische Kunstlehre sicherlich auf die Psychologie bezogen erscheint, so ist andererseits doch nicht gesagt, dass nicht andere Disziplinen in nicht weniger bedeutsamer Weise dazu berufen sind, zu ihrer theoretischen Fundamentierung beizutragen. Ja vielleicht stellt es sich heraus – und darauf werden wir durch die vorigen Andeutungen hingewiesen –, dass andere theoretische Disziplinen der Logik viel bedeutsamere Fundamente beizustellen haben, so sehr, dass geradezu die wesentlichen theoretischen Fundamente, diejenigen, ohne die Logik gar nicht Logik sein, sich überhaupt nicht etablieren könnte, nicht der Psychologie entstammen. Wenn nun so bedeutende Logiker wie Mill, Sigwart, Erdmann dies nicht eingesehen haben, so ist zu erwarten, dass es sich um ein in gewisser Weise Verborgenes handelt oder dass besonders innige Beziehungen zwischen diesen neuen Fundamenten und der Psychologie einen täuschenden Schein verbreiten, der zunächst fast mit Notwendigkeit davon abhält, sie sich zur Abhebung zu bringen, vielmehr dazu verführt, sie für ein bloß Psychologisches zu halten. Und das wird sich denn in der Tat herausstellen.

⟨*Logik als allgemeine Wissenschaftslehre*⟩

Um nun zu einer vollen Einsicht in die fragliche Sachlage zu kommen und zur Umgrenzung einer neuen und in einem spezifischen Sinn logischen Disziplin, knüpfen wir noch einmal an die Idee der logischen Kunstlehre an, ihr zunächst selbst die natürliche Weite und Tiefe gebend.

Wenn wir von der Logik als Anfänger noch gar nichts wissen und bloß hören, es sei eine Kunstlehre, gerichtet auf Erkenntnis der Wahrheit und auf Vermeidung von Irrtümern, so haben wir vielleicht die Vorstellung von praktischen Winken, Kunstgriffen, Kniffen, die uns bei der Aufsuchung von Wahrheiten nützlich sein sollen. Und da wird es uns zunächst nicht recht verständlich sein, wie sich in dieser Hinsicht eine große Wissenschaft etablieren sollte, welche den Scharfsinn der größten Denker in alten und neuen Zeiten beschäftigen konnte. „Denkregeln" soll die Logik aufstellen. Was mag das wohl sein? Nun ja, wir wissen, dass Wahrheit uns nicht vom Himmel herunterregnet, dass sie nur in eifrigem Studium erworben wird, dass man hierbei mit frischen Sinnen, unter Abhaltung aller Zerstreuung in konzentrierter Aufmerksamkeit zu Werke gehen muss; dass man die Bedingungen einer Aufgabe wohl überlegen, dass man zusammengesetzte Probleme in die Teilprobleme zerlegen und dann in systematischer Ordnung an die Lösung gehen muss; dass man hierbei alle Gründe pro und kontra sorgsam abwägen, dass man alle Fälschungen gefühlsmäßiger Anteilnahme ausschalten, nicht nach Vorurteilen, sondern gemäß den Forderungen der Sachen selbst die Entscheidungen treffen muss usw. usw. Aber bedarf es zu solcher Weisheit der Pedanterie einer wissenschaftlichen Disziplin? Dergleichen lernt jeder doch aus eigener Erfahrung. Man lernt denken so wie man gehen lernt. Und höhere Erkenntnisdispositionen gewinnt man selbstverständlich in den Wissenschaften und in der praktischen Anleitung durch ihre Lehrer, die ja wohl ihre Weisheit auch nicht von den Logikern gelernt haben werden.

Demgegenüber ist es gut, gerade den eben gegebenen Hinweis auf die Wissenschaften zu benützen und mit Beziehung auf sie der Idee einer logischen Kunstlehre einen tieferen Gehalt zu geben. Diese Kunstlehre soll auf das ideale Ziel der Wahrheit gerichtet sein. Nun wird aber wohl niemand, wenn von der Wahrheit als einem idealen Ziel menschlichen Erkenntnisstrebens die Rede ist, an bloß vereinzelte wahre Sätze, etwa an Feststellungen vereinzelter Erfahrungstatsachen denken. Der Mensch nimmt im Erkennen einen höheren Flug. Wo er sich über die Notdurft des sinnlichen Daseins erhebt und sich der rein theoretische Trieb seiner bemächtigt, strebt er, den inneren Zusammenhängen der Sachen unermüdlich nachspürend, von

Erkenntnissen zu Erkenntnissen, von Erkenntniszusammenhängen zu immer neuen Erkenntniszusammenhängen. Nicht einzelne Erkenntnisse, sondern jene großen Erkenntnisorganisationen, die wir Wissenschaften nennen, werden zu Ergebnissen und Zielen menschlicher Erkenntnistätigkeit. Aber auch in den vereinzelten Wissenschaften lebt sich jener Wissenstrieb noch nicht aus, der einen Grundzug echten und höheren Menschentums ausmacht. Indem er von Wissenschaften zu immer neuen Wissenschaften forttreibt, ist er offenbar beseelt von einem letzten und höchsten Ideal, dem einer intensiv und extensiv vollkommenen, von einer allumfassenden und absoluten Erkenntnis des Seienden überhaupt. Alles Sein zu umspannen, all seinen natürlichen Gliederungen nachzugehen, eine disjunktiv vollständige Übersicht der Seinsgebiete als Gebiete möglicher Forschung zu gewinnen, in all diesen Gebieten dann eine ausschöpfende Wissenschaft zu treiben, um dann wieder die vereinzelten Wissenschaften zu einer höchsten Erkenntnissynthese zu vereinen und so dann überhaupt nach jedem möglichen und vernünftigen Gesichtspunkt das Sein überhaupt zu erkennen nach Inhalt, Sinn und Wert, das ist höchstes Ziel menschlicher Erkenntnissehnsucht. Zweifellos, dass dieses Ziel eine bloße Idee ist, ein Unendliches, dessen praktische Realisierung vermöge der wesentlichen Unendlichkeit erkennbaren Seins unmöglich ist. Aber ebenso zweifellos ist, dass diese Idee im Sinne eines praktischen Ideals vernünftig zu begrenzen ist.[1]

Nun ist es klar, dass die logische Kunstlehre hingeordnet werden kann und ihrem Wesen nach hingeordnet ist auf dieses praktische Ideal und dass dieses Ziel, sich zu setzen und vernunftgemäß zu begrenzen, ihr notwendig zugemutet werden muss. Ihre Aufgabe wird es also sein, uns in unserem idealen Erkenntnisstreben zu fördern und richtig zu leiten, also uns anzuleiten, in fruchtbarer Weise Wissenschaften zu begründen, die für sie angemessenen Methoden auszubilden, in richtiger Weise Erkenntnisse auf Erkenntnisse, Theorien auf Theorien zu bauen, die gesamte Disziplin in richtiger Weise in Teildisziplinen zu zerlegen usw.; in weiterer Folge aber auch, die verschiedenen Wissenschaften in einen richtigen Zusammenhang zu bringen, damit wir durch sie hindurch, und in natürlicher Stufenfolge, schließlich emporsteigen können zur höchsten Wissenschaft, zu der uns letzte und abschließende Erkenntnis verleihenden Metaphysik. Mag das Ideal, das dieses Wort „Metaphysik" bezeichnet, zur Zeit noch in unerreichten und für uns unerreichbaren Fernen liegen, immerhin ist es ein bestimmtes und

[1] *Gestrichen* Diese Begrenzung ist eine notwendig philosophische und speziell in die Ethik hineingehörige Aufgabe.

notwendiges Ideal, ein fester Pol, auf den sich alle Erkenntnisintentionen letztlich richten wollen und richten sollen und dem wir uns aber auch stetig annähern können.

Mit Beziehung auf das oberste Erkenntnisideal könnte die Logik geradezu als Kunstlehre metaphysischer Erkenntnis bezeichnet werden. Indessen wäre das doch missverständlich. Es sähe ja so aus, als ob es sich um praktische Regeln für den Metaphysiker handelte, während es sich doch um die gesamte menschliche Erkenntnis in ihrer idealen Zielordnung handelt bzw. sich handelt um die Realisierung des in aller Wissenschaft lebenden und sich partiell in jeder auswirkenden Ideals. Man sagt daher lieber Kunstlehre von der wissenschaftlichen Erkenntnis oder schlechthin Wissenschaftslehre, ein Name, der in einem mindest verwandten Sinn wiederholt, z.B. von Schleiermacher und von Bolzano, gebraucht worden ist.

Nun wird es deutlich, dass eine logische Kunstlehre, so weit und tief gefasst, wie sie gefasst werden muss, denn doch mehr und anderes erwarten lässt als eine bloße Zusammenordnung von allerlei nützlichen Winken, die beim Erkennen nicht außer Acht zu lassen sind; also am Ende gar erkenntnishygienische Winke, sei es auch wissenschaftlich fundiert auf gründlichen experimentellen Nachweisungen unserer Zeit, dass Alkohol die Denktätigkeit durchaus ungünstig ⟨beeinflusse⟩, der Tee aber innerhalb gewisser Grenzen günstig wirke, dass man also gut tue, dem Alkohol zu entsagen, um dafür lieber eine⟨r⟩ Tasse Tee oder ein⟨es⟩ Glas⟨es⟩ erfrischender Limonade sich zu bedienen. Nein, derartige Fragen intellektueller Hygiene können wir ganz ausschließen und schließen wir in einer Kunstlehre wissenschaftlichen Erkennens in der Tat und mit Grund aus; und dann tritt erst recht ein großes Feld bedeutsamer logischer Erkenntnis hervor, das Feld der wesentlich logischen Erkenntnis, d.i. dasjenige, welches das eigentliche Substrat für eine Wissenschaftslehre abgeben muss. Ihrem wesentlichen Absehen gemäß wird ja eine solche Wissenschaftslehre sich des allgemeinen Wesens der Wissenschaft überhaupt bemächtigen müssen. Schon der flüchtigste Blick der Vergleichung macht darauf aufmerksam, dass alle Wissenschaften als solche wesentliche Gemeinsamkeiten haben, dass also neben dem, was jeder Wissenschaft eigentümlich ist, auch eine Fülle verbindender Gemeinsamkeiten vorhanden ist, die eben Wissenschaft als solche charakterisieren; Gemeinsamkeiten, die also zu jeder gegebenen Wissenschaft (und notabene jeder echten Wissenschaft im Gegensatz zur Scheinwissenschaft) gehören müssen, weil sie sonst eben nicht überhaupt Wissenschaft wäre. Darauf, auf solche Gemeinsamkeiten, aber wird unsere Kunstlehre in erster Linie ihren forschenden Blick richten müssen. Denn selbstverständlich muss sie vor allem absehen auf praktische Regelung, ⟨muss sie⟩ eine Beurteilungskunst sein, welche die Normen feststellen soll, nach denen echte Wissenschaften von unechten unterschieden werden können; und ebenso hinsichtlich aller Konstituentien von Wissenschaft, etwa hinsichtlich der Schlüsse, der Beweise, der Theorien, wie zwischen echten und unechten, d.i. zwischen gültigen und ungültigen unterschieden werden kann. Es lässt sich aber bald einsehen – und ich werde die zugehörigen Ausführungen nachher gleich geben –, dass die Erforschung all dessen, was zum Wesen echter Wissenschaft als solcher gehört, ein höchst umfassendes Substrat für eine Wissenschaft gibt und vor allem reichliches Material für eine Logik. Von der Erkenntnis des Wesens von Wissenschaft überhaupt wird die Logik Gebrauch zu machen haben zu Zwecken einer allgemeinen Normierung und dann der praktischen Förderung wissenschaftlichen Denkens. Zugleich sehen wir, dass solche Normen und solche praktischen Regeln eine ganz andere Stellung und Bedeutung haben als jene bloß hygienischen Erkenntnisnormen. Die eigentlich logischen Normen fließen aus dem immanenten Wesen der Wissenschaft und aus dem eigenen Wesen der Erkenntnis in ihrer Beziehung zum Erkannten, und eben darum heißen sie eigentliche logische Normen. Andererseits gründen jene Regeln intellektueller Hygiene und alle ähnlichen Regeln in der bloßen Tatsächlichkeit des psychologischen und psychophysischen Zusammenhangs der menschlichen Intellektualfunktionen mit anderen Funktionen, und die Gesetzmäßigkeiten, die hier bestehen, haben keine inneren Beziehungen zum Wesen der Erkenntnis, der Wahrheit, der Theorie und Wissenschaft. Infolge davon ist es auch *de facto* keinem ernst zu nehmenden Logiker je eingefallen, die logische Kunstlehre mit intellektueller Hygiene zu beschweren. Allzeit war sie gedacht als eine wissenschaftliche Disziplin vom wesentlich Logischen und von all den Regeln und Normen, die eben aus dem Wesen des Logischen folgen, während alles in dieser Hinsicht Außerwesentliche, alles, was die zufällige Verflechtung der logischen Funktionen mit anderen psychischen und physischen Funktionen mit sich bringt, ausgeschlossen blieb.

Es wird nun gut sein, zunächst zur Bestätigung des soeben Ausgeführten und dann weiterhin im Interesse unseres analytisch in die Tiefen dringenden Ganges zu überlegen, inwiefern Wissenschaften solche wesentlich gemeinsamen Eigenheiten haben, die dem Logiker Substrate für umfassende Feststellungen darbieten könnten.

Da tritt uns denn alsbald ein allgemeines und schlechthin wesentliches Charakteristikum aller Wissenschaft entgegen, sowie wir es nur bezeichnen. Wissenschaft begründet! Sie tut es von Anfang an und mit jedem Schritt. Ihre Ausgangspunkte sind Feststellungen, und das sagt doch: Es sind nicht leere Meinungen, nicht aus der Luft gegriffene Behauptungen.[1] Und das sagt eben, es sind begründete Behauptungen. Entweder es sind zweifellose Grundeinsichten, wie in der Mathematik die allerersten Axiome, oder es sind begründete Ansätze für künftige mittelbare Begründungen von Erkenntnissen, wie in den Tatsachenwissenschaften die unmittelbaren tatsächlichen Feststellungen, die abgegeben werden in Form von unmittelbaren Wahrnehmungsurteilen oder Erinnerungsurteilen u.dgl. Schlichte Wahrnehmung gilt da als berechtigendes Urteilsmotiv, obschon sie in sich selbst noch nicht ausreicht, die Tatsache absolut festzustellen. Jeder Erfahrungsforscher weiß, dass Wahrnehmung auch trügen kann, und trotzdem lässt er Wahrnehmung als Grund gelten, wenn auch nicht als absoluten und für sich allein voll berechtigenden Grund.

Wissenschaft macht aber nicht bloß vereinzelte und bloß unmittelbare Feststellungen, die ja in weiten Sphären, wie soeben angedeutet, nicht einmal zu voller und endgültiger Feststellung zureichen würden. Sie geht vielmehr Schritt für Schritt in geordnetem Progressus weiter. Sie macht immer wieder Feststellungen, die weit über die Sphäre unmittelbarer Einsicht und Erfahrung hinausführen.

Abgesehen davon, dass selbst die Gegenständlichkeiten, welche Ziel der unmittelbaren Feststellungen waren, immer wieder neue und evtl. modifizierte Bestimmung erfahren, so treten auch immer neue, dem unmittelbaren Blick verborgene Sachverhalte in den Gesichtskreis der Erkenntnis, die auf solchen mittelbaren Wegen ins Unendliche fortschreitet. Aber all die Schritte, die da vollzogen werden, haben ihre *ratio*, sie sind Schritte der Begründung, und nur weil sie es sind und ihre begründende Kraft einsichtig werden kann, gelten ihre Ergebnisse. Also der Charakter einsichtiger Begründung durchzieht die Wissenschaft ganz und gar, er unterscheidet jede ihrer Behauptungen scharf von leeren Einfällen, von vagen Meinungen, von blinden Vorurteilen. Was wir wissenschaftliche Methoden nennen, sind nichts anderes als typische Wege der Begründung. An Einsichtigkeit fehlt es zwar auch nicht im außerwissenschaftlichen Denken; aber erst die Wissenschaft schaltet prinzipiell jedwede Urteilsmotive aus, die nicht einsichtig begründend sind; keinen Schritt lässt sie zu, der nicht „logisch gesichert" ist, der nicht durch seinen Inhalt und seine methodische Zusammenhangsfunktion die Bürgschaft der Begründung mittragen kann.

---

[1] *Gestrichen* Es sind Gründe. Entweder es sind unmittelbare Gründe oder schon in anderen Wissenschaften begründete Gründe, also mittelbare. Auf unmittelbare Begründung werden wir also letztlich überall zurückverwiesen. Es sind begründete Feststellungen.

Fassen wir also die Idee einer logischen Kunstlehre im Sinn unserer normativen und praktischen Wissenschaftslehre, so findet sie danach ein wesentlich Logisches vor in der Tatsache der Begründung. Begründung als etwas wesentlich zur Wissenschaft Gehöriges, das muss in ihre Domäne gehören; und es ist für die Logik in der Tat etwas so Wesentliches, dass, wenn wir sie in einem noch so weiten Sinn als Kunstlehre vom Erkennen definierten, wie wir es ursprünglich getan, und noch gar nicht an Wissenschaft dachten, so stießen wir doch auch schon auf Grund und Begründung: Denn ist Erkennen nicht ein Urteilen, und zwar ein begründetes Urteilen? Aber freilich, erst wenn wir auf die höheren und höchsten Ausgestaltungen des Erkennens hinblicken, auf die Wissenschaften, merken wir, wie viel wir an diesem Wort „Begründung" haben. Und das wird sich jetzt gleich herausstellen. Zunächst möchte ich nur bemerken, dass Begründung sich so sehr als das wesentlich Logische aufgedrängt hat, dass man die Logik auch öfter als Wissenschaft oder Kunst der Begründung definiert hat, besonders oft als Wissenschaft (Kunst) vom Schließen, sofern man meinte, nur die mittelbaren Begründungen gäben Anlass für eine umfassendere Regelgebung. Auch im Worte „Logik" kann man die Vordeutung auf dieses wesentlich Logische finden; denn eine der Bedeutungen des Wortes „λόγος", von der wir bisher noch keinen Gebrauch gemacht haben, ist Grund, so insbesondere in der Verwendung „ὀρθὸς λόγος". Man könnte also Logik interpretieren: wissenschaftliche Disziplin, die uns im Aufsuchen der Gründe, also im Vollzug der echten und rechten Begründungen fördern will, und schon vorher normativ: im Beurteilen der rechten Gründe und Begründungen.

(Ehe ich weitergehe, noch eine Anmerkung, die von Interesse, obschon nicht gerade von besonderer Bedeutung ist für unseren weiteren Gang. Ich habe immer wieder nebeneinander gestellt „normativ" und „praktisch", z.B. normative und praktische Disziplin. Vielleicht erscheint Ihnen das als Pleonasmus. Das ist keineswegs der Fall. Eine normative Wissenschaft beurteilt, sie sucht Regeln der Beurteilung, nämlich ob gewisse Sachen irgendeiner maßgebenden Idee, einer Grundnorm gemäß sind oder nicht, bzw. welches die notwendigen oder auch nur hinreichenden Bedingungen dafür sind, dass Gegenständlichkeiten jener maßgebenden normativen Idee entsprechen. Eine normative Disziplin geht in eine praktische über, wenn es sich um Gegenstände handelt, die wir jener Idee entsprechend gestalten können, so dass sich die Idee dann in eine praktische Idee verwandelt. Dass beides zu trennen ist, ist klar. So ist die Möglichkeit einer normativen Ästhetik etwas allgemein Anerkanntes und ebenso die einer normativen Ethik, aber keineswegs durchaus die Möglichkeit einer ästhetischen und ethischen Kunstlehre.

Schopenhauer z.B. leugnet aufgrund seiner allerdings falschen Lehre vom angeborenen und absolut unveränderlichen Charakter die Möglichkeit jeder moralischen Beeinflussung und Erziehung, und demgemäß gibt es für ihn keine Ethik im Sinne einer praktischen Moral. Dagegen baut er selbst eine normative Ethik, der ja immer noch die Aufgabe übrig bleibt, das Wesen des Moralischen zu bestimmen und danach die Normen zu formulieren, an denen irgendwelche Handlungen, Gesinnungen, Charaktere als moralisch oder unmoralisch oder sittlich gleichgültig normiert werden können. Offenbar ist das Feld einer Kunstlehre weiter als das der entsprechenden Normenlehre; jede Kunstlehre ist zugleich normative Disziplin, nur nicht umgekehrt.)

Kehren wir nun zum Hauptzuge unserer Gedanken zurück und überlegen wir, inwiefern Begründung, als das Logische in einem spezifischen Sinn, ein umfassendes Feld logischer Arbeit abgeben soll. Vielleicht ist Ihnen das nicht so ohne weiteres klar, und jedenfalls haben wir uns das näher zu bringen. Am besten knüpfen wir an die mittelbaren Begründungen an, d.h. an die Begründungen, in denen Urteile (irgendwelche wissenschaftliche Behauptungen etwa) nicht unmittelbar, sondern sozusagen auf die Autorität anderer Urteile hin (die ihrerseits schon begründet sind) festgestellt werden. Hier stoßen wir u.a. auf das älteste Feld der logischen Kunstlehre und der Logik überhaupt, auf das Feld der aristotelischen „Analytik" mit seinen mannigfachen Regelsystemen. Machen wir uns die merkwürdige Sachlage, die zum Wesen des mittelbaren Begründens gehört, zunächst in Allgemeinheit klar.[1]

Vorbereitend erwägen wir Folgendes. Was wir begründen, sind Urteile, die sich in Form von Aussagesätzen aussprechen. Jedes Urteil hat jeweils seinen bestimmten Urteilsgehalt oder -inhalt. Urteilen wir: $2 \times 2 = 4$, so ist eben das, dass $2 \times 2 = 4$ ist, der Urteilsinhalt. Urteilen wir morgen: $2 \times 2 = 4$, so ist das Urteil (der Urteilsakt), das ja ein psychisches Erlebnis ist, ein neues, es ist aber ein Urteil desselben Inhalts, so dass wir geradezu sagen, es sei „dasselbe" Urteil. Mittelbare Begründungen oder schließende, auch folgernde genannt,[2] sind dadurch charakterisiert, dass in ihnen Urteile gefällt werden ausschließlich auf Urteilsmotive hin, die in vorgängigen und im Begründungszusammenhang noch fortbewussten anderen Urteilen bestehen. Ein begründetes Urteil ist also seinem Wesen nach ein motiviertes, aber nicht jedes motivierte Urteil ist mittelbar begründet, in der Weise eines schließenden begründet.

---

[1] Die elementaren Begriffe Aussage, Urteil, leeres und intuitives Urteil müssten hier gegeben werden.

[2] Besser: Wir unterscheiden mittelbare und unmittelbare Begründungen und beschränken uns auf eine gewisse Klasse mittelbarer Begründungen: nämlich die Schlüsse im engsten Sinn.

Wenn ich auf eine Wahrnehmung hin etwas aussage, so liegt das Urteilsmotiv in der Wahrnehmung. Aber dieser Motivationszusammenhang zwischen Urteil und Wahrnehmung ist kein schließender, denn die Wahrnehmung ist kein Urteil.[1] Dagegen bietet jeder mathematische Schluss oder Beweis und ebenso jede physikalische Induktion Beispiele für schließende Begründungen. Ein Schlussurteil ist da, das geurteilt wird auf andere Urteile hin, die Prämissenurteile. Dabei ist ferner Schließen im weiteren psychologischen Sinn zu unterscheiden vom Schließen im prägnant logischen Sinn. Man spricht von falschen und wahren Begründungen. Man spricht ebenso von falschen und wahren Freunden. Wie aber im prägnanten Sinn ein falscher Freund gar kein Freund ist, so eine falsche Begründung keine Begründung, ein Fehlschluss kein Schluss. Zwar wir urteilen „daraufhin", dass wir andere Urteile, Urteile eines anderen Gehalts geurteilt haben. Also das Urteil ist motiviert durch die Prämissenurteile; aber „motiviert" ist nicht im prägnant logischen Sinn „begründet": Das Letztere begrenzt ein engerer Begriff. Logisch gesprochen ist also eigentlich „Schluss" und „richtiger Schluss" dasselbe, und die Betonung „richtiger Schluss" sagt, dass das Schließen eben nicht den bloßen Charakter psychologischen Schließens hat, sondern dass in ihm wirklich und eigentlich ein Verhältnis zwischen Grund und Folge gegeben ist. Im Gehalt der Prämissenurteile liegen dabei die Gründe für das, was das Schlussurteil aussagt, und dieses Was, der Inhalt des Schlussurteils, ist die Folge. Dass nun wirklich dieses Verhältnis zwischen Grund und Folge statthat, das ist im schließenden Zusammenhang gegeben, wofern er eben logischer und voll einsichtiger ist. Denn Einsicht haben und die einsichtige Sachlage wahr und wirklich gegeben haben, ist einerlei. Natürlich nicht alles Schließen ist einsichtiges, wie denn alle falschen Schlüsse notwendig uneinsichtige sind. Andererseits braucht nicht jedes uneinsichtige Schließen falsch zu sein. Wir sagen oft genug: „Das und das verhält sich so, weil dafür die und die Gründe sprechen", ohne dass wir den Zusammenhang zwischen Grund und Folge wirklich einsehen, obschon er bestehen mag. So z.B., wenn wir uns eines mathematischen Beweises erinnern, den wir einmal einsichtig geführt haben, aber uns nur so weit erinnern, dass damals aus den und den Prämissen der Schlusssatz gefolgert wurde; ohne den Beweis zu reproduzieren und vielleicht reproduzieren zu können, urteilen wir nun jetzt voll überzeugt: „Der und der Lehrsatz gilt als Folge der und der Prämissenlehrsätze." Es ist klar, dass jede solche Behauptung, und so jede uneinsichtige mittelbare

---

[1] *Randbemerkung (wohl 1910/11)* Wesentlich korrekter in der nächsten Vorlesung, cf. Beilage Blatt 2 ⟨= unten, S. 24⟩.

Begründung, in sich selbst des Rechtsausweises ermangelt und dass sie, wenn sie eine richtige ist, zurückführt auf einsichtige und nur aus der Einsicht ihr Recht schöpft. Doch damit, mit dieser Rede vom Recht, stoßen wir schon auf die Merkwürdigkeiten, auf die ich jetzt hinweisen möchte, ebenso wie schon vorher mit der Rede: Ein Verhältnis von Grund und Folge wird im Schließen bewusst, und im einsichtigen einsichtig. Wir beschränken uns jetzt auf eigentliche und einsichtig vollzogene Begründungen, die offenbar in allem wissenschaftlichen Denken die grundlegende Rolle spielen. Halten wir uns nun Beispiele einsichtiger Begründungen vor Augen, vollziehen wir etwa diese oder jene mathematischen Schlüsse in voller Einsicht oder irgendein Stück wohl begründeten physikalischen Zusammenhangs u.dgl., dann treten uns gewisse außerordentlich lehrreiche Eigentümlichkeiten hervor, die zwar einen gewissen Charakter der Selbstverständlichkeit haben und die doch an sich höchst merkwürdig sind. Jeder Anfänger muss sie sich ein für alle Mal zu vollster Klarheit bringen. Zugleich handelt es sich hier um Tatsachen, mit deren Heraushebung alsbald ein großes und für eine Wissenschaftslehre fundamentales Gebiet der Forschung hervortritt.

Die[1] Hauptgedanken, in deren näherer Ausführung wir begriffen sind, waren folgende: Erkennendes Denken ist begründendes Denken. In den Wissenschaften, in denen das reine Erkenntnisstreben des Menschen immer höhere und höchste Erfüllung sucht, löst sich alles in Begründungen auf. Eine wissenschaftliche Aussage wird gemacht: das heißt, irgendein zur Domäne der betreffenden Wissenschaft gehöriger Sachverhalt wird erkannt, er wird auf einen nachgewiesenen Grund hin urteilsmäßig als bestehender, als wahrhaft seiender gesetzt. Allenfalls mag ein Schritt oder eine ganze Kette von Schritten bloß vorbereitend ⟨sein⟩: Es handelt sich dann um Hilfsverrichtungen zur Vorbereitung künftiger Begründungen oder auch zur gesicherten Festhaltung schon gewonnener Gründe, um ihren gründenden Charakter nicht in jedem neuen Fall abermals nachweisen, sondern in Zukunft mit hinreichender Sicherheit unbesehen in Anspruch nehmen zu können, um dann beruhigt neue Begründung darauf bauen zu können u.dgl. Im Übrigen ist es klar, dass auch solche indirekten methodischen Prozeduren, wie z.B. die Anlegung von Tabellen, die Einführung von passenden Nomenklaturen usw., selbst wieder ihre wertvolle Funktion gewissen Begründungen verdanken, die die Zweckmäßigkeit solcher Prozeduren ein für alle Mal einsichtig feststellt. Also im Hinblick auf die strengen Wissenschaften, die durch und durch aus Stufen der Begründung aufgebaut sind, können wir Begründungen

[1] Rekapitulation.

nach ihrem Wesen und ihren Artungen am besten studieren. Wenn wir nun die Logik oder Erkenntniskunst mit Rücksicht darauf, dass die Ziele der Erkenntnisarbeit in den Wissenschaften liegen, als Wissenschaftslehre definieren, als normative Disziplin oder Kunstlehre von der Wissenschaft überhaupt, so hat danach diese Wissenschaftslehre ein allerwesentlichstes Substrat ihrer Forschung in den Begründungen. Ist Begründen das wesentliche Geschäft oder nur ein wesentliches Geschäft der Wissenschaft und lassen sich über Begründungen allgemeine Einsichten gewinnen, so müssen diese Einsichten, das ist selbstverständlich, für die normativen und praktisch regelnden Abzweckungen der Wissenschaftslehre eine notwendige Unterlage bilden. Weiß ich allgemein, was zum Wesen einer Begründung, einer echten, wirklichen Begründung gehört, so habe ich daran ja einen Maßstab, an dem ich ⟨*in*⟩ *concreto* messen kann, ob eine prätendierte Begründung wirklich Begründung ist; und für das aktuelle Betreiben wissenschaftlicher Erkenntnis habe ich zugleich eine praktische Regel, die da sagt: Achte darauf, dass die und die allgemeinen Charaktere nicht verfehlt sind, lasse dich nicht durch die und die Versuchungen täuschen; fehlen die wesentlichen Charaktere, so ist deine Begründung von vornherein keine Begründung, keine solche im echten Sinn der logischen Richtigkeit.

Nun war die Frage aufzuwerfen: Inwiefern gibt das Begründen Anlass zu weitreichenden und einer Wissenschaftslehre reichen Inhalt bietenden Erkenntnissen? Und weiter war die Frage die: Sind die Forschungen durchaus, ja überhaupt psychologische Forschungen? Der gleich am Eingang der Logik entbrennende Streit zwischen psychologistischem Empirismus und Idealismus nötigt uns diese Frage auf. Von ihrer Beantwortung hängt viel ab, vor allem schon für die ganze weitere Behandlung der Logik, und in weiterer Folge der ganze Sinn einer philosophischen Logik. Also die Frage ist, ob die theoretische Wissenschaft, die von den Begründungen handelt, die Psychologie des Intellekts ist, oder ob sich hier nicht eine eigene theoretische Wissenschaft auftut, die in keiner Weise mit Psychologie vermengt werden kann.[1]

---

[1] *Eingeklammert und später gestrichen* Es ist klar, dass wir dann eine Logik in einem neuen Sinn hätten, eine theoretische Logik, eine Wissenschaft, die vom spezifisch Logischen nicht als normative oder praktische Disziplin handelt, sondern als theoretische. Jedenfalls, wie sollten wir sie sonst nennen? Psychologie der Erkenntnis, Psychologie des Denkens, des Erkennens, des Begründens reichte dann nicht aus, der normativen und praktischen Logik das theoretische Fundament zu bieten. Es gäbe dann noch eine neue theoretische Wissenschaft von den Begründungen, und die wäre es, die der logischen Kunstlehre das Allerwesentlichste lieferte. Wir würden sie also wohl Logik nennen und sagen, sie bearbeite einen Bestand von Erkenntnissen, ohne jede Rücksicht auf Regelung menschlicher Erkenntnis, rein um der Theorie willen, ein⟨en⟩

Das sind die leitenden Gesichtspunkte. In der Ausführung beschränkten wir uns auf ein bestimmtes Gebiet der Begründungen, und zwar auf mittelbare Begründungen. Und noch enger begrenzen wir uns auf solche mittelbaren Begründungen, in denen Urteile ausschließlich auf andere vorgegebene Urteile hin gefällt werden. Ich muss hier gegenüber dem letzthin Gesagten eine kleine Korrektur eintreten lassen. Ich fasste den Begriff der „mittelbaren" Begründung von vornherein so eng, dass er nur das Begründen befasst, das Urteile rein durch andere Urteile begründet. Es wäre das aber eine unbequeme Einengung der Rede von mittelbarer Begründung, die dem verbalen Sinn nach viel weiter anwendbar ist und von mir auch angewendet werden wird. Bei mittelbaren Begründungen überhaupt pflegt man von Schlüssen, von Folgerungen zu sprechen (Worte, die ihrerseits zumeist dasselbe, mitunter aber wieder Verschiedenes bedeuten). So sagt man, ein Naturforscher erschließe aus den und den beobachteten Tatsachen (die er natürlich in Form von Aussagen zum Ausdruck bringt) induktiv eine neue Tatsache, sein diese Tatsache aussprechendes Urteil sei induktiv aus den vorgängigen Erfahrungen begründet, aus ihnen erschlossen, gefolgert. Es gibt aber einen engeren Begriff der Rede vom Schließen und Folgern, und es ist derjenige, der uns hier näher angeht: das deduktive Schließen. Er betrifft eben die Fälle, in denen nicht nur überhaupt mittelbar begründet, sondern so begründet wird, dass im Zusammenhang des Begründens die Urteilsmotive für die begründeten Urteile rein und ausschließlich in anderen Urteilen liegen, also in keinen Wahrnehmungen, in keinen Erinnerungen oder sonstigen Erfahrungen. In den Urteilen selbst, und nur in ihnen liegt das Motivierende. Mittelbare Erfahrungsbegründungen, wie die induktiven, sind dann keine Schlüsse in diesem Sinn.

Hierbei kann das Schließen selbst wieder eingeteilt werden in unmittelbares und mittelbares. Die Einheit des begründenden Denkbewusstseins hat den Charakter eines unmittelbaren Schließens oder unmittelbaren Deduzierens, wenn das begründete Urteil seinen Grund eben unmittelbar in den begründenden Urteilen sucht und findet. Mittelbare Deduktion ist aber dadurch möglich und ist dann gegeben, wenn der begründende Zusammenhang ein Zusammenhang von primitiven Deduktionsschritten ist derart, dass auf erstgründende Urteile hin etwa ein erstes Urteil seine Begründung findet; dieses dient dann wieder in Verbindung mit anderweitig schon begründeten Urteilen wieder als begründendes für neue Urteile, also in einem neuen pri-

---

Bestand von Erkenntnissen, der in der praktischen Logik zur Regelung ähnlich verwendet wird wie die theoretischen Gesetze der Arithmetik zur praktischen Rechenkunst.

mitiven Begründungsschritt usw., bis wir mit den Urteilen enden, die da letzte begründete sind. Jeder rein mathematische Beweis bietet ein Beispiel. Er löst sich in einfache Schlüsse auf, die miteinander verkettet sind, und zwar ist das ganze Begründen in der reinen Mathematik deduktiv (genau gesprochen in der reinen Arithmetik, in der reinen Mannigfaltigkeitslehre), sofern das rein mathematische Verfahren streng darauf sieht, nur das zu benützen und das als Urteilsmotiv gelten zu lassen, was in den schon aufgestellten Urteilen in sich gegeben ist.

Ich sagte schon letzthin, dass ein Schließen richtig und falsch sein kann. Der Schluss ist ein logischer und im logischen Sinn wirklich ein Schluss, wenn in den Prämissenurteilen wirklich die Gründe liegen und nicht bloß vermeintlich darin liegen, und ein logisch unmittelbarer, wenn unmittelbar. Und wieder scheiden sich die schließenden Begründungen in einsichtige und uneinsichtige. Sie sind einsichtig, wenn wir eben einsehend direkt schauen und erfassen: dieses „Enthaltensein der Folge im Grunde", d.h. es einsehen, dass, was da im Schlussurteil geurteilt ist, wirklich im Prämissenurteil oder in den Prämissenurteilen gründe, dass in ihnen wirklich die Gründe liegen, sei es unmittelbar oder mittelbar. Dabei wurden wir nun schon aufmerksam darauf, dass im einsichtigen Schließen Zusammenhänge von psychischen Erlebnissen zum Ablauf kommen, in denen Verhältnisse zwischen Grund und Folge einsichtig gegeben sind, Verhältnisse, die nicht selbst wieder etwas Psychisches zu sein scheinen. Doch damit stehen wir vor merkwürdigen Eigentümlichkeiten, die in der Sachlage des deduktiven Begründens beschlossen sind und die wir uns nun zum allerklarsten Bewusstsein bringen müssen.

Erstens: Schließende Begründungen haben ihren festen Gehalt derart, dass wir eben uns ganz evident sagen können: Im Gehalt der Prämissenurteile liegen die Gründe für den Gehalt des Schlussurteils. Aber nicht nur das, wir können auch weiter sagen, es bestehe dieses Verhältnis nicht nur *hic et nunc* für die zufälligen Urteilserlebnisse, die in uns in einem Motivationszusammenhang abgelaufen sind; vielmehr, wenn wir das Verhältnis zwischen Gründen und Folge einmal konstatiert und uns seiner in wirklicher Einsicht versichert haben, so besteht es überhaupt. Darin aber wieder liegt, dass dieses Verhältnis überhaupt einsehbar ist; m.a.W. es bestand *idealiter* immerfort und besteht *idealiter* immerfort die Möglichkeit, Begründungen genau desselben Gehalts zu vollziehen. Beweise ich den pythagoreischen Lehrsatz, so ist das ein einmaliger Urteilszusammenhang in meinem Bewusstsein: So und so motiviert sich mir ein Schlussurteil durch die und die Prämissenurteile. Dieser psychische Zusammenhang ist dahin, sowie er abgelaufen ist. Im System der

Geometrie aber steht gleichsam für alle Ewigkeit der bestimmte Beweis, der den Gehalt meiner Begründung ausmachte. Und dieser selbe Beweis kann mir und unzähligen anderen identischer Gehalt von aktuellen Begründungen sein. Jede dieser einsichtigen wirklichen und möglichen Begründungen habe ich zum evidenten Gehalt, und ist solch eine vorüber, so ist er selbst, der Beweis, nicht vorüber, er gilt; und nicht ist etwa eine aktuelle Begründung einmal möglich, die da umkehrte und sagte: Aus denselben Prämissen folgt das nicht mehr, sondern nun anderes.

Das ist doch wunderbar genug. Im ersten Augenblick und in der psychologischen Einstellung meint man, das Begründen sei ein bloßes Vorkommnis der Urteilserlebnisse, eine gewisse Art ihrer Verwebung, die da Motivation heißt. Und nun hören wir, dass jedes solches Vorkommnis einen festen idealen Gehalt hat, an den die Möglichkeit der Evidenz ein für alle Mal fest gebunden ist und der ein sonderbares Ansichsein, „Gelten", hat unabhängig von allem aktuellen Urteil.

Um sich die Eigentümlichkeit der Sachlage besonders deutlich zu machen, überlegen Sie noch Folgendes. Wer vom psychologischen Faktum ausgeht, vom Urteilsverlauf der Begründung, der mag sich sagen: Was ich hier vorfinde, ist dies, dass sich in einer Motivationseinheit an die Urteilserlebnisse des Gehalts A, B, C ... ein neues Urteilserlebnis mit dem Gehalt S im Modus des einsichtigen Motiviertseins anknüpft, in der und der Motivationsordnung, mittelbar oder unmittelbar. Warum soll es nun nicht möglich sein, dass sich etwa unter besonderen psychischen Verhältnissen oder bei einer geänderten Konstitution des seelischen Wesens der Modus einsichtigen Motiviertseins bei einem Urteilserlebnis desselben Gehalts S einstelle, aber mit Beziehung auf ganz beliebige andere Urteilserlebnisse von ganz beliebigen anderen Gehalten M, N, P und an beliebigen Zusammenordnungen von mittelbaren oder unmittelbaren Schlüssen? Ich bin so konstituiert, oder wir sind so konstituiert, dass sich die geometrischen Lehrsätze urteilsmäßig als motiviert herausstellen, letztlich in Hinblick auf Urteile vom Gehalt der Axiome, und dass wir dabei im systematischen Fortschritt des Beweisens an gewisse Ordnungen gebunden sind, die Willkür ausschließen. Warum sollte es nicht möglich sein, dass sich eines schönen Tages das ändert und Einsichtigkeit im Urteilen derselben Lehrsätze sich herausstellt, und zwar in einsichtiger Motivationsbeziehung zu ganz anderen Urteilen, etwa den Urteilen: „Heute morgen habe ich Kaffee getrunken" etc. Nun ist es aber ganz evident, dass hier hinsichtlich des Gehalts eine feste Bindung vorliegt, die sich eben darin ausdrückt, dass die Erlebnisse des Urteilens und Begründens kommen und gehen, dass aber die Verhältnisse zwischen Gründen und Folgen nicht auch wieder kommen und gehen, sondern objektiv gelten in fest abgestuftem Ordnungszusammenhang; bzw. dass „der“ Beweis ein für alle Mal Beweis ist, dass die Theorie ein für alle Mal Theorie ist und ⟨er⟩ seine Stelle im „ewigen“ System der Wissenschaft hat und dass ich auf dem festen Gefüge des Beweises keinen Satz beliebig herausnehmen und durch einen beliebigen anderen Satz ersetzen kann. All die Zusammenhänge zwischen Gründen und Folgen sind feste. Es ist nicht ein psychologischer Zufall, dass ich eine so und so geordnete mittelbare Schlussfolgerung ziehe, einen Beweis mit den und den einfachen Schlussschritten, als ob ich nach Belieben Schlussschritte weglassen könnte. Die Einsicht ist gerade an einen solchen Prozessus gebunden, und willkürliche Änderung schafft Unsinn.

Damit hängt gleich ein zweiter Punkt zusammen, nämlich: Jede logische Begründung hat hinsichtlich ihres festen Gehalts auch eine Form, zu der unter allen Umständen ein ideales Begründungsgesetz gehört, das ein für alle Mal alle Begründungen dieser selben Form rechtfertigt. Am einfachsten machen wir uns das deutlich, wenn wir beachten, dass jeder Beweis, jedwede schließende Begründung auf primitive Begründungselemente, auf Elementarbegründungen, einfache Schlüsse, zurückführt und dass, was von jeder primitiven Begründung gilt, *eo ipso* vom ganzen Begründungskomplex gelten muss. Beschränken wir uns also auf einfache Schlüsse, und zwar mit Achtsamkeit darauf, dass sie zu wirklich vollständigem Ausdruck kommen. Denn wir lieben es, selbstverständliche Gedankenschritte zu unterdrücken und nur die momentan zu betonenden zu explizitem Ausdruck zu bringen. Z.B. wenn wir innerhalb eines mathematischen Gedankengangs von einer vorgelegten Gleichung sagen: „Diese Gleichung ist vierten Grades, also ist sie algebraisch lösbar“, so ist das offenbar eine verkürzte Schlussweise, die vollständig sich erst ausspricht mit den Worten: „Alle algebraischen Gleichungen vierten Grades sind algebraisch lösbar. Diese algebraische Gleichung ist vom vierten Grade. Also ist sie algebraisch lösbar.“ Wir sehen nun sofort, dass dieser Schluss nichts Isoliertes ist und dass unzählige andere Begründungen, und zwar Begründungen von anderem Gehalt, mit dem vorliegenden die gleiche „Form“ teilen, wie z.B.: „Alle gleichseitigen Dreiecke sind gleichwinklig. Dieses Dreieck ABC ist gleichseitig. Also ist es auch gleichwinklig.“ Und überhaupt: Überall wo wir einen allgemeinen Satz auf einen besonderen Fall übertragen, finden wir eben diese selbe Form, die wir auch im Ausdruck sichtlich machen können durch die Methode algebraischer Bezeichnungsweise: „Alle A haben die Eigenschaft α. x ist ein A. Also ist es auch α.“ In dieser Weise können wir nun bei jedem beliebigen einfachen Schluss und in weiterer Folge auch bei jedem zusammengesetzten Schluss eine Form herausheben, und die Form bezeichnet dann einen ganz allgemeinen Klassentypus für unzählige mögliche besondere Schlüsse verschiedenen Gehalts. Dabei haben wir eine doppelte Allgemeinheit:

1) Wenn wir von einem und demselben Schluss sprechen, haben wir eigentlich schon einen Typus für unzählige psychologische Begründungsabläufe. Es ist dieselbe Allgemeinheit, die vorliegt, wenn wir von „demselben Urteil" sprechen, wie oft „es" aktuell vollzogen und ausgesagt werden mag. Die unzähligen wirklichen und möglichen Urteilsakte, denen zu Trotz und denen gegenüber wir von einem und demselben Urteil sprechen, haben offenbar ihre Einheit durch den identischen Urteilsgehalt. Was ich dabei immer wieder urteile, ist etwa $2 \times 2 = 4$. Genauso verhält es sich nun mit der Rede von demselben Schluss gegenüber einer möglichen Unendlichkeit von aktuellen psychologischen Abläufen schließenden Begründens. Wir sagen, der Schluss „Alle Menschen sind sterblich. Caius ist ein Mensch. Also ist er sterblich" sei einer, wie oft er auch schließend vollzogen sein mag. Auch hier ist es der identische Gehalt, der die Einheit ausmacht, und wir pflegen geradezu den Gehalt selbst als Schluss zu bezeichnen: Also der Schluss, der eine und selbe, sei der Inhalt oder Gehalt des jeweiligen aktuellen Schließens und in unendlich vielen Fällen des Schließens. Offenbar baut sich der Schluss als solch ein „Inhalt" auf aus Urteilsgehalten oder, was dasselbe, aus Urteilen im Sinne von Urteilsinhalten, und bildet eine gewisse Verknüpfung aus ihnen.

⟨2)⟩ Sprechen wir nun fürs Zweite von einer Schlussform als einem Klassenbegriff für Schlüsse, so ist nun ohne weiteres klar, dass die Allgemeinheit dieses Klassenbegriffs sich bezieht auf Schlüsse im Sinne jener Gebilde von Urteilsgehalten (oder von Urteilen im Sinne von Gehalten) und durch sie mittelbar auf die schließenden psychischen Zusammenhänge.

Haben wir nun einmal auf solche Schlussformen geachtet, so ist es leicht, sie überall sich herauszuheben und sie auch in ihrer Allgemeinheit sich zum verständlichen Ausdruck zu bringen. Noch ein Beispiel: „Jede algebraische Gleichung, welche eine Wurzel hat, hat n Wurzeln. Jede algebraische Gleichung hat eine Wurzel. Also hat jede n Wurzeln." Form: „Jedes A, wenn es die Eigenschaft α hat, hat die Eigenschaft β. Jedes A hat α. Also hat es β." Man braucht nur einige oder alle Worte, in denen ein Aussagesatz sich auf die bestimmte Gegenständlichkeit bezieht, von der er Aussage macht, durch algebraische Zeichen zu ersetzen und im Übrigen den Satz hinsichtlich seiner sonstigen Worte festzuhalten, z.B. anstatt „Alle Menschen sind sterblich" zu sagen: „Alle A sind B." Tut man dies nur partiell, sagt man etwa: „Alle A sind Menschen", so haben wir eine unreine Form. Uns kommt es hauptsächlich hier auf reine Formen an, wie Sie bald verstehen werden. Auch ganze Sätze kann man hierbei durch Buchstaben ersetzen und Schlussformen gewinnen, wie z.B. „Wenn M gilt, gilt N. Nun gilt M. Also gilt N.“ Oder: „Wenn M gilt, gilt N. Nun gilt N nicht. Also gilt M nicht.“ Natürlich ist, was da zum Ausdruck kommt, nicht mehr ein wirklicher Schluss, sondern nur ein Schlusstypus, die Anzeige einer Schlussweise unter bloßer Berücksichtigung eben der Form des schließenden Gedankens.

Gehen wir nun weiter: Jeder bestimmt vorgelegte Schluss kann aufgefasst werden als Einzelfall einer Schlussklasse, die dieselbe Form teilt. Und nun kommt die Hauptsache: Wenn wir bei einem beliebigen, wirklich logischen, also richtigen Schluss auf die Form zurückgehen, die den schließenden Gedanken in Abstraktion von der Besonderheit der beurteilten Sachen heraushebt, so leuchtet uns alsbald die Evidenz auf, dass jede solche Schlussweise generell gültig ist. Also jeder aus einem logisch einsichtigen wirklichen Schluss entnommenen Schlussform gehört notwendig ein Schlussgesetz zu, das sagt: Jeder Schluss dieser Form ist ein richtiger Schluss.

Das gilt für einfache Schlüsse und für ganze Beweise, es gilt für unmittelbare Schlüsse und für mittelbare. Nur müssen sie vollständige sein, sie müssen die Vollständigkeit haben, die die Einsichtigkeit voraussetzt. Habe ich einmal einen Beweis geführt, so kann ich den erwiesenen Satz direkt an die ersten Prämissen knüpfen und sagen: Aus den Prämissen folgt dieser Schlusssatz, und das gibt ein Schema für einen richtigen Schluss. Sowie ich die Prämissenurteile fälle, kann ich nun sofort das entsprechende Schlussurteil anknüpfen, im Bewusstsein der Motivation. Aber da besteht eine Unvollständigkeit. Der Schlusssatz gehört zu den Beweisprämissen, sofern zwischen diesen Prämissen und dem Schlusssatz noch eine Reihe von vermittelnden Schlüssen zu machen ist. Nur diese Einschiebung macht den Zusammenhang zwischen Gründen und Folgen perfekt. Ihrer Natur nach sind hier die Gründe nicht unmittelbare, sondern mittelbare Gründe, und als solche können sie nur eingesehen werden, wenn der vollständige Begründungszusammenhang hergestellt ist. Wo nun ein Schluss einsehbar ist, da wo also der vollständige Zusammenhang von Gründen und Folgen vor Augen liegt, da gilt es, dass er unter einem Gesetz steht, dass er also nichts Isoliertes ist, sondern auf dem Wege formaler Verallgemeinerung zu einem allgemeinen und in seiner Allgemeinheit einsichtigen Schlussgesetz führt, das alle Schlüsse derselben Form mit einem Schlag und im Voraus rechtfertigt.

3) Wir heben noch einen dritten Punkt hervor, der uns bei der Vergleichung verschiedener Schlüsse oder Beweise oder vielmehr schon verschiedener Schluss- und Beweisformen ins Auge fällt. Diese Formen sind nach dem Gesagten Klassenbegriffe von Schlüssen. Wie steht es nun: Sind

die Schlussformen an die verschiedenen wissenschaftlichen Spezialgebiete gebunden derart, dass Schlüsse verschiedener Wissenschaften nichts sonst miteinander gemein hätten denn das Allgemeine, was in der Definition des Wortes „Schluss" angedeutet ist?

Selbstverständlich lautet die Antwort verneinend. Allerdings haben wir zu scheiden. Es gibt Spezialschlüsse, die an eine bestimmte Erkenntnismaterie gebunden sind.[1] So steht es z.B. mit dem geometrischen Gleichheits- und Größenschluss. Auf die Form gebracht lautet er: „Aus $a = b$ und $b = c$ folgt $a = c$." Ebenso: $a \geqq b$, $b \geqq c \mid a \geqq c$. Nun könnte man denken, Gleichheit sei doch etwas, das nicht an die Geometrie gebunden sei, also der Schluss sei kein spezifisch geometrischer. Indessen bedeutet doch für den Geometer Gleichheit so viel wie Kongruenz, und das ist ein Begriff, der nur Sinn hat für Raumgebilde. Nur durch spezifisch geometrische Intuition kann ich diesen Schluss demgemäß einsehen und muss dabei irgendwelche geometrische Gebilde im Bewusstsein unbestimmter Allgemeinheit vor Augen haben. Ebenso ist es, wenn ich im Gebiete der Tonqualitäten in Bezug auf das qualitative Höhenverhältnis schließe, und generell schließe: „Aus a höher wie b folgt b tiefer wie a" (oder: „a höher b. b höher c. a höher c"). Hier ist von Tonhöhe die Rede, und an die spezifische Natur dieser Relation ist die Schlussweise offenbar gebunden, nur für sie hat sie ja Sinn. Und so gehören dann zu jeder Sorte begrifflicher Essenzen, allgemeiner und intuitiv zu gebender spezifischer Wesen, spezifische Relationen, und zu diesen Relationen notwendig Relationsschlüsse; aber alle solche Schlüsse sind in ihrer Anwendungsweise begrenzt, eben auf ihre Spezies.

Demgegenüber gibt es eine Unzahl so genannter „rein logischer" oder besser analytisch-logischer oder auch formal-logischer Schlüsse, zu welchen z.B. alle „Syllogismen" der traditionellen Logik gehören; z.B. Schlüsse der Formen „Alle A sind B. Alle B sind C. Also alle A sind C"; „Einige A sind B. Alle B sind C. Also einige A sind C" u.dgl. Wodurch sind diese rein logischen Schlüsse charakterisiert? Die Antwort lautet: Ein deduktiver Schluss ist dann ein analytisch-logischer oder formal-logischer, wenn der Rückgang auf Form und Gesetz so rein zu vollziehen ist, dass kein sachhaltiger Terminus unformalisiert bleibt. Und was heißt das wieder? In einem bestimmten Urteil beziehen wir uns auf bestimmte Sachen, Sachen, die je nachdem diesem oder jenem Sachgebiet angehören. Die Beziehung auf das Gebiet erfolgt vermittelst irgendwelcher Worte und ihnen zugehöriger Bedeutungen sub-

[1] Deduktive Schlüsse, wenn sie materiale sind, sind doch Wesensschlüsse: Wesen der Größe, Wesen der Zahl, Wesen des Tons.

stantivischer oder adjektivischer Art, z.B. „Mensch“, „ähnlich“, „rot“ u.dgl. Neben solchen Worten finden wir in jedem Satz bei hinreichend entwickelter Sprache gewisse andere Worte oder zu den Sachworten gehörige formende Flexionen, die einen so allgemeinen Bedeutungsgehalt haben, dass bei ihnen jede spezielle Beziehung auf ein bestimmtes Sachgebiet fehlt; z.B. „ist“, „nicht“, „alle“, „einige“ u.dgl. Und diese Formworte deuten offenbar Formen an, die zu jedem Urteilsgedanken wesentlich gehören derart, dass jeder irgendetwas von solchen Formen notwendig in sich enthalten muss. Bei der reinen Formalisierung substituieren wir nun allem spezifisch Sachhaltigen den Gedanken eines Sachlichen überhaupt in völlig unbestimmter Allgemeinheit und drücken dies durch Einführung algebraischer Zeichen aus, ganz wie in der Algebra. Wir sagen also etwa anstatt „Alle Menschen sind sterblich“: „Alle A sind B.“ Hier haben wir einen unbestimmt allgemeinen Gedanken von einem gewissen Urteil bzw. Urteilsinhalt überhaupt, an dem nur die Urteilsform festgehalten ist. Wo nun das Schlussgesetz in dieser Art rein in der Urteilsform[1] gründet, da ist es notwendig von aller Beziehung auf ein bestimmtes Sachgebiet frei und ist daher von vornherein und ganz evident anwend⟨bar⟩ in jeder erdenklichen Erkenntnissphäre. Denn da zum Erkennen als solchen es gehört, ein Urteilen zu sein, und jedes Urteil seinem Wesen nach einen Urteilsinhalt von irgendeiner bestimmten Form besitzen muss, so ist es evident, dass ein Gesetz, das für jedes Schließen bloß insofern gültig ist, als es Schließen rein aufgrund der Urteilsform ist, notwendig für jede Wissenschaft überhaupt gültig sein und zu jeder dieselbe Beziehung haben muss. Und so eröffnet sich ein weites Feld von Erkenntnissen, die jenseits aller bestimmten Wissenschaft liegen. Jede Wissenschaft begründet, keine kann der Schlüsse, auch der Schlüsse in unserem besonderen Sinn entbehren; und zweifellos, eine jede kann über das Feld der analytischen Schlussgesetze in gleicher Weise, mit gleichem Rechtsanspruch frei verfügen. Es ist da ein gemeinsamer Fonds, den keine besondere Wissenschaft sich als ihr Eigentum zurechnen kann, da ja die Schlussformen alle Beziehung auf besondere Erkenntnismaterien abgestoßen haben; keine, natürlich auch nicht die Psychologie. Auch die Psychologie ist Wissenschaft, auch sie spricht Sätze aus, sie urteilt, auch ihre Urteile haben notwendig eine Urteilsform, und Schlussgesetze, die in der Form gründen, sind eben darum frei von allem besonderen Sachgehalt, also hier dem psychologischen. Damit haben wir, scheint es, ein Argument, das den Psychologismus schon entwurzelt. Doch das Argument, mag es immerhin gut sein, kommt zu schnell, und

[1] Besser: Form des Urteilsinhalts.

wir wollen hier die Frage noch nicht für entschieden erachten. Wir haben zunächst auch noch unsere Betrachtungen ein wenig fortzuführen, und es handelt sich noch darum, uns das Gebiet näher zu bringen und seinem Wesen nach klarzumachen, in das wir mit den Betrachtungen über Begründungen eingetreten sind.

⟨*Theoretische Logik als Lehre von den Sätzen und Satzbedeutungen*⟩

Überlegen[1] wir, was sich uns bisher ergeben hat.

Begründendes Denken, das die Wissenschaftslehre regeln will, ist merkwürdigerweise an Begründungsgesetze gebunden. Das begründende Denken selbst ist jederzeit natürlich ein gewisser von uns beschriebener Motivationszusammenhang des Urteilens, und in ihm kommt durch eigentümliche Blickrichtung zum Gegebensein, und im einsichtigen Begründen zum einsichtigen Gegebensein, eine eigentümliche Objektivität, der Zusammenhang von deduktiven Gründen und Folgen; also im Schließen, wofern es einsichtiges Schließen ist, kommt zur Gegebenheit der Schluss, der ein eigentümliches Sein hat, das Sein der Geltung (oder ein Sein, dessen Prädikat Geltung ist, das aber bei anderem solchen Seienden auch lauten kann: Nichtgeltung), völlig unabhängig von jedwedem aktuellen Vollzug des Schließens.

Aus Schlüssen bauen sich die Beweise, gewisse Komplexe von Schlüssen, und selbstverständlich haben auch die Beweise diese selbe Art der Objektivität, das ideale Sein der Geltung gegenüber allem wirklichen Bewusstsein. Ebenso bauen sich aus Beweisen deduktive Theorien und evtl. aus deduktiven Theorien ganze deduktive Disziplinen, wie die Geometrie, die verschiedenen mathematischen Disziplinen, die verschiedenen Zweige der theoretischen Physik, wie die theoretische Mechanik usw. Und überall haben wir dieselbe Gegenüberstellung, zwischen Theoretisieren und Theorie bzw. deduktiver theoretischer Disziplin.

Sollen nun die deduktiven Disziplinen geltende Disziplinen, die deduktiven Theorien richtige Theorien, die Beweise wirkliche Beweise sein, so müssen die Elementarschlüsse, aus denen sie sich aufbauen als wie aus letzten Begründungsatomen, richtige Schlüsse sein, so wie umgekehrt, wenn die Elementarschlüsse richtig sind, *eo ipso* die aus ihnen gebauten Beweise und Theorien es sind.

Die Schlüsse nun, diese eigentümlichen Geltungsobjektitäten, stehen, wie wir feststellten, notwendig unter Gesetzen, jeder Schluss gemäß einer an

[1] Rekapitulation.

ihm herauszuhebenden Schlussform. Nun werden wir doch selbstverständlich sagen: Wo immer ein Feld von Gesetzen, da auch eine Wissenschaft. Freilich sind manche Schlüsse und Schlussgesetze an besondere Sachgebiete gebunden, wie die Kongruenzschlüsse an die Geometrie, und solche Schlüsse gehören dann zu den Wissenschaften, die die betreffenden Sachgebiete bearbeiten. Aber es gibt, sahen wir, eine Fülle von rein formalen, nämlich von aller Besonderheit der Erkenntnismaterie abstrahierenden Schlüssen, und demgemäß Schlussgesetze, welche in kein besonderes Sachgebiet hineingehören bzw. in keine sachhaltige Wissenschaft hineingehören, weil sie in bloßen Formen gründen, ohne welche Urteilsinhalte nicht Urteilsinhalte sein könnten.[1] Und somit ergibt sich die Idee einer eigenen theoretischen Wissenschaft, welche von diesen Schlüssen handelt, in welcher sie sozusagen *ex professo* erforscht werden, in welcher sie ihren originären theoretischen Standort haben. Wie ist nun diese Wissenschaft näher zu charakterisieren, wie sind ihre natürlichen Grenzen zu bestimmen?

Vor allem ist es klar, dass diese Wissenschaft nicht identisch sein kann mit dem, was wir als logische Kunstlehre und dann vertiefend als Wissenschaftslehre definiert haben. Selbstverständlich wird sich diese Wissenschaftslehre, diese empirisch tendierte Beurteilungs- und praktische Kunst des wissenschaftlichen Erkennens bzw. diese praktische Disziplin, die uns im praktischen Vollziehen richtiger Schlüsse, im Aufbau richtiger Beweise und Theorien förderlich sein will, auf die in Rede stehende Wissenschaft stützen, wofern sie wissenschaftlich begründete Regelgebungen vollziehen will. Und insofern mag sie Stücke der theoretischen Wissenschaft von den Schlüssen selbst mit zur Darstellung bringen.

Aber die Wissenschaftslehre ist nicht der ursprüngliche, naturgemäße Ort ihrer Erforschung, eben weil sie nicht theoretische Disziplin ist. Sie braucht sie, sagte ich, für die wissenschaftliche Fundierung ihrer Regelgebungen. Denn natürlich, wollen wir das Schließen hinsichtlich seiner Richtigkeit beurteilen, so müssen wir Einsicht haben in das, was dem Schließen Richtigkeit verleiht, und alle hierbei in Frage kommenden Verhältnisse zwischen Schließen und Schluss, zwischen Schluss, Schlussform, Schlussgesetz u.dgl. müssen uns klar sein. Und in weiterer Folge: Wollen wir eine Beurteilungskunst des Denkens und speziell des Schließens wissenschaftlich aufbauen, so werden wir eine wissenschaftliche Erkenntnis von all diesen Verhältnissen gebrauchen können und wirklich gebrauchen. Andererseits aber muss es eine Wissenschaft von eben diesen Verhältnissen geben ohne Rücksicht auf

[1] Bis hierher Rekapitulation.

Absichten praktischer Normierung und Regelung, und da ist theoretisch betrachtet die originäre Stelle für all diese Erkenntnisse. Da diese Wissenschaft es mit theoretischen Fundamenten der logischen Kunstlehre zu tun hat, die offenbar ihr die allerwesentlichsten sein müssen, so würde sich für sie naturgemäß der Name „theoretische Logik" darbieten, vorausgesetzt, dass sich bestätigen sollte, dass sich wirklich in keiner der sachhaltigen Wissenschaften, wie etwa der Psychologie, ein natürlicher Ort für die von ihr zu bearbeitenden Erkenntnisse finden sollte. Aber auch noch ein anderer Name, der zugleich eine Charakteristik enthält, bietet sich dar. Die logische Kunstlehre konnten wir definieren als Kunstlehre von der Wissenschaft. Jetzt nun eröffnet sich, wie es scheint, ein umfassendes theoretisches Gebiet von Erkenntnissen, über die alle Wissenschaften als Gemeingut verfügen können, indem sie sich auf solches beziehen, was unabtrennbar zur Idee der Wissenschaft als solcher gehört: Das Begründen und sein Geltungskorrelat sind ja absolut wesentliche Bestandstücke für alle Wissenschaft. Ich sage Bestandstücke: Denn es mag vielleicht noch andere wesentliche Konstituentien von Wissenschaft überhaupt geben. Es eröffnet sich also die Idee einer allgemeinen Wissenschaftslehre in einem neuen Sinn, nicht einer Kunstlehre von der Wissenschaft, sondern einer Wissenschaft, die rein aus theoretischem Interesse das zum Wesen von Wissenschaft überhaupt Gehörige erforscht. Dieser Idee werden wir noch nachgehen. Sie wird als Unterlage für die Etablierung der höchsten, der philosophischen Logik eine wichtige Rolle spielen. In sie würde natürlich jene reine Lehre von den formal-logischen Schlüssen mit hineingehören. Bleiben wir zunächst bei der beschränkteren Idee einer theoretischen Logik stehen, die sich uns mit Beziehung auf die formal-analytischen deduktiven Begründungen ergeben hat. Über ihr Wesen und ihre Grenzen müssen wir uns noch klar werden; wir wissen noch nicht einmal, ob auf dem ins Auge gefassten Boden sich nicht mehr als e i n e Disziplin erbauen lässt. In der Tat haben wir doch bei den Begründungen zweierlei unterscheiden müssen: die Begründungen, die schließenden, beweisenden psychischen Akte, und die Schlüsse selbst, Beweise selbst, Theorien selbst als das in diesen subjektiven Denkverläufen Gegebene (vermeintlich gegeben im uneinsichtigen und zumal auch falschen Denken, einsichtig gegeben als wahrhafte Gültigkeiten im einsichtigen Begründen). Demnach haben wir hier verschiedene Forschungsrichtungen: Nämlich Forschung kann sich und muss sich richten auf die psychischen Denkverläufe. Das führt erstens in die Psychologie, und näher die Psychologie des Intellekts. (Ob es noch eine andere, nichtnaturwissenschaftliche, nichtempirische Erforschung der Denkerlebnisse geben kann und muss, darüber werden wir später Erwägungen anstellen müssen.) In Betracht kommt dann fürs Zweite das, was in einer Begründung als Gegebenheit bewusst ist, der Begründungsgehalt, und endlich drittens die Probleme, die sich knüpfen möchten an die Verhältnisse zwischen Subjektivem und Objektivem, zwischen Denkakten und Denkinhalten.

Da wir beim ersten Punkt auf die Psychologie des Intellekts, also auf keine neue Wissenschaft stoßen, jedenfalls auf unserem jetzigen Standpunkt kein Motiv finden, da noch etwas Neues zu suchen, so wendet sich unser Interesse auf den zweiten Punkt; an dem bleiben wir vorläufig ausschließlich haften. Wir fragen nun: Können die Begründungsgehalte, die Schlüsse, Beweise, Theorien, zu Objekten einer selbständigen Wissenschaft werden?[1] Sie haben doch eine wesentliche Beziehung zu den Begründungsakten. Schließend „vollziehen" wir den Schluss, beweisend „führen" wir den Beweis. Ein Schließen ohne Schluss, der in ihm geschlossen, ein Beweisen ohne Beweis, der in ihm geführt wäre, ist ein Nonsens. Ist es infolge davon nicht selbstverständlich, dass eine wissenschaftliche Erforschung des Schließens, des Begründens überhaupt, dieser psychischen Aktverläufe, *eo ipso* die Gehalte dieser psychischen Verläufe mit erforscht? Und sind die Gehalte nicht etwas in den psychischen Verläufen des Begründens? Nun, was das Letztere anbelangt, so wurden wir auf die merkwürdige Art des Seins, die einem Schluss, einem Beweis, einer Theorie zukommt, des Seins der Gültigkeit aufmerksam; wir sahen, dass dieses Sein etwas total anderes ist als das Sein psychischer

---

[1] *Gestrichen* Natürlich werden wir sagen: Nein. Das Denkenwollen als willkürliches wissenschaftliches Forschen, wissenschaftliches Schließen, Beweisen etc. können wir beurteilen in Bezug auf seine Richtigkeit oder Unrichtigkeit nur dadurch, dass wir erst Einsicht darüber verschaffen, was einem Denken überhaupt Richtigkeit verleiht, welche Verhältnisse hier in Betracht kommen, unter welchen Gesetzen sie stehen. Von all dem zu handeln aus rein theoretischem Interesse, das ist Sache einer theoretischen Wissenschaft. Und erst müssen wir das theoretisch erforschen, d.h. unabhängig von den Anwendungen, die wir in Absicht auf eine Beurteilungskunst machen möchten, die den Anspruch erhöbe, eine wissenschaftliche Disziplin zu sein. Wissenschaftlich wäre sie vermöge ihrer Fundierung in jener theoretischen Wissenschaft. Und dasselbe gilt natürlich auch für die Regeln zur Anleitung im Konstruieren richtiger Beweise, Theorien etc. Also die Wissenschaftslehre als Kunstlehre, als Kunstlehre, können wir sagen, des Beurteilens und Erzeugens von Erkenntnissen, ist überhaupt nicht ursprünglicher Standort für theoretische Erkenntnisse, also auch nicht für die jetzt fraglichen.

Und was für Erkenntnisse kommen da in Betracht? Wir haben da zweierlei unterschieden: die Begründungen als gewisse Denkverläufe und das in ihnen einsichtig Gegebene, die Schlüsse selbst, die Beweise selbst und die Theorien. Und da scheint es, dass wir zweierlei oder dreierlei verschiedene Forschungen zu erwarten hätten, die auf jene Denkverläufe selbst bezüglichen, die auf ihre Gehalte bezüglichen und die auf die Beziehung der beiden bezüglichen. Im Rohen wird das auch Richtiges besagen. Nun wollen wir aber hier rein unser Auge richten auf diese Gehalte; und speziell darauf, dass sie, trotzdem sie eine wesentliche und dabei sehr wunderbare Beziehung zu den Erkenntnisakten haben, ⟨zu⟩ den Urteilsverläufen, Begründungen genannt, doch völlig für sich wissenschaftlich betrachtet werden können.

Erlebnisse. Wir erkannten z.B., dass unser Beweisen des pythagoreischen Lehrsatzes eine dahinfließende Welle in unserem Bewusstseinsstrom ist, nicht aber der Beweis, der eine unzeitliche oder, wie wir auch sagen, ewige Geltungseinheit ist im System der Geometrie. Der Beweis ist, was er ist, nämlich er gilt an sich, ob wir ihn jetzt führen oder nicht führen und ob wir ihn auch nie geführt hätten. Er ist also kein psychisches Phänomen, das ja im Zeitfluss kommt und geht. Er aber in der Idealität seiner Geltung ist über den Zeitfluss erhaben. Er ist auch keine psychische Disposition, etwa eine bleibende Disposition des Beweisens, denn auch eine Disposition hat zeitlich-reales Dasein. Sie fängt an, als bleibende Disposition dauert sie, aber schließlich vergeht sie mit den psychischen Individuen; und so überall. Wir überlegen dazu noch Folgendes: Wissenschaftlich forschend vollziehen wir einsichtige Begründungen. Und in ihnen erfassen wir als eine evidente Gegebenheit den Schluss, das und das Verhältnis zwischen deduktivem Grund und deduktiver Folge. Und was wir da erfassen, das sagen wir aus. Beispielsweise wir sagen aus: „Da jede algebraische Gleichung ungeraden Grades mindest eine reelle Wurzel hat, so hat auch jede Gleichung fünften Grades und in weiterer Folge die hier vorliegende mindest eine reelle Wurzel." So tun wir begründend in jedem Schritt, und so sagen wir in jedem Schritt aus. Was ist nun da ausgesagt, und was bildet von nun ab den für unsere Erkenntnis herausgestellten theoretischen Bestand der Wissenschaft? Haben wir etwa eine Aussage gemacht über das tatsächliche Faktum unserer Begründungserlebnisse? Über den und den Motivationsablauf von Urteilsakten, den wir schließend und beweisend vollzogen haben? Steckt in der Algebra auch nur das Mindeste, was eine Hindeutung auf Begründungserlebnisse enthielte, gleichgültig ob wir den ersten Entdecker oder einen späteren Forscher oder Schüler der Algebra als den Begründenden und Einsehenden uns dächten? Nichts von all dem! Der Schluss, der Beweis, die Theorie steht da als eine Objektivität an sich, als der und der Zusammenhang zwischen deduktiven Gründen und deduktiven Folgen; und so schließlich eine ganze deduktive Disziplin in ihrem einheitlich verknüpften Theorienbestand, so wie er objektiv dargestellt ist in einem Lehrbuche. So wie wir nun ganze Wissenschaften gleich der Algebra vorfinden, die einen unermesslichen theoretischen Bestand hat, der absolut nichts von menschlichem Bewusstsein, von seelischen Akten des Begründens, Beweisens, Theoretisierens enthält, und die andererseits durch und durch aus deduktiven Schlüssen in der Weise von theoretischen Schlussgeweben aufgebaut ist, so ist offenbar eine neue Wissenschaft möglich, die, ohne im mindesten auf die schließenden, begründenden, theoretisierenden Akte sich forschend zu beziehen, von Schlüssen überhaupt handelt und ihren möglichen Komplikationen. Das heißt: Während in bestimmten Wissenschaften bestimmte Theorien und Beweise, in ihnen bestimmte Schlüsse als ideale Geltungseinheiten ihre Stelle haben, kann und muss doch eine neue Wissenschaft von dem handeln, was für Schlüsse überhaupt, unabhängig von den Besonderheiten des Gebietes, auf das sie sich beziehen, auszusagen ist. Da aus unserer Betrachtung evident hervorgeht, dass Schlüsse und in ihrer höchsten Verwebung Theorien, obschon sie jeweils subjektiv im Erkennen bewusst sind, doch nicht selbst psychologische Fakta sind, so ist es auch evident, dass die neue Wissenschaft nicht als Psychologie in Anspruch zu nehmen ist. Womit sie sich beschäftigt, ihr Gebiet, das sind jene Geltungseinheiten, und sowenig der bestimmte Schluss ein psychisches Phänomen ist oder gar eine psychische Disposition, etwas Reales, zeitlich Anfangendes, Dauerndes, wieder Vergehendes, sowenig kann (und erst recht) ein allgemeiner Satz über Schlüsse überhaupt eine Aussage sein über Psychologisches.

Es stellt sich also eine neue Wissenschaft, und zwar eine theoretische Wissenschaft von den Schlüssen als ein notwendiges Postulat heraus, eine Wissenschaft, wie gesagt, von den Schlüssen und nicht vom Schließen.

Ich würde natürlich nicht so umständlich verfahren und nicht so viel Wert darauf legen, um Ihnen hier absoluteste Klarheit zu verschaffen, wenn nicht größte philosophische Interessen im Spiele wären und wenn andererseits nicht fast die ganze logische Tradition der Neuzeit in psychologistischen Verwirrungen befangen wäre. Selbst diejenigen Logiker, die Kant folgend eine reine Logik angenommen haben, die von aller praktischen Denknormierung und Denkregelung unabhängig sei und diese allererst fundiere, sind in Halbheiten stecken geblieben. Sie vollzogen nicht die kardinale Unterscheidung zwischen Schließen und Schluss, zwischen dem begründenden Denken und seinem idealen Geltungsgehalt und fassten die Schlussgesetze nicht als Gesetze für Schlüsse im rein objektiv-idealen Sinn, sondern als apriorische und von aller Praxis absehende Normen des Schließens. Aber um Normen des Schließens, was doch auf das Schließen als Tätigkeit bezogene Sätze wären, handelt es ⟨sich⟩ ja gar nicht. Wir aber haben uns an Beispielen die Art formal-logischer Schlussgesetze, der Gesetze für alle analytisch-formale Deduktion klargemacht. Z.B. „Sind alle A B und alle B C, so sind alle A C"; „Wenn M gilt, gilt N. Nun gilt N nicht. Also gilt M nicht" u.dgl. Verbleiben wir in der objektiven Einstellung, zu der wir uns erhoben haben, so ist es uns ganz evident, dass in solchen Gesetzen einfach eine theoretische Behauptung ausgesprochen ist, aber gar nichts von einer Norm des Schließens. Das Letztere einfach aus dem Grund nicht, weil ja da von Schließen gar keine Rede ist. „In zwei Sätzen der und der Form gründet ein Satz der und der zugehörigen Form“: das sagen doch solche formalen Gesetze. Wir müssen solchen Gesetzen erst Beziehung zum Denken, zum möglichen Schließen geben, wenn wir sie in normative Gesetze richtigen Schließens verwandeln wollen. Das können wir freilich jederzeit, und so, dass evident gültige normative Sätze erwachsen.

Wir können es, weil ja allem Schließen es wesentlich ist, vermeintlich oder wirklich einen Schluss als seinen Gehalt zu erfassen. Wir können etwa sagen: Vollziehe ich, und vollzieht irgendjemand, ein Urteilen des Gehalts „Alle A sind B, und alle B sind C“, so darf er mit Grund daraus schließen, dass alle A C sind, oder ist es richtig, so zu schließen. Sagt ein logisches Gesetz negativ, dass Prämissen gewisser Form keinen formalen Grund abgeben für einen Schlusssatz zugehöriger Form, so können wir mit Evidenz sagen: Nach so einem Schema darf man nicht schließen, ein Schließen, das solchen Gehalt hätte, wäre unrichtig usw.

Offenbar ist das Verhältnis genau dasselbe wie zwischen rein arithmetischen und überhaupt rein algebraischen Sätzen, die rein theoretisch sind, und den normativen Wendungen, die man ihnen allen mit Evidenz geben kann und zu Zwecken der rechnerischen Regelung auch gibt. Theoretisch heißt es z.B. im System der elementaren Algebra: „Der Wert eines Produkts ist unabhängig von der Ordnung der Faktoren, der Wert einer Summe unabhängig von der Ordnung der Summanden.“ Da ist natürlich gar keine Rede von den psychischen Akten oder physischen Hantierungen, die der Begriff Rechnen bezeichnet. Ich kann aber evident sagen: „Beim Rechnen wird man Multiplikationen und Additionen in beliebiger Ordnung vollziehen, ohne dass der Wert des Resultats geschädigt würde.“ Sprechen wir so, so haben wir eine normative Umwendung arithmetischer Gesetze vollzogen, die jederzeit offenbar unmittelbar evident zulässig ist. So wie nun die Arithmetik und Algebra ursprünglich eine Kunst waren, die sich allmählich erst zu rein theoretischer Wissenschaft konstituiert hat, so war auch die Logik ursprünglich eine Kunst; es haben eben praktische Motive ursprünglich zu ihr hingeführt. Aber auch hier werden wir auf eine rein theoretische Disziplin geführt, in der rein theoretische Gesetze und in sich gar nicht normative oder praktische Regeln aufgestellt werden.

Wäre diese theoretische Logik noch nicht konstituiert als eine für sich selbständige Wissenschaft, so müsste sie eben neu konstituiert werden. Der reinen Theorie nachzugehen, wo immer ein Feld reiner Theorie abgegrenzt werden kann, das ist doch das leitende Prinzip aller modernen Wissenschaft, und es ist zugleich ein notwendiges Postulat vom Standpunkt des reinen

Erkenntnisstrebens. Nur wenn wir alles Erkennbare rein theoretisch, in seinem natürlichen Zusammenhang erforschen, können höchste Erkenntnisziele erreicht werden. Im Übrigen hat es sich immer wieder erwiesen, dass gerade die Befriedigung rein theoretischer Interessen in allen Seinssphären, abgesehen von aller Frage nach dem praktischen Nutzen, schließlich auch dem praktischen Leben und seinen Interessen am nützlichsten gewesen ist durch unendliche Füllen fruchtbarer Folgen, die sich nach hinreichend entwickelter Theorie wie von selbst dargeboten haben.[1] Erinnern wir uns an die Anfänge der Physik. Wer hätte, als Gilbert, von rein theoretischer Wissbegier getrieben, seine kuriosen Beobachtungen über Reibungselektrizität anstellte und mit penibler Sorgfalt Tatsachen feststellte, die zunächst wie nutzlose Spielereien aussahen, an die Möglichkeit jener großen Umwälzungen des praktischen Lebens gedacht, welche durch die Elektrizität, und zwar infolge der emporgeblühten theoretischen Elektrizitätslehre hervorgerufen wurden. Und zunächst, wer hätte damals geahnt, dass es sich um Anfänge einer so gewaltigen neuen Wissenschaft handle? Aber ohne die rein theoretische, von allem Hinblick auf ersichtlich praktische Anwendungen freie Forschung wäre es zu all dem offenbar nicht gekommen. Es ist daher ein schlechter Einwand gegen die analytisch formale Logik und gegen ihre Konstitution als rein theoretische Disziplin, wenn man es geliebt hat, in Bezug auf sie von einem „nutzlosen" Ausspinnen „unfruchtbarer" Formalismen zu sprechen. Einerseits bekundet sich darin ein starkes philosophisches Manko, ein Unverständnis entscheidender Grundfragen, und andererseits zugleich eine blamable Unkenntnis des Wesens der modernen Mathematik und der außerordentlichen Bedeutung, welche in unserer Zeit die wissenschaftlich strenge theoretische Durchforschung der Formen reiner Deduktion für die Vollendung und strengste Begründung des Systems reiner Mathematik gewonnen hat.

Nachdem wir die Berechtigung der Idee einer theoretischen Disziplin von den analytischen Schlüssen (und in weiterer Folge von den aus ihnen zu bauenden Beweisen, Theorien bis hinauf zu den rein deduktiven wissenschaftlichen Systemen) dargetan haben, ist es gut, die Frage aufzuwerfen, ob sich das Feld dieser Wissenschaft, dieser analytischen Logik, nicht noch anders charakterisieren und nach seinen ursprünglichen Objekten noch tiefgründiger und umfassender bestimmen lässt. Schlüsse sind ja noch komplexe Gebilde. Allerdings sind einfache Schlüsse in gewisser Weise Begründungs-

---

[1] 30b ⟨Bezugnahme auf Blatt „30b" (F I 25/31b) der Vorlesung „Einführung in die Logik und Erkenntniskritik" von 1906/07 (*Husserliana* XXIV, S. 35)⟩.

atome, die letzten Begründungselemente in jedem deduktiven theoretischen Zusammenhang. Das Wesen eines deduktiven theoretischen Zusammenhangs besteht ja darin, dass er ein Gewebe von Gründen und Folgen ist, und da kommen wir notwendig auf primitive Verkettungen zwischen Grund und Folge, eben die einfachen Schlüsse. Andererseits ist ein einfacher Schluss selbst schon ein Gebilde, nämlich ein Gebilde aus Sätzen,[1] und da fragt es sich, ob wir nicht auf diese zurückgehen oder gar wieder auf ihre Elemente, die Begriffe zurückgehen müssen, wenn wir die primitiven Objekte der analytischen Logik gewinnen und ihr Wesen sowie ihre natürlichen Problemschichten und ihre natürlichen Grenzen tiefgründig bestimmen wollen. Unser Weg als analytischer geht ja überhaupt vom Zusammengesetzten und Näherliegenden zum Einfachen. Am nächsten lag uns die Idee einer Kunstlehre der Erkenntnis, und bezogen auf eine Psychologie der Erkenntnis. Am schnellsten bahnten wir uns einen Weg zu einer theoretischen und dabei allerallgemeinsten Logik, wenn wir an den Wesenscharakter des Erkennens als Begründens anknüpften und von dem der Psychologie angehörigen Akt des Begründens abschieden den idealen Begründungsgehalt, zu dem Form und Gesetze gehören. Damit war zugleich eine wissenschaftstheoretische Allgemeinheit gewonnen. Alle Wissenschaft begründet, und analytische Begründungsgesetze müssen zu aller Wissenschaft gemeinsam gehören. Nun gehen wir analytisch weiter.

Es wurde schon flüchtig berührt, dass in jeder deduktiven Begründung, die ein Motivationszusammenhang zwischen Urteilsakten ist, nicht nur dem Ganzen der Begründung als Gehalt der Schluss entspricht, sondern jedem einzelnen Urteilsakt ein Gehalt entspricht, ein Urteilsinhalt, wie wir auch sagten; und aus diesen Urteilsinhalten baut sich der Schluss auf. Dem Gehalt nach ist also, was da jeweils begründet ist, ein Urteilsinhalt. Man sagt hier gewöhnlich auch Urteil, aber das Wort „Urteil" hat dann offenbar einen neuen Sinn, nicht den eines Bewusstseinserlebnisses, sondern den eines idealen Gehalts. Eben dieser Idealität wollen wir uns jetzt voll und ganz versichern. Wir können unsere Betrachtung verallgemeinern. Jede Begründung, mag sie deduktiv sein oder nicht, begründet etwas, begründet ein Urteil. Ist dieses Urteil wirklich begründet, im vollen und strengen Sinn, dann nennen wir es eine Wahrheit. Alle Wissenschaft geht auf Wahrheit, auf begründete Urteile oder, wie wir auch sagen können, auf begründete Aussagen. Psychologisch gesprochen mag wissenschaftliches Denken mit all den intellektiven Betätigungen, die dazu gehören, aus sehr verschiedenerlei Phänomenen bestehen

[1] Erst hier Sätze!

und keineswegs durchaus aus Urteilserlebnissen. Aber in Urteilen terminieren notwendig diese Erkenntnisprozesse. Als Erkenntnisprozesse sind sie Prozesse des Begründens, wenn wir allenfalls absehen von vorbereitenden Prozessen, die auf neue Begründungen abzielen. Und das Ende jedes Begründens ist die Erreichung eines Urteils als begründeten Urteils: Es ist das Bewusstsein der erreichten Wahrheit. Der Urteilsakt, das flüchtige psychische Erlebnis des Urteilenden, macht aber natürlich nicht den bleibenden Bestand der Wissenschaft aus. Sagt also die psychologistische Logik immer wieder: „Alle Wahrheit liegt im Urteil", und sagt sie, was hier Urteil heißt und was die logische Urteilslehre behandelt, das seien psychische Erlebnisse des Urteilens, so sagt sie etwas Unverständliches. Ebenso wenn sie sagt: „Urteile kommen zum Ausdruck in Aussagesätzen" und wenn sie dabei wieder unter Urteilen die flüchtigen Akte versteht, so spricht sie missdeutlich und meint sie in der Regel Falsches.

Nachdem wir in den letzten Vorlesungen die Notwendigkeit einer theoretisch-logischen Wissenschaft erkannt haben, die unabhängig von der Psychologie die zum Wesen der deduktiven Schlüsse, Beweise, Theorien gehörigen formalen Gesetze erforscht, und nachdem wir ihren allgemeinen wissenschaftstheoretischen Charakter festgestellt haben, erwägen wir die Frage, ob sich das Gebiet dieser logischen Wissenschaft, dieser formalen oder analytischen Logik nicht durch Rückgang auf die primitiven Elemente, aus denen sich Schlüsse bauen, naturgemäß bestimmen und von da aus auch seinen wesentlichen Problemen und seinen Grenzen nach besser charakterisieren lässt.

Deduktive Schlüsse bauen sich auf aus Urteilsinhalten, aus Sätzen in einem leicht verständlichen logischen Sinn. Da Schlüsse, obschon sie im begründenden Denken als dessen Inhalte fungieren, ideale Gegenständlichkeiten sind, so muss das selbstverständlich auch von ihren Elementen, den Sätzen gelten. Sie können also nichts im Zeitfluss Begriffenes, nichts Kommendes und Gehendes, nichts in der Zeit Dauerndes und sich Veränderndes sein. Eine Wissenschaft von den Sätzen, nach ihren Elementen, ihren wesentlichen Formen, den aus ihnen sich aufbauenden Gebilden und den zu all dem gehörigen Gesetzen wird, das ist vorauszusehen, ebenfalls eine Idealwissenschaft, nicht eine Tatsachenwissenschaft sein, eine Wissenschaft von idealen Einheiten, nicht von empirisch-psychologischen Vorkommnissen des Intellekts. Selbstverständlich wird sie sich, wenn nicht mit der Wissenschaft von den deduktiven Schlüssen geradezu decken, diese doch als Teilgebiet in sich fassen müssen. Denn zu den aus Sätzen zu bauenden Gebilden gehören ja auch die Schlüsse. Auch diese Wissenschaft von den Sätzen würde sich der von uns letzthin konzipierten Idee einer theoretischen Wissenschaft von Wissenschaft überhaupt einordnen. Das wird sofort ersichtlich, wenn wir darauf achten, dass jede Wissenschaft als solche auf Wahrheit abzielt und dass dabei Wahrheit so viel besagt wie wahrer Satz, geltender Satz. Psychologisch gesprochen ist alles wissenschaftliche Denken erkennendes, begründendes Denken; als solches terminiert es jeweils in Urteilen und schreitet von Urteilen zu Urteilen teleologisch fort. Das sagt nicht, dass erkennendes Denken nur Urteilen ist, nur aus Urteilen besteht. Vielerlei intellektive Vorkommnisse, wie Wahrnehmungen, Erinnerungen, Erwartungen, die nicht Urteile sind, und wohl auch Willensintentionen gehören wesentlich in den Zusammenhang eines begründenden, immerfort auf Wahrheit zielenden Denkens. Aber Urteile spielen hier offenbar die Rolle von Terminis, es strebt der Prozess immerfort zu Urteilen und sprachlich zu formulierten Aussagen hin und von gewonnenen Urteilen zu neuen und wieder neuen. Diese bevorzugten Glieder des Denkprozesses geben sich nun als Bewusstsein von erreichter Wahrheit. Bewusstsein-von, sagte ich. Sie selbst sind Bewusstsein, sind dahinfließende Wellen im einheitlichen Bewusstseinsstrom. Aber in ihnen ist etwas bewusst, was nicht selbst wieder Bewusstsein, psychologisch gesprochen: nicht selbst wieder Erlebnis des Urteilens ist. Bewusst ist z.B., dass die Erde sich um die Sonne bewegt, dass π eine transzendente Zahl ist u.dgl., und eben dieses Was ist der Satz. Somit ist es klar, dass, wenn es eine Wissenschaft von den Sätzen überhaupt gibt, diese die alleruniversellste Bedeutung für alle Wissenschaften haben muss; es ist klar, dass Gesetze, die sich auf Sätze überhaupt beziehen, nicht Eigengut einer beliebigen der Wissenschaften sein können, die sich auf Raumgebilde, Kräfte, Naturobjekte und dergleichen Objekte beziehen; jede Wissenschaft spricht Sätze aus über die Gegenständlichkeiten ihres Gebietes. Eine Wissenschaft, die von Sätzen überhaupt unangesehen der Besonderheiten irgendwelcher Sachgebiete handelt, hat eine eigene Stellung gegenüber allen anderen Wissenschaften und ordnet sich der Idee einer allgemeinsten Wissenschaft vom Wesen von Wissenschaft überhaupt unter. Das ist klar. Sehen wir uns nun das Feld dieser neuen Wissenschaft näher an und versichern wir uns zunächst sorgfältig der eigentümlichen Eigenart seiner Objekte. Es sollen ideale Objekte sein und nicht reale, Denkinhalte, und doch nichts Psychisches – das macht dem Anfänger mitunter besondere Schwierigkeiten –, und zudem handelt es sich um fundamentale Punkte der Philosophie, welche die ganze logische Tradition verfehlt hat: Bolzano ausgenommen. Wir gehen daher sorgsam zu Werke und tun so, als ob wir die Idealität der Schlüsse noch nicht festgestellt hätten. Am besten gehen wir von der Tatsache der Aussage aus. Urteilend sprechen wir normalerweise einen Aussagesatz oder eine Reihe von solchen Sätzen aus. In Aussagesätzen liegt der Niederschlag aller Denkbewegungen vor. Wissenschaft, sofern sie von uns gedacht ist als etwas Objektives, von uns zufälligen Personen, von uns Lehrenden oder Forschenden Verschiedenes, ist im Wesentlichen nichts anderes als ein gewisser systematischer Inbegriff von Aussagen, etwa niedergeschrieben oder gedruckt in den Bänden der wissenschaftlichen Literatur.

Nehmen wir irgendeinen Aussagesatz für sich, so können wir unterscheiden:

1) Die Aussage im linguistischen Sinn.
2) Das Aussagen bzw. Verstehen von Aussagen als psychologischen Vorgang.
3) Das, was ausgesagt ist, der Inhalt des Aussagens bzw. Urteilens, Sichdenkens, Verstehens etc.
4) Das Gegenständliche, worauf sich die Aussage oder ihr Inhalt bezieht.

Was den ersten Punkt anlangt, so ist es leicht verständlich, dass die Aussage nach ihrem linguistischen Gehalt wechseln kann, während das, was da ausgesagt ist, im Wesen dasselbe ist.[1] Dieselbe Wahrheit, dasselbe Urteil, dieselbe, sei es auch eine falsche, Meinung kann in deutscher, französischer oder einer sonstigen Sprache ausgedrückt sein. In welcher sie es aber ist, das ist etwas logisch Irrelevantes. Wenn vom Inhalt der Wissenschaft, also von ihrem Wahrheitsgehalt, ihrem Gehalt an Theorien u.dgl. die Rede ist, so stellen wir uns zwar lauter Aussagesätze vor und Zusammenhänge von solchen vor, aber das sprachliche Gewand ist uns dabei gleichgültig. Es gibt nicht französische, deutsche, englische pythagoreische Lehrsätze, sondern nur den einen und selben, der einmal in der und dann wieder in einer anderen Sprache ausgedrückt ist. Was ist aber nun das Ausgedrückte? Etwa 2), das Urteil? Und so überhaupt irgendetwas aus dem Komplex von psychischen Erlebnissen desjenigen, der den betreffenden Aussagesatz aktuell redend, schreibend oder innerlich denkend ausgesprochen hat? Oder gar desjenigen, der ihn gedruckt liest und versteht?[2]

Nun, es ist offenbar, dass der Aussagesatz, wie oft er auch wiederholt, von der oder jener Person ausgesprochen oder gehört sein mag, einen identischen Gehalt ausdrückt. Der Aussagesatz, der im Lehrgebäude der Geometrie als

---

[1] *Gestrichen* und während in den Erlebnissen des Urteilens keine wesentliche Veränderung vorgegangen zu sein braucht.

[2] *Gestrichen* Das alles müssen wir uns zu vollster Klarheit bringen. Urteilend sprechen wir normalerweise einen Aussagesatz aus. Wo immer wir vor allem in der Wissenschaft unseren Erkenntniserwerb, einen Schatz gewonnener Wahrheit dem Gesamtbestand der wissenschaftlichen Wahrheit einreihen wollen, sprechen wir uns aus.

Satz des Pythagoras seine bleibende Stelle hat, drückt bleibend ein und dasselbe aus, während die psychischen Persönlichkeiten und ihre Erlebnisse bald sind oder nicht sind und bald so beschaffen sind und bald anders. Mag sein, dass auf psychischer Seite wesentliche Gemeinsamkeiten zwischen den Erlebnissen bestehen, in denen derselbe Aussagesatz im selben Sinn ausgesagt oder verstanden wird; aber jedenfalls prägt er selbst und unmittelbar nichts von diesen psychischen Erlebnissen aus. Wenn jemand die Aussage macht und sich mit ihr, wie wir sagen, ausspricht, so denkt er etwas, er vollzieht psychisch dieses Denken. Der Hörer fasst ihn auch als den solches Denkenden, als Subjekt der und der Denkerlebnisse auf. Sofern der zum Hörer Sprechende sich mitteilen, also so aufgefasst sein will, gibt er gewissermaßen sein Denken kund, und dieser Kundgabe entspricht beim Hörer korrelativ die Kundnahme. Aber dieses Wechselspiel der Erlebnisse des Wechselverständnisses und all das Psychische, das im aktuellen Aussagen überhaupt seine Rolle spielt, kommt doch nicht im Aussagesatz selbst zum Ausdruck; es macht doch nicht seine identische Bedeutung aus. Nun, eben darauf kommt es uns an, dass es so etwas wie ideal identische Bedeutung gibt, ein „Was", von dem wir eben sagen, es sei das Eine und Selbe, was der Aussagesatz ein für allemal besage.

Z.B. unterscheiden wir bei dem bekannten Satz von der Winkelsumme den Wortlaut, etwa den deutschen, so wie ihn auch der Papagei herplappern könnte, natürlich ohne ihn verstehen und mit ihm ein Denkerlebnis des und des Inhalts kundgeben zu können.

Fürs Zweite unterscheiden wir die psychischen Erlebnisse, welche derjenige hat, der den Satz von der Winkelsumme sinngemäß versteht oder äußert, Erlebnisse, die im Bewusstsein des psychischen Subjekts ihre Zeit dauern, um dann wieder zu verschwinden.

Drittens das Was der Aussage, eben das gewöhnlich schlechthin als Satz von der Winkelsumme Gemeinte. Sprechen wir schlechthin vom Satz der Winkelsumme, so meinen wir ein Identisches, das sich nicht vervielfältigt, wenn wir oder andere es in diesen oder jenen psychischen Erlebnissen „denken" und aussprechen. Dem Fluss und Wechsel der psychischen Erlebnisse als empirischer Fakta, der Mannigfaltigkeit wirklicher und möglicher Urteilender gegenüber steht der Satz von der Winkelsumme. Der ist nichts Kommendes und Gehendes, er ist nichts zeitlich Seiendes, er gehört nicht der zeitlichen Dingwelt an, er hat ein ideales unzeitliches Sein. Den Sätzen in diesem idealen und vom Sprachlichen absehenden Sinn messen wir Wahrheit und Falschheit zu, und wahre Sätze nennen wir geradezu Wahrheiten, falsche Sätze Falschheiten.

Das Kommen und Gehen der Aussprüche und der Urteilserlebnisse bedeutet offenbar nicht ein Kommen und Gehen der Wahrheiten. Wahrheiten sind, was sie sind, nämlich ideale Geltungseinheiten, ob sie jemand mit Grund oder grundlos glaubt oder nicht glaubt, ob sie jemals eingesehen, ausgesprochen, gehört worden sind oder nicht. Wahrheiten werden „entdeckt", in der Erkenntnis kommen sie zu Bewusstsein, werden sie erfragt, vermutet, begründet, eingesehen. Eben darin aber ist gesagt, dass diese subjektiven Erlebnisse, diese zufälligen Tatsachen, nicht die Wahrheiten selbst sind. Mag man in diesem identischen überzeitlichen Sein der Wahrheit einen Anstoß, ein Rätsel, ein Problem finden – das ist uns sehr recht –: eins ist sicher, dass wir bei der Rede von der Wahrheit diese Identität und überzeitliche Idealität meinen. Und ebenso bei der Rede vom Satze überhaupt. Auch ein falscher Satz hat diese Idealität; „der" Satz $2 \times 2 = 5$ ist e i n e r gegenüber „seinen" deutschen oder englischen usw. Aussprüchen und gegenüber der grenzenlosen Mannigfaltigkeit von psychischen Erlebnissen, in denen er „gemeint" ist.

Es ist wiederholt und nachdrücklich zu betonen, dass diese der traditionellen und zumal empiristischen Logik so unliebsame⟨n⟩ und von ihr so konsequent ignorierten Idealitäten von uns (bzw. von Herbart und Bolzano) nicht künstlich ersonnen, vielmehr uns vorgegeben sind, vorgegeben durch den Sinn der allgemeinen und in allen Wissenschaften unentbehrlichen Rede von Sätzen und Wahrheiten. Es handelt sich hier um ein zweifelloses Faktum, von dem alle Logik ausgehen muss, wie immer sie nachher dazu theoretische Stellung nehmen mag; diese beständige Rede von Sätzen, von wahren und falschen, meint nie und nimmer etwas, das sich im wiederholten Aussprechen, Verstehen, Glauben, Einsehen vervielfältigt, sondern dem gegenüber ein Identisches und Unzeitliches.

Satz in diesem Sinne, dem rein logischen Sinn, ist das, was wir die Bedeutung der Aussage nennen. Hinsichtlich des Urteilsaktes ist der Satz das, „was" im Urteile geurteilt ist, der ideale Urteilsinhalt. Auch vom Urteil als Akt kann man ganz wohl sagen, es habe seinen Bedeutungsgehalt in dem „Satze". Die Rede vom Urteilsinhalt ist mit Beziehung auf eine weitere vierte Unterscheidung, die wir oben angezeigt haben, zweideutig. Vom Satze nämlich unterschieden wir das Gegenständliche, auf das er sich bezieht, und zwar ein doppeltes, den „Gegenstand- oder die Gegenstände-worüber" und sein volles gegenständliches Korrelat, den bedeuteten Sachverhalt. Der Satz von der Winkelsumme sagt etwas über Winkelsummen von Dreiecken, das erste keplersche Gesetz über Planeten und ihren Zentralkörper aus. Ebenso ist im Satze „Die Zahl 2 ist kleiner als die Zahl 3" die Zahl 2, ebenso auch die Zahl 3 Gegenstand-worüber.

Die volle, nur durch den ganzen Satz zu bezeichnende Sachlage ist der „Sachverhalt". Wir machen sie zum Gegenstand-worüber, wenn wir etwa sagen, in dem dritten Beispielssatze sei das Kleinersein der Zahl 2 gegenüber der Zahl 3, oder dies, dass $2 < 3$ sei, der gesetzte Sachverhalt. Ist der Satz wahr, dann besteht der Sachverhalt, und ist er falsch, so besteht der Sachverhalt nicht. Auch im letzteren Falle des nichtseienden Sachverhaltes ist der Satz ein – in seiner Art – Seiendes; natürlich kein Ding, kein Reales überhaupt, aber ein Seiendes. Unter „den" Sätzen „gibt es" einen Satz $2 \times 2 = 5$, nicht aber unter „den" Sachverhalten einen Sachverhalt $2 \times 2 = 5$; eine solche Gleichheit „gibt es nicht". Gewöhnlich versteht man in den Wissenschaften, da sie es nur auf Wahrheiten abgesehen haben, unter Sätzen geradezu Wahrheiten. „Ein Satz besteht nicht" heißt daher, er sei nicht wahr, ihm entspreche kein Sachverhalt. Es ist aber aus logischen Gründen zweckmäßiger, den Begriff des Satzes allgemeiner zu fassen, so wie wir es bereits getan haben. Ein falscher Satz besteht als bloßer Satz, nur eben nicht als wahrer Satz. Er ist nicht ein Nichts, er ist ein Seiendes gleichsam in der Welt der Sätze, die alle wahren und falschen Sätze ideell eint.

Das sind die fundamentalen Unterscheidungen, die man sich ein für allemal deutlich machen muss. Vielleicht dient es zur Erfassung des Sinnes, in dem ⟨ich⟩ hier von idealem Sein sprach, wenn ich auf die Mathematik hinweise. An ihr ist es zu lernen, dass nicht alle Gegenstände möglicher Forschung Realitäten sind, dass nicht alles Sein etwa dingliches Sein ist, überhaupt zeitliches Sein. Wenn der Mathematiker über die Zahlenreihe mit ihrer Unendlichkeit von Objekten Aussagen macht, so kann ihn niemand so verstehen, als ob er dabei Dinge meinte. Sagt er: „Es gibt in der Zahlenreihe eine Zahl 7", und sagt er: „7 ist eine Primzahl", so ist der Gegenstand seiner Aussage 7, diese eine und einzige Zahl in der Zahlenreihe. Da ist doch keine Rede von einem Dinge der Natur oder der Eigenschaft eines Dinges. Die Dinge in der Natur entstehen und vergehen, sie dauern in der Zeit und verändern sich in der Zeit. Aber die Zahl 7 entsteht nicht und vergeht nicht. Sie dauert nicht und verändert nicht, vielmehr hat es gar keinen Sinn, dergleichen von einer Zahl in dem Sinn, in dem sie arithmetisches Objekt ist, auszusagen. Zahlen sind Gegenstände des psychischen Aktes, den wir Zählen nennen. Aber Zahlen sind wiederum keine psychischen, also zeitlichen Objekte. Das Zählen entsteht und vergeht, aber nicht die Zahl.

Ebenso, wenn der Geometer die Raumgebilde erforscht, z.B. die Eigenschaften der Geraden, der Kreise, der Dreiecke, der algebraischen Kurven usw., so mag er dabei sogar von der Existenz solcher Gebilde reden und Existenzbeweise für sie führen; aber Existenz besagt hier nichts weniger als reale Existenz. Existenzbeweise spielen in aller Mathematik, wie in der Geometrie so auch in der Arithmetik, eine große Rolle, aber niemals die des Nachweises von realer Existenz. Wenn es heißt, ein regelmäßiges Dekaeder existiert nicht, es existieren nur regelmäßige Hexaeder etc., so denkt niemand an die Dingwelt. Geometrisch gesprochen existieren Hexaeder, auch wenn es in der Natur nie und nimmer ein Ding von hexaedrischer Gestalt gegeben hätte, und einfach darum, weil in der Geometrie von hexaedrisch gestalteten Dingen der Natur gar keine Rede ist. All die mathematischen Gegenständlichkeiten sind ideale, und was damit gemeint ist, das weiß jeder, der Mathematik treibt; er weiß ja, was er da erforscht, was da Gegenstand seiner wissenschaftlichen Bestimmung ist, und er weiß, dass es kein physikalisches oder psychologisches Subjekt ist. Und er braucht nicht einmal Mathematiker von Fach zu sein, es genügt, dass er überhaupt mathematische Aussagen sinngemäß versteht. Genauso in unserem Fall. Jedermann weiß, wovon die Rede ist, wenn eben von Sätzen die Rede ist. In allen Wissenschaften sieht man sich gelegentlich veranlasst, statt von den Sachen, von den Sätzen über die Sachen zu sprechen, z.B. zu sagen: „Die und die Sätze sind erwiesen", „Die und die Sätze, wenn sie erwiesen wären oder wenn sie wahr wären, würden die und die falschen Konsequenzen ergeben, die Sätze sind also falsch" etc., und jedermann, der so spricht, denkt dabei nicht an Dinge der Natur oder an psychische Vorkommnisse. Niemand sieht den wahren Satz von der Winkelsumme für ein Ding der Natur an, für ein zeitliches Vorkommnis, das kommt und geht, und niemand auch den falschen Satz, dass jede algebraische Gleichung logisch lösbar ist. Der falsche Satz ist auch etwas, das Subjekt von Aussagen sein kann, und wenn ihm die Eigenschaft der Falschheit oder die so genannte Gegenstandlosigkeit zugeschrieben wird, so kommt sie ihm als Prädikat zu, ähnlich wie der Zahl 7 zukommt, Primzahl zu sein.

Nichts weiter soll also mit dieser Idealität gemeint sein, als dass es sich um eine Sorte von möglichen Erkenntnisobjekten handelt, von Objekten, die man hinsichtlich ihrer Eigentümlichkeiten bestimmen kann und in wissenschaftlicher Forschung bestimmen muss, während sie eben nicht Objekte in dem Sinn der realen Objekte sind. Damit soll aber gar nicht gesagt sein, wie ich es schon angedeutet habe, dass diese Idealität nicht ihre Rätsel und ihre Probleme mit sich führt, nur ist gleich hinzuzufügen, dass analoge Rätsel und Probleme auch die Realität betreffen, und weiter, dass diese Probleme in einer ganz anderen Linie liegen, in der Linie der spezifisch philosophischen Forschung, die weder den Geometer noch den Arithmetiker und den Sätzeforscher, den analytischen Logiker zunächst etwas angehen.

Sätze[1] im logischen Sinn nannten wir die Bedeutungen der Aussagesätze, und ebenso nennen wir Bedeutungen die Teile, aus denen Sätze sich komponieren, und die umfassenden Gebilde, die sich ihrerseits aus Sätzen komponieren. Und all die gemachten Unterscheidungen erstrecken sich auf diese weitere Sphäre bzw. auf die Sphäre der Aussagenteile und Aussagenkomplexe und die ihnen entsprechenden Sinn gebenden psychischen Erlebnisse. Ein Aussagesatz ist nicht eine bloße Aneinanderreihung von Worten als zufälligen, etwa aus ästhetischen Gründen abgeteilten Artikulationen der Stimme, als ob nur zu diesem Lautganzen das Bedeutungsbewusstsein gehörte, ohne artikulierte Beziehung zu den einzelnen Worten. Nicht nur die ganze Aussage ist bedeutsam, sondern jedes ihrer Glieder. Worte sind nicht bloß Laute, sondern Worte haben Bedeutung. Das Bedeutungsbewusstsein vom Satz ist selbst ein gegliedertes Ganzes, und bei hinreichend entwickelter Sprache und bei genau passendem Ausdruck entspricht während der Rede jedem Wort und zusammenhängenden Wortkomplex ein Gedanke und zusammenhängender Gedankenkomplex. Das gilt also hinsichtlich des Psychischen, das wir da Bedeutungsbewusstsein nennen oder auch Sinn gebendes Bewusstsein, z.B. für das Urteilsbewusstsein, wenn wir die Aussage machen, oder für das Verständnisbewusstsein, wenn wir sie verstehen. Wie dann der ganzen Aussage der Satz entspricht und, wenn er eine Wahrheit ist, ein seiender Sachverhalt, so entspricht jedem Worte der Aussage ein Moment im Satze und dadurch etwas im Sachverhalt. Jedes Wort hat seine ideale Bedeutung, und wie aus Worten der Aussagesatz sich komponiert, so aus den idealen Bedeutungselementen und Bedeutungsmomenten die Gesamtbedeutung, die wir als Satz im logischen Sinn bezeichnen. Und überall ist die ideale Bedeutung der „Gehalt" des betreffenden Bedeutungsbewusstseins in dem Fall, wo die aussagenden Worte wirklich ausgesagt, und mit Verständnis ausgesagt werden.

Das alles ist verständlich. Jeder Name z.B. hat seine Bedeutung, ebenso jedes Relationswort im Satz, wie „ähnlich", oder jedes volle Prädikat, wie „goldig", „höher als der Mont Blanc" u.dgl. Wenn sich nun der ganze Satz auf seinen Sachverhalt bezieht, so sind an dieser Beziehung alle Bedeutungselemente des Satzes wesentlich beteiligt, und das sagt, sie haben auch ihre gegenständliche Beziehung.

Ferner: Betrachten wir Gewebe von Aussagesätzen; ich sage Gewebe, um auszudrücken, dass es sich nicht um bloße Zusammenstellungen von solchen Sätzen handeln soll, sondern um Einheiten, wie sie in jeder einheitlichen

---

[1] Satzteile.

sinnvollen Rede vorliegen. Dies vorausgesetzt ist es klar, dass auch auf diese Gewebe sich all die gemachten Unterscheidungen beziehen. Vollendet sich ein solches Gewebe von Aussagesätzen zu einer einheitlichen abgesetzten Rede, einer in sich geschlossenen, so ist es die Einheit der Bedeutung, die die Abgeschlossenheit ausmacht. Subjektiv haben wir beim Redenden und ebenso beim einheitlich Verstehenden einen Urteilszusammenhang oder einen sonstigen Zusammenhang von Bedeutung gebenden Erlebnissen, und darin sind die einzelnen Urteile, sind die den einzelnen Aussagen entsprechenden psychischen Akte nicht bloß aneinander gereiht, sondern einig als Bedeutungsbewusstsein. Und dem entspricht dem Inhalte nach, dass das Ganze einen einheitlichen Bedeutungsgehalt hat, eine ideale Bedeutung, die sich auf die den einzelnen Urteilen entsprechenden Bedeutungen aufbaut und sie alle zu einer Einheit zusammenschließt. Da das Ganze der Bedeutung dabei selbst wieder unter dem Gegensatz von Wahr und Falsch steht, so kann es geradezu auch als ein Satz bezeichnet werden, ein Satz, der aber mehr oder minder kompliziert aus Sätzen aufgebaut ist. Es ist klar, dass die idealen Gebilde, die wir uns unter den Titeln Schlüsse, Beweise, Theorien, deduktive Systeme deutlich gemacht haben, nun als Bedeutungseinheiten zu charakterisieren sind und von uns nicht nur als Gebilde aus Sätzen, sondern selbst als Sätze, nämlich als überaus komplizierte Sätze angesehen werden. Weiter, es ist auch klar, dass der gesamte Lehrgehalt einer Wissenschaft, ihr gesamter in Aussagesätzen niedergelegter theoretischer Bestand sich in derselben Art als Bedeutungseinheit charakterisiert. Gegenüber den die Wissenschaft Lehrenden, Verstehenden, Durchforschenden ist sie selbst eine ideale Einheit, und sie ist es als Bestand von Sätzen im idealen Sinn, und zwar von gültigen Sätzen und begründenden Satzzusammenhängen. Nehmen wir z.B. eine deduktive Wissenschaft, in der die Einheitlichkeit eine besonders innige und überall durch deduktive Schlüsse vermittelte ist, wie z.B. die reine Mathematik, so haben wir auch hier das Vierfache zu unterscheiden: 1) das sprachliche Gewand, 2) die psychischen Erlebnisse der Urteilenden, Beweisenden, Forschenden, Lehrenden, und darin vor allem die Bedeutung gebenden usw., 3) den idealen Bedeutungsbestand, den Bestand an Sätzen, und endlich 4) die Gegenständlichkeit, auf die sich die Sätze beziehen. Der Bestand an logischen Sätzen, die sich so und so zusammenordnen zu Beweisen, Theorien und Partialdisziplinen, macht die Wissenschaft selbst nach ihrem wesentlichen Bestand aus, nach dem logischen Bestand, wie wir auch sagen können. Davon zu unterscheiden ist das Gebiet (der Mathematik z.B.), die Sachen und sachlichen Verhältnisse, über die sie Aussagen macht und auf die sich die Bedeutungen der

Aussagen beziehen; also in der Geometrie die Raumgebilde, in der Arithmetik Zahlen und Zahlengebilde usw. Gegeben ist uns das Gebiet der Mathematik so wie jede Gegenständlichkeit überhaupt in der Erkenntnis, im mathematischen Denken und Begründen; aber so gegeben, dass dieses Denken und Begründen etwas bedeutet, was sich ausspricht in den und den Aussagen. Die Bedeutungen dieser Aussagen sind aber nicht selbst die Objekte, sondern beziehen sich nur auf sie. Sagt der Mathematiker: „alle Kurven zweiter Ordnung", so bezieht sich die allgemeine Bedeutung dieses Ausdrucks eben auf Kurven zweiter Ordnung. Aber diese Bedeutung ist nicht selbst der Umfang von Gegenständen, die etwa genannt sind, eben als Kurven zweiter Ordnung.[1] So verhält es sich ja überall. Die Bedeutung des Wortes „Himmelskörper" ist nicht selbst ein Himmelskörper, die Bedeutung „Löwe" nicht selbst ein Löwe. Aus dem Bedeutungsbewusstsein ist die Bedeutung zu entnehmen, und sie ist dann wirklich gegeben. Aber damit ist nicht der bedeutete Gegenstand gegeben, der vielleicht überhaupt nicht existiert. Zentauren gibt es nicht, aber das Wort „Zentaur" hat eine Bedeutung. Der Ausdruck „ein Dreieck mit drei rechten Winkeln" hat seine ideal-identische Bedeutung, aber wir wissen, dass ihr kein Gegenstand entsprechen kann.

Nach diesen Überlegungen ist uns klar geworden die Möglichkeit einer Wissenschaft von den Bedeutungen, und klar geworden der universelle wissenschaftstheoretische Charakter dieser Wissenschaft. Alle Wissenschaften haben einen in grammatischen Aussagen sich ausprägenden Bedeutungsbestand, ihren Lehrgehalt. Eine universelle Wissenschaft von Wissenschaft überhaupt muss in erster Linie Wissenschaft von solchem Bestand überhaupt sein, d.h. Wissenschaft von Bedeutung überhaupt sein. Nicht gesagt braucht zu werden, dass diese Wissenschaft, wie jede mögliche Disziplin einer allgemeinen Wissenschaft von Wissenschaft überhaupt, ein wesentliches theoretisches Fundament jeder logischen Kunstlehre abzugeben hätte. Im Übrigen wird die Aufgabe dieser Bedeutungslehre es offenbar sein, die wesentlich verschiedenen Arten und Formen von Bedeutungen festzustellen, die im Wesen der Bedeutungen als solchen gründenden Möglichkeiten zu erforschen, nach denen sich aus Bedeutungselementen der verschiedenen Bedeutungskategorien immer höhere Bedeutungsgebilde komponieren, und des Weiteren den Geltungsgesetzen nachzugehen, die sich auf diese Bildungen gründen.

---

[1] *Gestrichen* Genauso verhält es sich ja überall. Am schärfsten tritt der leicht zu übersehende Unterschied zwischen Bedeutung und Gegenstand hervor.

Von vornherein scheiden sich dabei also zwei Stufen ab. In der einen ist von Bedeutung überhaupt, unabhängig von Geltung oder Nichtgeltung die Rede. In der zweiten handelt es sich gerade um die im Wesen der Bedeutung als solcher gründenden Geltungsgesetze. Bedeutung überhaupt steht eben unter dem großen Gegensatz von Wahrheit und Falschheit. Sofern aber auch falsche Bedeutungen, falsche Sätze, Beweise, Schlüsse usw. doch Bedeutungen sind und als solche ihre wesentlichen Eigentümlichkeiten besitzen, gibt es ein allgemeineres Forschungsfeld, in dem der Unterschied zwischen Wahrheit und Falschheit noch nicht in Frage ist. Andererseits aber gründen die auf diesen Unterschied bezüglichen allgemeinen Gesetze im Wesen der Bedeutung als solcher, und so setzt die Erforschung dieser Gesetze die allgemeinere Bedeutungsforschung der niederen Sphäre voraus.

Mit dieser logischen Wissenschaft werden wir uns nun beschäftigen. Ich will es versuchen, Ihnen eine Vorstellung vom wesentlichen Gehalt dieser Wissenschaft nach ihren niederen und höheren Gebieten zu geben. Sie verdient den Namen Logik schon dem Wortsinn nach. Denn λόγος heißt auch Gedanke im Sinne von Bedeutung, und so ist denn unsere Wissenschaft eine Wissenschaft von den λόγοι. Sie ist ferner formale Logik, sofern sie nicht von den Bedeutungen in ihrer Besonderheit handelt, mit der sie den einzelnen Sachwissenschaften zugehören. Eine Bedeutung, die in ihrem Gehalt Beziehung auf Geometrisches hat, gehört in den Zusammenhang der Geometrie, eine Bedeutung, die sich auf physikalische Objekte bezieht, in den Zusammenhang der Physik usw. Aber eine formale Bedeutungslehre hat es mit solchem zu tun, was von solchen Unterschieden unabhängig ist, also im allgemeinen Wesen von Bedeutung überhaupt gründet. Das alles bedarf keiner Erörterung mehr, da wir für den besonderen Fall der Schlüsse dies schon näher ausgeführt haben. Alle bestimmten Bedeutungen gehören allerdings in das Gebiet der Logik, insofern als die Wahrheiten der Logik in ihrer Allgemeinheit sich auf alle Bedeutungen überhaupt beziehen, genauso wie die konkreten mechanischen Vorgänge der sinnlichen Wirklichkeit unter die allgemeinen mechanischen Gesetze gehören, welche die mathematische Mechanik aufstellt. Aber innerhalb der Logik treten spezialwissenschaftliche Sätze und Bedeutungen überhaupt nur als Exempel auf, und die Bedeutungen, die sie in ihren eigenen Theorien verwendet, müssen durchaus von der Beziehung auf bestimmte Gegenständlichkeit frei sein. Wie sich bestimmte Bedeutung, die doch immer bestimmte gegenständliche Beziehung hat, durch formale Verallgemeinerung von der Beziehung auf bestimmte Gegenständlichkeit frei macht, davon haben wir schon eine Vorstellung. Ich erinnere an die Erhebung der Schlussformen mit ihren unbestimmten A, B, C ... und an die Schlussgesetze.

Die formale Logik ist ferner apriorische Logik, sie ist keine empirische Wissenschaft. Was das sagt, ist ohne alle tiefsinnige⟨n⟩ Erörterungen verständlich. Nachdem wir festgestellt haben, dass Bedeutungen ideale Gegenstände sind, also unzeitliche, in keiner Natur, weder in äußerer noch in psychologischer Natur unterzubringende Gegenstände, ist es auch klar, dass sie nicht methodisch so behandelt werden kann wie eine Naturwissenschaft. Eine Naturwissenschaft: das heißt eine Wissenschaft von zeitlichen bzw. räumlich-zeitlichen Objekten, von ihren Eigenschaften, ihren Verhältnissen, ihren Gesetzen.

Solche Objekte kommen zur Gegebenheit durch Wahrnehmung und Erfahrung, und umgekehrt nennt man jedes Erlebnis, in dem Zeitliches gegeben ist, ein Wahrnehmen oder Erfahren: Ich nehme ein Haus wahr, ich nehme optische, akustische Vorgänge wahr, ich verfolge wahrnehmend die Wirkungen magnetischer Massen usw. Äußere Wahrnehmung ist Wahrnehmung physischer Objekte bzw. Vorgänge. Innere Wahrnehmung oder psychologische Wahrnehmung nennt man Wahrnehmung eigener psychischer Vorgänge: Ich nehme psychologisch meinen Schmerz wahr, ich nehme wahr, dass ich jetzt urteile, dass ich den und den Willen habe usw. Tatsachenwissenschaft oder Naturwissenschaft, sei es physische, sei es psychologische, gründet sich selbstverständlich auf Erfahrung; nämlich die Objekte, deren Eigenschaften, Verhältnisse, Gesetze sie erforschen will, müssen ihr doch zuerst gegeben sein, und gegeben sind sie unmittelbar nur durch Wahrnehmung: Also muss hier Wahrnehmung den Ausgangspunkt bilden. Andererseits, ideale Objekte, da sie kein Dasein im Raum und in der Zeit haben, sind selbstverständlich nicht erfahrbar, und somit ist es auch eine pure Selbstverständlichkeit, dass die Wissenschaft von idealen Objekten methodisch anders zu Werke gehen wird wie die Naturwissenschaft. In der Natur gibt es keine Zahlenreihe, weder die Reihe der natürlichen Zahlen noch die der reellen oder komplexen oder Idealzahlen usw. In der Erfahrung können wir dergleichen nicht sehen oder hören, kein Teleskop oder Mikroskop kann sie uns vor Augen stellen; sie sind eben keine Tatsachen der Natur. Und ebenso wird niemand in der physischen oder psychologischen Natur einen Ort und eine Zeit suchen, wo die mannigfaltigen Sätze, Beweise, Schlüsse u.dgl. als solche ihre Stelle hätten. Sind sie nun als solche idealen Gegenstände *eo ipso* nicht erfahrbar, so haben sie doch ihre Weise des Gegebenseins. Und diese Gegebenheitsweise heißt apriorische, was eben nur besagt: nicht empirisch, nicht aposteriorisch.

Z.B. wenn ich in der Mathematik so weit bin, bis zwei zählen zu können, so kann ich mir zur vollen Evidenz und Gegebenheit bringen eben dies, was da „zwei“ meint, diese Zahl 2. Und wenn wir gar so weit sind einzusehen, dass $a+b=b+a$ ist, so ist uns unmittelbar ein allgemeines Gesetz für die Zahlen gegeben, und diese Gegebenheit, die da einsichtige, apodiktische Evidenz heißt, gibt uns das Gesetz in seiner Geltung so vollkommen und in der Gegebenheitsweise, wie eben ein Gesetz seiner Natur nach nur gegeben sein kann. Das Dasein eines Pferdes ist mir gegeben im Wahrnehmen des Pferdes, das Sein eines Gesetzes kann mir natürlich nicht im Wahrnehmen, im Sehen oder Hören gegeben sein, aber gegeben ist es mir doch, nämlich in dem „Einsehen“; also in einem analogisch als Sehen bezeichneten und doch ganz andersartigen Akt des Erfassens geltender Bedeutung. Die grundverschiedene Art der Gegebenheiten, und zwar der unmittelbaren Gegebenheiten beiderseits, auf die sich erst das Herstellen mittelbarer Gegebenheit vollziehen kann, erklärt es, warum Idealwissenschaften und Realwissenschaften, oder apriorische und aposteriorische, so ganz anders verfahren. Es wäre sinnlos, in der Mathematik Beobachtung und Experiment einzuführen, es hieße das überhaupt nicht wissen, was für Objekte Mathematik sucht und erforscht. Und ebenso sinnlos ist es, in der Naturwissenschaft *a priori* verfahren zu wollen, und aus demselben Grunde. Wir erwarten also in unserer logischen Wissenschaft keine Experimente und Apparate; vielmehr werden wir uns in die Einstellung begeben, die die logischen Objekte als ideale erfordern. In der Einsicht, in der apriorischen Evidenz bringen wir uns das Primitive zu unmittelbarer Gegebenheit, und dann heißt es nüchtern und exakt unterscheiden, was zu unterscheiden, und begründen, was zu begründen ist, genauso wie in der Mathematik.

Da der zentrale Begriff der formalen Logik Bedeutung und näher der des Satzes ist und der Name formale Logik historisch immer für ein Gemenge von teils psychologischen, teils eigentlich formal-logischen Lehren verwendet worden ist, wäre es vielleicht passend, einen neuen Namen, etwa reine Bedeutungslogik oder auch apophantische Logik einzuführen. Das Wort ἀποφάνσις dürfte ja ganz wohl sich als „Satz“ interpretieren lassen. Erwähnen muss ich übrigens, dass der Scharfsinn der Stoiker die Notwendigkeit der Unterscheidung zwischen psychologischem Bedeutungsbewusstsein, logischer Bedeutung und der Gegenständlichkeit, auf die sich beide beziehen, erkannt hat. Man dürfe sich nicht mit der, wenn auch nicht terminologisch auf Aristoteles zurückgehenden, Unterscheidung zwischen νόημα und πράγμα begnügen und noch zwischen beiden und dem λεκτόν unterscheiden. Letzteres heißt wörtlich „das Gesagte“, es entspricht genau also unserem Ausdruck „das ausgesagte Was“ und trifft vollkommen unseren Begriff der Bedeutung. Überhaupt waren die Stoiker die Ersten, die eine rein formale Logik im Auge gehabt, wenn auch nicht in der erforderlichen Vollkommenheit ausgebildet haben. Es scheint aber nicht, dass in der Neuzeit Bolzano und Herbart unmittelbar an die Stoa angeknüpft haben.

Reine Grammatik

Gehen wir an die Ausführung der reinen Wissenschaft von den Bedeutungen heran, so wird es unsere erste Aufgabe sein, das Untergebiet dieser Wissenschaft, welches eine in sich geschlossene Disziplin ausmacht, nach ihrem allgemeinen Wesen zu charakterisieren. Nachdem dies geschehen, wollen wir uns mit ihrem Feld, gemäß dem gegenwärtigen Stand seiner Bearbeitung, bekannt machen. Dieses Untergebiet abstrahiert völlig von der Beziehung der Bedeutung auf bedeutete Gegenstände und in Zusammenhang damit von der Frage der Geltung der Bedeutungen, ihrer Wahrheit und Falschheit. Dass auch die Beziehungen zwischen Bedeutung und Bedeutung gebenden Akten sowie die Beziehungen zwischen den Bedeutungen und den grammatischen Ausdrücken nicht die hier zu lösenden Probleme sind, ist selbstverständlich. Das gilt ja von der ganzen formalen Logik als Wissenschaft von den idealen Gegenständen, die wir da Bedeutungen nennen. Es gilt von ihr ganz so, wie es von der Arithmetik gilt, dass sie es mit den Zahlen und nicht mit den Akten des Zahlbewusstseins und auch nicht mit den grammatischen Ausdrücken, in denen Zahlen zum Ausdruck kommen, zu tun hat. Das schließt aber nicht aus, dass wir aus methodischen Gründen öfters geneigt sein werden, gelegentlich von den Akten zu sprechen, und ganz besonders, dass wir geneigt sein werden, uns in die Verhältnisse zwischen Bedeutung und Ausdruck umständlich einzulassen. Gerade dieser Umstand ist geeignet, in die Irre zu führen und psychologistischen Vorurteilen Nahrung zu geben. Es ist aber Folgendes allgemein zu beachten: Aus methodischen Gründen mag selbst der Naturforscher gelegentlich auf solches rekurrieren, was nicht in sein Forschungsgebiet im eigentlichen Sinn hineingehört. Sein Forschungsgebiet sind die Naturobjekte, die Naturvorgänge, die in ihnen waltenden Kausalgesetze u.dgl. Das hindert aber nicht, dass er in der Erwägung eines methodischen Ganges auf die Denkakte und ihre Bedeutungsgehalte hinblickt, z.B. in der Kritik sagt: Die und die Begründung ist falsch, sie operiert mit einem falschen Kausalbegriff, der dem Sinn naturwissenschaftlicher Erkenntnis widerstrebt; der und der Verfasser verwechselt naturwissenschaftliche Kausalität mit Kausalität im animistischen Sinn; die und die vorwissenschaftlichen Assoziationen begünstigen die Verwechslung u.dgl. Natürlich wird darum niemand sagen, dass die Physik Wissenschaft von den Assoziationen, von den psychischen und kulturhistorischen Bedingungen ist, unter denen Vorurteile erwachsen u.dgl. Doch vollziehen wir lieber den uns näher stehenden Vergleich mit einer Idealwissenschaft, der Mathematik. Allerdings, in der reinen Mathematik, insbesondere in der Arithmetik kommt der Rekurs auf das Psychische und auch auf das Sprachliche kaum vor, aber darum, weil Zahlen und Zahlenunterschiede sich als ideale Objektitäten so rein abheben, dass es keiner besonderen methodischen Schulung bedarf, sie sich zur Evidenz zu bringen, zum mindest⟨en⟩ so weit, als es beim Beginn der Arithmetik erforderlich ist. Im weiteren Fortgang baut sich aus dem zu Anfang gegebenen rein idealen Material alles Weitere so konsequent in so einfachen durchaus evidenten Schritten auf, dass im Ganzen keine methodischen Veranlassungen bestehen, das eigentlich mathematische Feld zu verlassen.

Anders verhält es sich in der Bedeutungslehre. Den Begriff des Satzes mag man schnell erfassen; aber schon er ist mit dem Ausdruck so verwoben, dass es einige Mühe kostet, die rein ideale, vom Grammatischen abstrahierende Gegenständlichkeit in den Blick der Evidenz zu bringen. Die Schwierig⟨keit⟩en werden aber erheblich größer, wenn es sich um die Scheidung der wesentlichen Bedeutungskategorien und der Bedeutungsformen, z.B. der primitiven Satzformen, handelt. Das sprachliche Bewusstsein ist das normale Bedeutungsbewusstsein. Es kommt allerdings öfters vor, dass ein Bedeutung gebender Gedanke vorhanden ist ohne sprachlichen Ausdruck oder mit unvollkommenem: wie wenn wir einen Gedanken zwar haben, aber aus zufälligen psychologischen Gründen sich das ausprägende Wort nicht einstellen will. Indessen ist das ein weniger in Betracht kommender Fall, schon darum, weil es die Regel ist, dass ein deutliches Evidenz ermöglichendes Bedeutungsbewusstsein, ein solches, aus dem die Bedeutung mit Evidenz zu entnehmen ist, sprachlich ausgeprägt sein muss. Das Sprachliche als ein wiederholbares Sinnliches gibt dem Gedanken einen sinnlichen Körper, ermöglicht, ihn zu wiederholen und in der Wiederholung mit voller Evidenz sich die Bedeutung als eins und selbes zur Gegebenheit zu bringen.

Andererseits hängen demselben, in seiner typischen Form wiederholbaren Ausdruck aus psychologischen Gründen nicht immer dieselben Gedanken an. Hinsichtlich der Bedeutung gebenden Gedanken sind die Ausdrücke in ziemlichem Fluss, die Gedanken schmiegen sich den lebendigen Gedankenzusammenhängen an und modifizieren sich dadurch; und selbst soweit sie Festigkeit der Anknüpfung an den Ausdruck zeigen, schließt diese das nicht aus, was wir als Äquivokation, als Vieldeutigkeit bezeichnen. Es bildet sich die Gewohnheit aus, denselben Ausdruck in einem typischen Gedankenzusammenhang in einem Sinn, in einem anderen typischen Zusammenhang in anderem Sinn zu gebrauchen. Dazu kommt, dass der natürliche Bedeutungswandel, den die Ausdrücke sprachgeschichtlich erfahren haben, die ursprünglichen Bedeutungen nicht ganz vernichtet; vielmehr klingen sie oft noch nach und üben für das Wortverständnis einige Funktion, obschon sie nicht mehr eigentlich Bedeutung gebend sind. Ich spiele hier auf das an, was man als innere Sprachform zu bezeichnen pflegt und worüber wir noch später einiges hören werden. Mit diesen und ähnlichen Verhältnissen hängt es nun zusammen, dass die auf die reine Bedeutung gerichtete Formenlehre der Bedeutungen auf große methodische Schwierigkeiten stößt. Im sprachlichen Denken muss man sich bewegen. Es bietet die notwendigen Beispiele, an denen man Bedeutungen erfassen und ihre formalen Unterschiede feststellen kann. Und Formunterschiede prägen sich schon in jeder Sprache und zumal in jeder höher entwickelten Sprache aus, und es ist unmöglich, diese zu ignorieren, also nicht an die Unterscheidungen grammatischer Formen anzuknüpfen. Andererseits kommen für die grammatischen Kategorien und Formen, genauso wie für die konkreten Bedeutungen, jene vorerwähnten Schwierigkeiten sehr in Betracht: jenes Schwanken der Bedeutungen, jenes Ineinander eigentlicher und uneigentlicher Bedeutungsvorstellungen, teils rudimentärer und in Funktionswandel übergegangener ursprünglicher Bedeutungsgedanken, teils wirklich und eigentlich Bedeutung gebender Gedanken. Offenbar kommt es leicht, dass man die Bedeutungen, die man aus einer sprachlichen Form, z.B. der Form des allgemeinen Satzes oder der des hypothetischen Satzes herausgeschaut hat, falsch interpretiert, z.B. wenn man das in einem Fall Erschaute für die Bedeutung des Ausdrucks überhaupt hält und nicht merkt, dass er in wichtigen Zusammenhängen, obschon eine verwandte, doch eine wesentlich neue Bedeutung annimmt; oder noch mehr dadurch, dass man das in der Evidenz Erschaute nicht so hinnimmt, wie man es gegeben hat, sondern mit Rücksicht auf Komplexionen der faktisch in der psychologischen Reflexion erlebten und mit dem Ausdruck einheitlich verwobenen Gedanken in die Bedeutung eine Komplexion hineinträgt, die ihr gar nicht zugehört: Man hält nämlich rudimentär gewordene Gedanken, die noch aufleben und die in der Weise rudimentärer Organe, die ihre Funktion gewechselt haben, jetzt psychologisch ganz anders fungieren wie eigentliche Bedeutungsgedanken, noch für rechte Bedeutungsträger und versucht, was man in ihnen gegeben hat, in die Bedeutung der Ausdrucksformen durchaus hineinzuinterpretieren. Kurzum, man ist mit der sprachlichen Form nur zu sehr bemengt, obschon das Absehen gerade darauf gerichtet ist, die reine Bedeutung, Bedeutungskategorien, Bedeutungsformen zu gewinnen, denen alles Grammatische und Psychologische außerwesentlich ist. Allerdings der Wirrwarr, der gegenwärtig in der Lehre vom Begriff und Urteil bei den Logikern herrscht (und das sind die Titel, unter denen die Formenlehre der Bedeutungen behandelt wird), findet in diesen Schwierigkeiten nicht die zureichende Erklärung, vielmehr darin, dass man sich über das eigentliche Ziel und die Methode der anzustellenden Untersuchungen nicht klar war. Wer die grundlegenden Unterschiede nicht sieht, die all solchen Untersuchungen vorhergehen müssen, wer Psychologisches und Ideales nicht scheidet, also die psychischen Erlebnisse des Redenden und Verstehenden nicht unterscheidet von dem Bedeutungsgehalt der Rede, der wird, wenn er Bedeutungsanalysen vollziehen soll, sofort die psychologische Einstellung vollziehen und anfangen, die psychologischen Daten, die Erlebnisse, die er als Redender und Verstehender vollzieht, zu beschreiben. Und selbst das Psychologische wird dabei zu kurz kommen, einerseits weil nur der Hinblick auf die Bedeutung das Maß abgibt für die durchaus notwendige Abscheidung der eigentlich Bedeutung gebenden Akte von dem weiteren Feld der psychischen Erlebnisse der Kundgabe und Kundnahme, und andererseits weil der Mangel der Erfassung der Bedeutung als einer idealen aus dem Bedeutungsbewusstsein zu entnehmenden Objektität es notwendig mit sich bringen wird, Prädikate dieser idealen Objekte den psychischen Erlebnissen zuzuschreiben, also Nichtpsychologisches der Psychologie unterzuschieben. Und von solchen Fehlern sind leider die berühmten deutschen wie außerdeutschen logischen Werke voll.

⟨*Formenlehre der Bedeutungen*⟩

Nach dem soeben Ausgeführten werden Sie sich also nicht wundern, dass gleich in den nächsten Betrachtungen, die auf die Umgrenzung der reinen Formenlehre der logischen Bedeutungen gerichtet sind, an Grammatisches angeknüpft wird. Den ersten Versuch, dieser logischen Disziplin als einer notwendigen Unterstufe der formalen Logik gerecht zu werden, macht die IV. der Abhandlungen, welche den Inhalt des II. Bandes meiner *Logischen Untersuchungen* ausmachen. Ihre Hauptgedanken habe ich, mit einigen Verbesserungen, hier darzustellen. Andere Literatur kann ich leider nicht angeben, da man selbst aufseiten der idealistischen Logik von der bestehenden Lücke keine Ahnung gehabt hat. Desgleichen gibt auch das Grundwerk der formalen Logik, Bolzanos *Wissenschaftslehre*, nicht die jetzt nötigen allgemeinen Aufklärungen.

Den Ausgangspunkt bildet eine uns durch die Scholastik übermittelte, im Übrigen jedoch auf die Stoa zurückgehende grammatische Unterscheidung, nämlich die Unterscheidung zwischen selbständigen und unselbständigen Ausdrücken, welcher unmittelbar zuzuordnen ist eine Unterscheidung der Bedeutungen eben in selbständige und unselbständige (A. Marty gebraucht in der soeben erschienenen *Grundlegung zur Grammatik und Sprachphilosophie* die Bezeichnung: autosemantische und synsemantische Ausdrücke*). Geht man von der grammatischen Unterscheidung aus, so ist sie zunächst sehr geeignet, darauf aufmerksam zu machen, dass die einheitliche Bedeutung des vielwortigen Satzes und Satzzusammenhangs sich im Großen und Ganzen gemäß den Ausdrucksteilen gliedert, die wir Worte nennen und grammatische Formen an den Worten nennen; dass also auch die Bedeutung ihre Artikulation hat und dass, je vollkommener im sprachlichen Ausdruck der Bedeutungsgehalt seine Ausprägung findet, umso genauer die grammatische Artikulation und die Bedeutungsartikulation gleichsam zur Deckung kommen. Darüber habe ich im Vorbeigehen schon gesprochen, und ich will auch jetzt nicht dabei verweilen, vielmehr es voraussetzen; darunter auch dies, dass Einheit der Bedeutung es ist, die Einheit des Ausdrucks ausmacht, und dass, wenn wir von einem Ausdruck sagen, dass er Teilausdrücke habe, d.i. Teile, die wieder den Charakter von Ausdrücken haben, die Teile dann also bedeutsame Teile sind. Eine beliebige Silbe ist Teil des Wortlauts, aber nicht eigentlich Teilausdruck. Der Teilung in Silben entspricht keine Teilung in der Bedeutung.

Machen wir uns nun den Unterschied der Selbständigkeit und Unselbständigkeit von Ausdrücken klar. Nehmen wir einen vollen Aussagesatz, so stellt er einen für sich selbstständigen Ausdruck dar, er ist selbstständig als Ausdruck, d.i. vermöge einer gewissen Selbständigkeit der Bedeutung. Nehmen wir demgegenüber vereinzelte, aus einem vollen Satzzusammenhang herausgerissene Worte, so haben sie eine gewisse Unselbständigkeit, natürlich wieder vermöge ihrer Bedeutung. Unter Umständen können einzelne Worte selbstständige Bedeutung haben, nämlich da, wo sie einen (unter den gegebenen Verhältnissen zumeist auch voll verständlichen) Satz vertreten, wie z.B. der Ausruf „Voraus!". Diese Fälle schließen wir aus; wir nehmen Worte oder auch komplexe Ausdrücke als κατὰ μηδεμίαν συμπλοκὴν λεγόμενα, um es mit Aristoteles auszusprechen,** also vereinzelte Worte wie „mit", „und",

* Vgl. Anton Marty, *Zur Grundlegung der allgemeinen Grammatik und Sprachphilosophie*, Halle a. S. 1908, S. 205 ff.

** Aristoteles, *Cat.* 4 (1 b 25).

„ist“, „Königs“ (Genitiv) oder Zusammensetzungen wie „dem König von England“, „wer immer strebend sich bemüht“* etc. Fragen wir nun, was das für eine Unselbständigkeit ist, so werden wir aufmerksam, dass solche Bedeutungen nur sein können in einem umfassenderen Bedeutungszusammenhang und demgemäß voll und eigentlich nur gegeben sein können, wenn ein umfassenderes Bedeutungsganzes, dem sie sich einordnen, gegeben ist. Für die unselbständigen Ausdrücke aber besagt das, dass sie im vollen und eigentlichen Sinn nur verstanden sein können, wenn entsprechende umfassendere Ausdrücke gegeben und verstanden sind, in die sich jene unselbständigen einordnen. Dem widerspricht es nicht, dass unselbständige Ausdrücke in Vereinzelung in gewisser Weise verstanden und nicht als ein sinnloser Wortschall aufgenommen werden. Aber näher besehen ist das hier Verständnis Bietende nicht derjenige Bedeutung gebende Gedanke, der das Wort in normaler aussagender Funktion, zumal in einem vollen prädikativen Zusammenhang gleichsam beseelt. Vielmehr tritt an dessen Stelle ein indirekter, in der Regel nicht ausdrücklicher und ganz vager Gedanke, der sich auf das Wort in natürlicher Funktion eben indirekt bezieht. Das wird am Beispiel sofort verständlich werden. Der vereinzelte Wortlaut „und“ mutet sich bekannt an und als Wort an. Sollen wir aussprechen, wie er als Wort aufgefasst wird, so mögen wir etwa sagen, es sei durch den Wortlaut der Gedanke geweckt: „Aha, das bekannte Wort ‚und‘“. Natürlich ist dieser Gedanke, der zu diesen Worten „Aha, das bekannte Wort ‚und‘“ gehört, nicht die Bedeutung des Wortes „und“, vielmehr weist er indirekt auf sie hin, nämlich darauf hin, dass das soeben Gehörte ein gewisses Wort sei, das in einem normalen Aussagen seine gewisse Bedeutung hat: eine Bedeutung, die aber jetzt nicht gegeben ist. Es braucht nicht gesagt zu werden, dass dieser indirekte Gedanke nur als eine vage Verständnisfärbung dem Wort anhaftet und nicht etwa im inneren Sprechen formuliert ist. Wenn wir aber fragen, was im Verständnis des vereinzelten Wortes wirklich bewusst sei, so werden wir notwendig auf derart indirekte Gedanken geführt und zugleich darauf, dass die eigentliche Bedeutung des „und“, nämlich die ihm in der vollen Rede anhaftet, hier notwendig fehlt und andererseits nur gegeben sein kann in einer vollen Rede.

Will ich die Bedeutung wirklich gegeben haben, so muss ich über die Vereinzelung also hinausgehen, ich muss etwa sagen: „Gold und Kupfer“, „Logik und Psychologie“, „Aristoteles und Plato“. Die flankierenden Worte bzw. Bedeutungen kann ich durch andere ersetzen, aber ganz wegstreichen kann ich sie nicht, sonst fehlt etwas; halte ich die Und-Bedeutung fest, so muss

* Goethe, *Faust* II, V. 11936.

das Fehlende als solches irgendwie repräsentiert sein; also zum mindesten habe ich „Etwas und Etwas". Dabei aber ist das Etwas doch selbst wieder eine Bedeutung, obschon eine in gewissem Sinn formale.

In der Erwägung solcher Beispiele wird es also evident, dass die Bedeutung „und" unselbständig ist in dem definierten Sinn, d.h. dass ihr trotz ihrer Idealität kein Fürsichsein zukommen kann, sondern nur Sein als Moment eines Bedeutungsganzen. Dabei merken wir gleich, dass es in der Unselbständigkeit Stufen gibt. Die Unselbständigkeit des „und", die nach dem Gesagten eine gewisse zweiseitige Ergänzungsbedürftigkeit ist, findet gleichsam ihre Befriedigung, wenn wir beiderseits zwei passende Bedeutungen nehmen, die durch das „und" verbunden sind. Aber das nun entstehende Ganze ist darum nicht selbstständig. Sagt jemand: „Sokrates und Plato" und nichts weiter, so verstehen wir ihn, und trotzdem sagen wir: „Was ist es denn damit?" Es fehlt etwas. Der korrelative Ausdruck kann in der Einstellung verstanden sein, die ihn als Subjekt einer Prädikation auffasst: dann fehlt uns das Prädikat; und darauf wies die Form der Frage hin. Also wir hatten schon die Vorstellung „Sokrates und Plato ist ... (etwas)". Es kann aber auch die Einstellung eine andere sein gemäß etwa dem Satz „Diese beiden Philosophen sind Sokrates und Plato". Kurzum: Auch hier haben wir eine Ergänzungsbedürftigkeit, nur dass sie eine einseitige ist und nicht eine zweiseitige wie die einer Verknüpfungsform.

Geht man diesen Verhältnissen nach, so stellt sich heraus, dass die volle Selbständigkeit nur bei Sätzen möglich ist (wobei jetzt abgesehen sein mag vom Unterschied der Aussagesätze gegenüber den grammatisch sich in spezifischer Weise ausprägenden Satzformen für Wünsche, Fragen und Befehle). Das Gesagte schließt aber nicht aus, dass nicht gelegentlich auch Sätze unselbständig sein können, nämlich wenn sie Bedeutungsmomente enthalten, die über den gegebenen Satz hinausweisen auf umfassendere Satzzusammenhänge, wie wenn ein Satz mit „also" eingeleitet ist, was auf vorgängige begründende Sätze zurückweist.

Mit diesen Verhältnissen der Selbständigkeit und Unselbständigkeit hängen zweierlei Gesetzmäßigkeiten zusammen: einerseits merkwürdige formale Gesetzmäßigkeiten, die zu den idealen Bedeutungen gehören, und andererseits korrelative Gesetzmäßigkeiten im Aufbau der Bedeutung gebenden Erlebnisse. Sofern der gesetzmäßige Bau der Bedeutungen sich einigermaßen spiegelt und aus sprachpsychologischen Gründen spiegeln muss im grammatischen Bau höher entwickelter Sprachen, ist hieran auch die allgemeine Sprachwissenschaft interessiert, und zwar in einer Weise, die von den Sprachforschern unserer Zeit konsequent übersehen zu werden pflegt.

Uns gehen hier speziell die Bedeutungen an. Unselbständige Bedeutungen sind ergänzungsbedürftig. Es ist leicht einzusehen, dass diese Ergänzungsbedürftigkeit unter einer festen idealen Gesetzmäßigkeit steht. Die Ergänzung zu einer vollständigeren und schließlich selbständigen Bedeutung kann nicht beliebig erfolgen. Die Bedeutung fordert nicht nur überhaupt eine Ergänzung, sondern die Ergänzung ist gebunden an ein festes Rahmenwerk von[1] Formen, welche Bedingungen der Möglichkeit sinnvoll einheitlicher Bedeutung darstellen. Überlegen wir uns, was das besagt. Wenn ich einen unselbständigen Ausdruck habe, z.B. „der Kaiser und", so fordert er eine Ergänzung, und zwar ist es die Bedeutung des Wortes „und" in ihrer Einheit mit der Bedeutung „Kaiser", die die Ergänzung fordert. Ihrem Wesen nach ist sie eine Verbindungsbedeutung und verbindet etwas mit etwas. Aber nicht nur das. Bedeutung mit Bedeutung verknüpfend gestattet sie doch nicht, beliebige Bedeutung mit beliebiger Bedeutung zu verknüpfen. Ich darf nicht sagen: „der Kaiser und ist", „der Kaiser und freilich", „der Kaiser und ähnlich", „... und wenn", es muss gerade nach dem „und" jetzt eine nominale Bedeutung bzw. ein nominaler Ausdruck folgen, etwa „der Kaiser und der Reichstag", „der Kaiser und Graf Zeppelin" u.dgl. Nur Ergänzungen der letzteren Art lassen einen einheitlichen Ausdruck und somit eine einheitliche Bedeutung resultieren, Ergänzungen erster Art aber nicht.

Es fällt uns hier zunächst der Unterschied auf zwischen einem Worthaufen und einem einheitlichen Ausdruck und entsprechend einem Bedeutungshaufen und einer einheitlichen Bedeutung. Unselbständige Bedeutungen können von vornherein nur in Zusammenhängen wirklich auftreten. Fassen wir nun beliebige unselbständige Bedeutungen, die wirklich in verschiedenen Zusammenhängen gegeben sind, kollektiv zusammen, und versuchen wir, dieser Kollektion entsprechend eine einheitliche Bedeutung herzustellen, so geht das nicht. Aus dem Bedeutungshaufen wird keine Bedeutungseinheit, aus dem entsprechenden Ausdruckshaufen keine Ausdruckseinheit, d.i. kein einheitlicher Ausdruck.

Ist das ein bloß grammatisches Faktum? Ist es ein Zufall unserer Sprache, liegt es am Zufall ihrer historischen Entwicklung, dass ich so nicht verknüpfen kann? Oder ist es ein bloß psychologisches Faktum, dass ich und dass wir alle unfähig sind, die *disjecta membra* aus verschiedenen Gedanken im Allgemeinen zur Einheit eines Gedankens zusammenzubinden? Nichts von all dem.

---

[1] *Der Rest des Satzes ist Veränderung für* einer gewissen Bedeutungskategorie, die hierbei mit der Kategorie der zu ergänzenden Bedeutung in gesetzmäßige Beziehung tritt.

Die Ausdrücke geben einen bloßen Haufen und keinen einheitlichen Ausdruck, weil die Bedeutungen in sich unverbindbar sind, und die Bedeutungen, diese idealen Einheiten schließen evidenterweise durch ihr Wesen die Verbindung aus. „Der König und wenn oder", „der König und aber ähnlich" und was dergleichen Sinnlosigkeit mehr, ist Sinnlosigkeit nicht aus Zufall, als ob ich hoffen könnte, dass es uns einmal doch gelingen könnte, Sinn hineinzubringen, oder als ob bei einer anderen Entwicklung der Menschheit und ihrer Sprache, und etwa gar der deutschen Sprache, was jetzt Unsinn ist, sich in Sinn verwandeln könnte. Nein, es ist evident, dass, solange jedes der gesprochenen Worte bedeutet, was es bedeutet, solange ich also die Bedeutung selbst identisch erhalte, die Unvereinbarkeit verbleibt. Ob Deutscher oder Chinese oder Kaffer, es ist einerlei: Die Gedanken im Sinne der Bedeutungen sind unverträglich, und es ist evident, dass dieser identisch festgehaltene Sinn von „der König", von „oder", „wenn" usw. seiner Natur nach Einheit ausschließt und dass eben darum für jede wirkliche und erdenkliche Sprache die Regel gilt, dass sie Ausdrücke so nicht bilden kann. Schreibt der Sinn als solcher Möglichkeiten der Verbindung und Nichtverbindung vor, so schreibt er damit jeder möglichen Sprache Möglichkeiten vor, aus ihren mehr oder minder vollkommen entsprechenden Ausdrücken durch Verknüpfung neue Ausdrücke zu bilden oder nicht zu bilden. Die neuen Ausdrücke sollen ja Ausdrücke sein, sie sollen also Einheit des Sinnes, Einheit der Bedeutung haben; und wo Einheit der Bedeutung durch das Wesen der betreffenden Bedeutungen ausgeschlossen ist, da resultiert dann eben ein Worthaufen, aber kein Ausdruck, mit absoluter Notwendigkeit. Das also muss man sich zunächst vollkommen klarmachen. Verträglichkeit und Unverträglichkeit in der Bedeutungseinheit, das ist etwas *a priori* im Inhalt der betreffenden Bedeutungselemente Gründendes; es sind Verhältnisse, die, weil zu den Bedeutungen an sich, zu ihrem idealen Sein gehörig und von ihm unabtrennbar, selbst ideal sind, also erhaben über alle Empirie.

Dieses Apriori ist zunächst ein singuläres, d.h. ein zu den jeweiligen bestimmten Bedeutungen bestimmt zugehöriges. Zu den bestimmten Bedeutungen „der Kaiser", „und", „aber oder" gehört es, dass sie für sich allein keine einheitliche Bedeutung ergeben, zu den bestimmten Bedeutungen „der Kaiser", „und", „Graf Zeppelin" gehört es, dass sie andererseits sich zu einer Bedeutungseinheit zusammenschließen. Nun sind der Bedeutungen aber unübersehbar viele, ja, wie leicht zu sehen, unendlich viele. Demgemäß haben wir Unendlichkeiten von zugehörigen Verträglichkeitsverhältnissen. Aber diese Unendlichkeiten stehen, das ist das Neue, was jetzt zu lernen ist, unter einer beschränkten, erschöpfbaren Anzahl von Gesetzen. Und diese

Gesetze sind bezogen auf eine beschränkte Anzahl von Formbedeutungen und Bedeutungskategorien. Alle bestimmten Vereinbarkeiten und Unvereinbarkeiten sind bloß singuläre Einzelfälle der durch die Gesetze vorgezeichneten und sind aus ihnen durch Subsumtion mit Rücksicht auf Form und Kategorie abzuleiten. Was sind das für Gesetze, und was besagt die Rede von Bedeutungsform und Bedeutungskategorie? Hier ist nun am besten auf die fundamentale Eigentümlichkeit des Bedeutungsgebietes hinzuweisen, dass alle Bedeutungen überhaupt, wo immer sie sich zu selbständigen Bedeutungen zusammenschließen, dabei *a priori* Einheiten von einer festen Form annehmen. Das Gesetz hierfür lautet: Alle Bedeutungen sind Sätze oder mögliche Teile von Sätzen, wobei wir das Wort „Teil" jetzt im denkbar weitesten Sinn nehmen. Und zugleich: Alle Bedeutungen, auch die vollen Sätze, sind immer wieder Material für mögliche Bedeutungskomplexionen, also letztlich für Bildung von Sätzen.

Das sind also die Grundgesetze. Satz ist nun eine generelle Einheitsform von Bedeutungen, es ist ein *a priori* zum Bedeutungsgebiet gehöriger Typus von Ganzen.[1] Alle Sätze, wie verschieden sie ihrem Inhalt nach sein mögen, haben eine wesentliche Gleichartigkeit vermöge ihrer Einheitsform, die eben durch das Wort „Satz" bezeichnet ist. Satz ist danach die zentrale Kategorie des Bedeutungsgebietes; oder wenn wir Bedeutung als die oberste Kategorie bezeichnen, so steht sie ihrer Natur nach an erster Stelle nach dieser Kategorie.

Es gehört nun überhaupt zur Idee eines Ganzen überhaupt, zu jeder Grundartung von Ganzen, dass sie den in ihr verbindbaren Teilen Gesetze der Vereinbarkeit und zugehörige Formgesetze vorschreiben. Und so auch hier. Das heißt: Die Idee Satzganzes schreibt es gesetzmäßig vor, dass die Bedeutungen, die in ein so geartetes Ganzes treten, sich eben der gesetzmäßigen Idee eines solchen Ganzen schicken müssen, und darin liegt, dass Bedeutungen je nach ihrer allgemeinen Artung in die Satzformen eintreten und in die Satzstellen sich einordnen müssen, die zu dieser ihrer Artung eben passen. Mit anderen Worten und etwas konkreter gesprochen: Haben wir etwa schon einen gegebenen Satz, so finden wir darin Bedeutungsteile, eben als Teile dieser Art von Ganzen, die da Satz heißt. Als Teile dieses Satzes haben sie ihre bestimmte Form und Anordnung. Nehmen wir einen solchen Teil heraus und versuchen wir ihn durch eine beliebige von außen

[1] *Randbemerkung (wohl nach Ablauf des Semesters)* Das ist doch eine Tautologie, da Satz nichts anderes ist als selbständige Bedeutung. Besser: Die Aufgabe ist, eine Typologie der selbständigen Bedeutungen aufzustellen und die besonderen apriorischen Typen von Ganzen, die hierher gehören, zu erforschen.

hergenommene Bedeutung zu ersetzen, so geht das nicht. Wir können z.B. im Satz „Der Kaiser verlieh dem Grafen Zeppelin den Schwarzen Adlerorden"* für die Bedeutung „der Kaiser" allerdings unendlich viele andere Bedeutungen substituieren, ohne dass der Satz aufhörte, ein Satz zu bleiben. Auf Wahrheit und Falschheit kommt es hier notabene nicht an, sondern nur ⟨darauf⟩, dass ein einheitliches Bedeutungsganzes, grammatisch gesprochen: ein einheitlicher sinngemäßer Satz hervorgeht. Anstatt „der Kaiser" kann ich sagen: „Napoleon", „Bismarck", „ein Haus", „ein Dreieck" usw. Es kommen allerlei lächerliche Sätze heraus, aber immer Sätze. Unendlich viele Möglichkeiten bestehen offenbar. Und doch sind wir gebunden: Es muss eine nominale Vorstellung sein. Anstelle einer Subjektsbedeutung in einer kategorischen Aussage muss eine Bedeutung treten, die eben Subjektsbedeutung sein kann, und das ist eben immer und notwendig eine nominale Bedeutung, die substituiert die Subjektform annimmt. Hat sie in einem anderen Satz eine andere Form als Subjektsform und wollen wir sie mit dieser Form übertragen, so ist das auch schon Unsinn. Der Satz schreibt an der Stelle eine Form vor und zugleich eine Bedeutungsmaterie, die eben solche Form annehmen kann. Natürlich kann ich nicht für das nominale Subjekt ein adjektivisches setzen oder ein relationales Bedeutungsmoment setzen. Ich kann nicht setzen: „ähnlich", „grün" usw., die Worte so verstanden, wie sie im normalen Bedeuten verstanden werden. Also hier bestehen gewisse Gesetze. Z.B. wo in einem Satz eine nominale Bedeutung steht, kann jede beliebige nominale Bedeutung substituiert werden, wobei sie zugleich die Form annehmen muss, welche die Satzstelle vorschreibt. Ebenso wo eine Bedeutung der Kategorie „adjektivische Bedeutung" steht (wenn wir diesen Ausdruck etwas frei verstehen), da kann jede adjektivische Bedeutung stehen, wieder die betreffende funktionale Form annehmend. Wo eine Relationsbedeutung steht, wie „ähnlich", kann jede Relationsbedeutung stehen. Bei diesen Vertauschungen resultiert gesetzmäßig immer wieder eine einheitliche Bedeutung. Und dasselbe gilt für einheitliche Bedeutungen, die nicht volle Sätze sind; sie behalten die Einheitlichkeit, sie verbleiben einheitlicher Sinn, wenn wir für die Teile andere von derselben allgemeinen Kategorie, etwa nominale Vorstellung, substituieren, und sie bleiben damit auch befähigt, in umfassendere Bedeutungszusammenhänge einzutreten, also schließlich volle Sätze zu bilden.[1]

---

* Der Orden wurde am 10. November 1908 verliehen.

[1] *Gestrichen* Diese Rede von Bedeutungskategorien betrifft also ganze Sätze und solche Teile von Sätzen, die in einem gewissen eigentlicheren Sinn als Teile des Satzes zu bezeichnen sind. Wir kontrastieren damit die bloßen Formen für sich genommen, in Abstraktion vom Geformten,

⟨*Stoff und Form der Bedeutung; Kern und Kernform*⟩

Diese[1] Rede von Bedeutungskategorien, die wir hier mit Beziehung auf jene Gesetze der Bedeutungsform benützt haben, gibt uns zu denken. Sie betrifft ganze Sätze und solche Teile von Sätzen, die in einem gewissen engeren und natürlichen Sinn als Teile von Sätzen oder als Teilbedeutungen, welche die Satzeinheit aufbauen, zu bezeichnen sind. Wir kontrastieren damit Bedeutungsmomente im Satz, die nicht dazugehören, wie z.B. „und", „aber", „oder", „ist", „nicht" u.dgl.; ferner alle die Bedeutungsmomente, die an den eigentlichen Teilen das Formale ausmachen, also z.B. die Form

---

also z.B. „und", „aber", „oder", „wenn", „so", „ist nicht" u.dgl., und zu ihnen müssen wir auch die Formen rechnen, die den eigentlichen Teilen im Satzganzen eben den Teilcharakter verleihen und die wir auch *in abstracto* beachten können, also die Stellungsfunktion, das, was das Subjekt zum Subjekt, das Objekt zum Objekt macht; sprachlich also angedeutet in den Kasusformen, soweit sie wirklich Syntaktisches ausdrücken und nicht etwa Stoffliches. Aber auch in dem, was wir nominale Bedeutung, unabhängig von der Stellung als Subjekt oder Objekt, nennen, steckt schon Form, die in der grammatischen Form des Nominalen zur Andeutung kommt. Sie sehen, dass hier in der Tat ein evidenter Unterschied besteht zwischen Bedeutungen wie „König", „Löwe", „grün", „ähnlich" usw. und Bedeutungen wie „und", „ist" etc. Die einen sind sachhaltige Bedeutungen, die anderen bloße Formbedeutungen. Die sachhaltigen Bedeutungen sind Bedeutungsstoffe, die ihre Formprägung haben. Jeder Satz ist eine sachhaltige Bedeutung, eine Einheit von Stoff und Form. Jeder seiner echten Teile ist wieder Einheit von Stoff und Form. Die puren Formbedeutungen aber sind nur *in abstracto* herausgehobene Formen, unter Absehung von den Stoffen, deren Formen sie sind. Sie sind keine eigentlichen Teile des Satzes, sowenig ein Stoffliches *in abstracto* Teil ist, da auch dieses nichts ist für sich, also ohne Form. Mit Beziehung auf die Gegenständlichkeiten, die da jeweils bedeutet sind, können wir den Unterschied auch so ausdrücken: Der Bedeutungsstoff ist dasjenige, was einem Satz, einem Teil eines Satzes Beziehung auf Gegenständlichkeit verleiht, und damit dasjenige, was den Sätzen und den nominalen Gedanken in ihnen Beziehung auf die bestimmten Sachen gibt, auf die bestimmten Eigenschaften und Verhältnisse der Sachen. Bedeutungsformen aber geben für die Stoffe die notwendige Form her, ohne welche Bedeutung nicht sein und sich zu keinem Satz zusammenschließen kann. Und korrelativ entspricht ihnen auch im Gegenständlichen der Unterschied zwischen dem Inhalt des Gegenstandes und Sachverhalts, andererseits der Form, durch die die Inhaltsmomente Einheit der Gegenständlichkeit haben, die Form der Beziehung von Gegenstand, Beschaffenheiten, Relation, der Zusammenschluss zur Einheit des Sachverhalts, der das im Satz Bedeutete ist. Doch die Hauptsache ist, dass man in der Evidenz den Unterschied direkt sieht. Jeder Stoff hat also seine Form, und in verschiedenen Stufen, deren Aufbau wichtige Aufgabe der Forschung ist. Wo schon geformte Stoffe in Verbindung treten, da ist die Verbindung eben durch Verbindungsbedeutungen vollzogen, durch das „und", durch das „oder" u.dgl. Und in all dem herrscht feste Gesetzmäßigkeit, die ihren Ausdruck findet in der Bestimmtheit und Festigkeit der Satzformen und der ihnen einzuordnenden Bedeutungsformen. Jeder bestimmte Satz steht unter einer Satzform, lässt sich also formalisieren, und die Satzform ist die reine Idee des formalen Typus von Sätzen, unter den der gegebene Satz fällt. Und dieser Typus drückt ein Gesetz aus, nämlich dies, dass jede Ausfüllung dieses formalen Typus gemäß den Bedeutungskategorien, die er enthält, einen sinnvollen Satz ergibt.

[1] Neu ausgearbeitet in der Wiederholung der nächsten Vorlesung.

des Nominativ, so verstanden, dass sie die Subjektsfunktion einer nominalen Bedeutung ausprägt; ebenso die Bedeutungsform, die der nominalen Bedeutung anhaftet, wenn sie sich in der Funktion einer Objektbedeutung befindet, also etwa das Prädikatglied einer Relation bezeichnen soll.

Näher besehen werden wir auf folgenden fundamentalen Unterschied zurückgeführt. Jeder selbständige Satz, als konkrete Bedeutungseinheit, bezieht sich auf irgendwelche Sachen und irgendetwas ihnen Zukommendes. Wir stellten ja früher fest: Im Satz ist ein Sachverhalt bedeutet. Grammatisch gesprochen: Eine Aussage sagt etwas über irgendwelche Sachen aus, dass sie so und so beschaffen sind, in den und den Relationen zu anderen Sachen stehen u.dgl. Nun können und müssen wir unterscheiden das, was zur Form des Satzes als solchen gehört, und dasjenige, was dem Satze als diesem sachhaltigen Satz Beziehung auf die bestimmte Sachhaltigkeit verleiht, auf die bestimmten Gegenstände, Beschaffenheiten, Relationen. Das Letztere nennen wir den Bedeutungsstoff, das Erstere die Bedeutungsform. Stoffe und Formen sind aber nicht Stücke, Teile im natürlichen Sinn, des Satzganzen, in dem wir sie unterscheiden. Vielmehr ist die Unterscheidung nur eine gedankliche, nur eine abstraktive, d.h. wir können auf diese zweierlei Momente, ohne die keine konkrete Bedeutungseinheit ist, achten, während sie evidenterweise an sich unlösbar miteinander verflochten sind. Nehmen ⟨wir⟩ z.B. den Satz „Der Kaiser und sein Hofstaat ist in Kiel“, so prägt sich Stoffliches aus in den Worten „Kaiser“, „sein Hofstaat“, „in“, „Kiel“. Nicht stofflich wären die Bedeutungen „ist“, „und“, „der“. Es sind reine Formelemente. Zunächst scheint es, dass wir danach sagen müssen: Im Satz sind vereint Teilbedeutungen, die stoffliche Bedeutungen sind, und andere Bedeutungen, bloß formale Bedeutungen, welche nichts Stoffliches enthalten und die Funktion haben, die stofflichen Bedeutungen zu verknüpfen und ihnen dadurch jene Einheit zu verleihen, die wir Satzeinheit, überhaupt Bedeutungseinheit nennen. Die Wörtchen „ist“, „und“ u.dgl. haben die grammatische und nach ihren Bedeutungen die logische Funktion der formenden Verknüpfung. Sehen wir aber näher zu, so steckt in all den sachhaltigen Ausdrücken wieder Formales und nicht bloß Stoffliches. Es ist nicht so und kann nie so sein, dass Bedeutungen im Satz auftreten, die bloß stofflich sind, d.i. auf Sachhaltiges hindeuten ohne jede Form. Und das Formgebende besteht nicht in äußerlich angeknüpften neuen Bedeutungen, eben den Formbedeutungen. Ein Ganzes ist ja nie eine Summe von Stoffen und Formen, ein Ganzes ist Einheit von Teilen, und jeder Teil als Teil hat schon seine Form, und die Teile in ihrer Form schließen sich zusammen zur Einheit des Ganzen, das wieder eine Einheit geformten Stoffes ist, worin die Stoffe aller Teile und die Formen aller Teile zur Einheit kommen. So auch hier: Der Satz als eine gleichsam sachhaltige Bedeutungseinheit hat Teile, und die Teile sind selbst wieder sachhaltige Bedeutungseinheiten, wenn auch unvollkommen in ihrer Selbstständigkeit. Greifen wir einen nominalen Ausdruck heraus, wie „der König", so steckt darin schon eine Form; einerseits diejenige Form, welche die Funktion als Subjektbedeutung fordert. Im Satz ist „der König" der Gegenstand, über den ausgesagt wird, von dem ein Prädikat ausgesagt wird.

⟨*Beilage:*⟩ Sage[1] ich: „Fürst Bülow besucht heute den Kaiser in Kiel",* so tritt hier wieder die nominale Vorstellung „Kaiser" auf, aber in einer anderen Funktion, ausgedrückt im Akkusativ. Evidenterweise ist das ein Unterschied der Bedeutung, und zwar der Bedeutungsform bei gleichem Stoff. Aber selbst das, was eine nominale Bedeutung desselben stofflichen Gehalts in allen solchen Funktionen gemein hat, ist noch nicht reiner Stoff, sondern schon geformter Stoff. Überall ist ja gemein ein Formales, das den gemeinsamen Charakter der nominalen Bedeutung als solcher ausmacht. Dass nichtnominale Bedeutungen mit nominalen Stoffliches gemein haben können, sehen Sie besser im Vergleich von Beispielen wie „Herrscher" und „herrschend", „Weisheit" und „weise", „Röte" und „rot".

Wir sehen dabei, dass verschiedene Stufen von Formungen und damit von Teilbedeutungen zu unterscheiden sind. Natürlich will nicht gesagt sein mit dieser Rede von der Stufenfolge von Formungen, dass zuerst reine Stoffe da sind, welche eine erste Formung erfahren, nachher das Gebilde eine zweite Formung usw. Die Rede von einem Zuerst und Dann, als eine zeitliche Rede verstanden, hat natürlich im Bedeutungsgebiet keinen Sinn. Steigen wir aber von den komplexen Bedeutungen durch Analyse herab, so merken wir, dass es dabei eine im Wesen der Bedeutungen liegende Stufenfolge gibt, die damit zusammenhängt, dass jede Bedeutung, auch eine selbständige Bedeutung, mit anderen Bedeutungen sich zu neuen einheitlichen Bedeutungen verbinden kann. Indem sie das tut, nimmt sie neue Formen an; ohne die ihr eigenen Formen zu verlieren, fügt sie sich in ein Ganzes als bloßer Teil ein, und das fordert eine Formung, die sie sich gefallen lassen muss.

Man darf die Sache nun aber nicht so verstehen, als ob die neuen Formen sich äußerlich wie ein neues Kostüm über die alten zögen. Jede neue Formung sagt eigentlich so viel wie eine Modifikation. Wenn ein freier Satz in einen einheitlichen Satzzusammenhang tritt, etwa in einen Beweiszusammenhang, und wenn er dabei die Form des „weil" angenommen hat, so ist der ursprüngliche Satz in etwas durch und durch modifiziert, das „weil" ist nicht etwas äußerlich Angeheftetes. Andererseits aber erfassen wir im unmodifizierten und modifizierten ein gemeinsames Wesen, und in ihm finden wir alle Formen des unmodifizierten Satzes wieder, nur in einer gewissen neuen Kostümierung, die der neue Zusammenhang fordert. Ebenso ist es, wenn ein

[1] Die ursprüngliche Ausarbeitung der Vorlesung. Nicht gehalten, sondern wesentlich anders ausgearbeitet.

* Dieses Beispiel könnte anspielen auf den Daily-Telegraph-Vorfall vom 27. Oktober 1908. Allerdings fand das Treffen mit dem Kaiser nicht in Kiel statt, sondern in Potsdam, und zwar am 17. November 1908.

hypothetischer Vordersatz sich in einen kausalen Vordersatz verwandelt, ein „wenn S P ist" in ein „weil S P ist" und wieder in ein „entweder S ist P" u.dgl. Auch da finden wir ein identisch Gemeinsames, das die analoge grammatische Form auch andeutet, das geformter Stoff ist, und überall derselbe geformte Stoff. Aber dieses im Wesen Identische – wir sagen: im Wesen derselbe satzartige Gedanke –, dass S P ist, steht in sehr verschiedenen Bedeutungsfunktionen, und den verschiedenen höheren Formen gemäß erwachsen verschiedene konkrete Bedeutungsgebilde. Analysieren wir das in ihnen enthaltene Gebilde niederer Stufe, so finden wir darin wieder Teile, die Ähnliches unterscheiden lassen. Teile eines schlichten Satzes, der keinen Satzgedanken mehr als Teil enthält, sind nominale oder adjektivische Teile; und auch da finden wir funktionale Formen, z.B. die, welche dem adjektivischen die Funktion des Prädikats und andererseits die des Attributs zuweisen, und innere Formen, die zur Adjektivität sozusagen hinzugehören.

Fassen wir selbständige Sätze als Ganze von Teilen auf, so werden wir offenbar als niederste oder unterste Teile anzusehen haben diejenigen Formgebilde, Gebilde aus Stoffen gemäß irgendwelcher Formen, auf die wir bei der Analyse zuletzt kommen, die also unmittelbar in Stoff und Form abstraktiv zerfallen. Steigen wir dann empor, so werden die immer neuen Bildungen, welche aus diesen untersten Teilen durch neue Formung erwachsen, immer neue Teile ergeben, die dann Teile höherer Stufe sein werden. Die Grundartungen von Teilen, von primitiven Teilen und von funktionalen Gebilden aus ihnen, könnten dann als die Bedeutungskategorien zu bezeichnen ⟨sein⟩, und sie zu bestimmen, das wäre die Hauptaufgabe. Es handelt sich ja darum, der Typik der Bedeutungen nachzugehen, die gesetzmäßigen Formen ihrer Bildungen zu bestimmen und dabei dann weiter zu zeigen, wie sich gesetzmäßig den Kategorien gemäß immer neue und neue Gebilde ableiten lassen. Natürlich sind die Kategorien durch die Form bestimmt, während die Materie, das Stoffliche in ihnen, als das unbestimmte Variable gedacht ist.

Es braucht kaum gesagt zu werden, dass diesen Überlegungen gemäß die durch Abstraktion herauszuhebenden puren Formen ebenso wenig als Teile zu gelten haben als die puren Stoffe. Die den Worten „und", „oder" u.dgl. entsprechenden Bedeutungsmomente, ebenso die den formhaltigen Flexionen und sonstigen Syntax⟨formen⟩ entsprechenden, sind im eigentlichen Sinn nicht Teile des Satzes und Teile von echten Teilen des Satzes, ebenso wenig als die abstraktiv ausgedachten Stoffe, die übrigens bezüglich der Möglichkeit der abstraktiven Heraushebung offenbar benachteiligt sind den Formen gegenüber, die sich viel besser abheben lassen. Jede Bedeutung, die einen echten Teil eines Satzes abgibt bzw. abgeben kann, bezeichnen wir als Bedeutung im engeren Sinn. Danach ist jede nominale oder adjektivische Bedeutung, jede Satzbedeutung, jeder Nachsatz eines hypothetischen Satzgebildes u.dgl. eine Bedeutung im engeren Sinn. Die *in abstracto* herausgehobenen Formbedeutungen aber schließen wir aus, wir sagen von ihnen statt Bedeutung schlechthin: formale Bedeutungsmomente. Die niedersten von ihrer Funktionalform abstraktiv befreiten Bedeutungsteile kann man als logische Begriffe im weitesten Sinne des Wortes bezeichnen.

Nach diesen Betrachtungen verstehen wir den Sinn der in der Unterstufe der Logik behandelten Formenlehre der Sätze und der in ihr herauszustellenden Bedeutungsgesetzmäßigkeiten. Alle bestimmte Bedeutung, jeder bestimmte Satz und Satzteil hat seine Form, er ist nämlich Gebilde aus Stoff und Form. Jede bestimmte Bedeutung bezieht sich auf bestimmte Gegenständlichkeit, und dasselbe Stoffliche in der Bedeutung, gleichsam ihre ὕλη, ist es, die Beziehung auf Sachlichkeit ermöglicht. Aber sie allein ist machtlos. Sie ist nichts für sich. Gegeben ist jeweils geformter Stoff, d.i. eben bestimmte Bedeutung. Der Umstand, dass bestimmte Bedeutung in mannigfaltiger Weise, ohne ihre Beziehung auf die bestimmte Gegenständlichkeit zu verlieren, modifizierbar ist und dass wir bei all den erwachsenden verschiedenen Bedeutungen ein immanent Gemeinsames vorfinden und andererseits ein Wechselndes, das macht es, dass wir Form und Stoff unterscheiden und sagen: Ein wesentlich Gemeinsames hat nur im wechselnden prädikativen Zusammenhang eine verschiedene prädikative Form. Und ebenso können wir nach ihrem stofflichen Gehalt wechselnde, verschiedenen Sachgehalt bedeutende Bedeutungen von gleicher Form finden, wie wenn wir eine Reihe von hypothetischen Vordersätzen von wechselndem Sinn nebeneinander stellen und erkennen, das, was überall gedacht sei, sei von gleicher Form, eben der des hypothetischen Vordersatzes, aber von verschiedenem Sachgehalt, verschiedenem Stoff. In dem Bau von Bedeutungen, in dieser Gestaltung von Stoffen durch Formen, von niederen Bedeutungsgebilden zu höheren, herrscht nun eine feste Gesetzmäßigkeit, die ihren Ausdruck findet in einer festen Bestimmtheit möglicher Satzformen und der ihnen einzuordnenden Formen von Teilbedeutungen. Jeder bestimmte Satz steht unter einer Satzform, und von früher her wissen wir, was hier unter Satzform gemeint ist: nämlich die allgemeine Vorstellung des Satztypus, unter dem der Satz unter Absehen von seinem bestimmten Stoffgehalt steht. Das Bestimmende sind also die bloßen Formmomente und die Weise, wie irgendein Stoffgehalt überhaupt in Form gefasst Satzeinheit des bestimmten Typus ergibt. Z.B. „Gold ist gelb“: „A ist α.“ Für „Gold“ kann jede nominale Bedeutung stehen, für „gelb“ jede adjektivische. Die Satzform „A ist α“ drückt also ein Gesetz aus, und zu jedem bestimmten Satz überhaupt gehört in diesem Sinne Form und Gesetz. Wir gewinnen also die einem gegebenen bestimmten Satze entsprechende Satzform, wenn wir uns das Stoffliche unbestimmt allgemein denken und im Übrigen die Weise der Formung desselben festhalten. Jede solche Satzform, jeder solche allgemeine Satztypus drückt dann ein Gesetz aus, nämlich dies, dass jede bestimmte Ausfüllung dieser Form einen sinnvollen Satz ergibt. Da der Stoffgehalt im Satze nichts ist, was sich für sich abhebt, da es unlösbar mit Form verwoben ist, so vollzieht sich die Formalisierung des gegebenen Satzes so, dass irgendwelche stoffhaltigen Teile unterer Stufe mit Beziehung auf ihre Bedeutungskategorie unbestimmt allgemein gedacht und im Übrigen der Satzgedanke festgehalten wird. Das Gesetz sagt dann also jeweils: Jede Ausfüllung der gewonnenen Satzform gemäß den Bedeutungskategorien ergibt einen sinnvollen Satz. Das ganze Bedeutungsgebiet ordnet sich also unter einer festen, *a priori*, d.h. im Wesen von Bedeutung überhaupt gründenden Vielheit von Satzformen (oder, was nicht wesentlich allgemeiner ist, von Bedeutungsformen), und das ist die Quelle des ganzen Unterschieds zwischen selbständigen und unselbständigen Bedeutungen, was nicht weiter ausgeführt zu werden braucht. Die Unselbständigkeit besagt ja, dass die betreffende Bedeutung ergänzungsbedürftig ist. Der Ergänzung ist aber ihre allgemeine Form *a priori* vorgezeichnet. Die Ergänzung soll ein Bedeutungsganzes, ein einheitlich Sinnvolles ergeben und somit bei vollständiger Ergänzung einen Satz. Zu dieser Idee „Satz" gehört aber eine fest geschlossene Mannigfaltigkeit von Satzformen als Typen möglicher Satzgestaltungen, an die jede mögliche Bedeutung gebunden ist, wenn sie eben einheitliche Bedeutung, Einheit des Sinnes soll sein können.

Damit ist auch ohne weiteres klar, dass eine Morphologie der Bedeutungen, wie sie Aufgabe der logischen Formenlehre ist, zugleich eine apriorische Gesetzeslehre ist. Jede Bedeutungsform ist *eo ipso* ein Gesetz. Ich bemerke allgemeiner: Auch eine empirische Morphologie, eine Morphologie der organischen Gestaltungen, etwa eine Beschreibung und Klassifikation der Gestaltungen der Tiere und Pflanzen, drückt eine Gesetzmäßigkeit aus, hier eine empirische Regelmäßigkeit der äußeren Natur. Zu jeder Pflanzen-, Tierspezies gehört ja die allgemeine Tatsache, dass sich die empirischen Verhältnisse in der Natur im Allgemeinen so ordnen und immer wieder so geordnet erhalten, dass Tiere dieses spezifischen Typus entstehen und in den neuen und neuen Erzeugungen immer wieder entstehen. Es wäre denkbar, dass das nie der Fall wäre und das Gesetz hier überhaupt nur eine ungefähre empirische Regel. Im Bedeutungsgebiet hingegen handelt es sich um keine empirischen Regelmäßigkeiten, sondern um Wesensgestaltung des Bedeutungsgebietes, um apriorische Eigentümlichkeiten apriorischer Objekte. Bedeutungen haben eben sozusagen ihre eigentümliche Natur, ihr ideales Wesen, das es vorschreibt, welche Gestaltung besondere Bedeutungen haben müssen, damit sie sich zur einheitlichen Gestalt eines Satzes zusammenschließen können.

Es ist nun leicht, die Eigentümlichkeit dieser das Bedeutungsgebiet durchwaltenden Gesetzmäßigkeit allgemein zu charakterisieren gegenüber der uns aus Beispielen schon wohl bekannten Gesetzmäßigkeit, die man unter dem Titel logischer Gesetze ausschließlich zu meinen pflegt. Und ebenso ist es leicht, die Art von Unverträglichkeit, die sich evident herausstellt, wenn wir nicht zusammenpassende Bedeutungen zu einer einheitlichen Bedeutung zusammenbringen wollen, zu parallelisieren mit der logischen Unverträglichkeit, sei es der formal-logischen, sei es der sachlichen (im weiteren Sinne auch logisch zu nennenden). In letzter Hinsicht stelle ich gegenüber Unsinn und Widersinn.

Die Unverträglichkeit, welche aus der Verletzung der Gesetzmäßigkeit der Bedeutungsform resultiert, macht das in prägnantem Sinn Unsinnige. Sage ich: „ein rundes oder", oder sage ich: „Ein Mensch ist identisch, ähnlich, wenn 2×2 4 ist" und was dergleichen mehr, so erregen die nebeneinander gestellten Worte vielleicht die indirekte Vorstellung eines gewissen durch sie ausgedrückten einheitlichen Satzes. Tun sie das, so sehen wir aber auch sofort und mit absoluter Evidenz, dass ein solcher Satz nicht wirklich zur Gegebenheit kommt und kommen kann, d.h. dass die nebeneinander gestellten Worte der Einheit einer Satzbedeutung widerstreben, dass sie ihrer Bedeutung ⟨nach⟩ in dieser Einheit unverträglich sind.

Mit Beziehung auf die Formgesetze, an welche alle Bedeutungen ihrem idealen Wesen nach gebunden sind, sprach ich gestern von Bedeutungskategorien und begann, zur Aufklärung dieses Begriffes eine Unterscheidung zwischen Stoff und Form zu erörtern. Von Stoff oder Materie und Form spricht man übrigens in sehr vielfältigem Sinn, und zwar auch in vielfältigem innerhalb des Bedeutungsgebietes. Es[1] handelt sich uns um einen bestimmten dieser Gegensätze, und wir werden die verwandten Gegensätze zur Kontrastierung miterwägen müssen.

Wir scheiden in den Bedeutungseinheiten und zumal in den selbständigen Sätzen (auf die wir aus früher angegebenen Gründen immer zurückgeführt werden) Teile in einem prägnanten Sinn und Formen. Im weitesten Sinn ist Teil jedes einheitliche Stück des Satzes, jedes in ihm abstraktiv unterscheidbare Moment überhaupt, darunter auch jedes Moment bloßer Form, wie „und", „ist" u.dgl.

Wenn wir nun auf die in der konkreten Bedeutungseinheit eines Satzes unterscheidbaren Teilbedeutungen hinblicken, so finden wir einen Unterschied darin, dass die einen, wie ich es sagte, sachhaltig sind, die anderen nicht. Ein noch günstigerer Ausdruck wäre „sachbezüglich". Das bedarf nun genauer Erklärung, zumal diese Sachbezüglichkeit in verschiedenem Sinn verstanden werden kann. In jedem Satz ist ein Sachverhalt bedeutet, und zwar so, dass in dem Satz gewisse Gegenstände bedeutet sind, und als solche, denen das und das zukommt, die zu den und den anderen Gegenständen in Relation stehen u.dgl. Diese Bedeutungsbeziehung auf Sachlichkeiten vollzieht sich nun – das gehört zum Wesen des Satzes – in der Weise, dass der Satz gewisse Teilbedeutungen enthält, die in sich und primär auf die betreffenden Gegenstände bezogen sind, andere Teilbedeutungen, die in sich bezogen sind auf die betreffenden Eigenschaften oder Relationen. Kurzum, den sachlichen Gliederungen in dem Sachverhalte, so wie er im Satz gesetzter, bedeuteter ist, entsprechen gewisse Gliederungen der Bedeutung. Jedes solche Glied ist primär sachbezüglich und enthält, wie wir sagen, einen prädikativen Stoff. Die Einheit der Glieder hat ihre Verknüpfungsform. Zwei sachbezügliche Glieder, z.B. zwei nominale Bedeutungen, sind im Satz etwa durch „und" verknüpft. Eine solche herauszuhebende Form ist in sich nicht sachbezüglich. Natürlich können wir mittelbar auch sagen, sie habe eine gewisse Sachbezüglichkeit. Nämlich dadurch, dass sie Glied mit Glied verbindet, schließen die Glieder sich zur Einheit einer Bedeutung zusammen, und dieses Be-

[1] *Dieser Satz ist Veränderung für* Wir wollen diese Unterschiede, die auch für alles Spätere in Betracht kommen, gleich von vornherein scharf hervorheben, um jedes mögliche Missverständnis auszuschließen. Da ich durch eine Anfrage des Herrn Dr. H. aufmerksam gemacht worden bin, dass die Darstellung, wie ich sie gestern auszuführen begonnen habe, leicht missverstanden werden könnte, so will ich die fraglichen Unterschiede heute scharf hervortreten lassen, was uns ohnehin für späterhin sehr zugute kommen wird. Dadurch wird derjenige Unterschied von Stoff oder Materie und Form, der ⟨in der⟩ reinen Formenlehre der Bedeutungen der wesentliche ist, sich von einem anderen, mit dem er leicht zu verwechseln ist, deutlich abheben.

deutungsganze hat als Ganzes eine gegenständliche Beziehung; zuoberst der ganze Satz, dem sie angehört, erwächst als ein Bedeutungsganzes, das einen einheitlichen Sachverhalt bedeutet. Es ist aber klar, dass diese Sachbezüglichkeit der Formen eine sekundäre ist, nämlich eine solche, welche schon die Sachbezüglichkeit der Glieder voraussetzt. Vermöge der Form erhält auch ein in sich sachbezügliches Glied noch eine mittelbare Sachbezüglichkeit, z.B. wenn ich sage: „der Himmel, welcher bewölkt ist". Hier ist das Adjektiv „bewölkt" in sich sachbezüglich; aber durch die Form, in die es gefasst ist, gewinnt es mittelbare Beziehung auf den Gegenstand Himmel, der primär in der nominalen Bedeutung „der Himmel" bedeutet ist.

Jedenfalls treten hier Unterschiede hervor: Bedeutungen haben in sich Sachbezüglichkeit, und evtl. zugleich primäre und sekundäre; und Bedeutungen haben in sich selbst nichts von Sachbezüglichkeit und verdanken sie nur dem Zusammenhang oder haben Sachbezüglichkeit nur als andere sachbezügliche Bedeutungen verbindend oder formend. Das ist eben die Eigentümlichkeit der prädikativen Formen.

Letzthin habe ich den Ausdruck „bestimmte" Sachhaltigkeit gebraucht. Das ist nicht ganz korrekt ausgedrückt und leicht missverständlich. Sage ich: „Jemand hat geklingelt", so ist das Wort „jemand" natürlich sachbezüglich, aber die Beziehung auf den Gegenstand ist insofern unbestimmt, als ja nicht bestimmt gesagt ist, wer das ist. Und selbst wenn wir völlig unbestimmt sagen: „Irgendetwas ist rot", so können wir und müssen wir bei dem „etwas" von Sachbezüglichkeit sprechen, sei sie auch völlig unbestimmt.

Die Sachbezüglichkeit in diesem Sinn bestimmt den Unterschied zwischen prädikativem Stoff und prädikativer Form. Hat eine Bedeutung prädikativen Stoff, so wird sie im Allgemeinen noch zusammengesetzt sein, wie wenn wir das Beispiel nehmen: „der Ernst der politischen Lage". In dieser Zusammensetzung scheiden sich wieder Teilausdrücke stofflicher Art als „Glieder" ab, und diese haben Einheit durch die Form, bis wir zu Teilen kommen, die keine Glieder mehr enthalten, wie z.B. ein Eigenname. Wie zusammengesetzt das Ding auch ist, das er nennt, als Bedeutung ist er durchaus einfach; ebenso eine Bedeutung wie „rot", „rund", „gleich" u.dgl. Betont wurde schon, dass jede Bedeutung notwendig ihre Form hat und dass auch solche primitiven Glieder von Sätzen, die als Glieder den Charakter von sachbezüglichen Bedeutungen haben, notwendig ihre Form haben. Da[1] sie einfach sind, fehlt ⟨eine⟩ innere

[1] *Dieser Satz und der Anfang des nächsten Satzes sind Veränderung für* Jedenfalls eine prädikative Form. Mit Rücksicht auf jenen Zusammenhang ist dann wohl auch ihre innere Form unabhängig von dem Zusammenhang.

Verknüpfungsform, welche Teile von ihnen einigt. Natürlich haben sie im Rahmen des Bedeutungsganzen bestimmte Stellung zu und äußere Verknüpfung mit den übrigen Gliedern und dementsprechend Stellung gebende und verbindende Formen. Dazu kommen aber auch innere Formen eigener Art: Ich meine den kategorialen Typus der einfachen sachhaltigen Bedeutung, z.B. den kategorialen Typus nominale Bedeutung oder adjektivische Bedeutung oder Relationsbedeutung. Beispiele bieten die Ausdrücke „Kaiser" („Ähnlichkeit", „Röte"), „rot", „ähnlich". Vergleichen wir „ähnlich" und „Ähnlichkeit", „rot" und „Röte", so sehen wir einen in der Bedeutung identischen Kern verschieden geformt, einmal substantivisch, das andere Mal adjektivisch. Aber Ähnlichkeit ebenso gut wie ähnlich sind als sachhaltige Bedeutungen einfach, sie sind einfache Glieder und zerfallen nicht wieder in Glieder. Analysieren wir komplexe Bedeutungen – und jeder Satz ist eine komplexe Bedeutung –, so kommen wir also auf solche letzten Glieder von einem bestimmten kategorialen Typus und auf die prädikativen Stellungs- und Verbindungsformen, welche die Verknüpfung der Glieder zu einheitlichen Komplexen und zuletzt zu einer selbständigen, also abgeschlossenen prädikativen Einheit ermöglichen.

Nun ist aber zu beachten, dass, wenn wir der Bildung einheitlicher Bedeutung aus Bedeutungsgliedern, letztlich aus einfachen sachhaltigen Bedeutungen nachgehen, in den höheren Stufen die kategorialen Typen wie nominale und adjektivische Bedeutung wiederkehren, und wenn wir die Satzeinheit erreicht haben, so kann die Komplikation doch noch weiter gehen, und die Komplikationen können dann wieder die Form des Satzes annehmen oder vermöge gewisser zum Wesen des Bedeutungsgebietes gehöriger Modifikationen die Form von nominalen Bedeutungen u.dgl. Sprachlich fungiert ein komplexer Ausdruck der Form „ein A, welches α β γ ist" ganz so wie ein einfacher Namen, und in der Tat nennt man solche Komplexionen öfter auch Namen; ganz korrekt, sofern die komplexe Bedeutung ganz ähnlich ist dem Bedeutungstypus, den wir als nominale Bedeutung bezeichnen. Was die eben berührte Modifikation anbelangt, so kann beispielsweise ein selbständiger Satz „A ist B" eine nominale Modifikation erfahren, wie wenn es heißt: „Dies, dass A B ist, ist eine wichtige Tatsache."

Hier ist nun als besonders merkwürdig Folgendes hervorzuheben. Wenn wir Glieder, sei es einfache oder zusammengesetzte, in einer Satzeinheit unterscheiden und die Glieder von der Form der prädikativen Verknüpfung unterscheiden, so schreiben wir den Gliedern einen inneren Gehalt zu, der zu Zwecken der Herstellung der Satzeinheit eine Formung erhält. Darin ist schon angedeutet, dass bei Erhaltung dieses inneren Gehalts die Form wechseln ⟨kann⟩, also aus wesentlich identischen Gliedern verschiedene Bedeutungseinheiten herzustellen sind, z.B. „Der Kaiser ist nach Berlin gereist", „Der Kaiser, welcher nach Berlin gereist ist", „Berlin, wohin der Kaiser gereist ist" („Die Reise, welche der Kaiser nach Berlin gemacht hat"). Wir merken, dass hier ganz dieselben sachhaltigen Bedeutungsglieder (sei es im Kern dieselben) in wechselnder Weise zu einer Bedeutungseinheit verknüpft sind. Die resultierenden Einheiten sind verschieden dadurch, dass dieselben Glieder in verschiedener Form vereint worden sind. „Dieselben" Glieder: Es ist klar, dass bei jeder Verschiebung eine Bedeutungsmodifikation vorgegangen ist, aber eine solche, die den identischen Gehalt nicht berührt, sondern nur seine Form modifiziert. „Dieselbe nominale Bedeutung", sagen wir, steht einmal an Subjektstelle, das andere Mal als Bestandstück im Prädikat. Die eine und andere Stelle gibt ihr eine andere Form. Ohne solche Form ist die Bedeutung gar nicht denkbar, und wegschneiden können wir die Form nicht. Gehalt und Form sind verschmolzen, unlöslich eins. Gleichwohl unterscheiden wir und sagen dieselbe nominale Bedeutung „Kaiser" einmal in Subjektfunktion, das andere Mal in Objektfunktion. Ebenso „dieselbe" adjektivische Bedeutung einmal in Funktion des Prädikats, das andere Mal in Funktion des Attributs innerhalb einer komplexen nominalen Vorstellung („Der Baum ist grün", „der grüne Baum").

Unterscheiden wir also Glieder und Formen ihrer Verknüpfung, so haben wir eigentlich im Auge den Unterschied gewisser prädikativer Materien in Abstraktion genommen von den wechselnden prädikativen Formen und dieser prädikativen Formen selbst. Dabei haben wir auf die letztere Seite nicht bloß die eigentlichen Verknüpfungsformen wie „und", „oder" zu nehmen, sondern auch die funktionalen Formen, die an den Gliedern selbst haften und ohne die sie nicht in Verbindung treten können, also Subjektform, Objektform u.dgl.

Doch tritt sehr bald ein möglicher Doppelsinn in der Rede von prädikativer Materie hervor.[1] Zunächst was die prädikativen Materien anbelangt, die sich uns zunächst ergeben haben, so gehört hierher z.B. dasjenige, was „der König", „ein König" u.dgl. gemein haben; aber auch „der König, welcher verreist war", „des Königs, welcher verreist war". Es ist hier das identisch, was dieselbe nominale Vorstellung (im weiteren Sinne) heißt (also hinzugenommen evtl. alle Attribute), dieselbe, unabhängig von der Funktion im prädikativen Zusammenhang. Demnach sind prädikative Materien evtl. sehr komplex und enthalten wieder prädikative Materien und Formen, bis

---

[1] *Randbemerkung (wohl 1910/11)* Funktionale Materie, funktionale Form.

wir auf einfache nominale Bedeutungen kommen, einfache adjektivische Bedeutungen u.dgl. Nun achten wir aber auf Folgendes: Einfache Materien enthalten abermals, aber in einem ganz anderen Sinn, Materie und Form. Denken Sie an „ähnlich“ und „Ähnlichkeit“, „rot“ und „Röte“. Die Form ist hier der kategoriale Typus nominale Bedeutung oder adjektivische Bedeutung, und die Materie der identische Kern. Wir könnten von prädikativen Kerngehalten und Kernformen sprechen.[1]

Haben wir diesen Unterschied aber an den primitiven prädikativen Materien erfasst, so merken wir alsbald, dass er bei allen Materien, sei es auch noch so komplexen, Bestand hat, dass also auch bei ihnen zu unterscheiden ist Kern und Kernform. Denn wenn z.B. ein kompliziertes adjektivisches oder propositionales oder sonstwie charakterisiertes Bedeutungsgebilde nominalisiert wird, und jedes lässt einheitliche Nominalisierung zu, so finden wir im Vergleich der ursprünglichen Bedeutung und der entsprechenden nominalen einen identischen Kern, aber in verschiedener Form. Z.B. der adjektivische

[1] *Gestrichen* Beilage: Dieser hier festgestellte Begriff der Kernmaterie gegenüber der kategorialen und funktionalen Form trifft im Wesentlichen mit dem zusammen, was die traditionelle Logik völlig unklar und ohne jede nähere Bestimmung als Terminus bezeichnet hat. Sage ich: „Alle Menschen sind sterblich“, so ist „Mensch“ ein Terminus und „sterblich“ ein Terminus. Heißt es: „Jeder Mensch, der sich seiner Pflicht bewusst ist, verabscheut den Müßiggang“, so können als Termini bezeichnet werden die Ausdrücke „Mensch“, „Pflicht“, „bewusst“, aber auch der ganze unselbständige Ausdruck „Mensch, der sich seiner Pflicht bewusst ist“. Ebenso steckt ein Terminus in „verabscheut“ und in „Müßiggang“, und wieder kann als einheitlicher Terminus angesehen werden das ganze Prädikat trotz seiner Zusammensetzung. Zunächst scheint es, als ob hierbei der Terminus die grammatische Materie sei. Indessen, wenn man die Bezeichnungsweise in der Syllogistik verfolgt, so wird es klar, dass die Kernmaterie maßgebend ist. „Sterblich“ und „Sterblichsein“ derselbe Terminus. Allerdings hat die traditionelle Logik die Rede von Terminis nur in Zusammenhang mit der Syllogistik gebraucht, wobei nur gewisse Satzarten in Betracht kamen. Und damit beschränkte sich auch die Rede von den Terminis. Sehr oft sagt man für Terminus auch Begriff, freilich ohne klare Unterscheidung von anderen, und wesentlich anderen Bedeutungen des Wortes „Begriff“. Haben wir scharf gefasst die Idee der prädikativen Materie, so bestimmt sie einen festen und wichtigen Begriff von Begriff.

Mit dem festgestellten Unterschied von prädikativer Materie und prädikativer Form sowie Kerninhalten und Kernformen hängen die Gesetzmäßigkeiten der formalen Bedeutungslehre unmittelbar zusammen. Denn die Summe aller funktionalen Gesetzmäßigkeiten ist die: Alle einheitlichen Bedeutungen setzen sich aus Materien zusammen gemäß einer Form derart, dass dieselben Materien in Form verschiedener Weise zu Einheiten zusammentreten können. Es steht aber jede mögliche Materie unter einer Kategorie, und die Anzahl der Kategorien ist eine begrenzte. Zu jeder Kategorie gehört dann eine bestimmte Zahl von funktionalen Formen und zu den funktional bestimmt gefassten Kategorien fest vorgezeichnete Weisen der Vereinigung zu Satzganzen mittels der Verbindungsbedeutungen. Nur ein anderer Ausdruck dafür ist dies: Aus jedem Satze geht wieder ein sinnvoller Satz hervor, wenn ich irgendeine Materie durch eine beliebig andere ersetze von derselben Kategorie, also eine nominale durch eine nominale Materie, eine relationelle durch eine relationelle, eine ganze Satzmaterie durch eine ganze Satzmaterie.

mathematische Gedanke „algebraisch" lässt sich nominalisieren, z.B. wenn ich sage: „das Algebraischsein"; der Satzgedanke „S ist P" zum nominalen Gedanken „dies, dass S P ist" usw. Nennen wir das Identische den Bedeutungskern, so ist er hier etwas sehr Komplexes, das zurückweist wieder auf einfachere Materien und prädikative Formen, und in den einfachen Materien auf einfache Kerninhalte und Formen. Wir entdecken so zwei Stufen von Stoffen und Formen, die zum Wesen des Bedeutungsgebietes gehören.

1) Die erste Analyse führt uns in den einfachen und zusammengesetzten Sätzen, kurzum in den selbständig geschlossenen Bedeutungen auf ihren Bau aus ersten prädikativen Materien und prädikativen Formen. Am besten bezeichnen wir sie terminologisch von nun an als grammatische Materien gegenüber den grammatischen Formen. In der Tat, prädikative Materien in diesem ersten Sinn, das sind Satzbedeutungen, nominale Bedeutungen, adjektivische Bedeutungen, die jeweils das Ganze der umfassenden Bedeutung so aufbauen, dass sie in gewissen funktionellen Formen gefasst sind und mittels ihrer in Verbindungen treten, und die, bei Wechsel der funktionellen Form sich identisch erhaltend, verschiedene Bedeutungsganze resultieren lassen. Dieselbe nominale Bedeutung wechselt ihre prädikative Funktion, sie nimmt anstatt etwa der Subjektstelle die Objektstelle ein, und das ändert die ihr anhaftende funktionale Form, die sozusagen den Stellungsindex ausmacht. Aber was da gemeinsam bleibt und was die Rede von derselben nominalen Bedeutung rechtfertigt, das ist eben die prädikative Materie im ersten Sinn oder, wie wir charakteristischer sagen wollten, grammatische Materie.

2) Jede solche prädikative Materie hat nun, wie wir feststellten, einen kategorialen Typus, z.B. nominal, adjektivisch, propositional (d.h. Satztypus). Diesen nennen wir die grammatische Kategorie gegenüber grammatischer Form. Das Allgemeine eines solchen Typus, wie nominal u.dgl., weist nun auf eine neue Form und auf einen neuen Unterschied zwischen Stoff und Form hin oder auf eine prädikative Materie in einem zweiten, tiefer liegenden Sinn. Denn z.B. zu jeder adjektivischen oder propositionalen Bedeutung gehört eine nominale, die mit ihr einen identischen Kern gemein hat, wie „algebraisch" und „Algebraischsein", „ähnlich" und „Ähnlichkeit" usw. Es ist also Änderung des kategorialen Typus möglich bei Erhaltung eines Identischen, und dieses Identische ist der Kern der prädikativen Materie gegenüber der Kernform, die nichts anderes ist als der kategoriale Typus an der prädikativen Materie (die ja ihrerseits nichts anderes ist als Einheit von Kern und Kernform).

Die tiefere Analyse der Bedeutungen nach ihrem idealen (oder apriorischen) Wesen führt also auf wunderbare Gesetzmäßigkeiten ihres Aufbaus.

Zuletzt werden wir geführt auf primitive Kerninhalte in ihrer Kernform, die ihnen den grammatisch-kategorialen Typus geben, und eine Anzahl von Grundformen für die Kerne, d.i. zu ersten und untersten grammatischen Kategorien; dazu wird offenbar, auf dieser untersten Stufe, die Kategorie Satz nicht gehören, denn Satz ist schon etwas Zusammengesetztes, und zwar Gegliedertes (mindest wenn eine gewisse Interpretation des Existentialsatzes richtig ist). Kerninhalte (primitive notabene) lassen in sich, wie es scheint, keinen Unterschied allgemein logischer Natur zu (es sei denn einen Unterschied zwischen voll und leer). Nehmen wir den primitiven Kerninhalt in seiner Form, so haben wir primitive Materie, und so viele Grundgattungen primitiver Materien zu unterscheiden, als es primitive grammatische Kategorien gibt. In höherer Stufe bauen sich nun mittels der funktionalen Stellungs- und Verbindungsformen komplexe Materien auf, an denen wieder zwischen kategorialem grammatischem Typus und Kern zu unterscheiden ist. Hier treten die schon bei den primitiven Materien bekannten kategorialen Typen auf, dazu aber neue, wie z.B. die grammatische Kategorie Satz und die auf der Idee des Satzes mit beruhenden. Offenbar liegen hier sehr wichtige Grundeinsichten in den Bau der Gedanken nach ihrem idealen Wesen, ihrem Bedeutungswesen.

Der von uns festgestellte Begriff der Kernmaterie gegenüber der grammatischen Materie und gegenüber all den Formen grammatischer Kategorie und funktionaler Stellung und Verbindung trifft im Wesentlichen mit dem zusammen, was die traditionelle Logik in völlig vager Weise, ohne Versuch einer näheren Bestimmung, als Terminus bezeichnet hat und zudem nur in einer eng begrenzten Sphäre durchgeführt hat. Die Rede von Terminis passt sich nämlich der traditionellen Syllogistik an, wobei es nur auf gewisse Satzarten und gewisse Gliederungen ankam. Und dadurch beschränkte sich von vornherein der Begriff des Terminus. Man schreibt in der Syllogistik formelhaft z.B. den so genannten Modus Barbara: „Alle A sind B. Alle B sind C. Also sind alle A C." A, B, C nennt man Termini. Z.B. als Terminus A kann stehen „Menschen", „Menschen, die sich ihrer Pflicht bewusst sind" u.dgl., also beliebig zusammengesetzte Bedeutungen, sofern sie sich nur der grammatischen Idee des Satzes, der so genannten Satzform „Alle A sind B" einpassen. Zunächst möchte es scheinen, als ob Terminus dasselbe sei wie das, was wir grammatische Materie genannt haben. Indessen, achtet man darauf, dass in der traditionellen Logik, wenn in einer Prämisse etwa stand „sterblich" als Adjektiv und in der anderen „die Sterblichen" substantivisch, derselbe Terminus angesetzt wurde, so ist es klar, dass es auf Unterschiede der grammatischen Form, und zwar der idealen Bedeutungsform, die wir den kategorialen grammatischen Typus nannten, nicht ankommt. Es ist also die Kernmaterie gemeint. Desgleichen pflegt man in der traditionellen Logik das Wort „Begriff" oft so zu gebrauchen, dass er mit dem, was wir hier Kerninhalt nannten, stimmt. Leider mengt sie aber diesen Begriff des Begriffs mit so manchem anderen, und die Verwirrung ist so groß, dass man schon Bedenken tragen möchte, überhaupt von Begriff zu reden. Jedenfalls kann man dieses Wort hier nicht brauchen. So weiß ich also keinen besseren Namen als Kern, wobei zwischen unmittelbarem oder relativem Kern und den innersten, letzten Kernen unterschieden werden kann; was wohl kaum einer Erläuterung bedarf.

In den bedeutsamen Unterschieden, die wir festgestellt haben: grammatischer Materie und grammatischer oder funktionaler Form, sowie Kerninhalt und Kernform (Letzteres die grammatische Kategorie) sind die Gesetzmäßigkeiten der Formenlehre der Bedeutungen unmittelbar beschlossen, oder vielmehr: zu ihnen gehören sie. In der Tat, die Summe aller funktionalen Gesetzmäßigkeiten kann man so aussprechen: Alle einheitlichen Bedeutungen setzen sich aus grammatischen Materien zusammen gemäß *a priori* vorgezeichneten Möglichkeiten prädikativer Formen derart, dass dieselben Materien in formverschiedener Weise zu Einheiten zusammentreten können. Es steht aber jede mögliche grammatische Materie unter einer grammatischen Kategorie, und die Anzahl der Kategorien ist eine bestimmte und begrenzte. Zu jeder grammatischen Kategorie gehört ein bestimmter Inbegriff von funktionalen Formen, und zu den funktional bestimmt gefassten grammatischen Kategorien fest vorgezeichnete Weisen der Vereinigung zu Satzganzen mittels der Verbindungsformen.

Ein anderer Ausdruck dafür ist dieser: Aus jedem Satz geht wieder ein sinnvoller Satz hervor, wenn wir irgendeine grammatische Materie durch eine beliebige andere ersetzen von derselben grammatischen Kategorie: also nominale Materie durch eine beliebige andere nominale Materie, relationelle durch relationelle, propositionale durch propositionale.

⟨*Der logische Begriff der Vorstellung*⟩

Die wichtigen Unterscheidungen, die wir durch die Analysen der letzten Vorlesungen kennen gelernt haben, betrafen den inneren Bau der Bedeutungen bzw. den Aufbau der Bedeutungen aus Bedeutungen durch Zusammenfügung und Modifikation.

Es wird nun gut sein, darauf hinzuweisen, dass unsere Betrachtungen ihren natürlichen Beziehungspunkt in der Idee des freien Satzes, der für sich abgeschlossenen selbständigen Bedeutung hatten. Selbständige Sätze gliedern sich. Und jedes Glied war zu charakterisieren als grammatische Materie, die eben als Glied eines Satzganzen nur fungieren kann vermöge gewisser zur Idee des Satzes wesentlich gehörigen Funktional- und Verbindungsformen. So ordnen sich eine nominale Materie N und eine adjektivische a in einen Satz als Glieder dadurch etwa ein, dass die eine Funktion der Subjektmaterie, die andere Funktion der Prädikatmaterie annimmt, und so wird die Verknüpfung möglich zu einem Satzganzen „N ist a" oder „N ist nicht a". Einheitliche Bedeutungen, die nicht Sätze wären, können auch mehrere Glieder haben, für die dann dasselbe gilt, z.B. wenn wir die nominale Bedeutung nehmen: „N, welches nicht a ist". Aber solche einheitlichen Bedeutungen sind unselbständig und weisen auf selbständige Sätze hin, in denen sie selbst als bloße Glieder fungieren. Demnach können wir sagen: Alle funktionalen Formen, überhaupt alle prädikativen Formen, in welche Materien gefasst und zusammengeknüpft sind, sind prädikative in dem Sinn, dass sie auf Funktionen von Materien in selbständigen Prädikationen hinweisen, zu Deutsch: in selbständigen Sätzen.

Demnach ist nicht angängig, den freien Sätzen, als ganzen genommen, in demselben Sinn Materie und funktionale Form zuzuschreiben wie den unselbständigen sachbezüglichen Bedeutungen. Ein selbständiger, frei dastehender Satz fungiert nicht für eine Prädikation, sondern ist selbst Prädikation.

Andererseits wissen wir aber, dass jedes Bedeutungsglied trotz ihrer Idealität etwas von einem Proteus an sich hat; jede lässt sich bei Erhaltung eines identischen Kerns modifizieren, und so auch die freie Satzbedeutung. Und sie lässt sich, wie wir wissen, so modifizieren, dass sie ihre Freiheit und Selbständigkeit einbüßt und etwa herabgedrückt wird zu einer nominalen Bedeutung oder sonstwie zu einem bloß syntaktisch fungierenden Glied in einem umfassenden freien Satzganzen; so auch, wenn wir dem freien Satz entsprechend einen inhaltlich sonst gleichen hypothetischen Vordersatz bilden oder einen bloßen Relativsatz u.dgl. Eben wegen der inhaltlichen Identität besteht auch hier der Unterschied zwischen Kern und wechselnder Kernform, und damit berechtigt sich auch hier die Rede von einer grammatischen Materie.

Diesen Unterschieden tragen wir Rechnung, wenn wir in Erinnerung an einigermaßen verwandte Redeweisen der Grammatiker alle die prädikativen Formen, die sich auf die innere Einheit eines Satzes beziehen, syntaktische Formen oder Funktionen nennen. Demnach hat jeder einheitliche Satzteil oder, was dasselbe, jede im Satz fungierende Materie ihre syntaktische Form, sie ist notwendig syntaktisch geformte Materie. Der ganze Satz selbst aber, der freie Satz, ist in diesem Sinn nicht syntaktisch geformte Materie, sondern die syntaktische Einheit aus den syntaktisch geformten Materien. Er ist Syntaxe, enthält syntaktische Glieder, ist aber nicht selbst syntaktisches Glied. Vollziehen wir dann eine modifizierende Operation an dem Satze, d.h. stellen wir dem freien Satz gegenüber seine Abwandlung, wodurch bei gleichem Kerngehalt eine unselbständige Bedeutung erwächst, so ist das Erwachsende nun ein bloß syntaktisches Glied für andere mögliche Sätze, und nun hat die Satzmaterie eine syntaktische Funktion und die zugehörige funktionale Form. Der freie Satz ist sozusagen Herrscher über die sich ihm einordnenden Materien, aber er ist nicht beherrscht, er ist nicht bloß dienendes Glied. Seine Gesamtmaterie trägt nicht den Stempel der Dienstbarkeit; sowie sie einen solchen annimmt, gibt sie den der Freiheit auf, d.i. den Charakter der Selbständigkeit.

Nehmen wir nun noch Folgendes hinzu: Freie Sätze können bei Identischerhaltung des identischen Kerns in doppelter Weise zu unselbständigen werden. Vergleichen Sie folgende Beispiele: Ich habe etwa den freien Satz „A ist b". Ich stelle gegenüber die Modifikation „Wenn A b ist, so etc." Ich stelle diesem hypothetisch gewandelten Vordersatz gegenüber die Verbindung „A ist b und C ist d". Wir merken hier einen offenbaren Unterschied. In dem letzteren Fall ist zwar die Freiheit dahin, nämlich insofern, als der Satz nicht für sich allein dasteht, sondern eine Verbindung eingegangen ist, und jede Verbindung bringt Verbindungsform herein, also funktionale Form relativ zur Einheit der umfassenden Verbindung. Gleichwohl ist es evident, dass der ursprüngliche Satz als Stück in der Verbindung vorhanden ist. In der Verbindung ist gesagt: „A ist b", es ist gesagt: „C ist d", und es ⟨ist⟩ eine Einheit hergestellt; es ist auch das gesagt, was wir umschreibend etwa ausdrücken würden mit „Beides gilt". Dieser Gedanke des „beides" ist natürlich völlig unselbständig; indem er beide Sätze umspannt, gibt er ihnen Verbindung und Verbindungsform. Und doch ist jeder der Sätze im verbundenen Ganzen darin, nämlich als Stück.

Blicken wir hingegen auf das andere Beispiel hin, so kann man nicht sagen, dass im „wenn A B ist" der Satz „A ist b" ganz so, wie er frei steht, enthalten ist, als ob er in der Weise eines Stückes mit etwas Weiterem verbunden wäre. Vielmehr hat der Satz eine Modifikation erfahren, durch die er eigentlich nicht mehr Satz ist, er hat seine grammatische Kategorie geändert. Wir können danach sagen, es sei zu unterscheiden zwischen Selbständigkeit und Für-sich-selbst- und Frei-Stehen. Ein Satz kann, ohne seine Selbständigkeit einzubüßen, in Verbindung treten, er kann aber auch seine Selbständigkeit einbüßen, sofern er eine kategoriale Umwandlung erfährt von solcher Art, dass sich von ihm nicht mehr ein selbständiger Satz abstücken lässt durch bloße Aufhebung der Verbindung. Einige Vorsicht erfordern Beispiele wie „Weil A b ist, oder dass A B ist, hat zur Folge, dass“: Ein solcher Vordersatz, könnte man sagen, impliziert doch schon den Gedanken, der frei hingestellt werden kann als „A ist B“! Indessen, da ist zu unterscheiden. Solch ein Vordersatz ist einmal unselbständig, sofern er auf einen Nachsatz verweist; also das Ganze wäre: „Weil A b ist, ist C d.“ Aber dieses Ganze ist abermals unselbständig, es weist auf den verschwiegenen und voranzustellenden selbständigen Satz hin: „A ist b.“ Der vollständige Gedanke ist: „A ist b, und darum, weil das ist, ist C d.“ Zum Sinn des „darum, weil“ gehört es, zurückzuweisen auf das selbständige „A ist b“. Aber abstücken lässt sich dieses aus dem unselbständigen „weil A b ist“ nicht, vielmehr geht es vorher und bildet ein Stück in dem umfassenden Ganzen.

Dieses vorausgesetzt, resultiert der logische (oder wenn Sie wollen: bedeutungslogische) Begriff des Urteils im Gegensatz zu dem der „bloßen Vorstellung“, ebenfalls im spezifisch logischen Sinn.

Jeder freie Satz ist ein Urteil, und jede Bedeutung enthält ein Urteil,[1] aus der sich ein selbständiger Satz abstücken lässt, der also in ihr als Teil enthalten ist. Oder: Urteil ist selbständiger Satz, sei es freier Satz oder in eine Verbindung so eingehender Satz, dass er seine Selbständigkeit nicht eingebüßt hat, wenn auch sein Für-sich-selbst-Sein. Unter „Urteil“ ist hier also eine gewisse Sorte idealer Bedeutungen verstanden. Somit ist scharf zu unterscheiden Urteilsakt oder Urteilserlebnis als psychisches Phänomen, dessen Bedeutungsgehalt das logische Urteil ist, und andererseits dieses logische Urteil selbst. Ebenso scheiden sich nun die Begriffe logische Vorstellung und Vorstellung im Sinne der Psychologie. Wie ist nun der Begriff logische Vorstellung zu begrenzen? Der weiteste Begriff der Vorstellung in dem bedeutungstheoretischen Sinn ist der bolzanosche, wonach jeder Teil eines Urteils, der nicht selbst ein volles Urteil ist, als Vorstellung zu bezeichnen sei.* Jeder Teil, d.h. jedes in der Gesamtbedeutung eines Urteils zu fixierende Bestandstück oder Moment, also auch das „und“, das „nicht“ u.dgl., gelten Bolzano als Vorstellungen. Dieser Begriff von Vorstellung ist der weiteste. Er deckt sich mit unserem Begriff der unselbständigen Bedeutung. Wichtiger ist ein anderer Begriff, der Bolzano noch nicht zugänglich sein konnte, nämlich die Einschränkung des Vorstellungsbegriffs auf jederlei grammatische Ma-

[1] *Recte* jedes zusammengesetzte Urteil enthält eine Bedeutung.

* Vgl. Bolzano, *Wissenschaftslehre*, Bd. I, S. 216.

terie, die keine volle Urteilsmaterie abgibt. Jedes Urteil (jeder selbständige Satz, erinnere ich) gliedert sich. Jedem Glied entspricht eine logische Vorstellung. Aber nicht ist jedes Glied selbst die logische Vorstellung, sofern wir das Glied in seiner syntaktischen Form nehmen. Sehen wir von dieser ab, halten wir also die bloße nominale Bedeutung, die bloße adjektivische Bedeutung, die bloße Bedeutung eines hypothetischen Vordersatzes oder Nachsatzes u.dgl. fest, so erhalten wir einen festen Begriff von logischer Vorstellung. Wir können dann also sagen: nominale Vorstellung, adjektivische Vorstellung u.dgl., gleichgültig wie sie prädikativ fungiert. Nicht ganz vermeiden lässt sich übrigens eine Verwendung des Wortes „Vorstellung" für den vollen Gliedgedanken, wie wenn man fragt, was die nominale Vorstellung vorstelle, wenn sie gerade an Subjektstelle stehe. Allgemein ist zu bemerken, dass das Wort „Vorstellung" vorwiegend auf die bedeutete Gegenständlichkeit hinweist, also sich aufdrängt, wenn diese Beziehungen auf die Sachen in Frage sind, während der Ausdruck „Bedeutung" mehr zurückweist auf den Ausgang vom Ausdruck und auf das, was der Ausdruck besagt und wodurch er dann Beziehung auf genannte Sachen gewinnt.

Hält man den prägnanten logischen Vorstellungsbegriff fest, so ergibt sich auch ein prägnanter Begriff für die so viel verwendete, aber sehr unklare und vieldeutige Rede von Vorstellungsinhalt. Logischer Vorstellungsinhalt wäre der Kern. Jede Vorstellung in dem abgegrenzten logischen Sinn hat ja einen Kern und eine Kernform, welche die grammatische Kategorie bestimmt. Die logischen Vorstellungen „Ähnlichkeit" und „ähnlich" haben gleichen „Inhalt", aber verschiedene[1] kategoriale Form (abgesehen von der syntaktischen Form). Im Übrigen müssen wir, wo Zweifel möglich sind, den Ausdruck „Kerngehalt" mit heranziehen, können ihn also nicht entbehren. Denn Inhalt ist ein zu vieldeutiges Wort; z.B. in ganz anderem Sinn hat ja jede Vorstellung auch Inhalt, insofern sie etwa Glieder und formale Momente in sich unterscheiden lässt.

⟨*Die Leervorstellungen „etwas" und „dies"*⟩

Die Unterscheidungen zwischen Form und Materie, die wir bisher durchgesprochen haben und deren fundamentale Bedeutung für die Logik auf der Hand liegt, sind nicht die einzigen, die überhaupt zu vollziehen und die im Interesse der Logik zu vollziehen sind. Ich will hier zur Kontrastierung noch

[1] *Gestrichen* Vorstellungsform. Vorstellungsform, das wäre die der Vorstellung selbst eigene Form im Gegensatz zu der ihr äußeren syntaktischen Form.

zwei solche Unterschiede hervorheben, von denen der eine erst später seine Rolle spielen wird. Jeder selbständige Satz (Urteil) bezieht sich auf Sachen und verdankt diese Sachbeziehung gewissermaßen den logischen Vorstellungen, aus denen er sich aufbaut. Diese logischen Vorstellungen waren die Materien im rein grammatischen Sinn, gegenübergestellt den syntaktischen Formen. Logische Vorstellungen sind Bedeutungen wie „Sokrates“, „ein Löwe“, „grün“, „zwei“ u.dgl., darunter auch das leere Etwas, das etwa nominal für sich allein fungiert, wie wenn wir urteilen: „Irgendetwas ist rot.“

Dieser weitesten Sachbezüglichkeit, die zur logischen Vorstellung gehört, kann nun gegenübergestellt werden eine Sachbezüglichkeit in einem engeren Sinn, wonach nur solche Vorstellungen als sachbezüglich gelten, die sich mittels ihres Inhalts auf bestimmte Sachlichkeiten beziehen, die auf Gegenstände, Relationen, Eigenschaften sich in auszeichnender Weise beziehen derart, dass der sachliche Inhalt bis zu einem gewissen Grad mindest bedeutungsmäßig sich bekundet. So ist es bei den Vorstellungen „zwei“, „ein Löwe“, „jemand“. Zwar die Vorstellung „zwei“ ist bis zu einem gewissen Grad unbestimmt, sofern nicht gesagt ist, was da gezählt wird; die Vorstellung „jemand“ ist unbestimmt, sofern nicht gesagt und nicht bedeutet ist, wer das ist, dieser Jemand. Aber ein bestimmter Sachgehalt bleibt bei aller Unbestimmtheit in der Bedeutung ausgezeichnet: In der Vorstellung „jemand“ liegt es ja, dass eine Person gemeint ist und nicht etwa ein Baum oder ein Tier u.dgl. Und so überall. Dem gegenüber steht die Leervorstellung „etwas“, die doch als Subjektvorstellung und in allen nominalen Funktionen stehen kann; also sie ist rein grammatische Materie so gut wie irgendeine andere, verschiedene syntaktische funktionale Formen annehmend. Bedeutungsmäßig ist in ihr aber nicht das mindeste von sachlicher Bestimmtheit ausgeprägt. Sie ist darum auf alles und jedes beziehbar vermöge des weiteren prädikativen Zusammenhangs; aber in sich sagt sie eben nur „etwas“.

⟨*Beilage:*⟩ Wir fügen hier einige Bestimmungen bei.

Wir sagen, eine Vorstellung habe Leergehalt, wenn sie das „etwas“ enthält, und zwar können wir sagen, sie habe so viele Leerstellen, d.i. partiale Vorstellungen, in denen der Leerkern des „etwas“ auftritt, sooft sie ein Vorstellungselement „etwas“ enthält.

Reinen Vollgehalt hat die individuelle Eigenvorstellung.

Lässt sich die Eigenvorstellung adjektivieren?

„Dies ist Sokrates“: Kann ich sagen: „Dieser hat *Socratitas*“? Das geht doch nicht. Also haben wir nominale Vorstellungen, die keinen Unterschied zwischen Kern und grammatischer Form zulassen. Nur[1] Vorstellungen, die aus Nominalisierung erwach-

[1] *Wohl nach Ablauf des Semesters wurde dieser Satz am Rand mit einem Fragezeichen versehen.*

sen sind (wie aus „grün“: „das Grün“, „das Grünsein“), zeigen noch Unterschiede zwischen Inhalt und grammatischer Form. Doch können wir so sagen? Es gibt eine Sorte von Kernen, die ihrer Natur nach nur nominale grammatische Form annehmen können.

Wie steht es mit „etwas“? Kann man nicht sagen: „Dies ist etwas“ und das „etwas“ adjektivisch verstehen? Ferner a φ b: „a steht in irgendeiner Relation zu b.“

Offenbar liegt das an ihrem Kerninhalt, der sich von allen anderen Kerninhalten merkwürdig abscheidet. Es ist sozusagen eine leere Hülse von Kern, als ein Kern fungierend. Ob wir von einem echten Kern im Unterschied von der Etwas-Vorstellung selbst sprechen können, ob wir dieser Vorstellung „etwas“ als Inhalt zuschreiben können, das hängt davon ab, ob es berechtigt ist, dem nominalen „Etwas“ auch ein adjektivisches und relationelles „etwas“ beizuordnen, denn dann wäre gegenüber den kategorialen Formen dieser Vorstellungen ein Gemeinsames anzusetzen, also ein wirklicher Kern. Man könnte sagen: Nein. Der Eigenname hat auch keine kategorialen Modifikationen. Man kann sagen, gewisse Sorten von Kernen fordern nominale Kategorien. Daran habe ich mitunter gezweifelt, doch dürfte es sich halten lassen. Immerhin, sei es im eigentlichen Sinn, sei es in einem uneigentlichen, hätten wir von einem leeren Kern gegenüber den vollen Kernen zu sprechen und demgemäß von der leeren Materie und leeren Vorstellung gegenüber den vollen. Und bei den vollen haben wir, wie leicht zu sehen, Unterschiede in der Art reiner und unreiner Fülle, je nachdem diese Vorstellungen selbst die Etwas-Vorstellung in gewisser Weise einschließen oder nicht. So enthält eine volle Vorstellung, wie z.B. „ein Löwe“, derart das „etwas“, dass ihr Gesamtkern sozusagen partielle Ausfüllung der leeren Hülse „ein“ oder „etwas“ ist.[1] Andererseits kann es sein, dass in der vollen Vorstellung die Idee des „etwas“ fehlt, wie z.B. bei jeder Eigennamenvorstellung, deren Kern reiner Vollkern ist. Im ersteren Fall ist zu scheiden der reine Leerinhalt des „etwas“ und der in der hinzutretenden Bestimmung fungierende reine Vollkern, z.B. „etwas Rotes“.

Diese Vorstellung „etwas“ kann man also in gewissem Sinn bloße Formvorstellung nennen und sagen, sie enthalte nichts von Materie. Aber das wäre ein völlig neuer Sinn von Form und Materie. Für die formale Logik ist diese Etwas-Vorstellung von größter Wichtigkeit. So wie die allgemeine Kategorie der Vorstellungen überhaupt gehört sie in die formale Logik hin-

---

[1] *Gestrichen* Dann kann man von Bereicherung der Fülle sprechen, wenn neue Bestimmungen eintreten, während immer noch etwas von Leere bleibt.

ein.[1] Sofern sie den Aufbau von Vorstellungen eines beliebigen Sachgehalts jederzeit mitbestimmen kann als ein „unsachhaltiges“, aber zur Formung alles Sachhaltigen befähigtes Element, gehört sie auch in die Formenlehre der Bedeutungen hinein und spielt darin eine wesentliche Rolle. Andererseits aber ist sie selbst Vorstellung wie eine andere Vorstellung, und man darf die fundamentalen syntaktischen Unterschiede nicht verwischen und die natürlichen Grenzen der syntaktischen Gesetzmäßigkeiten, indem man sie ohne Unterscheidung auch als „Form“ bezeichnet.[2]

⟨*Beilage*:⟩ Zum Schluss noch einen engsten Sinn von Materie, der aber außerhalb des Rahmens der formalen Logik fällt, obschon nicht außerhalb des Rahmens der Logik überhaupt. Eine Vorstellung kann eben engste Sachhaltigkeit haben, die darin besteht, dass sie sich auf Reales, sei es der psychischen oder physischen Natur bezieht. Vorstellungen wie Tier, Tugend, Gefühl, Raum, Zeit haben in diesem Sinne reale Sachhaltigkeit. Es kommt dabei nicht darauf an, ob die Vorstellungen Einzelnheiten der Natur vorstellen oder allgemeine Begriffe oder Abstrakta, die sich in der Sphäre der Realität vereinzeln. In diesem Sinne ist Zahl keine reale, sondern eine formale Bedeutung. Die Zahl als solche ist kein Naturhaftes; real ist evtl. das Gezählte, nie aber die Zahl. Ebenso sind nicht real Bedeutungen wie Satz, logische Vorstellung, überhaupt jede Bedeutung.

Wir[3] haben, scheint es, aber noch eine zweite Vorstellung, von der genau dasselbe zu sagen wäre und die der Leervorstellung „etwas“ doch in gewisser Weise diametral entgegengesetzt ist, nämlich die Vorstellung „dies“.[4] In der Bedeutung dieses Wortes liegt gar nichts, was die bestimmte Beziehung auf ein dadurch jeweils bedeutetes Ding oder eine Zahl oder ein Prädikat u.dgl. auszeichnete. Natürlich, wenn ich vor einem Haus stehend „dies“ sage, weiß ich, dass ich es meine, und wer mit mir davorsteht, meint eben dasselbe. Aber mit dem „dies“ ist davon nichts ausgeprägt, und so kann denn alles und jedes, das durch eine volle Bedeutung bedeutet ist, auch durch die Dies-Bedeutung bedeutet sein. Nun wird man aber sagen: In jedem Fall ist doch die volle Bedeutung da, nur ist sie nicht ausgedrückt. Die Sachlage freilich ist etwas

[1] *Gestrichen* Und ohne sie fehlte der formalen Logik ein Material und ein Satzgehalt.

[2] *Gestrichen* Wir müssen also unsere Redeweise fixieren. Wir haben bisher präzisiert die Rede von syntaktischen Formen, ferner die von den grammatischen Kategorien, die wieder den Charakter von Formen, nämlich von Kernformen haben, also von grammatischen Formen der logischen Vorstellungen.

[3] „Dies“. – Die nachfolgenden Blätter dienten nicht genau als Vorlage für die Vorlesung. Zum Glück habe ich Besseres sagen können, als geschrieben ist. Zum Teil habe ich die Schwierigkeit der Sache scharf hervorgehoben.

[4] Die Formenlehre zeigt, dass sich in den Formen faktisch das Etwas und Dies gegenübersteht, so dass von vornherein beide in der Lehre von den Elementen gleichgestellt erscheinen müssen.

heikel. Das Haus, das ich als „dies" bezeichne, mag mir wirklich vor Augen stehen. Die Wahrnehmung aber ist natürlich keine Bedeutung. Was gibt sie aber für die Bedeutung her? Nun, eben das, was die voll bestimmte Beziehung auf diesen wahrgenommenen Baum herstellt; und wird in Bezug auf eine davorstehende Person dann wieder „dies" gesagt, so erhält das letztere „dies" voll bestimmte Beziehung auf die Person, also auf etwas ganz anderes. Bei der Person können wir auch den Eigennamen anwenden, dessen Funktion es ist, die Person in ihrer vollen Bestimmtheit (ohne Auswahl besonderer Bestimmungen) zu bezeichnen oder, wie wir auch sagen, den Gegenstand durch eine Eigenbedeutung zu bedeuten. Indessen hat doch das „dies" einen überall gemeinsamen Bedeutungsgehalt, unbeschadet der verschiedenen bestimmten Gegenständlichkeit, auf die es bezogen wird; eine gewisse Form sozusagen, die aber[1] wohl zu rechnen ist zu den prädikativen Formen.

Danach können wir „dies" und „etwas" nicht ganz gleichstellen, obschon wir sie wieder nicht ganz trennen können. Auch das „etwas" fungiert als prädikative Form, z.B. wenn ich sage: „Dies ist ein A", und andererseits fungiert es zugleich als freie Vorstellung, wie wenn ich sage: „Etwas ist A." Vor allem ist auch wichtig eine gewisse Verwebung des „dies" mit dem „etwas" in der Vorstellung „ein gewisser". Sage ich: „Dies ist ein mächtiger Eichenbaum" und sieht ein anderer das Objekt nicht bzw. kennt er es nicht, so weiß er meine Aussage doch zu deuten. Er versteht sie; nicht ganz in meinem Sinn, sofern er nicht das „dies" so versteht, wie es mir eine Eigenbedeutung formt, aber in einem korrespondierenden Sinn: Er versteht: „ein Gewisses". In unbestimmter Weise ist dabei etwas Bestimmtes gedacht. Es steckt darin in gewisser Weise die Etwas-Vorstellung und die Diesheit. Natürlich, auch hier steckt alles in der Besonderheit des Kerns, der hierbei seine innere Formung hat. So[2] viel über diese Formbegriffe.

Wir haben bisher kennen gelernt die Rede von den syntaktischen Formen, ferner die Formen, welche die Unterschiede nominaler, adjektivischer, relationeller Bedeutungen ausmachen; wir sagten: die grammatischen Kate-

---

[1] *Der Rest des Satzes ist Veränderung für* aber etwas ganz anderes ist als die prädikativen Formen, als die kategorialen Vorstellungsformen, die wir als rein grammatische Kategorien bezeichnet hatten, wieder als die Stellungsfunktionen und die Verknüpfungsfunktionen. Fragen wir, wohin diese Form gehört, so lautet natürlich die Antwort: in den Kern, der in unseren Beispielen noch eine volle Bestimmtheit hat, die aber im Ausdruck sich nicht ausprägt. *Dazu Randbemerkung (wohl nach Ablauf des Semesters)* Das ist doch richtig!

[2] *Dieser Satz ist Veränderung für* Wir sehen, wie sich der Kreis von „Formen" erweitert und wie neue Formbegriffe auftreten. Und schließlich werden wir zu bestimmen haben jene viel benützte Rede von Formen, die für die Lehre von den Vorstellungs- und Urteilsformen besonders bestimmend ist und auf die wir zu Anfang schon gestoßen sind.

gorien.[1] Sie sind Formen im Kern; sofern sie den Kern formen, machen sie das Vorstellungsganze und geben ihm grammatische Kategorie.[2] Nicht wohl als Formunterschied kann gefasst werden der wichtige Unterschied reiner Vollkerne, der darin liegt, dass der Kern einen verschiedenen, der Modifikation nicht unterliegenden Typus hat, also z.B. das, was den Unterschied zwischen einer Eigennamenvorstellung und einer adjektivischen Vorstellung ausmacht, abgesehen von der kategorialen Form.

Alle diese Unterschiede kommen in Betracht, wenn wir die Idee der Vorstellungsform und Satzform in dem Sinn aufbauen wollen, welchen man im Auge hat, wenn man dem Ganzen einer noch so komplexen Vorstellung, eines noch so komplexen Urteilsgefüges, wie einem Schluss oder Beweis oder einer Theorie, e i n e Form zuspricht und in Bezug auf solche Vorstellungs- und Urteilsformen von formalen Gesetzen spricht. Urteilsformen sind z.B. „Alle A sind B“, „Einige A sind B“, „Ein gewisses A ist B“, „Wenn A B, ist C D“, „Es gibt ein A“ usw. Wie gewinnen wir diese Formen? Am nächsten liegt es zu sagen: Man ersetzt alles Volle durch Leeres. Überlegen wir das. Gehen wir von dem Unterschied zwischen Vollgehalt und Leergehalt aus, von Vollstellen und Leerstellen. Eine Vorstellung bzw. ein Urteil kann vielerlei Leerstellen enthalten; sie brauchen sie nicht zu enthalten. Es gibt Bedeutungen der einen und anderen Art, die gar keine Leerstellen enthalten, wie wenn es heißt: „Dies ist rot“ oder „dieses Rote“. Andererseits ist es sehr wohl möglich, dass eine einheitliche Bedeutung lauter Leerstellen und gar keine Vollstellen hat, wie wenn wir sagen, was wir allerdings selten tun würden: „Etwas ist Etwas“ oder „Etwas, das Etwas ist, ist Etwas“. So leer diese Ausdrücke sind: sie können wirklich einheitlichen Sinn erhalten bzw. einheitlich verstanden werden. Es ist klar, dass wir aus jedem konkreten Bedeutungsganzen eine entsprechende Leerbedeutung erhalten, wenn wir jeden Vollkern durch Leerinhalte ersetzen. Wir können dabei die ganze Syntaxe festhalten, ferner in allen Gliedern die grammatische Form.[3]

---

[1] *Gestrichen* Nach der Einführung des Vorstellungsbegriffs kann man sie geradezu als Vorstellungskategorien bezeichnen.

[2] *Gestrichen* Dazu kommen aber tiefer im Kern liegende Unterschiede und zum Teil Formmomente neuer Art.

[3] *Gestrichen* Wir können auch die Formen der Diesheit ⟨anführen⟩, des „ein gewisser“, desgleichen die im Kern sich bekundenden Unterschiede konkreter Eigenbedeutung, wie sie zu einem Eigennamen gehört, und abstrakter Bedeutung, wie „rund“. (Zum Teil präjudizieren in gesetzmäßiger Weise gewisse kategoriale Formen, wie z.B. die Relationsform, das Vorkommen abstrakter Bedeutungen, also den Ausschluss des Vorhandenseins bloß konkreter Eigenbedeutungen. Doch ist es fraglich, ob man gut tut, in der allgemeinen Formenlehre schon auf solche Unterschiede einzugehen.)

Kurzum, es ist möglich, alles Formale im Bau der Gedanken, der Vorstellungen und Urteile, festzuhalten und andererseits die Bestimmtheit der gegenständlichen Beziehung dadurch aufzuheben, dass überall die Vollkerne durch Leerkerne ersetzt werden. Wie geschieht das? Nun, einfach dadurch, dass an den betreffenden Stellen für die nominalen Ausdrücke der Vorstellungen Buchstaben substituiert werden. Z.B. heißt es: „Die Logik ist eine philosophische Disziplin", so ersetzen wir dies Urteil durch „Das A ist ein B, welches C ist". Ist das die logische Form des Satzes, oder haben wir sie gewonnen, wenn wir so verfahren, dass, wo immer ein „dies" auftritt oder wo immer ein Eigenname, ein Adjektiv u.dgl., wir immer „ein Gewisses" substituieren? Natürlich nimmt dies „gewisse" die betreffenden kategorialen Formen an. Sage ich statt „Dies ist rot": „Ein Gewisses ist ein Gewisses", so könnte das so viel heißen ⟨wie⟩ „Ein gewisser Gegenstand hat eine gewisse Beschaffenheit" (allerdings ein zirkumskriptiver Ausdruck). Und ebenso könnte der Ausdruck „A ist α" verstanden werden; aber dann wäre die Form eines Satzes selbst ein Satz, und gerade das muss ausgeschlossen werden. In der Tat, wenn wir die Satzform gewinnen wollen, verfahren wir so nicht.[1] Und wenn ich nun sage: „ein Satz der Form ‚Das A ist ein B, welches C ist'", so ist das kein Satz, sondern eine Vorstellung von einer Satzform.

Nun aber, was soll das heißen, „ein Satz der Form"? Doch wohl: ein Satz der allgemein bezeichneten Satzklasse. Und fragen wir, wodurch diese Klasse von Sätzen charakterisiert ist, so werden wir hingewiesen auf all die Momente von Form, die wir uns unter den Titeln kategoriale Form, syntaktische Form, Form innerhalb des Vorstellungsinhalts oder Kerns herausgearbeitet haben. Es ist eben eine partikulare Vorstellung, mit den partikularen Terminis A, b etc. Die partikular Unbestimmten sind die Kerne. Die Buchstaben vertreten in unbestimmter Allgemeinheit irgendwelche Vorstellungsinhalte, und die ganze Art der Aneinanderfügung der Formworte an die Buchstaben oder ihrer Verbindung durch die Formworte hat den Zweck, die einheitliche Satzgestalt, die durch diese formalen Momente bestimmt ist, in allgemeiner Vorstellung zu erwecken. Die Ausdrucksweise ist nur insofern unvollkommen, als in ihr eigentlich nur die syntaktischen Formen zu einigermaßen

---

[1] *Gestrichen* Wir bilden vielmehr in einer allgemein möglichen Modifikation statt der primären Bedeutung die direkte Vorstellung dieser Bedeutung. Statt des Urteils, von dem wir ausgingen: „Die Logik ist eine philosophische Disziplin", nehmen wir jetzt die Vorstellung: „der Satz ‚Die Logik ist eine philosophische Disziplin'". Das ist jetzt kein Satz, kein Urteil mehr, sondern eine Modifikation davon, und zwar eine Vorstellung.

prägnantem Ausdruck kommen, soweit die empirische Sprache in dieser Hinsicht zu eindeutigem und scharfem Ausdruck zulangen kann, während es an einer Bezeichnung der kategorialen Formen fehlt.[1]

⟨*Urteilsform als Gestaltbegriff*⟩

Wir sprachen in der gestrigen Vorlesung davon, dass „Urteilsform" ein Gestaltbegriff ist.[2] Ein Urteil ist ein komplexes Ganzes. (Offenbar gehört es zur Idee eines Ganzen überhaupt, Elemente sozusagen als Grundstoff zu haben, die miteinander in gewissen Formen verknüpft sind, unmittelbar oder mittelbar, einstufig oder mehrstufig, wie es die Natur der Elemente fordert. Dabei werden die Elemente ihre Prägung haben, und die von Element zu Element laufenden Verbindungen ihre Eigenartungen oder Eigenformungen

---

[1] *In der Vorlesung 1908/09 vorgetragen, jedoch nach Ablauf des Semesters gestrichen* Jedenfalls bedarf es eingehender Analysen von der Art, wie wir sie angestellt haben, um ⟨über⟩ das, was die Satzgestalt ausmacht gegenüber den letzten Kerninhalten, welche die letzte Satz„materie" bestimmen, zur Klarheit zu kommen. Für die Satzgestalt kommt es, wie wir sehen, nicht darauf an, ob die letzten Kerne selbst gelegentlich Leerkerne sind oder durchaus Leerkerne. Es gehört eben zum Wesen des Satzes als solchen, dass er in sich gewisse bestimmte Gestaltmöglichkeiten besitzt bei beliebiger Variation der Vorstellungsinhalte, und wieder gehört es dabei zum Wesen dieser Idee Satz, dass die Vorstellungsinhalte auch Leerinhalte sein können und dass dadurch ausgezeichnete Grenzfälle von Sätzen entstehen, in denen durch das leere Etwas die Beziehung auf Gegenständlichkeit die allerunbestimmteste sein kann.

Von besonderer Wichtigkeit aber ist es, dass diese Satzgestalten oder, wie man zu sagen pflegt, Satzformen, Abstraktionen darstellen von derselben Art, die sonst unter dem Titel Gestalt oder auch Form bezeichnet zu werden pflegt. Nämlich so wie eine Raumform eine identisch abstrakte Gestaltung ist, die in vielfach wechselnder Weise durch eine Raumfülle, einen Stoff erfüllt werden kann und dadurch konkrete Gestaltkörper entstehen, so haben wir in unserem Fall die letzten Kernstoffe, die, in verschiedener Satzform gefasst, die unendliche Fülle konkreter Sätze ergeben. So wie Raumfülle trotzdem nichts ist ohne Raumform und Raumform ihrerseits nur durch Raumfülle individuelles Dasein gewinnen kann, so sind die Kernstoffe unselbständig und bedürfen zur Selbständigkeit der Urteilsgestaltung. Die zu unterscheidenden Urteilsgestalten oder Urteilsformen bauen sich auf aus unbestimmt gelassenen Kerninhalten und den bestimmten Elementarformen, die eben die Formung in fest vorgeschriebener Weise leisten.

Eine etwas unbequeme Zweideutigkeit liegt darin, dass der Ausdruck Form bald gebraucht wird für die einzelnen Momente der Form, welche das Letztgestaltete, den Vorstellungsinhalt fassen, und bald für die gesamte Einheit, für die gesamte Gestalt, die, sei es einer Vorstellung, sei es einem Urteile zukommt. Normalerweise versteht man ⟨unter⟩ einer Vorstellungsform etc. die Gesamtgestalt, und auch wir werden von nun ab so sprechen, außer wo eine Unklarheit zu befürchten wäre. Für jene Momente der Form werden wir in der Regel sagen: Formelement, syntaktisches Element, grammatische Kategorie, ⟨wenn⟩ dadurch Vieldeutigkeit ausgeschlossen bleibt.

[2] *Vgl. den nachträglich gestrichenen, in der Vorlesung 1908/09 jedoch vorgetragenen Text der vorigen Anmerkung.*

haben. Der Allgemeintypus einer solchen Ganzen-Form, überhaupt einer solchen Gesamtgestalt, wird dann durch all diese Partialformen bestimmt und durch die allgemeine, aber bestimmte Weise, wie beliebige Elemente solcher Art zu Gliedern verknüpft und dann wieder in eine Gesamteinheit verbunden sind.) Denkt man bei einem beliebig gegebenen Ganzen die Elemente unbestimmt und beliebig, und blickt man bloß auf die Art ihres Geformt- und Verbundenseins hin, dann hebt sich der allgemeine Begriff der Gestalt überhaupt ab. Genauso in unserem Fall. Die letzten Elemente sind hier die Vorstellungsinhalte (-kerne), die durch die grammatische Vorstellungsform und die Syntaxen zu einheitlich gestalteten Ganzen, den „Urteilen" verbunden sind. Somit sind all die Unterscheidungen, die wir vollzogen haben, und alle etwa noch in gleicher Absicht zu vollziehenden durchaus notwendig, wenn man wissenschaftlich die Eigentümlichkeiten der Satzgestalt bestimmen will. Im Begriff der Satzgestalt sind ja alle die Bedeutungsmomente, die wir einzeln unterschieden haben, als bestimmende und Gestalt bildende Momente vereinigt.

Eine etwas unbequeme Zweideutigkeit liegt hier darin, dass der Ausdruck „Form" bald gebraucht wird, um die einzelnen Momente, welche die Gestalt aufbauen, zu bezeichnen, z.B. wenn wir von syntaktischen Formen sprechen, und andererseits wieder, um die Gestalt selbst zu bezeichnen, wie in der Regel, wenn man von Urteilsform, Schlussform, Beweisform spricht. Wo die Zweideutigkeit störend ist, werden wir darum Gestalt sagen und andererseits von Momenten der Gestalt oder Form sprechen, von syntaktischen, grammatischen Formen u.dgl.

Zu beachten ist Folgendes: Wenn wir an einem vorgegebenen Urteil eine Urteilsgestalt zur Abhebung bringen, so ist dies im Allgemeinen in verschiedener Weise möglich. Zu jeder Gliederung eines Satzes gehört eine Urteilsgestalt, und evtl. lässt dasselbe Urteil verschiedene Gliederungen zu. Nehmen wir z.B. eine zusammengesetzte nominale Vorstellung als e i n Glied, so mag die Form entspringen „N ist a". Enthält aber die nominale Vorstellung eine Verbindung von zwei Gliedern, etwa in der Form „N, welches α ist", und fassen wir N und α als Glieder des Satzes auf, so entspringt die Form „N, welches α ist, ist a". Welche Gestalt immer wir da herausschauen mögen: Ist das Interesse ein allgemeines und auf die bloße Gestalt gerichtet, sollen in allgemeiner Weise reine Urteilsgestalten und Vorstellungsgestalten erfasst werden, dann bleiben die Vorstellungsinhalte gänzlich unbestimmt, sie werden nur als frei variabel gedacht.

Es ist aber zu bemerken, dass eine Wesenslehre der Vorstellungen und Urteile auch auf die Vorstellungsinhalte einzugehen hätte, wenn sich herausstellen sollte, dass die letzten Vorstellungsinhalte, diejenigen, die keine Gestaltform mehr haben, von unterscheidbaren Grundgattungen sind, die zum allgemeinsten Wesen der Bedeutungen gehören. Die Analyse führt, wie wir wissen, bei jedem Urteil auf letzte Glieder, auf primitive Vorstellungen, und in ihnen auf letzte formlose Vorstellungsinhalte. Diese können *in concreto* unendlich mannigfaltig sein, sie begründen ja die Beziehung auf die in allen Sachgebieten unterscheidbaren bestimmten Sachlichkeiten. Stehen sie aber (unangesehen der Besonderheit der Sachgebiete) *a priori* unter gewissen Grundgattungen, dann gehört es zum allgemeinen Wesen des Bedeutungsgebietes, somit auch zum allgemeinen Wesen des Urteils überhaupt, dass die letzten Elemente, welche Urteilsgestaltung erfahren können (also die primitiven Vorstellungsinhalte), an solche Grundgattungen gebunden sind. Die Differenzierung dieser Inhalte nach ihren Grundgattungen liefert also wesentliche Differenzierungen dieser Urteilsformen, wesentlich vom Standpunkt der Wesenslehre der Urteile überhaupt. Für eine solche Wesenslehre würde dann also eine Lehre von den reinen Urteilsformen, von den rein formalen Urteilsgestaltungen nicht ausreichen. Urteile überhaupt differenzieren sich, müssten wir sagen, einerseits nach den reinen Gestalten und andererseits zugleich nach den grundwesentlichen Differenzen der letzten Kerne, der letzten Inhalte.

Dass nun in der Tat solche grundwesentlichen Unterschiede aufseiten der letzten Inhalte bestehen, ist leicht einzusehen. Überlegen wir Folgendes.

Nominale Vorstellungen können Nominalisierungen von nichtnominalen Vorstellungen sein, und zwar auch von einfachen. Ich erinnere an unsere Beispiele „ähnlich“ und „Ähnlichkeit“, adjektivisches „rot“ und substantivisches „Rot“. Nun sind aber nicht alle einfachen nominalen Vorstellungen von dieser Art, dass sie Nominalisierungen von nichtnominalen Vorstellungen sind. Das ergibt sich, wenn wir auf die individuellen Eigenvorstellungen hinblicken. Sage ich: „Rot ist eine Farbe“ oder: „‚Ähnlich‘ ist verwandt mit ‚gleich‘“, so drücken die nominalen Vorstellungen „Rot“ und „Ähnlichkeit“ Eigenvorstellungen aus, aber solche, die auf adjektivische Vorstellungen von demselben Kerninhalt zurückweisen. Sagen wir aber: „Bonaparte“, so gehört zu diesem Wort eine einfache Eigenvorstellung, der keine mögliche adjektivische Vorstellung entspricht. Wir können zwar sagen: „Napoleon I. ist Bonaparte“, aber das „ist“ bedeutet hier „ist identisch“, und die Vorstellung „Bonaparte“ auf Prädikatseite ist nicht etwa eine adjektivische, sondern genau wie ⟨die⟩ an Subjektstelle eine nominale Vorstellung. Das gilt von allen individuellen Eigenvorstellungen. Und wir sehen, dass dies an der allgemeinen Eigenart ihrer Kerne (ihrer Vorstellungsinhalte) liegt:

Solche Vorstellungsinhalte sind ihrer Natur nach nur in nominaler Form fassbar. Und andererseits liegt es an der Natur aller adjektivischen Kerne und relationellen Kerne, dass sie neben ihrer adjektivischen und relationellen Funktion auch nominale Form annehmen können. Ja wir können geradezu definieren: Einfache Vorstellungen, deren Inhalte ihrer Natur nach nur nominale Form annehmen können, die in anderer grammatischer Kategorie nicht auftreten können, sind individuelle Eigenvorstellungen. Wir merken, dass wir in Hinblick auf die einfachen Vorstellungen drei Gattungen von primitiven Vorstellungsinhalten (immer im Sinne von Vollkernen) unterscheiden müssen:

Die individuellen Inhalte, die Merkmalsinhalte und die Relationsinhalte. Die beiden letzteren könnten wir auch zusammenfassen als generelle Inhalte, sofern sie eben allein zu allgemeinen Eigenvorstellungen zureichen können.

Dazu tritt dann die Leervorstellung „etwas“ mit ihrem Leerkern. Sie ist freilich kein Klassentypus, sofern der Leerinhalt „etwas“ sich nicht weiter differenziert, sondern immer derselbe ist. Aber er nimmt doch eine eigene Stellung ein und gehört zum allgemeinen Wesen des Bedeutungsgebietes.

Wohl unterscheiden muss man, wie ich noch hinzufügen muss, das Gattungsmäßige der Vorstellungsinhalte, das hier für die Wesenslehre der Bedeutungen in Frage kommt, und jene ganz anderen Gattungsunterschiede, die durch die verschiedenen Forschungsgebiete bestimmt sind. Die letzten Inhalte der psychologischen Vorstellungen (d.h. der Bedeutungen, die sich auf psychische Erlebnisse, psychische Funktionen beziehen) unterscheiden sich von den Inhalten der Vorstellungen, die sich auf die physische Natur beziehen, und so gibt es denn überhaupt den Unterschieden der Sachen entsprechend in der Sphäre der Vorstellungen Unterschiede, die im letzten Inhalt liegen. In einer anderen Linie liegen die im Wesen der Bedeutungen überhaupt gründenden Unterschiede, welche wir besprochen haben. Man könnte dem Rechnung tragen durch die Rede von primitiven Inhaltskategorien oder Kategorien von letzten Vorstellungsinhalten, von Vollkernen, gegenüber den grammatischen Kategorien der Vorstellungen selbst. Eine Inhaltskategorie wäre also das, was wir ⟨als⟩ individuellen Vollinhalt bezeichnet haben, also dasjenige, was jeder Vorstellung solchen Inhalts die Eigenbeziehung auf individuelle Gegenständlichkeit verleiht, sie zur Eigenvorstellung von Individuellem macht.

Wenn[1] wir diesen Unterschied der Inhaltskategorie hinzunehmen und durch sie die reinen Urteilsgestalten näher bestimmt denken, so erwächst

[1] *Randbemerkung (wohl 1910/11)* Nicht benützt.

ein etwas veränderter Begriff von Urteilsform (bzw. auch Vorstellungsform). Der veränderte Begriff ist jetzt eben nicht der der reinen Urteilsgestalt, sondern diese differenziert gedacht durch die kategorialen vollen Inhaltsunterschiede.

Diesen erweiterten Begriff werden wir festhalten, obschon die große Mannigfaltigkeit gesetzmäßiger Unterschiede aufseiten der Gestalt liegt und alle auf Gestalt bezüglichen Gesetzmäßigkeiten eine in sich geschlossene Einheit bilden.

Es wird jetzt unsere Aufgabe sein, ein wenig in die Formenlehre der Urteile einzutreten. Sie umfasst natürlich die gesamte Formenlehre der Bedeutungen, die Lehre von den Vorstellungsgestalten, in gewisser Weise die von den Schlussgestalten oder Schlussformen, den Beweisformen usw., aber all das ohne jede Rücksicht auf Geltung oder Nichtgeltung, so dass es eben bloß auf die allgemeinen Möglichkeiten der Zusammenbildung von Urteilen aus Urteilen oder Urteilen aus Vorstellungen u.dgl. ankommt. Dass alles unter die Idee einer Lehre von den Urteilsformen fällt, geht natürlich daraus hervor, dass jede bloße Vorstellungsform (-gestalt) als mitaufbauend für die Urteilsformen fungieren kann, so dass sie dann in der Beschreibung der betreffenden Urteilsformen *eo ipso* vorkommen muss. Eine Formenlehre der Vorstellungen vorauszuschicken, erscheint mir nicht als passend, da, die wenigen primitiven Unterschiede ausgenommen, alles Weitere aus dem Formgebiet sich ableitet, das seine originäre Stelle beim Urteil als solchen hat. Vorstellungen sind ja ohnehin keine selbständigen Bedeutungen, sondern sind, was sie sind, nur im Urteil, aus Urteilsoperationen ihre Gestaltung erfahrend. Was das heißt, werden wir bald besprechen. Die primitiven Vorstellungsdifferenzen haben wir in unseren bisherigen Betrachtungen schon herausgearbeitet, die ja überhaupt all das behandelten, was seiner Natur nach vor einer systematischen Formenlehre vorhergehen muss. Dahin gehören auch gewisse Grundgesetze, an die wir jetzt erinnern werden, sie zugleich sorgfältiger formulierend.[1]

---

[1] *Gestrichen* Alle bedeutungslogischen Gesetzmäßigkeiten sind, als Gesetzmäßigkeiten der Bedeutungsform, zu beziehen auf die Urteilsformen, in die sich alle Formen eingliedern als Momente oder Bestandstücke der gesamten Einheit der Form. Das gilt zunächst von den Gesetzmäßigkeiten unserer Unterstufe, der Formenlehre der Bedeutungen. Die vorauszuschickenden Grundgesetze sind die von uns schon herausgestellten und noch sorgfältiger zu formulierenden. Alle selbständigen Bedeutungen sind entweder einfache oder zusammengesetzte. Zusammengesetzte selbständige Bedeutungen sind solche, aus denen sich noch selbständige Bedeutungen abstücken lassen. Alle selbständigen Bedeutungen sind von einer gemeinsamen Grundgestalt, die wir Satz nennen. Selbständige Sätze heißen Urteile, so dass wir auch sagen können: Alle

Zum Begriff der Vorstellung gehört ferner das Gesetz, dass jeder Satz sinnvoll einheitlicher Satz bleibt, wenn irgendeine Vorstellung in ihm durch eine beliebige andere Vorstellung derselben grammatischen Kategorie ersetzt wird. Neben den grammatischen Kategorien, deren es einige wenige gibt, gibt es auch eine beschränkte Anzahl von syntaktischen Formen. Daraus bauen sich nun alle möglichen Satzformen oder Satzgestalten auf. Hier besteht wieder eine feste Gesetzmäßigkeit, welche eben den Aufbau von höheren Vorstellungseinheiten aus niederen und den Aufbau von Urteilen aus Vorstellungen, von höheren Urteilsgebilden aus einfachen beherrschen. Die Bedeutungen haben eben die zu ihrem Wesen gehörige Eigentümlichkeit, dass sie sich nur sozusagen in festen Kristallgestalten zu relativ und absolut selbständigen Einheiten zusammenschließen können. Diese festen Kristallgestalten, das sind die Satzformen, in die sich all die nicht minder festen Vorstellungsgestalten oder Vorstellungsformen eingliedern.

Um diese Gesetzmäßigkeiten in der Bildung der Urteilsformen systematisch zu erforschen, muss man schrittweise zunächst die Grundformen der Urteile feststellen, und zwar die primitiven Formen einfacher Urteile. Man sucht also diejenigen Urteilsformen auf, in denen denkbar einfachste Glieder in denkbar einfachster Weise zur Urteilseinheit kommen. Man modifiziert und kompliziert dann die Vorstellungsformen bei Erhaltung der Identität der syntaktischen Formen und sucht hierbei die primitiven Vorstellungskomplikationen und -modifikationen auf, sozusagen die Grundoperationen für die Neuformung von Vorstellungen und für die Verknüpfung von Vorstellungen aus Vorstellungen. Von den Modifikationen will ich nachher gleich einiges sagen, ich nehme hier nur Rücksicht auf die Komplikation.

Da jede Komplikation als formale Komplikation immer wieder vollziehbar ist, so braucht man den durch Iterierung der Komplikationsweise entstehenden neuen Formen nicht weiter nachzugehen. Es ist hier ähnlich wie in der Arithmetik. Weiß ich, dass die summatorische Verbindung a + b für beliebige a und b eine Zahl ist, so kann ich aus der einen Form a + b unendlich viele Formen ableiten: (a + b), (a + b) + c etc. Ebenso hier. Weiß ich etwa, dass eine nominale Vorstellung N durch determinative Anknüpfung einer belie-

Urteile zerfallen in einfache und zusammengesetzte (aus Urteilen zusammengesetzt). Gehen wir auf einfache Urteile zurück, so ist es ein Gesetz, dass jedes Urteil sich gliedert. Jedes in einem Urteil abzuscheidende Glied nannten wir Vorstellung; ⟨es⟩ hat einen Inhalt und eine grammatische Form. Wir führten hier die Termini ein: Vorstellung, Vorstellungsinhalt, grammatische Vorstellungsform. Die Vorstellungen zerfallen in einfache und zusammengesetzte Vorstellungen.

bigen adjektivischen Vorstellung wieder eine nominale Vorstellung ergibt, so kann ich ebenso unendlich viele Formen ableiten, deren Fortschrittsgesetz offenbar ist: $N\alpha$, $(N\alpha)\beta$, $((N\alpha)\beta)\gamma$ usw.

Es ist also klar, dass es überall wirklich nur auf die primitiven Gestaltungen und primitiven Formbildungen (Operationen) ankommt.

Hat man die Gesetzmäßigkeiten der einfachen Urteilsgestalten erkannt, hat man die Grundformen der Urteile bestimmt und die gesetzmäßigen Möglichkeiten, sie in den Vorstellungsgliedern immer neu zu komplizieren, dann kann man zu den zusammengesetzten Urteilen übergehen, also die Grundformen bestimmen, aus gegebenen Urteilen neue Urteile zu bilden. Und auch hier wird es nur auf die primitiven Verknüpfungsformen ankommen. Alles Übrige ergibt sich durch die Gesetzmäßigkeiten der Iteration: Es kann jede generell gültige Verknüpfungsweise von Sätzen immer wieder auf schon vorhandene Satzformen angewendet werden, und hierdurch können neue und immer wieder neue Formen, deren jede immer wieder iterierbar ist, abgeleitet werden.

Lassen sich z.B. überhaupt, also nach Gesetz, zwei Urteile A, B konjunktiv verknüpfen in die Urteilseinheit „A und B", so kann für A, ebensowohl aber für B auch, ein beliebiges konjunktives Urteil substituiert werden, und es erwachsen die generell gültigen Formen „A und B", „(A und B) und C" etc.

Sie sehen, dass man bei der Erforschung der Gesetzmäßigkeiten der Urteilsformen, in welchen natürlich diejenigen der Vorstellungsformen mitbeschlossen sind, wie in der Mathematik operativ zu Werke gehen kann und muss. Die primitiven Urteilsgestalten abstrahieren wir natürlich (ähnlich wie es der Mathematiker mit den Grundoperationen tut) aufgrund empirischer Beispiele. Wir suchen Beispiele, wo primitive Vorstellungen in geringster Zahl als Glieder fungieren und die Art der Verbindung eine möglichst einfache ist. Dann führen wir allereinfachste Operationen ein, und zwar immer allgemein gültige und sich in ihrer allgemeinen Gültigkeit durch Evidenz ausweisende. Jede einfache Komplikationsform fungiert dann als eine Operation, die iteriert werden kann und dadurch immer neue Formen ergeben muss. Natürlich darf ein solches Verfahren nicht für ein empirisches Begründen der Bedeutungsgesetze gehalten werden. Das Verfahren, das Operieren, ist, subjektiv gesprochen, ein Faktum. Aber was wir bilden, das sind Begriffe von Satzgestalten, die durchaus ideale Einheiten sind, und zu jeder gehört ein evidentes, unmittelbar einsichtiges Gesetz, dass jede Ausfüllung der gewonnenen Gestalten mit bestimmten Terminis immer wieder einen einheitlichen sinnvollen Satz ergibt.

In inniger Verflechtung mit den Gesetzmäßigkeiten der Komplexion stehen diejenigen der Modifikation nach der Bedeutungskategorie, wobei zu bemerken ist, dass diese Modifikationen ebenfalls wie Operationen fungieren und wieder in die Gesetzmäßigkeiten der Urteilsformen einmünden, sofern sie eben Operationen darstellen, durch die aus gegebenen Urteilsformen neue hergeleitet werden können.[1]

Modifikationen[2]

Ich[3] will, ehe ich in die Formenlehre der Sätze eintrete, einiges schon für den Anfänger Wichtige aus der Lehre von den Modifikationen sagen.[4]

Es gibt eine Modifikation, die für die Bedeutungslehre eine vorbereitende Bedeutung hat, aber nicht in sie selbst als Wissenschaft von den idealen Bedeutungen hineingehört: die verbale Modifikation. Wenn ich sage: „‚Und‘ ist eine Partikel“, so steht „und“ an Subjektstelle, obschon gesagt wurde: An Subjektstelle kann nur eine nominale Vorstellung stehen; und das „und“ ist

---

[1] *Vermutlich nach Ablauf des Semesters hinzugefügte Bemerkung* Müssen nicht die Betrachtungen bis p. 60 erhebliche Erweiterung und Vertiefung erfahren?

Die Notwendigkeit einer Formenlehre der Bedeutungen und einer auf diese Formen bezogenen Gesetzeslehre ist besprochen. Reicht das aber zur Charakteristik der formalen Logik hin? Die formale Logik ist Logik des „analytischen Denkens“. Was ist das analytische Denken, und was ist Gesetzeslehre des analytischen Denkens? Wie steht die Bedeutungslehre zur Wesenslehre des Urteils überhaupt? Ist nicht ein neuer und ergänzender Ausgangspunkt der vom Wesen des Urteils? Im Wesen des Urteils gründen doppelte Unterscheidungen der Urteile:

a) Unterscheidungen, die sich auf den „Erkenntnismodus“ beziehen, Unterschiede zwischen leer und erfüllt. Und die Gesetze der Erfüllung? Ein Wesensgesetz erfüllt sich in Ideation, ein empirischer Satz erfüllt sich in Wahrnehmung und Erfahrung etc.

b) Unterscheidungen, die sich auf den Sinn, die Bedeutung beziehen und welche die Unterschiede zwischen Existentialurteil, hypothetischem etc. bedingen.

In der letzteren Linie haben wir die Gesetze der „Widerspruchslosigkeit“. Sie müssen innegehalten sein, wenn Erfüllung, Evidenz überhaupt möglich sein, wenn Urteil und Urteilszusammenhang überhaupt sollen gelten können. Andererseits haben wir die Untersuchung über Wesenslehre der Urteile, soweit sie sich auf die Verhältnisse von Leer- und Voll-„Intentionen“ beziehen.

Die Probleme, wie analytische Urteile möglich sind, wie die Evidenz zu charakterisieren ist, in der analytische Zusammenhänge erschaut werden, und wie sie sich zu der Evidenz der „synthetischen“, der materiellen Wesenszusammenhänge und der empirischen Zusammenhänge verhält: all diese Probleme werden hierher aber nicht gehören.

Indessen, was mich beunruhigt, ist, dass ich noch immer keine völlig klare innere Einheit all der Probleme besitze, reinlich auseinander gelegt und geordnet und systematisiert.

[2] *Randbemerkung (wohl 1910/11).*

[3] *Randbemerkung (wohl 1910/11)* Nicht benützt.

[4] Nota zum Gang der Ausführungen.

Nachdem schon bei den Modifikationen erwähnt worden ist die Modifikation „N: der in unserem Sinn überhaupt keine Vorstellung. Es ist klar, dass das Wort „und" in unserem Beispielssatz eine ganz andere Bedeutung hat als sonst, dass es hier anomal supponiert. Normal bedeutsam ist es, wenn wir sagen: „Sokrates und Plato". Wir denken dabei an das Zusammen, wir erwarten, dass über diese beiden Philosophen ausgesagt wird, und dieser Gedanke des „beide" gehört hier zum „und". In unserem Beispiel aber „‚Und' ist eine Partikel" steht „Und" für das Wort „und". Diese Modifikation ist bei jedem Worte möglich. Es ist natürlich zweierlei, über einen Löwen auszusagen und über das Wort „Löwe" auszusagen. Die Scholastiker nannten diesen anomalen Wortgebrauch die *suppositio materialis* gegenüber der *realis*, wo das Wort auf die von ihm normalerweise bedeutete *res* bezogen wird (was freilich nicht überall passt). Wieder eine Modifikation, die außerwesentlich ist, besteht darin, dass das Wort oder der zusammengesetzte Ausdruck entgegen seiner normalen Bedeutung für eine subjektive Vorstellung supponiert. Z.B. wenn man in psychologischem Sinn sagen wollte: „‚Und' ist eine unselbständige Vorstellung" („Der Zentaur ist eine Fiktion der Poeten":* Natürlich die Zentaur-Vorstellung ist eine Fiktion). Dagegen gehört schon in das Bedeutungsgebiet eine Modifikation, die zugleich eine andere mögliche Anomalie der Rede mit sich führt, nämlich die, wo der Ausdruck anstatt seiner nominalen Bedeutung eine Eigenvorstellung dieser Bedeutung trägt, und zwar nun eine Vorstellung im bedeutungstheoretischen Sinn, z.B. „‚Und' ist eine unselbständige Bedeutung", „‚Größer' ist eine Relationsbedeutung". Die Subjektworte haben hier nicht selbst unselbständige Bedeutungen, vielmehr nominale Bedeutungen, und zwar zweiter Stufe.

Selbstverständlich sind Bedeutungen so gut wie Worte und so wie Gegenstände überhaupt jene Gegenstände, über die man reden, auf die man also subjektive Vorstellungen und somit auch Bedeutungen beziehen kann. Eine Bedeutung, die sich auf eine Bedeutung bezieht, unterscheidet sich offenbar von einer schlichten Bedeutung. Insbesondere gehört, wie zu je-

---

Gegenstand der Vorstellung N" u.dgl., ergeben sich außerwesentlich neue „Urteilsformen" überall, z.B.

„N ist N'": Der Gegenstand der nominalen Vorstellung ist identisch mit dem der Vorstellung N'.

„N ist a": Der Gegenstand der nominalen Vorstellung N hat die Beschaffenheit, welche der adjektivische Ausdruck a ausdrücke etc.

Dagegen entstehen evtl. größere Veränderungen etc., nämlich durch die Nominalisierungen der Beschaffenheiten etc.

* Vgl. Franz Brentano, *Psychologie vom empirischen Standpunkte*, Leipzig 1874, S. 286ff., Anm.

dem bestimmten Gegenstand, auch zu jeder bestimmten Bedeutung eine Eigenvorstellung, und die spielt in den Beispielen ihre Rolle.

Im Grunde ist aber auch diese Modifikation vom Standpunkt der logischen Bedeutungslehre insofern außerwesentlich, als hier zwar gesagt werden konnte, dass jede Bedeutung solcher Modifikation fähig ist, aber damit nichts aussagt, was zu⟨m⟩ eigentümlichen Wesen der Bedeutungen gehört. Was Bedeutungen zukommt so gut wie allen Gegenständen, nämlich bedeutet werden zu können, das trifft in der Tat nichts Eigentümliches. Ganz anders steht es mit einem Hauptgesetz der Modifikation, wonach jede Bedeutung, die nicht schon nominale Bedeutung ist, sich nominalisieren lässt, und zwar nicht in dem eben besprochenen Sinn der Bildung von nominalen Bedeutungen von Bedeutungen, sondern so, dass die nominale Modifikation innerhalb der Sphäre der schlichten Bedeutungen verbleibt, und allgemeiner auf derselben Bedeutungsstufe verbleibt wie die unmodifizierte Bedeutung.[1] So beschaffen sind z.B. die Modifikationen der bloßen Vorstellungskategorie von „ähnlich" in „Ähnlichkeit", von „grün" in „das Grün" (wie wenn wir sagen: „Grün ist eine Farbe"). Hier haben wir wieder einen Doppelsinn des sprachlichen Ausdrucks, da das sprachlich unmodifizierte Adjektiv als Nomen steht und dabei eine modifizierte Bedeutung hat. Wieder[2] eine Modifikation von „grün" oder von „ist grün" ist „das Grünsein". Ferner bei Urteilen: Da haben wir eine Modifikation, welche die ganze syntaktische Form zu erhalten scheint und doch den Satz in der Vorstellungskategorie nominale Bedeutung modifizierend fasst. Z.B. „Gold ist gelb": „Dass Gold gelb ist, ist eine höchst wichtige Tatsache." Nicht zu verwechseln ist damit die nominale Umwandlung, welche vorliegt, wenn wir sagen würden: „Dass Gold gelb ist, ist ein wahrer Satz." Denn hier haben wir an Subjektstelle eine nominale Vorstellung, welche nicht eine Vorstellung der Tatsache ist, sondern eine Vorstellung des Satzes, des Urteils. Insbesondere diesen Unterschied muss man sich wohl einprägen; er ist konstant übersehen worden. Vorstellung des Urteils und Vorstellung des geurteilten Sachverhalts, das ist zweierlei. Nur die letztere Modifikation bringt etwas Neues und dem Bedeutungsgebiet Eigentümliches. Diese Möglichkeit, bei jedem Satz die angegebene Modifikation zu vollziehen, gibt überhaupt erst den Grund dafür, jedem Satz (Urteil) einen Sachverhalt zuzuordnen als den von ihm gesetzten.

[1] Ich verstehe selbstverständlich unter Bedeutung Vorstellungen und Urteile, ein Sprachgebrauch, der verdiente, terminologisch festgelegt zu werden.

[2] *Dieser Satz wurde vermutlich 1910/11 gestrichen.*

Lassen wir die Verknüpfungsform fallen, dann kann aufgrund derselben Vorstellungen und Vorstellungsinhalte jeder Satz noch anders modifiziert werden (zu einer nominalen Vorstellung), nämlich durch Umwandlung der Prädikation in eine entsprechende Attribution, z.B. „Gold ist gelb“, „Gold, welches gelb ist“; „S ist p“, „S, welches p ist“.

Solcher Modifikationen von Sätzen, obschon nicht nominaler,[1] gibt es verschiedene, sie bestimmen die Operationen mit, durch welche wir immer neue Urteilsgestalten ableiten, und werden am besten in der Lehre von den Urteilsformen besprochen. Solche[2] Modifikationen z.B., durch welche jedem Urteil gegenüberzustellen ist eine bloße Satzvorstellung von der Art eines hypothetischen oder disjunktiven Vordersatzes oder Nachsatzes, werden natürlich in der Lehre von den betreffenden modifizierten Urteilsformen, den hypothetischen Urteilen und disjunktiven Urteilen, besprochen.

[1] obschon nicht nominaler *wurde vermutlich 1910/11 gestrichen.*

[2] *Der Rest dieses Absatzes wurde wohl 1910/11 verändert in* Beispiele solcher Modifikationen sind z.B. diejenigen, ⟨die⟩ jedes Urteil umzuwandeln gestatten in eine bloße Satzvorstellung von der Art eines hypothetischen oder disjunktiven Vordersatzes oder Nachsatzes.

Zu erwähnen wäre hier noch eine allgemeine Modifikation.

Die Einführung der Begriffe Satz, Vorstellung etc. und Bildung zirkumskriptiver Bezeichnungen, die Einführung der Begriffe Sachverhalt, Gegenstand etc.

II. TEIL

⟨HAUPTPUNKTE DER LEHRE VON DEN URTEILSFORMEN⟩

⟨*Propositional einfache Urteile*⟩

Wir treten nun an die Darstellung der Hauptpunkte der Lehre von den Urteilsformen heran. Wie wir vermöge der ganzen Natur der hier zu lösenden Probleme systematisch vorzugehen haben, wurde schon erörtert. Wir haben also zunächst die primitiven Urteilsformen aufzusuchen und die Operationen, durch welche sie gesetzmäßigerweise in komplizierte Formen übergehen. Fürs Erste gehen wir also von einfachen Urteilen aus, d.i. von solchen, aus denen sich keine Urteile mehr abstücken lassen.

Fürs Zweite sollen diese einfachen Urteile in einfachster Weise gebildet sein. Das Gesetz, dass jedes Urteil aus Vorstellungen gebildet ist, kennen wir. Wir wissen auch, dass die im Urteil auftretenden Vorstellungen zusammengesetzt sein können wieder aus Vorstellungen. Es wird sich später herausstellen, dass die Gliederung der Urteile, die in dieser Weise kompliziert sind, ihre feste Stufenordnung haben, nämlich dass jedes Urteil zunächst primäre Glieder hat, d.h. Glieder, die unmittelbar durch die Urteilssynthese verknüpft sind, und dass, wenn diese Glieder selbst wieder gegliedert sind, die Glieder zweiter Stufe nicht etwa willkürlich als Glieder erster Stufe angesehen werden können, sondern dass ihre Rangordnung als Glied zweiter Stufe vorgezeichnet ist.[1] Z.B. im hypothetischen Urteil finden wir eine Gliederung in Vordersatz und Nachsatz. Diese ganzen Sätze sind die primären Glieder; direkt bringt das hypothetische Urteil nur sie zur Einheit. Sowohl im Vordersatz wie im Nachsatz finden wir dann wieder Glieder. Diese kommen im Gesamturteil nur mittelbar zur Einheit. Unmittelbar haben die Vorstellungen des Vordersatzes Einheit durch die synthetische Form, die er hier gibt, und ebenso im Nachsatz.

Da wir nun auf einfachste Formen ausgehen, so haben wir solche aufzusuchen, in denen womöglich die primären Glieder keine sekundären Glieder

---

[1] *Randbemerkung (wohl 1910/11)* Glieder erster, zweiter, höherer Stufe.

mehr haben, also den Charakter einfacher Vorstellungen haben. Ist es richtig, dass diese Satzvorstellungen unter allen Umständen komplexe Vorstellungen sind, und berücksichtigen wir, dass es Urteilsformen gibt, die Sätze zu unmittelbaren Gliedern haben (hypothetische Urteile), so sehen wir von vornherein eine Scheidung der Formen einfacher Urteile.

1) Formen, deren unmittelbare Glieder nicht Sätze sind; 2) solche, deren unmittelbare Glieder Sätze sind. Beiderseits haben wir vom Einfachsten auszugehen. Also um mit dem Ersten zu beginnen: Wir suchen Urteile, in unmittelbarer Weise gebildet aus möglichst wenigen, einfachen Vorstellungen. (Doch kommt es im Grunde nicht auf wirkliche Einfachheit an. Wir suchen die einfachsten Formen und nicht einfachste Urteile. Und wenn wir an einem konkret gegebenen Urteil ein direktes Glied finden, das noch gegliedert ist, so wird die Urteilsform, die wir abstrahieren, von dieser Komplikation unberührt bleiben, wenn wir das ganze komplexe Glied als ein einfaches in seiner Kategorie ansehen, wie wir es ja jederzeit hätten durch ein einfaches ersetzen können.)[1]

Da wir auf die Formen einfacher Urteile ausgingen und darin wieder auf die primitiven Formen, kamen wir auf eine Scheidung der einfachen Urteile in solche, deren unmittelbare Glieder Nichtsätze sind, gegenüber denjenigen, deren unmittelbare Glieder Sätze sind. Die Formen der ersteren haben wir als die primitiveren zuerst zu suchen. Wir fassen dabei den Begriff des Satzes allgemeiner als den des Urteils; Urteile sind ja von uns definiert als selbständige Sätze.[2] Sätze überhaupt können einfach oder zusammengesetzt sein, d.i. wieder aus Sätzen zusammengesetzt sein. Unsere Beschränkung auf solche einfachen Urteile, deren unmittelbare Glieder Nichtsätze sind, besagt also, dass es Urteile sein sollen, die als ganze genommen den Charakter einfacher Sätze haben, also propositional einfache Urteile sind. Die Glieder, aus denen solche Urteile aufgebaut sind, also nichtpropositionale Vorstellungen, Vorstellungen in einem engeren Sinn, wo wir kurzweg Vorstellungen

---

[1] *Gestrichen* Von den kategorialen Formen der Vorstellungen, die nicht Sätze sind, kennen wir drei, die nominale Vorstellung, die adjektivische Vorstellung und die Relationsvorstellung, von denen die beiden letzteren eigentlich zusammengehören, da die Relationsvorstellung notwendig Bestandstück einer adjektivischen ist. Nehmen wir also bloß nominale Vorstellung und adjektivische Vorstellung, auf der letzteren Seite unbestimmt lassend, ob sie Relationsvorstellung enthält oder nicht, dann erhalten wir die primitivste⟨n⟩ Formen, wenn wir, sei es eine dieser Vorstellungen allein, in sich einfach und nach ihrem Inhalt unbestimmt nehmen, sei es die eine und andere, kurzum ein aus möglichst wenigen primitiven Vorstellungen geformtes Ganzes, geformt durch das zur Idee der Prädikation gehörige Formenmaterial.

[2] *Gestrichen* Dabei gehören aufseiten der unselbständigen Bedeutungen unter den Begriff Satz etwa disjunktive oder hypothetische Vorder- und Nachsätze, aber nicht nominalisierte Sätze.

sagen, sollen von nun an nichtpropositional gemeint sein, sonst sagen wir eben ausdrücklich: propositionale Vorstellungen, satzartige Vorstellungen (nominalisierte Sätze rechnen wir dabei nicht mit).

Nota. Einfache Urteile zerfallen

1) in solche, deren unmittelbare Glieder propositionale Vorstellungen sind;
2) in solche, deren unmittelbare Glieder keine propositionalen Vorstellungen sind.

Propositionale Vorstellungen = Modifikationen von Sätzen zu Vorstellungen, die den gesamten „Inhalt" des Satzes nicht verändern. Der Gedanke ist dabei der, dass bei solchen Modifikationen der gesamte Satzgedanke derselbe bleibt, nur eine andere Einfügungsform erhält.

Die Idee von „Inhalt" ist noch weiter zu erforschen.

Jedenfalls könnte man auch den nominalisierten Satz (nur nicht die seismatologische Modifikation) hierher rechnen, also sub 2).

Für das Weitere käme aber in Betracht, dass, wenn Urteilsmodifikationen (also Sätze im weiteren Sinn) in einem zu formalisierenden Urteil auftreten von solcher Art, dass ihre Kategorie auch bei Nichtsätzen vorkommt, dann bringt eben solch eine propositionale Vorstellung nichts Neues, wenn sie bei der Formalisierung als Ganzes genommen wird.

Von den kategorialen Formen der Vorstellungen haben wir nun gesprochen. Es sind ihrer drei bzw. zwei, nämlich nominale Vorstellung, adjektivische Vorstellung, Relationsvorstellung. Die beiden letzteren gehören eigentlich zusammen, da jede Relationsvorstellung notwendig Bestandstück einer adjektivischen ist, so dass wir zunächst bloß gegenüberstellen können N und a, wobei die adjektivische eine Relationsvorstellung enthalten kann oder auch nicht. Wir erhalten dann die primitivsten Formen der propositional einfachen Urteile, wenn wir aus möglichst wenigen nominalen und adjektivischen Vorstellungen (ihren Inhalt unbestimmt lassend) Urteile zu bilden versuchen gemäß dem Formenmaterial, aus dem sich Urteilsgestalt überhaupt aufbauen kann.

Nun gilt aber sicher das Gesetz, dass jedes propositional einfache (Singular-)Urteil (also jedes Urteil, das keine propositionalen Vorstellungen als Glieder enthält) mindest e i n e nominale Vorstellung in sich enthält. Wir können das auch allgemeiner fassen. Wir sagten vorhin: Jedes Urteil ist ein Satz; und Sätze überhaupt, gleichgültig ob sie Urteile sind oder nicht, sind entweder einfache Sätze oder zusammengesetzte Sätze. Und nun gilt das Gesetz, dass jeder einfache Satz mindest e i n e nominale Vorstellung enthält. Die Folge davon ist, dass auch jeder zusammengesetzte Satz, und somit auch jedes Urteil überhaupt, mindest e i n e nominale Vorstellung enthält, und mindest eine in jedem seiner Teilsätze. Also bloß adjektivische Vorstellungen reichen nie zu einem Satz und zu einem Urteil aus. Dies lässt auch folgenden Ausdruck zu: Jeder einfache Satz hat einen „Gegenstand-worüber“, d.h. er bezieht sich auf einen Gegenstand (mindest einen), über den er etwas setzt. Demnach gilt auch, dass jedes propositional einfache Urteil mindest einen Gegenstand-worüber hat, einen Gegenstand, über den es urteilt, von dem es (sprachlich ausgedrückt) etwas aussagt. Und dieser Gegenstand ist eben notwendig nominaler Vorstellungsgegenstand.

Nun fragt es sich weiter: Reichen bloße nominale Vorstellungen, und reicht zunächst nur eine nominale Vorstellung zu einem Urteil aus? (Ich könnte auch bloß sagen: zu einem Satz. Wenn wir nämlich schon wissen, dass jedem Urteil verschiedene propositionale Modifikationen entsprechen und dass umgekehrt jedem unselbständigen Satz ein selbständiger, also ein Urteil korrespondierend gebildet werden kann, dann ist es klar, dass Formenlehre der Sätze und der Urteile einerlei ist; nur dass die Sätze, wenn sie selbst als unselbständige Glieder in Urteile eintreten, weitere syntaktische Formen annehmen.) Ein Urteil also mit bloß einer nominalen Vorstellung als der einzigen Vorstellung überhaupt? Hier macht der Existentialsatz „Ein A ist“ Schwierigkeiten. So wie er da grammatisch ausgesprochen ist, scheint er in der Tat neben der nominalen Vorstellung ein bloßes Formelement „ist“ zu enthalten, das nicht den Charakter einer Vorstellung hat.

Wir sind nicht vorbereitet genug, uns in die viel umstrittene Frage nach der Bedeutung des Wörtchens „ist“ im Existentialsatz einzulassen, ob in ihm ein wirkliches Prädikat – und das würde für uns besagen: eine zweite Vorstellung – steckt oder nicht. Schließen wir diese eingliedrige Satzform also zunächst aus, dann stoßen wir alsbald auf eine primitive Grundform des Urteils bzw. zum zusammengehörigen Formenpaar „S ist P“, „S ist nicht P“. Sollte sich herausstellen, dass sie die eine und einzige Grundform unserer Formenklasse ist, dass also z.B. die nach der anderen Ansicht mit ihr konkurrierende Existentialform nur einen ihrer Spezialfälle darstellt, dann hätten wir offenbar auch ein Gesetz zu notieren.[1]

---

[1] *Gestrichen* das mit dem vorhin ausgesprochenen für nominale Vorstellungen parallel läuft: Jeder einfache Satz enthält mindest eine adjektivische Vorstellung. Beide Gesetze wären aber beschlossen in dem Gesetz, dass jeder einfache Satz ein kategorischer ist, d.h. von einer jener beiden Grundformen sein muss. Ich sage: jeder einfache Satz, aber darum nicht etwa in jeder Hinsicht primitive. Seine Vorstellungen können zusammengesetzt sein, nur dürfen es nicht Sätze sein.

In der angenommenen Grundform wird die Synthese zwischen nominaler und adjektivischer Vorstellung durch die so genannte Kopula, das „ist“ bzw. „ist nicht“ hergestellt; und wäre es die

Jedes propositional einfache Urteil ist zweigliedrig und ist ein kategorisches Urteil: Denn eben unter diesem Namen befasst man die beiden angezeichneten Grundformen.

In diesen Formen prägt sich eine Art Synthese zwischen zwei Vorstellungen aus. Sie erscheint durch das „ist" bzw. „ist nicht" hergestellt, durch die so genannte Kopula, wobei freilich auf die ganze Art, wie hier die Vorstellungen im selbständigen Satz durch diese Form zur Einheit kommen, also auf die gesamte Syntaxe zu achten ist. Jedenfalls drücken diese Wörtchen etwas auf die Urteilseinheit Bezügliches aus; und ist wirklich die kategorische Form die einzige in der Klasse der propositional einfachen Urteile herrschende Urteilsform, so sehen wir, dass diese Formbedeutungen des „ist" und „ist nicht" vor allen anderen bevorzugt sind. In jedem einfachen Urteil, in jedem einfachen Satz müssen sie, bzw. eine von beiden, vorkommen, und demgemäß in jedem Urteil überhaupt.

Die traditionelle Logik hat mit Beziehung auf diese Formelemente von der Urteilsqualität gesprochen. Jedes Urteil, oder zum mindest⟨en⟩ jedes einfache Urteil, habe eine Qualität, nämlich entweder die affirmative Qualität oder die negative. Oder, was dasselbe, es sei bejahend oder verneinend. Man könnte gegen diese Bezeichnung und die ihr zugrunde liegende Auffassung einen Einwand erheben: In demselben Sinn, in dem wir sagen, dass eine und dieselbe Vorstellung, etwa eine nominale, bald in einem Urteil als unmittelbares Glied, bald in einem unselbständigen Satz, der selbst nur Glied eines Urteils ist, auftritt, müssen wir auch sagen, dass eine affirmative oder negative Kopula bald als Kopula in einem kategorischen Urteil und bald als Kopula in Sätzen, die sich Urteilen unselbständig einfügen, auftritt. Demnach kann ein und dasselbe Urteil mehrere Kopulas haben und zugleich etwa eine affirmative und eine negative. Fasst man diese aber, wie es geschieht, als entgegengesetzte Qualitäten, so müsste man demselben Urteil zugleich entgegengesetzte Qualitäten beimessen. Natürlich entgeht man dem, wenn man nicht das bloße Auftreten des Formgedankens „ist" oder „ist nicht" als Qualität des Urteils ansieht, in dem er auftritt. Man kann dabei so zu Werke gehen, dass man die folgende Ansicht durchzuführen versucht, um die man sich in der Tat viel bemüht hat: Nämlich man kann versuchen

---

einzige Grundform, dann hieße das eine fundamentale Bevorzugung dieser Elementarformen „ist" etc. gegenüber anderen, die wir noch kennen lernen werden. Es hieße also, dass jedes einfache Urteil (jeder einfache Satz) unbedingt dieses Formelement enthalten muss, während andere Formelemente wechseln können. In der Tat wird vielfach im „ist"-Gedanken das Wesen des Urteils gesucht.

zu zeigen, dass jedes Urteil notwendig eine der beiden Kopulen hat mit Beziehung auf seine primäre Gliederung, also eine primäre Kopula, und dass daneben jedes Glied, das einen Satzgedanken enthält, in sekundärem oder tertiärem Sinn wieder seine Kopula enthalte. Die primäre Kopula sei die Kopula des einheitlichen Urteils, seine Qualität, was nicht ausschließe, dass die in den Gliedern auftretenden Sätze wieder ihre Qualitäten haben. Und ebenso hätte jeder komplexe Satz, der nicht ein selbständiges Urteil ist, immer, als Einheit genommen, seine primäre Kopula als seine Qualität.

Ob diese Ansicht durchführbar ist hinsichtlich der Unterscheidung zwischen primärer und sekundärer Kopula, kann erst die Formenlehre der Urteile ausweisen. Jedenfalls würde sie im Fall der Durchführbarkeit mit Recht sagen können, in der Kopulation liege überall die Qualität; und wäre sie undurchführbar, dann würde sich eben nur herausstellen, dass es neben den Qualitäten des kategorischen Urteils bei zusammengesetzten Urteilen noch andere Qualitäten gebe. Man muss hier nur darauf achten, was Qualität hier heißt und allein heißen kann. Natürlich nicht vermengen darf man, wie es gerade in der modernen Logik Stil ist, Urteilsbedeutung und Urteilsakt, und somit eine Qualität des Urteils als einer idealen Bedeutung mit dem vermengen, was man beim Urteilsakt als Qualität zu bezeichnen pflegt, nämlich das psychische Moment der Überzeugung, des Glaubens. Gegen die Gefahr solcher Vermengung sind wir gefeit. Fragen wir nun, was vom Standpunkt einer allgemeinen Bedeutungslehre beim Urteil als Qualität gelten kann, so lautet offenbar die Antwort so: Das Urteil ist ein Bedeutungsgebilde, eine zur Selbständigkeit abgeschlossene Synthese von Vorstellungen (Vollprädikat). Nun, bei jeder Art von Ganzen, bei jeder Synthese können wir von Qualität sprechen, nämlich in dem Sinn der eine solche und solche Artung von Ganzen charakterisierenden allgemeinen Eigentümlichkeit. Diese liegt natürlich im Allgemeinen seiner synthetischen Form, in der allgemeinen Art seiner Synthese, und diese Art schreibt überall zugleich den in ihr zu verknüpfenden Teilen ihre Artungen und Sonderformungen vor. So auch hier. Ist es richtig, dass zum mindesten jedes propositional einfache Urteil notwendig zweigliedrig ist und die kategorische Form hat, so ist eben die kategorische Form die Qualität, und spaltet sich diese Form je nach dem im „ist“ und „ist nicht“ angezeigten synthetischen Typus in zwei Grundformen, so mag man von zwei Qualitäten, von einer affirmativen oder negativen sprechen. Aber mehr darf man nicht dahinter suchen; und vor allem, dass man die Qualitäten als im gewöhnlichen Sinn entgegengesetzte, sich ausschließende ansieht und sie etwa parallelisiert mit

Schwarz und Weiß, das gehört nicht hierher in die Formenlehre der Bedeutungen; denn der Ausschluss wird verstanden als ein Ausschluss in der Geltung.[1]

Gehen wir weiter. Sehen wir zunächst von dem Unterschied der beiden Qualitäten ab, so bemerken wir im Gesamtbau des kategorischen Urteils eine merkwürdige Zweistufigkeit, mit der eine Ungleichwertigkeit gegeben ist, in der das S und das P in die Synthese eintritt. Das S bildet sozusagen eine Unterlage, und darauf baut sich das „Es ist P" oder „nicht P". In Bezug auf die Aussage in Richtung auf die Gegenständlichkeit pflegt man dies gewöhnlich so auszudrücken: Jede kategorische Aussage sagt von irgendetwas, dem so genannten Subjekt, etwas aus, ein Prädikat, und zwar in affirmativer Weise ihm das P zusprechend oder in negativer es ihm absprechend. Sehr charakteristisch heißt der S-Bestandteil in der Tradition *subjectum*, ὑποκείμενον. Was die Oberstufe anbelangt, so merken wir, dass zu ihr das „ist" und „ist nicht" in gewisser Weise speziell gehört; was ich von dem S aussage, ist, dass es P ist oder P nicht ist. Ich sage: „S – ist P", „S – ist nicht P". Das S als das Unterstehende scheint eine etwas größere Selbständigkeit zu haben als das P. Es ist das vor allem Weiteren Gesetzte, während, dass es P ist, erst daraufhin gesetzt ist. Demgemäß unterscheiden wir das Vollprädikat, d.h. das ganze von S Ausgesagte, die ganze Oberstufe, zu der das „ist" oder „ist nicht" mitgehört, und das engere Prädikat, z.B. die adjektivische Prädikatbestimmung. Im Übrigen ist zu beachten, dass uns nicht etwa das „ist P" als eine Vorstellung gelten kann, als ob zwei Vorstellungen S und „ist P" zur Einheit kämen; die Synthese findet nicht statt zwischen Unterstufe und Oberstufe, sondern zwischen S und P. Speziell für die Negation notieren ⟨wir⟩ jetzt, dass sie nach dem Gesagten in das Vollprädikat gehört, was aber gar nicht besagt, dass sie in das engere Prädikat, in das P hineingehört, als ob wir trennen sollten „S – ist (nicht-P)". Die Verwechslung des einen und anderen hat für die Theorie der Negation üble Folgen gehabt. Wir werden davon später in der Erörterung des viel verhandelten Streits nach dem Sinn der Negation Gebrauch zu machen haben.

Noch eine beirrende Zweideutigkeit sei hier gleich hervorgehoben: Spricht man schlechtweg von Subjekt und Prädikat, so kann gemeint sein Subjektvorstellung (Subjektbedeutung) und Prädikatbedeutung. Aber auch gemeint sein kann Subjektgegenstand als der in der Subjektvorstellung vorgestellte Gegenstand, der Gegenstand-worüber, und unter Prädikat das eben

[1] Hier ist zu erörtern, ob Erdmann Recht hat, die Frage als eine dritte Form des Urteils anzusehen.

der Prädikatvorstellung entsprechende Gegenständliche, etwa die Bestimmung am Gegenstand, sein Merkmal. Diese Zweideutigkeit, einmal erkannt, ist ständig im Auge zu behalten. Im Übrigen haben wir auf die gegenständliche Beziehung hier in der Formenlehre der Bedeutungen in keiner Weise einzugehen. Selbst schon dies, dass jede Bedeutung sich irgendwie in diesem oder jenem Sinn auf Gegenständlichkeit bezieht, überschreitet die reine Formenlehre. In der Einleitung mussten wir von der Korrelation zwischen Bedeutung und bedeuteter Gegenständlichkeit vorläufig sprechen. Aber in der systematischen Ausführung der formalen Logik ist erst die Lehre von der Bedeutungsgeltung der natürliche Standort für die Fragen der gegenständlichen Beziehung. Es war ein Fehler der ganzen logischen Tradition, dass sie sich über die notwendige Scheidung nicht klar war und vor jeder Behandlung der Urteilslehre eine Lehre vom Begriff vorausgeschickt hat, in der die Beziehungen der begrifflichen Bedeutungen auf Gegenstände erörtert werden (z.B. in den Lehren von Umfang und Inhalt).

Wir gehen nun an die Differenzierung der aufgestellten Grundform. Es genügt natürlich, die eine, „S ist P", zu nehmen: denn alle weitere Differenzierung bezieht sich auf das S und P. Da ist nun fürs Erste das Gesetz auszusprechen, dass die Subjektvorstellung in jedem kategorischen Satz notwendig eine nominale Vorstellung ist. Wir schreiben daher „N ist P".[1] Eine adjektivische Vorstellung kann also nie Subjektvorstellung sein: Sie muss erst nominalisiert werden. Wie steht es nun mit dem P? Es könnte eine adjektivische oder wieder eine nominale Vorstellung sein. Wir beginnen mit der ersteren Formbestimmung, die keine Schwierigkeiten mit sich führt. Wir stellen also auf: „N ist a" und gewinnen die erste nach beiden Seiten hinsichtlich der Vorstellungskategorie bestimmte Form. Sie ist offenbar allgemein gültig; für jedes N und jedes a liefert sie einen kategorischen Satz, mag übrigens das N, a wie immer beschaffen sein, mag es z.B. noch so zusammengesetzt sein oder völlig einfach.

Das a ist Vertreter für jede mögliche adjektivische Vorstellung. Solche Vorstellungen sind charakterisiert durch die Art ihrer Vorstellungsinhalte, denn wir wissen, dass nicht alle Vorstellungsinhalte Inhalte möglicher adjektivischer Prädikate sein können. Zugleich bemerke ich, dass aus Gründen der Geltungslehre diese Vorstellungsinhalte Begriffe heißen. Im kategorischen Urteil „N ist a", wenn es eine Wahrheit ist, wird der Gegenstand des N durch

[1] Der Satz, die Form „S ist P" fordere S = N (nominale Vorstellung), ist falsch. Er gilt nur für die Form der singulären Prädikation. Überhaupt ist bei der Differenzierung der Form gleich damit zu beginnen. Die Form soll als Singular interpretiert werden.

den Inhalt a begriffen. Doch darf man wieder nicht begriffliche Vorstellung und das ihr gegenständlich Entsprechende identifizieren.

Der nächste Schritt besteht in einer Spaltung unserer Urteilsform in zwei Formen. Es kann nämlich das a die Form haben, die wir uns im Beispiel „ähnlich mit Cajus“ versinnlichen; d.h. die adjektivische Vorstellung, die als Prädikat fungiert, ist eine Relationsvorstellung in eigentümlicher Verbindung mit einer nominalen. Markieren wir dies formal, so erwächst die Urteilsform „N ist ϱ-N'“.

Wir fassten die Relationsvorstellung als eine eigene Kategorie, und zu dieser gehört nun das Gesetz, dass jede Relationsvorstellung notwendig verbunden ist mit einer nominalen Vorstellung und nur in solcher Verbindung sich gestalten kann zu einer adjektivischen Prädikatvorstellung ϱN. Ein kategorisches Urteil mit einem relativen Prädikatglied heißt ein Relationsurteil. Ein solches hat also mindest zwei N, neben dem auf Subjektseite noch eins auf Prädikatseite.[1] [2]

Die Form „N ist a“ umfasst in ihrer Allgemeinheit die neue, die Relationsform, da es nicht gesagt ist, dass das a nicht die Form ϱN annehmen kann. Indessen gilt von den adjektivischen Bedeutungen überhaupt, dass nicht alle unter die Relationsform zu bringen sind; und es ergibt sich die absolute Scheidung der adjektivischen Prädikate in absolute oder Eigenschaftsprädikate und Relationsprädikat⟨e⟩, ebenso der Begriffe in Eigenschaftsbegriffe und Relationsbegriffe. Oft gebraucht man das Wort „Beschaffenheit“ *promiscue* mit „Eigenschaft“. Doch ist es besser, zu differenzieren und Beschaffenheit als das Allgemeine zu fassen und die Beschaffenheiten einzuteilen in Eigenschaften und relative Beschaffenheiten. Man kann dann für adjektivische Vorstellung auch sagen Beschaffenheitsvorstellung.

Ein besonderer Fall des Relationsurteils, der in der Formenlehre aufzuführen ist, ist das Identitäts- und, negativ gewendet, das Verschiedenheitsurteil. Seine Form ist „N ist identisch (verschieden) mit N'“. Dass dies eine reine Urteilsform ist, also gehörig in die reine Formenlehre, ist unzweifelhaft. Das „identisch“ drückt keine außerlogisch-sachhaltige Relationsvorstellung aus, wie „lauter“, „heller“, „kongruent“ u.dgl. Immerhin

[1] Anmerkung: Im weiteren Sinn können wir von beiden Vorstellungen N und N' sagen, sie stellten die Gegenstände vor, worüber das Urteil urteilt. Doch ist durch die kategorische Form des Urteils das N ausgezeichnet als der Subjektgegenstand, als der Hauptgegenstand-worüber.

[2] *Gestrichen* Selbstverständlich gilt von der neuen bestimmten Form, und so von allen Formen, die hinsichtlich der Vorstellungskategorie bestimmt sind, dass sie in unbedingt allgemeiner Weise gültig sind, für beliebige besondere Vorstellungen der betreffenden Kategorie sinnvolle Sätze ergebend. Wir werden diesen Punkt also nicht immer wiederholen. Das ist schon früher gesagt worden zu Anfang der Vorlesung bei der ersten bestimmten Form.

ist es aber, könnte man sagen, eine bestimmte Relationsvorstellung. Somit könnte man fragen, warum die formale Logik, die doch alle Beziehung auf bestimmte Gegenständlichkeit, somit auch auf bestimmte Relationen meiden will, dieses „identisch" als Formalvorstellung gelten lässt. Man könnte in die Geltungssphäre eintretend sagen: Es ist offenbar, ⟨dass⟩ der Identitätsbegriff, ebenso der Verschiedenheitsbegriff, an kein bestimmtes Sachgebiet gebunden ist. In jedem erdenklichen Gebiet können Aussagen über Identität und Verschiedenheit gemacht werden und somit Urteile der angegebenen Form auftreten. In dieser Hinsicht steht dieser Begriff in einer Linie mit den Begriffen Gegenstand, Sachverhalt, Anzahl, Gleichheit, Ordnung, andererseits auch mit den Begriffen Vorstellung, Urteil, Bedeutung u.dgl. Aber diese Antwort ist hier nicht befriedigend. In der Formenlehre der Bedeutungen wollen wir ja independent bleiben von allen Geltungsgedanken und Gegenständlichkeitsgedanken.

Nun werden wir aber uns überzeugen können, dass derjenige Begriff von Identität, der im Relationsurteil, in der inneren Relationsvorstellung „identisch" auftritt, ein sekundäres Gebilde ist und zurückweist auf Elemente, die zweifellos den Charakter von bloßen Bedeutungsformen haben. Wir werden dies sogleich feststellen, nachdem wir die neuen Urteilsformen, die jetzt an die Reihe kommen, kennen gelernt haben.

(Jedenfalls notieren wir den Unterschied zwischen spezifisch logischen Relationen (bzw. Relationsvorstellungen) und außerlogischen, weil sachhaltigen, an ⟨die⟩ besondere Natur besonderer Sacharten gebunden: ein Unterschied, der überhaupt bei Vorstellungen aller Kategorien Anwendung findet. Darüber später mehr.)

Wir haben bisher eine nominale und eine adjektivische verbunden.

Versuchen wir es jetzt mit zwei Nominalvorstellungen, ohne Sukkurs anderer Vorstellungen, also eine relationslose Verknüpfung; z.B. „Alexandros ist Paris", „Dies ist der Kaiser", „Sokrates ist der Sohn der Phänarete", wobei wir „der Sohn der Phänarete" als Ganzes nehmen, ohne uns um die innere Gliederung davon zu kümmern – es ist ja e i n e nominale Vorstellung. Achten wir auf die Bedeutung, auf das Was solcher Aussagen, so sind wir sicher, dass es wirklich kategorische sind. Andererseits ist die Frage, wie sich die Bedeutung zu den früheren Urteilsformen verhält, und speziell hinsichtlich der Prädikate. Ich war früher geneigt, wie die anderen Logiker, das „ist" als „identisch" zu interpretieren. Man könnte zugunsten dieser Interpretation ausführen: Im Urteil „N ist a" kommt das a dem N zu. Was kommt dem N zu in der neuen Form „N ist N'"? Nun, das Identisch-mit-N'-Sein. Also das wahre Prädikat ist „identisch mit N'". Aber diese ganze Überlegung unterschiebt schon dem Gedanken des Zukommens den des adjektivischen Zukommens, und so begeht sie eine *petitio principii*. Diese Auffassung muss in der Tat aufgegeben werden. Wenn wir urteilen: „Dies ist Napoleon I.", „Dies ist der Kaiser", so finden wir darin keine expliziten Gedanken an das „identisch". Und wenn man uns in der Gesellschaft vorstellt: „Herr X, der neue Bürgermeister", so versteckt sich in der Attribution nichts von einem Identitätsgedanken. Allerdings kann der Gedanke in manchen solchen Aussagen wirklich vorkommen und verschwiegen sein, wie wenn es heißt: „Napoleon ist Bonaparte" und gemeint ist: Der Napoleon Genannte ist ein und derselbe mit dem Bonaparte Genannten. So wird es in der Tat zumeist sein, wo zwei Eigennamen in der Aussageform „N ist N'" verbunden sind. Denn verstehen wir schon die Eigennamen, so haben beide Eigennamen dieselbe Eigenvorstellung und sind dann sozusagen bloß durch den Wortschall verschieden. Pure Tautologien sagt man nicht aus. Man will also sagen: Was der eine Name nennt, ist ein und dasselbe wie das, was der andere nennt.

In unzähligen Fällen aber fehlt, wie mir scheinen möchte, der Identitätsgedanke, der immer eine gewisse Komplikation mit sich führt. Stellen wir vor: „Dies ist Herr Meier", „Dies ist der neu ernannte Minister" usw., so ist zwar gewissermaßen das „ist" „identifizierend" und nicht adjizierend, aber es steckt nicht eine eigene Relationsvorstellung „identisch" darin. Es ist nicht nur den Worten nach, sondern auch im Gedanken ein Unterschied, ob wir sagen: „Dieser ist derselbe wie der neu ernannte Minister" oder einfach: „Dies ist er." Ebenso wenn wir, eine Pflanze der Art nach bestimmend, sagen: „Dies ist die und die Kaktee", so vollziehen wir Einheitssetzung, aber wir vollziehen nicht den Gedanken: „Diese Art ist identisch mit der und der Kakteenart." Ebenso wenn wir eine algebraische Gleichung geometrisch diskutieren und sagen: „Diese Gleichung ist die Mittelpunktgleichung der Ellipse", so denken wir nicht an das Identische; und denke ich daran, sagen wir: „Diese Gleichung ist identisch mit der Mittelpunktgleichung", so ist der Gedanke ein anderer, und der ganze Gedankengang, aus dem sie entspringt, wird auch ein anderer sein. Die Identitätsaussagen entspringen aus den Identitätsanknüpfungen von Sätzen. Die[1] Anknüpfung durch ein „dasselbe" ist dabei nicht vollzogen durch eine Vorstellung „dasselbe mit". Das „dasselbe" ist eine eigentümliche Anknüpfungsform bzw. Verbindungsform von Sätzen, durch die der eine durch diese Form „dasselbe" zur Unselbständigkeit

[1] *Dieser Satz ist Veränderung für* Und darum gehört streng genommen das „identisch" überhaupt nicht in das ursprüngliche Formengebiet einfachster Sätze.

herabgedrückte Satz dependent wird von einer vorangegangenen Vorstellung oder einem vorangegangenen ganzen Satz, z.B. „Napoleon siegte bei Jena, derselbe (oder einfach: er) wurde dafür bei Waterloo und Leipzig besiegt“, „A ist ähnlich mit B, M ist ebenfalls ähnlich mit B“ – in dem „ebenfalls“ liegt der Gedanke des „dasselbe“ –, „Ein griechischer Held hieß Alexandros, derselbe hieß auch Paris“, „Diese Blume blüht rot, jene Blume blüht auch rot“. Auf solche Identitätsverwebung von Sätzen, d.h. Verwebung durch die Form „dasselbe“ gründet sich erst die Bildung der Relationsvorstellung im expliziten Gedanken „N ist ‚identisch mit‘ N’“. Haben wir geurteilt: „Napoleon war Sieger von Jena“, und haben wir dann geschlossen: „Derselbe war Besiegter bei Leipzig“, so mögen wir auch sagen: „Der Sieger von Jena ist derselbe wie der Besiegte von Leipzig.“ Dies relationelle „dasselbe“ bezieht sich zurück auf eine Verknüpfung von zwei Sachverhalten. Das schlichte „ist“ aber, das zwei nominale Vorstellungen verknüpft, enthält diesen Gedanken eben nicht. Nur darum, weil überall, wo wir ansetzen „N ist N’“ unter allen Umständen in logischer Gültigkeit auch gesagt werden kann „N ist identisch mit N’“ und umgekehrt, kommen wir leicht dazu, die beiden Urteilsgedanken selbst zu identifizieren. Dies ist überhaupt die beständige Gefahr für die Analysen der Formenlehre der Bedeutungen, dass man zwei Urteile, die rein aufgrund ihres Inhalts evidenterweise unmittelbar auseinander folgen oder, wie man sich ausdrückt, äquivalent sind, für identisch erklärt. Kommt es in der Formenlehre der Urteile darauf an, die wesentlich verschiedenen Bedeutungsformen kennen zu lernen, dann hat man sorgfältig die Frage der Gültigkeit auszuschalten. Dass zwei Satzformen gleich geltend sind, das muss durch ein Gesetz festgestellt werden. Solche Gesetze aufzustellen, dazu ist die Geltungslehre der Urteile eigens da. Man darf also nicht im Geltungsinteresse lebend, was als gleich geltend und zumal selbstverständlich gleich geltend dasteht, darum bedeutungsmäßig für identisch erklären. Das aber ist ein Fehler, der beständig gemacht wird; freilich ein verzeihlicher Fehler, da es in der Tat oft überaus schwer ist – aus Gründen, die wir noch an Beispielen kennen lernen werden –, Äquivalenz der Geltung und Identität der Bedeutung auseinander zu halten.

Wir stellen also nach diesen Betrachtungen die neue Grundform auf: „N ist N’.“

Wir müssen nun sogleich konstatieren, dass die sprachübliche Identifizierung von Prädikat und Beschaffenheit bzw. von adjektivischer Vorstellung und Prädikatvorstellung nun nicht mehr zu halten ist. Wenn wir von „Prädikaten“ sprechen, so meinen wir gewöhnlich Beschaffenheitsprädikate eines Gegenstandes, z.B. eines Dinggegenstandes. In der neuen Urteilsform treten aber Gegenstände als Prädikate auf. Indessen, eben vermöge der Geltungsäquivalenz mit dem identifizierenden Urteil unterschiebt man das identifizierende Prädikat anstelle des nominalen. Für die in der Regel allein interessierende Gesetzeslehre der Urteilsgültigkeit können daraus Irrtümer, Trugschlüsse freilich nicht hervorgehen. Doch leidet darunter die theoretische Vollständigkeit der Gesetzesfeststellungen in jener höheren logischen Disziplin, was eben auch ein Fehler ist.

Es kommen nun die Leerformen, die aus den gegebenen hervorgehen, wenn wir für die Vollinhalte Leerinhalte substituiert denken, also die Etwas-Vorstellung einführen anstelle der vollen Vorstellungen „N ist Etwas" (substantivisches Etwas). Aber auch für die adjektivische und Relationsvorstellung können wir den Unbestimmtheitsgedanken einführen; jedoch kann man die Bedeutung der Leerformen dann nur zirkumskriptiv ausdrücken mit Hineinziehung der kategorialen Begriffe Beschaffenheit und Relation, also „N ist in irgendeiner Weise beschaffen (hat eine gewisse Beschaffenheit)", „N steht in einer Relation zu N'", „N steht in einer Relation zu Etwas" (Substantiv). Entsprechende Formen wären dann aufzustellen durch Einführung des Dies-Gedankens und des Gedankens „ein gewisses Etwas", z.B. „N ist dies", „N ist ein Gewisses" u.dgl.

Nachtrag:

Die Formen „N ist N'" und „N ist ϱN'" gelten allgemein für beliebige N und N'. Es ist dabei aber ein Grenzfall zu erwägen, bei dem das N' und das N dieselbe nominale Bedeutung sind.

Haben z.B. die Sätze „Sokrates ist Sokrates", „Sokrates ist ähnlich mit Sokrates", „Sokrates ist identisch mit Sokrates" einen Sinn? Natürlich spricht man gelegentlich volle Identitäten aus. Aber doch nicht in dem durch die Form allein vorgeschriebenen Sinn: „Sokrates in allen seinen Lebensbetätigungen erweist sich immer als derselbe", „erweist immer seinen uns bekannten Charakter" u.dgl. Ebenso wenn wir sagen, jemand sei sich doch immer ähnlich, so meinen wir, der Mensch in seinen verschiedenen Entwicklungsperioden oder in seinen verschiedenen Betätigungsweisen erweise Ähnlichkeit. *De facto* ist da die Vorstellung nicht überall dieselbe. Sagen wir: „Sokrates in der Betätigung und Sokrates in jener Betätigung" oder „Sokrates als Jüngling und Sokrates im Alter", so haben wir nicht mehr dieselben nominalen Vorstellungen. Ist aber bei Identität der nominalen Vorstellungen die Rede als sinnvolle zu vollziehen? Man wird vielleicht ohne weiteres sagen, dass nicht, und dass es somit als ein Gesetz ausgesprochen werden muss, dass die angegebenen Formen nur Sinn haben, wenn der Grenzfall, in dem auf Subjekt- und Prädikatseite dieselbe nominale Vorstellung steht, ausgeschlossen wird: dass sie in diesem Fall Sinn verlieren. Indessen muss man hier vorsichtig sein. Ihren „Sinn" verliert die Inbegriffsvorstellung „N und N'" auch, wenn wir zwei Vorstellungen verknüpfen, die verschieden sind, die aber gegenständlich dasselbe vorstellen. Z.B. können wir nicht sagen: „Napoleon und der Sieger von Jena waren große Feldherren", wenn wir wissen, dass Napoleon eben derselbe ist wie der Sieger von Jena. Es ist zu beachten, dass die Rede von Sinnlosigkeit eine zweideutige ist. Hier ist für uns nur die Frage, ob die Wortkombination als einheitliche Bedeutung zu vollziehen ist, mag es auch eine lächerliche, falsche, widersprechende, unvernünftige sein. Eine vom Standpunkt der Geltungsfrage sinnlose oder widersinnige Vorstellung kann vom Standpunkt der bloßen Bedeutungsfrage durchaus sinnvoll sein. Wenn ich überzeugt bin, dass Napoleon ein großer Feldherr war und dass der Sieger von Jena es war, aber nicht weiß, dass es dieselbe Person ist, so mag ich das plurale Urteil mit Überzeugung und somit sicherlich mit Bedeutungssinn vollziehen, aber vom Geltungsstandpunkt hat es keinen Sinn, nämlich ein solcher Plural, wie ihn das Urteil voraussetzt, besteht nicht.

Der nächste Fortschritt, den wir zu machen haben, ist der, dass wir die Operation der Attribution einführen. Zunächst kann man sagen: Jedes kategorische Urteil „S ist P" lässt sich überführen in die nominale Vorstellung „S, welches P ist"; ebenso natürlich „S ist nicht P" in „S, welches nicht P ist". Man könnte sagen: In dem „welches" steckt der Identitätsgedanke; nicht die Vorstellung „identisch mit", aber die Form des „dasselbe". Es sei gesagt: „S, dasselbe ist P." Dagegen wird sich wohl nichts einwenden lassen; nur ist zu beachten, dass der Relativsatz vermöge der identifizierenden Anknüpfung unselbständig geworden ist, und zwar zu einem unselbständigen Bestandstück einer nominalen Vorstellung geworden ist: „S, welches P ist". Die allgemeine Möglichkeit der Überführung der Prädikation in eine Attribution macht uns auf eine Operation aufmerksam, die an jedem nominalen Gedanken zu vollziehen ist: Sind P, Q, R, ... beliebige Prädikate, so können wir in Bezug auf ein beliebiges N bilden: N_P, $(N_P)_Q$, $((N_P)_Q)_R$ usw. Diese Art der Anknüpfung von Prädikaten nennt man attributive oder auch determinative Anknüpfung. Die Umkehrung dieser Operation, das Wegtun von determinierenden Prädikaten nennt man Abstraktion. Nehmen wir für N die Leervorstellung „etwas", so erwächst die Form „etwas, das P ist", und nehmen wir eine begriffliche Vorstellung, eine adjektivische, die höchst wichtige Form „etwas, das a ist" oder „ein a", „etwas, das nicht a ist, ein Nicht-a" (so genannter negativer Begriff). Diese Formen lassen sich natürlich weiter iterieren: „(ein a), das b ist", „(ein a, das b ist), das c ist" usw. Damit ergibt sich auch eine Fülle neuer wichtiger Prädikatformen, also z.B. die Urteilsform „N ist ein a", wie wenn wir sagen: „N ist ein Feldherr", „Dies Haus ist ein Rotes" usw. Diese kategorische Form mit dem Prädikatglied „ein a" heißt die subsumierende: Sie subsumiert den in N vorgestellten Gegenstand unter den Begriff a.

(Wir sehen hier auch eine Probe auf unsere Interpretation der Identitätsform. Denn wenn z.B. „Dies Ding ist ein Rotes", „N ist ein Feldherr" wirklich, wie doch nicht geleugnet werden kann, ein nominales Prädikat haben, so müsste, wenn die Interpretation der Form „N ist N'" als „N ist identisch mit N'" richtig ist, hier substituiert werden: „N ist identisch mit einem Feldherrn", was doch niemand befürworten wird. Es liegt in dem Gedanken der Anordnung eine unbestimmte Einheitssetzung. N und „ein Feldherr" wird zur Einheit gebracht, aber der komplexe Gedanke, der die Vorstellung „identisch" mitenthält, kommt hier nicht vor, obschon man auch hier ein äquivalentes Identitätsurteil konstruieren könnte.)

Zu beachten ist für alle neu zu bildenden Formen der kategorischen Urteile, dass immer wieder die Prädikatformen ins Subjekt übernommen werden können, d.h. dass jeder möglichen Prädikatform aufseiten der Formen nominaler Vorstellungen entsprechen muss eine attributive Form; ferner, dass sich in den Relationsformen, wo auf Prädikatseite ϱ-N steht, an dem N alle die Operationen vollziehen lassen, *in infinitum*, wodurch immer wieder neue und komplizierte Relationsformen erwachsen, z.B. „N ist ϱ(N', welches α ist)", „N steht in der Relation ϱ zu einem N'", „N ist ϱN', welches zu einem M in der Relation r steht" usw.

(Es ist leicht zu sehen, wie sich nun die gewonnenen Urteilsformen weiter ausgestalten, wenn die nominale Vorstellung im Subjekt, die wir immer nur als N signierten, diejenigen formalen Ausgestaltungen empfängt, welche sich aus der Einführung von attributiven Operationen ergeben. Alle möglichen Prädikatformen können dabei attributiv an Subjektstelle wie an jeder nominalen Vorstellung überhaupt auftreten.)

Weitere Unterscheidungen ergeben sich, wenn wir beachten, dass nominale Vorstellungen, so wie sie attributiv erweitert werden können, auch in umgekehrter Operation ihrer attributiven Glieder beraubt werden können und dass diese umgekehrte Operation nicht *in infinitum* fortgeführt werden kann. Kurzum: Es muss nominale Vorstellungen geben, die nicht mehr die Form „N, welches A ist" haben, z.B. „Bismarck", „Röte", „Ähnlichkeit". Wir nennen solche Vorstellungen direkte oder Eigenvorstellungen, wenn sie nicht die Form „etwas" haben oder vielmehr die Vorstellung „etwas" sind. Nominale Vorstellungen sind also entweder attributiv oder nichtattributiv, und im letzteren Fall haben sie entweder die Form „etwas" oder E. Demgemäß haben dann die attributiven im einfachsten Fall die Formen: Eα, (Etwas)α: Eigenvorstellungen mit Attribution und indirekte Vorstellungen. Die E-Vorstellungen zerfallen wieder nach den Grundartungen der Vorstellungsinhalte, die ja individuelle Inhalte, Merkmalsinhalte und Relationsinhalte sein können, in drei Gruppen: individuelle Eigenvorstellungen, Eigenvorstellungen von Eigenschaften und Relationen (direkte Nominalisierungen von prädikativen Eigenschaftsvorstellungen und Relationsvorstellungen), z.B. „Sokrates", „Röte", „Ähnlichkeit". Aus der Geltungsnatur dieser letzteren Vorstellungen geht hervor, dass solche Vorstellungen auf Verbindungen mit anderen Vorstellungen in bestimmter Art zurückweisen: Röte ist Röte irgendeines Gegenstandes. Prädikativ heißt es immer: „Dies oder dieses Papier u.dgl. ist rot"; das ist, muss man sagen, die originäre Form, in die der Rotinhalt gefasst ist. Erst[1] die Nominalisierung ergibt Rot, und zwar „Rot von diesem Papier", oder unbestimmt: „Rot an oder von irgendetwas". Kommt es auf diese Beziehung nicht an, so wird das reine Abstraktum herausgestellt: „das Rot" (z.B. „Rot ist eine Farbe"). Eine Eigenschaft ist einseitig ergänzungsbedürftig, eine Relation doppelt ergänzungsbedürftig. „S ist ähnlich mit P": Ähnlichkeit ist Ähnlichkeit des S mit P; Ähnlichkeit überhaupt ist Ähnlichkeit von irgendetwas mit irgendetwas. Hierbei kann vorstellungsmäßig gebildet werden auch für sich „Ähnlichkeit mit P", „Ähnlichkeit mit etwas", die nun als Beschaffenheit einseitig ergänzungsbedürftig ist. Und als pures Abstraktum: „die Ähnlichkeit", wie wenn wir urteilen: „Ähnlichkeit ist eine der Relationen." Es ist hier ⟨die⟩ Frage, was Sache der Attribution ist und was an solchen Vorstellungen gegeben ist ohne Attribution. So ist z.B. „Ähnlichkeit mit A" sicher nicht zu fassen als Ähnlichkeit, welcher zukommt, mit A ähnlich zu sein, als ob das „mit A" ein Attribut wäre. Dann müsste der Gedanke sein: „Ähnlichkeit mit Etwas, welches Etwas A ist", ein möglicher Gedanke, aber nicht der Gedanke „Ähnlichkeit mit A". Schwieriger ist es bei Eigenschaftsbegriffen: „Röte des Papiers". Ist das nicht Röte, welche dem Papier zukommt? Und ebenso „Ähnlichkeit des A mit B", „Ähnlichkeit, welches dem A (nämlich in Bezug auf B) zukommt".

Wohl zu beachten sind die Modifikationen der Bedeutung, welche durch die Nominalisierungen der Prädikatvorstellungen an den entsprechenden Bedeutungsformen erwachsen. Bolzano interpretiert Sätze wie „Das Papier ist rot" durch „Das Papier hat Rot (rote Farbe)".* Ich halte das aber für eine wesentliche Modifikation. Die Formen „N ist a" und „N hat A" (die nominalisierte Beschaffenheit) halte ich für verschieden. Es ist ein evidenter Bedeutungsunterschied, ob wir die Beschaffenheit, und speziell hier die Eigenschaft zum Gegenstand im prägnanten Sinn machen, sie als ein ge-

---

1 *Randbemerkung (wohl nach Ablauf des Semesters)* Neu überlegen!

* Vgl. Bolzano, *Wissenschaftslehre*, Bd. II, § 127.

genständliches Worüber hinstellen, d.i. nominal objektivieren, oder ob wir aussagen: „Das Papier ist rot", wo wir adjizieren, aber nicht das Rot als ein Worüber vor Auge⟨n⟩ haben. Sowie wir nominalisieren, haben wir ein Relationsurteil, das aber ein abgeleitetes ist, das auf ein Eigenschaftsurteil zurückweist. „Das Papier hat Röte", „Rot wird vom Papier gehabt, es ist ein dem Papier Zukommendes": das sind Relationen. Im Zusammenhang damit steht die Streitfrage, ob jedes Urteil als Korrelat eine Relation hat, jeder Sachverhalt also ein relationeller ist. Unsere Stellung hier ist klar. Vermöge der Nominalisierung, die an jedem Bestandteil einer Prädikation angreifen kann, kann auch jedes Urteil in ein Relationsurteil umgewandelt werden, und zwar *salva veritate*: Ihrem geltenden Sinn nach sind die Urteile „Dies ist rot" und „Dies hat Röte" und „Röte kommt diesem zu" unmittelbar äquivalent. Aber es ist ein Fehler, Äquivalenz mit Bedeutungsidentität zu vermengen. Treiben wir Feststellung der Bedeutungsformen, so müssen wir jede Verschiebung des Sinnes, der Bedeutung festnageln, unbekümmert, ob diese Verschiebungen die Geltung unverändert lassen. Und da ist es doch eine fundamentale Modifikation, ob wir bloß dieses Papier da als Gegenstand vor Augen haben und sagen, es sei rot, oder ob wir auch das Rot als Gegenstand-worüber haben, wie wenn wir dann weiter über die Farbe aussagen wollen, z.B. „Dies hat eine rote Farbe, die einen Stich ins Purpur hat" u.dgl. Das ist die besondere Funktion der nominalen Vorstellung, Gegenstände vor Augen zu stellen. Sie ist die Gegenstandsvorstellung im prägnanten Sinn; ihre gegenständlichen Korrelate sind Gegenstände in einem echten und logisch ursprünglichen Sinn. In diesem Sinne „bezieht sich" das Adjektiv „rot" oder das Relationsmoment „ähnlich" auf keinen Gegenstand, das tut vielmehr die nominale Vorstellung „Ähnlichkeit", die nominale Vorstellung „Röte". Ja das gilt auch vom ganzen Satz und vom ganzen Urteil. Im Urteil „Das Papier ist rot" ist im prägnanten Sinn gegenständlich nur das Papier, aber dem Urteil entspricht die nominale Vorstellung „dies, dass Papier rot ist", und schreiben wir dem Urteil eine Gesamtgegenständlichkeit zu, den Sachverhalt, so hat das seine guten Gründe; aber beachten müssen wir, dass das prägnante Zum-Gegenstand-Machen, Sich-als-Gegenstand-Hinstellen, das die Funktion der nominalen Vorstellung ist, bei dem gesamten Urteil fehlt, weil eben das Urteil keine nominale Vorstellung ist, sondern ihm nur eine entspricht.

⟨*Plurale Prädikationen*⟩

Wir gehen jetzt zu einer neuen Reihe von Formen über, welche das Auszeichnende haben, dass mit den neuen Formungen, welche in der kategorischen Grundform auf Subjekt- und Prädikatseite eintreten, sich auch die Form der Kopulation ändert, aber so, dass der Unterschied der Qualität, der dem „ist" das „ist nicht" gegenüberstellte, unberührt bleibt. Zu diesen neuen Formen gehören die pluralen Prädikationen. Sie sind, und die ihnen verwandten anderen Formen sind Formen kategorischer Prädikation insofern, als eigentümliche Zweistufigkeit erhalten bleibt, die wir beschrieben haben: das Sich-Bauen eines Prädikat-Vorstellens auf ein unterliegendes Subjekt-Vorstellen, in dem das vorgestellt wird, was im prägnantesten Sinn das Worüber des Urteils bildet. Dieser charakteristische Grundtypus der kategorischen Prädikation kommt durch die Formel „S ist P" unvollkommen zum Ausdruck, sofern das „ist" darin den Singular hat und wir kein allgemeineres Ausdrucksmittel haben, um einheitlich und undifferenziert Singular und Plural in der Kopula zu bezeichnen.

Die neuen Formen der Kopulation haben einen eigentümlichen Charakter der Mehrfältigkeit, der doch wieder von Zusammensetzung aus verknüpften Teilen wohl unterschieden ist. Zunächst haben sie gar nichts gemein mit jener Vielfältigkeit der Kopulation, die in allen zusammengesetzten Sätzen, wie den hypothetischen Zusammensetzungen etc., vorliegt. Auch innerhalb des kategorischen Satzes tritt das „ist" mit jeder Attribution von neuem ein. Z.B. zweimal finden wir es in der Form „S, welches p ist, ist q". Hier aber ist die Kopula des Urteils selbst zu unterscheiden von der Kopula des die nominale Subjektvorstellung mit aufbauenden Relativsatzes. Wir haben eine Hauptkopula, nämlich diejenige, welche die primären Urteilsglieder, das Subjekt- und Prädikatglied einigt. Dass in dem einen Glied ein Relativsatz fungiert und dass dieser als Satz seine Kopula hat, das ist Sache eben dieses Gliedes.

Ganz anders in der pluralen Prädikation. Hier ist die Hauptkopula, diejenige, die im primären und eigentlichen Sinn Kopula des Urteils selbst ist, mehrfältig, und dies in einer Weise, welche uns zwingt, diese Mehrfältigkeit als ein irreduktibles, also primitives Urteilsmoment neuer Art hinzustellen und somit eine neue Grundform aufzustellen als die plurale: „S sind P". Parallel mit ihr läuft eine Urteilsform mit ebenfalls mehrfältiger Kopula, bei der uns jedoch die Sprache in der Andeutung der Mehrfältigkeit im Stich lässt. Wir können sie daher nur aussprechen, wenn wir zugleich eine Prädikatformung anzeichnen, die sie voraussetzt, nämlich schreibend: „S ist a und b", „S ist a oder b". Es handelt sich hier überhaupt um Verknüpfungsformen, welche aufs innigste zusammenhängen mit den Verknüpfungsformen, die in den Wörtchen „und" und „oder" ausgedrückt werden. Solche Verknüpfung findet statt zwischen Vorstellungen jeder Art, aber auch zwischen Sätzen jeder Art, darunter auch Urteilen. Für uns kommen nur die Und- bzw. Oder-Verbindungen von Vorstellungen in Betracht. In der primitiven Urteilsform, die wir als kategorische jetzt behandeln, kann solche Verbindung von Vorstellungen sowohl auf Prädikatseite wie auf Subjektseite auftreten. Wir beginnen mit dem Ersten.

Nehmen wir die Beispiele: „Platons Schrift *Νόμοι* ist echt und stammt aus der Alterszeit des Philosophen", „π ist eine algebraische oder transzendente Zahl" (Formen: „S ist p und q", „S ist p oder q"; p, q ⟨sind⟩ Zeichen für beliebige Vorstellungen, die als Einzelprädikate fungieren können). Lassen wir uns durch das Sachliche bestimmen, leben wir im Geltungsinteresse, so zerfallen solche Sätze bei der Analyse (die jetzt sachliche Analyse oder Geltungsanalyse ist) sofort in ⟨ein⟩ Satzpaar, das bedeutungsmäßig verbunden ist. Sofort werden wir sagen, ausgesagt sei im ersten Beispiel: „Die *Leges* sind echt, und die *Leges* stammen aus der Alterszeit des Philosophen"; und ebenso im zweiten: „Entweder die Zahl π ist eine algebraische Zahl, oder die Zahl π ist eine transzendente Zahl." Indessen sehen wir zunächst, dass in dem faktischen Gedanken, der die Bedeutung der ursprünglichen Aussagen ausmacht, die gleiche Subjektvorstellung in den beiden Teilsätzen nicht faktisch zweimal vorkommt, und selbst wenn wir etwa ansetzen wollten, was sicherlich dem wirklichen Urteil näher käme: „Die *Leges* sind echt, und dieselben stammen aus der Alterszeit", so wäre diesem wirklichen Urteil nicht Genüge geschehen. Denn weder finden wir den expliziten Gedanken „dieselben" vor noch diese Spaltung in zwei bloß aneinander geknüpfte Sätze. In einem Puls wird ausgesagt: „Die *Leges*-Schrift ist echt und stammt aus der Altersperiode"; ein Subjektglied haben wir und ein Prädikatglied, und zur Einheit des Prädikatgliedes gehört das „echt und stammt aus der Altersperiode". Die Einheit dieses Gliedes bekundet sich auch darin, dass wir dieses wie jede einheitliche Prädikatvorstellung einheitlich nominalisieren können: „das zugleich Echtsein und Aus-der-Altersperiode-Stammen", und ebenso in ein einheitliches Attribut verwandeln können. Ebenso im anderen Beispiel. Ich kann bilden: „π, welches algebraisch oder transzendent ist", „π, die sei es algebraische oder transzendente Zahl".

Diejenigen, welche die fraglichen Satzformen „S ist p und q", „S ist p oder q" für bloß grammatisch zusammengezogene Ausdrücke für zusammengesetzte Sätze ausgegeben haben, unterlagen der Verwechslung zwischen Geltungsanalyse und Bedeutungsanalyse. Statt das Urteil als Bedeutung zu analysieren, zergliederten sie im Geltungsbewusstsein den geurteilten Sachverhalt.

Während wir nun leugnen, dass in diesen Formen mit konjunktiven oder disjunktiven Prädikaten in Wahrheit zusammengesetzte Sätze, und im ersteren Fall sogar zusammengesetzte Urteile vorlägen, erkennen wir andererseits doch eine gewisse Zusammensetzung an, und zwar nicht nur eine wirkliche Zusammensetzung bei den Prädikatgliedern, sondern auch eine Mehrfältigkeit (Mehrbezüglichkeit) in der Kopula. Sagen wir: „S ist p und q", so liegt doch in gewisser Weise das „S ist p, und S ist q" darin, und bedeutungsmäßig darin; ohne Wiederholung der S-Vorstellung, ohne Auftreten des Dieselbigkeitsbewusstseins. Vielmehr geht sozusagen ein Doppelstrahl von Prädikation von dem S, dem immerfort einheitlich Festgehaltenen aus und geht hin auf das p und auf das q. Das „ist" enthält oder meint in verschmolzener Weise ein Doppeltes, aber nicht in getrennten Bedeutungen und bloß verknüpft: in e i n e r Bedeutung meint es den Doppelstrahl. Und so auch im parallelen Fall.

Wir haben nun noch hinzuzufügen, dass die Zahl der konjunktiv oder disjunktiv in e i n e m Prädikat zu verknüpfenden Vorstellungen ganz beliebig sein kann. Damit verwickeln sich nun auch in neuer Weise alle bisher behandelten Urteilsformen, sofern hier ja nicht nur neue Prädikatformen aufgetreten sind, sondern in Konsequenz davon neue Attributformen und somit neue Formen von N. Für begriffliche Bedeutungen entspringen die zusammengesetzten Adjektive; bedeutungsmäßig sondert sich dabei die Form „ein α β" von der Form „ein α, welches β ist"; „ein Feldherr, der König, ein König, der Feldherr, jemand, der Feldherr und König ist". Das alles ist selbstverständlich. Überall kann natürlich auch Negation eintreten: „ein Nicht-α und β", „ein α oder Nicht-β" usw.

In den Formen, die wir als Grundformen neu eingeführt haben: „S ist p und q", ist, könnte man sagen, an ein Subjekt eine Mehrheit von Prädikaten gebunden. Doch das wäre unrichtig. Das Prädikat ist eins. Ist das Urteil aber wahr, so kann man sagen: Bei konjunktivem Prädikat „p und q" gilt für das Subjekt S, dass es p ist, und wieder gilt dafür, dass es q ist. In diesem Fall sind p und q gültige Prädikate von S. Aber das sind schon Schlüsse, und das sind wieder Sachanalysen und nicht Bedeutungsanalysen. Im Übrigen ist zu sagen, dass konjunktive und disjunktive Prädikate ganz so wie einfache adjektivische Vorstellungen fungieren, und überall, wo ein einfaches Adjektiv auftritt, kann dafür eine solche Konjunktion gesetzt werden. Wir können z.B. bilden: „ein a b", „ein a oder b" usw. Andererseits können wir a b nicht als eine Beschaffenheitsvorstellung ansehen.

Betrachten wir nun die umgekehrten Formen, die Formen der pluralen Prädizierung (im Weiteren). Hier treten an Subjektstelle die konjunktiven oder disjunktiven Verbindungen auf; wir haben also die Formen, und zwar im einfachsten Fall der Zweigliedrigkeit: „M und N sind P", „M oder N sind P" (die plurale im engeren Sinn, im gewöhnlichen).

Hier sind die im Subjekt auftretenden Glieder notwendig nominale Vorstellungen, so dass man wieder versucht ist zu sagen: Einer Mehrheit von Subjekten wird in diesen Urteilen ein Prädikat zugeschrieben. Aber es wiederholen sich nur die Bedenken. Es ist ein kategorisches Urteil mit einem Subjekt, und die Zerfällung in eine Mehrheit von Urteilen, die wieder nur in der konjunktiven Form möglich ist, ist Sache der Geltungsanalyse und nicht der Bedeutungsanalyse. Ebenso wiederholt sich die Begründung der eigentümlichen Mehrfältigkeit der Kopula, ihre Mehrfältigkeit als Affirmation oder als Negation. Auch hier ist zu beachten, dass das plurale Subjekt eine Verbindung von nominalen Vorstellungen zu einer Vorstellung ist, aber nicht zu einer nominalen Vorstellung! Die negative Form findet beim pluralen Urteil ihren Ausdruck: „M und N sind nicht P."

Wir finden aber auch ⟨die Form⟩ „Weder M noch N ist P", der noch eine negative Form „Weder M noch N ist Nicht-P" gegenübersteht.

Das gibt zu denken, und es wird überhaupt von uns überlegt werden müssen, ob die gewöhnliche Auffassung der Negation, welche nur Negation bei der Kopula kennt und Affirmation und Negation als den Grundunterschied der Urteilseinheit ansieht, wirklich berechtigt ist. Ich habe daran öfters gezweifelt und will versuchen, die Gegengründe später zu Wort kommen zu lassen.

Ich sagte: Das Subjekt einer pluralen kategorischen Prädikation ist eine konjunktive Verknüpfung von nominalen Vorstellungen, aber als Ganzes nicht selbst eine nominale Vorstellung.[1]

Indessen ergibt die sonst wie auch hier mögliche Nominalisierung der einheitlichen Subjektvorstellung eine entsprechende nominale Vorstellung, und das, was in dieser im prägnanten Sinn gegenständlich ist, das ist bei der pluralen Vorstellung im engeren Sinn ein Inbegriff von Gegenständen, ein Zusammen. So z.B. wenn wir von dem Freundespaar Achill und Patroklus sprechen und davon Aussagen machen; oder von einer philosophischen Gruppe, die wir dabei namentlich nennen, von der wir aber eine Gesamt-

[1] *Gestrichen* als dies der Fall ist bei der disjunktiven nominalen Verknüpfung.

heitsprädikation machen. In diesem Fall haben wir keine plurale Prädikation, sondern eine singuläre mit einer Inbegriffsvorstellung an Subjektstelle, wohl zu unterscheiden von dem Fall, wo die durch „und" verknüpften nominalen Vorstellungen an Subjektstelle ein plurales Subjekt konstituieren. Von alters her stellt man hier gegenüber kollektiv fungierende Prädikate und distributiv fungierende. Sage ich: „Kastor und Pollux ist ein Freundespaar", so ist das Prädikat Prädikat des Inbegriffs als Ganzen. Sage ich, sie seien Götter, so ist das Gottsein nicht ein Prädikat des Paares, sondern jedes einzelnen Gliedes. So ist es ja überhaupt ein Unterschied, ob man von einem Verein eine Aussage macht oder eine plurale, bezüglich auf jedes einzelne Vereinsmitglied.

In der Form „N und N' sind P", „N und N' und N" ... sind P" sind die nominalen Vorstellungen freie Variablen. Näher besehen, möchte man sagen, stoßen wir aber auf eine Beschränkung. Die Form verliert ihren Sinn, wenn N' dieselbe Vorstellung ist wie N. „Cajus und Cajus sind krank", das gibt keinen Sinn. Überhaupt zeigt es sich in allen Fällen, wo die Und-Verbindung fungiert, dass, was sie verbindet, nicht bedeutungsidentisch sein kann. Dasselbe gilt von der disjunktiven Verbindung. Was andererseits das Prädikat der pluralen Form anbelangt, so kann sie keine nominale Vorstellung, sondern nur eine adjektivische sein; Form: „N und N' ... sind a."

Sehr wichtige neue Formen ergeben sich durch Einführung nominaler Vorstellungen mit Unbestimmten (denen parallel gehen Formen mit „dies", mit deiktischen Elementen), und zwar der Formen mit „etwas" und der Formen mit „ein a".

An die singuläre Form „Ein a ist b" reihen sich an: „Ein a und ein b sind p", „Ein a und ein b und ein c sind p" usw. Spezialfälle davon sind: „Ein a und ein a sind p", „Ein a und ein a und ein a sind p" usw. Ferner: „Etwas und etwas sind a", „Etwas und etwas und etwas sind a" usw. Für „etwas" können wir dabei sagen „eins"; also „eins und eins", „eins und eins und eins" usw. treten hier als Subjektbedeutungen auf, m.a.W.: „zwei", „drei" ...

Überlegen wir jetzt die Attributionen, die aus all solchen pluralen Prädikationen erwachsen. Aus der allgemeinen Form „N und N' ... sind a" erwächst die attributive Vorstellung „N und N', welche a sind", z.B. „Gorgias und Protagoras, bekannte Sophisten". Als zugehörige Besonderungen resultieren also die Vorstellungen „ein a und ein b, welche p sind", „(ein a und ein a) p", „(eins und eins) a", „(eins und eins und eins) a", d.i. die Vorstellungen „zwei a", „drei a", „vier a": Vorstellung benannter Zahlen. Diese unscheinbaren Analysen sind von größter Wichtigkeit, denn damit ist in evidenter Weise der Ursprung des Anzahlbegriffs in dem Bedeutungsgebiet aufgewiesen und zugleich gezeigt, dass die Konjunktiv- (Inbegriffs-)Vorstellungen, d.h. die einheitlichen Vorstellungen der Form „N und N'" in Anzahlvorstellungen übergehen, wenn die bestimmten Vollbedeutungen N, N' ... durch Leervorstellungen ersetzt werden; ferner, dass die so genannten „benannten Zahlen" Attributivvorstellungen sind, in denen eine reine Zahl, d.h. eine Inbegriffsvorstellung, gebildet aus leeren Einheiten, eine plurale adjektivische Attribution erfährt. Was uns hier auffällt, ist, dass Begriffe, die in einer Wissenschaft ⟨auftreten⟩, die von der formalen Logik weit abzuliegen scheint und die man jedenfalls mit ihr nicht gewohnt ist, in irgendeiner besonderen Beziehung zu denken, auf dem Gebiet jener Logik ihren natürlichen Standort haben, und zwar in deren unterster Stufe, der formalen Bedeutungslehre. Das ist eine Einsicht von außerordentlicher Tragweite, wie wir später noch sehen werden. Erwähnen muss ich noch, dass hier in der Formenlehre getrennt erscheinen die Bildungen „ein a und ein a", andererseits: „zwei a", d.i. „(eins und eins) a". In der Tat wäre es erst Sache der gesetzlichen Geltungslehre, es als Äquivalenz herauszustellen, dass „ein a und ein a" gleichwertig ist, obschon nicht gleichbedeutend mit „zwei a". Und so für alle höheren Bildungen.

Weiter ist zu beachten, dass hier nur von den Zahlvorstellungen die Rede ist, und näher von den bezeichneten nominalen Zahlvorstellungen, wie sie als Subjekte in pluralen Urteilen fungieren können, nicht die Rede aber ist von den entsprechenden Gegenständlichkeiten, auf die sich solche Vorstellungen beziehen. Also ist auch nicht die Rede von Bedingungen, unter denen solche Vorstellungen sich in gültiger Weise auf Gegenständlichkeiten beziehen, in richtiger Weise, d.i. in wahren pluralen Urteilen fungieren können, z.B. dass „ein a und ein a" nur dann in gültiger Weise als plurale Vorstellung fungieren kann und ebenso „eins und eins", „zwei und zwei a", wenn die eine und andere Eins verschieden sind in ihrer gegenständlichen Beziehung, so dass ich niemals ansetzen darf „ein a und noch einmal dasselbe a", sondern nur „ein a und ein davon verschiedenes a". Und erst recht Sätze wie die, dass jede Zahl in gültiger Weise sich um eine Einheit, eine neue Einheit, vermehren lässt usw. Das alles gehört in die Geltungslehre, in die logische Oberstufe hinein, so gut wie die parallelen Fragen bei den anderen aufgewiesenen Bedeutungsformen. Die deiktischen und zertifizierten Formen übergehe ich.

Ich habe parallel behandelt: „N ist a und b", „N ist a oder b".

Man könnte noch weiter parallelisieren: „N ist a, wenn es b ist" („N ist a, vorausgesetzt, dass es nicht b ist", „N ist nicht a, es sei denn, dass es b ist"), das abgeleitet wäre aus und äquivalent ist mit: „Wenn N b ist, ist es a", „N ist a und darum auch b", „N, welches a (und darum, und infolge davon b ist)", „N, welches a (und darum nicht b ist)" etc.

Strengere komplizierte Formen: „N ist nicht nur a, sondern auch b", „Sowohl: N ist a, als auch: es ist b", „Entweder N ist a, oder es ist b", „Entweder N ist a (und dann ist es nicht b), oder es ist b (und dann nicht a)", „Jedes Mal, wenn N a ist, ist es b", „Notwendig, wenn ..."

Wir haben eben drei Arten von Komplikationen: „N ist a, und dasselbe ist b", „N ist a oder (N_b) ist b", „Wenn N a ist, so ist es b", die sich gewissermaßen zusammenziehen lassen in kategorische Prädikationen, so dass wir in der Formenlehre der kategorischen Prädikationen auf diese Formen stoßen müssen.

Den beiden von uns behandelten Prädikatformen mit „und" und „oder" entsprechen die Subjektformen „M und N", „M oder N". Dagegen kann man nicht wohl parallel eine mit „wenn – so" gebildete Subjektform konstruieren. Man kann zwar sagen: „M, wenn nicht N, ist p", aber das ist hier doch nur eine verkürzte Redeweise, der im Gedanken entspricht: „M ist p, wenn nicht N p ist" oder „Von M gilt, dass es p ist, vorausgesetzt, dass nicht N p ist". Es scheint hier also ein viel komplizierterer Gedanke vorzuliegen.

Doch möchte ich den Fortgeschritteneren unter Ihnen empfehlen, über diese Fragen noch weiter nachzudenken. Die Formenlehre ist im Ganzen noch in ihren Anfängen, und sie ist, nachdem Methode und Ziel klargelegt sind, ein sehr dankbares Feld für Frucht bringende Untersuchungen.

Von nicht minder logischer Wichtigkeit sind die neuen Formen, zu denen wir übergehen, darunter diejenigen, welche man unter dem Titel der Quantität des Urteils zu behandeln pflegt, und zwar mit dem Anspruch, einen allgemeinen Urteilsunterschied dabei zu treffen, der dem Gesichtspunkt der Qualität gleichwertig zur Seite zu stellen sei. Merkwürdigerweise werden dabei gerade die prägnanten Quantitätsvorstellungen und Quantitätsformen des Urteils, nämlich die Formen, die wir Anzahlvorstellungen und Anzahlprädikationen nennen, nicht aufgeführt. Mit welchem Recht, darüber können Sie sich alsbald Ihre Gedanken machen, wenn Sie die neuen Formen kennen gelernt haben.

Eine plurale Prädikation kann nicht nur vollzogen werden mit konjunktiven Subjekten, deren nominale Glieder, sei es volle Vorstellungen oder leere Vorstellungen sind. So wie der bestimmten Subjektvorstellung des singulären Urteils das „etwas" und „dies" gegenübersteht, so der bestimmten Subjektvorstellung des pluralen Urteils das „einige" und „diese". Die aus lauter Einsen gebildete Subjektvorstellung eines Anzahlurteils hat in ihrer Art noch eine gewisse Bestimmtheit, sie ist „eins und eins" oder „eins und eins und eins" usw. Demgegenüber tritt hier noch eine neue Form der Unbestimmtheit ein, die gegen alle Ausprägung von Anzahlenunterschieden unempfindlich ist: das „einige"; und dem steht die deiktische Subjektvorstellung (zertifikatorische) „diese" („gewisse") gegenüber. Es erwachsen also die neuen Formen: „Einige sind a", „Diese sind a", „Gewisse sind a"; „Einige a sind b", „Diese a sind b", „Gewisse a sind b".

Die Formen mit „einige" sind diejenigen, welche die traditionelle Logik als das partikulare Urteil bezeichnet, oder vielmehr nur die zweite unter ihnen. (Doch werden wir noch eine andere mögliche Deutung derselben sprachlichen Formen kennen lernen.) Besonders zu beachten ist, dass die plurale Kopula hier genau denselben Sinn hat wie in den früheren Formen, obschon hier von einer Auflösung des Urteils in eine Kopulation von Sonderurteilen gar keine Rede sein kann – was aufs Neue bestätigt, dass es sich um eine neue Prädikationsweise handelt. Andererseits affiziert das unbestimmte „einige" die Kopula insofern, als sie zwar eine Vielfältigkeit bedeutet, aber nicht in ihre Falten auflösbar ist, einfach darum, weil die gesonderten nominalen Subjekte fehlen, auf die die einzelnen Falten zu verteilen wären.

Übrigens gilt dasselbe auch für Zahlenprädikationen wie „Sieben a sind b", wenn, wie es gewöhnlich der Fall ist, die Anzahlenvorstellungen nicht direkt und in Sonderung der verknüpften Einheitsvorstellungen gegeben sind, vielmehr nur indirekt definiert sind in der üblichen Weise durch die Definitionskette $1 + 1 = 2$ etc. Diese merkwürdigen Bildungen indirekter Art sind auf unserer Stufe nicht zu analysieren. Es sind mittelbare Vorstellungen, von denen wir uns hier nicht Rechenschaft geben können und von denen man sich bisher freilich überhaupt nicht Rechenschaft gegeben hat. Worauf es uns hier aber sehr wesentlich ankommt, ist die Erkenntnis, dass in der Weise der Prädikation, d.h. in der Weise der Synthesis des Urteils fundamentale Unterschiede hervortreten, dass also das, was man Kopula nennt, keineswegs überall im kategorischen Urteil einerlei ist. Die Art, wie singuläres Subjekt und singuläres Prädikat zur Einheit kommen, ist wesentlich verschieden von der Art, wie es plurales Subjekt und plurales Prädikat tun, und auch dann noch sind Unterscheidungen zu merken. Besonders hervorzuheben ist immer wieder, dass ein plurales Prädikat keine Beschaffenheit dessen ist, wovon ausgesagt wird, dass[1] die Mehrheit nicht

---

[1] *Der Rest dieses Satzes ist Veränderung für* Denn das Wovon ist beim pluralen Urteil eine Mehrheit, das Prädikat geht aber auf jedes Einzelne der Mehrheit, aber in neuer Weise, in der Weise der Distribution, was im Grunde genommen nur ein anderes Wort ist für das Eigene der pluralen Prädikation. Darum bleibt es doch dabei, dass alle Formen des kategorischen Urteils eine innere Einheit bilden, was zum Ausdruck kommt in der Rede, dass von etwas etwas ausgesagt wird. *Randbemerkung zu diesem Text* Schon früher gesagt, wenn auch mündlich.

nominales Subjekt ist, dass also der Satz, den wir in der ersten näheren Bestimmung der allgemeinen kategorischen Form „S ist P" aussprachen: „Das S muss ein N sein", nur für den natürlichen Sinn der Formel gilt, den Sinn als singulärer Prädikation; und ebenso das plurale Subjekt kein eigentlicher einheitlicher Gegenstand, d.h. die Subjektvorstellung keine nominale Vorstellung ⟨ist⟩. Und demgemäß besagt das „einige" oder „mehrere" nicht so viel wie eine Vielheit, Mehrheit oder eine Anzahl. In „Einige a sind b" haben wir nicht das Subjekt „eine Vielheit von a", von der ich ja auch nicht sagen könnte: „Sie sind b", sondern höchstens in einer wesentlich verschiedenen Form, es sei jedes aus der Vielheit b. „Eine Vielheit von Menschen", das sagt: eine Vielheit, aus der jede Einheit ein Mensch ist. Aber dieser Bildung sind wir bisher noch nicht begegnet, zu ihr kommen wir erst im Nächsten.

Wir hätten jetzt einen Blick zu werfen auf die parallelen Prädikationen mit disjunktiven Subjekten, also diejenigen, die ausgehen von der voll bestimmten Form „M oder N sind p". Natürlich können wir auch hier Unbestimmte einführen, also z.B. „Etwas oder ein anderes Etwas ist p", „Ein a oder ein b, ein a oder ein anderes a sind p" usw. Nicht ohne Schwierigkeit ist es übrigens, die Parallele dieser beiden Reihen von Formen, die wir unter dem Titel der im weiteren Sinn pluralen Formen befassten, richtig zu interpretieren.[1] Man könnte nämlich sagen: Urteilen wir „M und N sind p", so meinen wir, beides zugleich sei p; urteilen wir, M oder N sei p, so meinen wir: eins von beiden. Also der Gedanke des „beide" sei beiderseits vorhanden, oder es deute das „beide" auf ein beiderseits Gemeinsames, auf den Gedanken des Inbegriffs von A und B, der nur beiderseits in verschiedene prädikative Form gebracht sei. Und diese Auffassung würde sich auf alles Weitere erstrecken, es würden dann die Zahlengedanken nicht spezielles Eigentum der pluralen Vorstellungen im gewöhnlichen, engeren Sinn sein, sondern diesen und den parallelen Formen gemeinsam angehören.

Andererseits könnte man sagen, das seien neue Gedankenbildungen, die als eigene Formen aufgezählt werden müssten, und als besonders wichtige. Zuerst könne einfach geurteilt werden: „A und B sind p", z.B. „Xenophanes, Parmenides und Zeno sind Philosophen der eleatischen Schule", und dann kann weiter gebildet werden: „Von diesen Philosophen (der eleatischen Schule): Xenophanes, Parmenides und Zeno war jeder, war sowohl Xenophanes als Parmenides als Zeno ein subtiler Denker."

---

[1] *Gestrichene Randbemerkung* Sie verdienen den gemeinsamen Namen übrigens darum, weil in beiden die Prädikation in analoger Weise distribuiert ist.

Was ist das für ein Unterschied? Im zweiten Fall wird das plurale Subjekt der ursprünglichen Prädikation zu einer Mengenvorstellung, einer nominalen Inbegriffsvorstellung, Vielheitsvorstellung umgebildet. Hatten wir ursprünglich das plurale Subjekt „Xenophanes, Parmenides und Zeno", so nachher die Vorstellung der Gruppe, der Vielheit mit gleichzeitiger namentlicher Anführung, die als Eigenvorstellung der Vielheit gelten kann. Und nun wird ausgesagt, nämlich dass sowohl das eine als das andere als das dritte ihrer Glieder eine gewisse Eigenschaft hat. Die gegenständlich vor Augen gestellte nominalisierte Vielheit wird Glied für Glied durchlaufen und im Bewusstsein des „sowohl – als auch" die Eigenschaft auf die Glieder wieder distribuiert. Wir hätten danach die Form „Von den A und B sind sowohl A als B p", „ist sowohl das eine als das andere p" und schließlich „ist jedes p", „Von den α-Seienden (A und B) sind sowohl A als B p". Das heißt wohl: Das Subjekt ist A und B als Zusammen. Und ausgesagt ist: Das „A und B" hat die Beschaffenheit, dass je und je sowohl das A als das B p ist. Statt der einfacheren Form „Zwei a sind p" hätten wir: „Von zweien a ist je und je sowohl das eine als das andere p, ist jedes p." Und ebenso bei den disjunktiven pluralen Formen.

Anstatt „M oder N ist p" hätten wir: „Von den M und N ist eins p oder das andere p (entweder M oder N ⟨ist⟩ p.)" oder, was im Gedanken oft dasselbe ist: „ist eins p". Ebenso erwüchse die Form: „Von mehreren a ist eins oder das andere p" usw. Im „eins von" liegt das fortgesetzte Durchlaufen: „das oder das oder das" usw. Es scheint mir unverkennbar, dass diese Auffassung die richtigere ist und dass aus der Rückbeziehung auf eine schon gebildete Mehrheitsvorstellung (bei der nur zu überlegen ist, ob sie überall nominalisierte sein muss) neue Prädikationsformen erwachsen; zunächst inexplizit in der Bedeutung artikulierter Einzeldurchlaufung erwächst das „sowohl – als auch" im Sinne des „je und je" bzw. das „entweder – oder". In unbestimmter Fassung erwächst das „jedes aus der Vielheit" und das disjunktive „eins aus der Vielheit" und „einige aus der Vielheit"; ebenso „ein gewisses aus der Vielheit", „gewisse aus der Vielheit", „diese" etc. Dabei weist das „jedes" auf das vollständige Durchlaufen im „sowohl – als auch" hin. In jeder bestimmt ausgeführten Prädikation dieser Art deckt sich bedeutungsmäßig die zweimalig, aber in sehr verschiedener Form auftretende Vielheitsvorstellung in allen ihren Gliedern. Von den A und B ist je und je sowohl A als B ein p. Und den Gedanken dieser Deckung drückt in unbestimmter Weise das „jedes" mit aus. Im Gegensatz dazu sagt das „einige aus der Vielheit" Deckung hinsichtlich einer Teilgruppe aus, aber mit disjunktivem Durchlaufen; und das „eins aus der Vielheit" eben die Heraushebung und deckende Erfassung eines Einzelnen.

Demgemäß ist zu unterscheiden zwischen dem Sinn der Form „einige a", wenn das „einige" nur bedeutet: in unbestimmter Weise das „ein und ein", also (wenn auch nicht vergegenständlicht) eine unbestimmte Mehrheit, Vielheit; und der andere Sinn des „einige", der das Herausgreifen aus einer Mehrheit und evtl. Allheit voraussetzt, derart dass „Einige a sind b" dann besagt: „Einige unter den a (Einige unter den Rosen dieses Gartens) sind b (sind spät blühende)."

Die traditionelle Logik führt nur eine einzige Form auf: „Einige S sind P", unter welche sie ganz unberechtigt die Form „Ein S ist P" mit zu befassen pflegt, da sie ausschließlich einen Geltungsgegensatz zwischen diesem so genannten partikularen Urteil und dem allgemeinen „Alle S sind P" im Auge hat. Das „nicht alle" wird nämlich gleichgesetzt mit „einige". Aber das sind keine Gesichtspunkte für eine Formenlehre.

Wohl zu beachten ist auch, dass in gewöhnlicher Sprache das „einige" oft für „nur einige" supponiert, was ein komplizierterer Gedanke ist, der besagt: „einige, aber nicht alle", ebenso wie das betonte „ein" oder „nur ein" besagt: „einer, aber nicht mehrere".

Ich habe jetzt noch einiges über die Nominalisierungen der pluralen Vorstellungen zu sagen, die sich als im echten Sinn Form bildend erweisen, zumal in der Gestaltung derjenigen logischen Formgedanken, die wir gewöhnlich als arithmetische zu bezeichnen pflegen.

Die Nominalisierung der pluralen Vorstellungen ergibt die nominalen Inbegriffsvorstellungen. Z.B. der Pluralvorstellung „A und B" entspricht die Singularvorstellung „A und B", die wir z.B. vollziehen, wenn wir sagen: „A und B ist ein Paar", „A und B, A und B und C u.dgl., das sind Vielheiten, das sind Inbegriffe", und ebenso wenn wir die Attributivvorstellung bilden: „die Vielheit, der Inbegriff (A und B und C)". In der Regel werden wir zur Bezeichnung dieser Gegenstände von vornherein den Vielheitsbegriff verwenden und in den Ausdruck der neuen nominalen Vorstellungen ihn hineinziehen, also sagen: „die Vielheitsvorstellung oder die Inbegriffsvorstellung A und B und C".

(Es ist das eine Modifikation, die ebenfalls durch das Bedeutungsgebiet hindurchgeht, so wie die früher einmal besprochenen Bedeutungsmodifikationen. Allerdings erwächst diese Modifikation durch Eingehen in die Gegenständlichkeitssphäre, aber die Begriffe, die da hineingezogen werden, sind nur die den Bedeutungskategorien entsprechenden gegenständlichen Kategorien. Sie dienen dazu, um in bequemer Weise indirekt (zirkumskriptiv) die Bedeutungsarten zu charakterisieren, auf die man es abgesehen hat und die im gewöhnlichen sprachlichen Ausdruck nicht gut zur Abhebung zu bringen wären. Dahin gehören z.B. die Wendungen, die wir gebrauchen, um zu betonen, dass das adjektivische und nicht das substantivische Rot (oder umgekehrt) gemeint sei, indem wir sagen: „S hat die Eigenschaft Rot", anstatt zu sagen: „S ist rot." Überhaupt können wir Gegenständlichkeitsbegriffe in dieser Art immer hereinziehen. Statt „ist ähnlich" können wir sagen: „steht in der Beziehung der Ähnlichkeit". Statt „dass S P ist" können wir sagen: „der Umstand, dass S P ist" u.dgl.)

Wir[1] können auch anstelle der pluralen aus unbestimmten Einsen gebildeten Vorstellungen, die wir geradezu ⟨als⟩ Zahlvorstellungen bezeichneten, nominale Vorstellungen bilden. Also vergegenständlichend vorstellen: „eins und eins", „eins und eins und eins" usw., ebenso: „ein a und ein a", „ein a und ein a und ein a" etc. Dabei werden gegenständlich Anzahlen, die je nachdem 2, 3 usw. sind. Genau besehen ist es nicht korrekt, die nominale Vorstellung „eins und eins" selbst als Vorstellung 2, und zwar als Vorstellung „eine Zwei" zu bezeichnen. „Eine Zwei", „eine Drei" usw., das sind doch attributive Vorstellungen: „etwas, das 2 ist", „etwas, das 3 ist" usw.[2]

Wie ist diese attributive Vorstellung zu analysieren? Was ist „das 2", das bestimmend auftritt, als ein adjektivisches? Ich sage: „etwas, das 2 ist, dem das Zweisein zukommt". Sage ich: „eine Zwei und eine andere Zwei", so meine ich natürlich irgendeine Gruppe, irgendeine Vielheit der Form, die bestimmbar ist als 2, und eine andere Vielheit, bestimmbar wieder als 2, eine Vielheit dieses selben Formtypus. In der Tat, an jeder Gruppe A und B, die wir als ein kollektives Zusammen, als einen Inbegriff nominal vorgestellt haben, können wir die Zählungsoperation vollziehen: Nämlich dem A ordnen wir das Eins und dem B wieder das Eins zu, also an jedem Glied des Inbegriffs vollziehen wir die Einsauffassung und bilden dabei die Vorstellung „eins und eins". Und dadurch bestimmt sich der Gegenstand unserer nominalen Vorstellung eben als „eins und eins", d.h. so, wie sich ein einzelnes A bestimmt eben als Einzelnes, als „eins", wodurch das „eins" prädikativ und adjektivisch fungiert, im Gegensatz zu den Fällen sonst, wo es nominal fungiert. So kann auch das „eins und eins", das „eins und eins

[1] Zur Arithmetik ⟨*vielleicht aus Zeitmangel am Ende der Vorlesungsstunde*⟩ nicht gelesen: Zahlen.

[2] *Gestrichen* Der Unterschied ist derselbe wie zwischen „A und B" und der Vorstellung „das Paar A und B", nämlich der Vorstellung „(A und B), welches eins und eins ist". Die bestimmten Inbegriffe können wir genauso unter das „eins und eins und eins" bringen, so wie wir einen bestimmten Einzelgegenstand unter das „eins" bringen, nämlich sagend: „Dies Haus ist eins."

und eins" adjektivisch im Prädikat fungieren. Gegenständlich gesprochen: Die Sorte von Gegenständen, die in den nominalisierten Subjekten pluraler Urteile vorgestellt werden, also in den Inbegriffsvorstellungen „A und B" etc., bestimmen sich als Vielheit, als Mehrheit, als „eins und eins und eins" vermöge adjektivischer Vorstellungen.

In der Arithmetik der Anzahl sind Anzahlen ⟨in⟩ diesem konkreten Sinn, als Gegenstände nominaler Vorstellungen gefasst, Objekte der Untersuchung. Was für Anzahlen als solche gilt, soll erforscht werden. In allen Summen treten solche nominalen Anzahlvorstellungen auf, was aber nicht ausschließt, dass auch in der Arithmetik plurale und adjektivische Zahlvorstellungen als Bestimmungen von irgendwie schon nominal vorgestellten Zahlen auftreten, wie z.B. in der Multiplikation 2×2, d.h. eine Anzahl, die gleich ist der Summe von zwei Anzahlen, deren jede eine 2 ist. Die erste Vorstellung 2 in diesem Ausdruck ist offenbar keine nominale, sondern eine plurale 2-Vorstellung.

Weiter können wir hier in die Analyse der arithmetischen Gedanken nicht eintreten, auf die es hier ja nicht abgesehen ist. Andererseits ist es klar, dass solche Analysen, wie wir sie hier vollzogen haben, für eine Klarstellung des Sinnes des arithmetischen Denkens von fundamentaler Wichtigkeit sein müssen. Vom Standpunkt einer reinen Formenlehre der Bedeutungen überhaupt ist es an und für sich notwendig, die verschiedenen Formen, welche die pluralen Vorstellungen haben können, und die Umbildungen, die sie durch Einführung von Unbestimmten und durch Veränderung der prädikativen Funktion erfahren können, zu verfolgen. Dass hier der Ursprung der arithmetischen Bedeutungen liegt und somit das Fundament für eine so große und folgenreiche Wissenschaft wie die Arithmetik, gibt aber diesen Analysen ein besonderes Interesse.

Nun haben wir zu unterscheiden den allgemeinen Vielheitsbegriff, der ungeschieden auf „A und B" passt, auf „A und B und C" usw., und die Unterscheidung und nähere Bestimmung, die wir vollziehen, indem wir scharf sondern „Eins und eins ist 2", „Eins und eins und eins ist 3" usw. dadurch, dass wir die Vielheitstypen vergleichen und scharf sondern.

Demnach haben wir den adjektivischen bestimmenden Vorstellungen „eins und eins und eins" usw. einzureihen die adjektivischen bestimmten Zahlvorstellungen 2, 3 usw. Nun bestimmt sich „A und B", dieses inbegriffsmäßig genommene Zusammen, als „eins und eins", näher als adjektivische Zwei. Und wie jeder adjektivischen Vorstellung entspricht dieser eine mögliche attributive (nominale) Vorstellung, so dass wir dann auch sagen können: „A und B ist eine Zwei", „A und B und C ist eine Drei".

Allgemeiner dann kann man von jedem Inbegriff sagen, er sei eine Zwei oder eine Drei, kurzum eine Anzahl, und näher eine Anzahl von Bäumen, eine Anzahl von Pferden usw.[1] Gewöhnlich wird übrigens in den Begriff der Zahl schon irgendeine solche nähere Bestimmung der gezählten Einheiten aufgenommen: Eine Anzahl ist von vornherein gedacht als eine Zweiheit, eine Dreiheit u.dgl., deren jedes Eins bestimmt ist als ein Baum oder ein Pferd u.dgl., so dass Anzahl überhaupt bedeutet eine reine Anzahl überhaupt, deren jedes Einzelne bestimmt ist als ein nicht näher bezeichnetes A.

Worauf es hier uns ankommt, ist es, diesen keineswegs bedeutungslosen Unterschied scharf zu erfassen zwischen den ersten pluralen Vorstellungen „zwei, drei Bäume", ebenso wie „einige Bäume", und den nominalen Anzahl- und Vielheitsvorstellungen, die wir ausdrücken als „irgendeine Zwei", „irgendeine Drei" usw., näher den Einheiten nach evtl. bestimmt als Bäume, als Krafteinheiten u.dgl.

⟨*Der Allheitsgedanke*⟩

Wir waren in der Fortbildung der pluralen Urteilsformen auf solche von einer gewissermaßen höheren Stufe gestoßen.

In Bezug auf einen Inbegriff bestimmt vorgestellter A, B, C, also in Bezug auf das im Zusammen und nominal vorgestellte „A und B und C" wird ausgesagt, dass sowohl A als auch B als auch C irgendein Prädikat haben oder, was dasselbe, dass je und je A, B und C dieses Prädikat habe. Hier tritt uns also eine neue Denkform entgegen als dieses „je und je", das auch im bloßen „sowohl – als auch" mitgemeint sein kann (im Sinne des „durchaus"). Diese selbe Form überträgt sich dann auf die unbestimmteren pluralen Urteilsbildungen, so schon, wenn wir urteilen: „Von den A und B und C ist jedes p." Es kann ferner an Subjektstelle anstatt der Vorstellung eines nach seinen Gliedern bestimmt vorgestellten Inbegriffs ein unbestimmter vorgestellter treten, z.B. „Von mehreren (oder einigen) ist jedes p", „Von mehreren a-Seienden ist jedes p", „Von den A (d.h. den a-Seienden) ist jedes p"; z.B. „Von den Rosen unseres Gartens ist jede eine Tee⟨rose⟩". Es kann hier als Subjekt der Aussage einmal angesehen werden der Inbegriff der „Rosen dieses Gartens", von dem dann ausgesagt wäre, dass darin jede eine Tee⟨rose⟩ sei. Doch liegt darin wohl ein Umweg, den wir nicht immer

[1] *Gestrichen* Nun sagen wir aber von einer Gruppe, einer Menge nicht, sie sei eine Zahl, sondern sie habe eine Zahl. Das ist so zu verstehen, dass wir von ihr zunächst sagen, sie sei eine Vielheit.

machen. Die einfachere Denk- und Bedeutungsweise ist wohl die, dass als einheitliche Subjektvorstellung fungiert: jedes aus dem Inbegriff der a, jede aus der Gesamtheit der Rosen dieses Gartens. Und ebenso schon im Fall, wo die Glieder des Inbegriffs einzeln vorgestellt sind: „Jedes von den A, B, C … ist p."

Diese Bildungen sind überhaupt etwas schwierig. Vielleicht werden Sie sogar zweifeln, ob die Vielheit auf Subjektseite wirklich nominal vorgestellt und so im eigentlichen Sinn gegenständlich werde. Doch scheint hier der Zweifel nicht standzuhalten. Denn wenn wir sagen: „jede von den", so steht uns doch das A und B und C als ein Zusammen, als ein in eins gefasster Inbegriff vor Augen.

Damit sind wir hinreichend ausgerüstet, um den eigentlichen Sinn der Redeform „Jedes S ist p" uns verständlich ⟨zu⟩ machen, mit anderen Worten, den Sinn des so genannten Allgemeinurteils, das zu so vielen und noch nicht abgeschlossenen Diskussionen unter den modernen Logikern Anlass gegeben hat. Mit dieser Form wird identifiziert die Form „Alle S sind P", die in der Tat oft mit ihr völlig gleichbedeutend gebraucht wird.

Sicher ist nach unseren Analysen, dass, wo immer „jedes S" gesagt wird, gemeint ist eine Beziehung auf einen nominal vorgestellten Inbegriff, auf eine Vielheit, aus der jedes die Eigenschaft p haben soll. Das fordert der Sinn des „jede".[1]

Beilage. Eine weitere, uns hier mehr angehende Schwierigkeit liegt in dem bestimmten Artikel. Liegt nicht in der Rede von „den" A, B, C schon das „jede"? Sagen wir einfach: „Die A und B und C sind p", so meinen wir doch jedes dieser A und B und C, also dasselbe, was in der angeblich neuen Form gesagt ist. Und kommen wir nicht auf einen unendlichen Regress, wenn wir im „dies" schon das „jede" suchen?

Nun, bei bestimmten Objekten liegt die Sache so. Sagen wir: „jeder von den ‚Sokrates, Plato und Aristoteles'", so ist der explizite Gedanke doch wohl der: jeder von diesen; nämlich Sokrates, Plato und Aristoteles. Hier wird die in der Form der Diesheit vorgestellte Vielheit näher bestimmt durch die bestimmte Aufzählung, wobei der bestimmt aufgezählte Inbegriff in das Verhältnis der Identifizierung tritt

[1] *Gestrichen* Dabei ist zu unterscheiden: Ist der Inbegriff explizit bedeutet oder in seiner Einheit deiktisch-schlicht aufgewiesen oder auch bloß unbestimmt durch die attributive Vorstellung einer Vielheit von S gedacht, so haben wir nicht die Form „jedes S schlechthin", sondern: „jedes unter diesen S" oder „jedes aus einer Vielheit S". Heißt es aber: „jedes S schlechthin" oder deutlicher: „jedes a schlechthin" (begriffliche Bedeutung), so ist der Gedanke trotz der einfacheren Ausdrucksform erheblich komplizierter. Da die traditionelle Logik gerade diese freilich wichtige Form bevorzugt und der Streit vor allem sie betrifft, müssen wir uns die Sachlage näher ansehen.

mit dem in der bloßen Form der Diesheit vorgestellten. So wie ich im Fall der Einzelnheit sage: „Dies ist Sokrates", so kann ich im Fall des Plurals aussagen: „Diese (nämlich ‚dies und dies') sind Sokrates und Plato." Hier ist es klar, dass zwar eine identifizierende Deckung sich vollzieht, aber der Gedanke des „jedes" keine Rolle spielt. Sagen wir also: „jeder von diesen: Sokrates, Plato, Aristoteles", so kommt das „jedes" nur einmal vor.

Dabei ist zu unterscheiden. Es kann „jedes S" ein unvollständiger Ausdruck sein und etwa meinen: jedes von diesen S da, die meinem wirklichen oder geistigen Auge gegenüberstehen in einem einheitlichen und nach seinen Gliedern einzeln erfassten Inbegriff; oder es könnte gemeint sein: jedes aus einer gewissen Vielheit S, oder endlich – und das ist der normale Fall –: jedes S schlechthin; und das kann, da durchaus eine Vielheit, aus der das „jedes" herausgreift, gemeint sein muss, nur sagen wollen: „jedes unter den S überhaupt", z.B. „jede Blume meines Gartens" = „jede unter den Blumen meines Gartens". Trotz des einfacheren Ausdrucks ist hier der Gedanke schwieriger zu verstehen als in den anderen Fällen. Und da gerade diese Form ihrem Sinn nach die umstrittene ist, bzw. die mit ihr zumeist gleichsinnig gebrauchte Formal „Alle S sind p", so müssen wir uns die Sachlage hier genau ansehen. Abermals gleichsinnig pflegt gebraucht zu werden die Form „Die S sind p". Bleiben wir beim ersten Ausdruck stehen. Nehmen wir beispielsweise: „Von den Rosen unseres Gartens ist jede eine Teerose." Da scheint eine erhebliche und notwendig anzunehmende Komplikation darin zu liegen, dass wir doch, von den Rosen unseres Gartens sprechend, offenbar meinen: eine jede. Ja der Gedanke „jedes" scheint sogar zweimal hierin zu liegen. Denn sagt die Rede „die A" nicht: eine Vielheit, deren jedes Glied ein a ist und für die auch umgekehrt gilt, dass jedes a in ihr vertreten sein soll? Also „die Rosen unseres Gartens", das hieße: eine Vielheit, deren jedes Glied Rose dieses Gartens ist und die andererseits jede Rose des Gartens in sich enthält. Aber[1] da tritt ja gerade der Ausdruck auf, den wir klären wollten. „Jede Rose des Gartens", das sollte ja sein: „jede unter den Rosen des Gartens"; und so bewegten wir uns im Zirkel.

Man dürfte uns also hier den Vorwurf jener falschen Gründlichkeit machen, die in die wirkliche Bedeutung all das hineintrüge, was die Geltungsanalyse an äquivalenten und oft sehr komplizierten Bedeutungen zu erschließen gestattet. Und wie gefährlich die Sachen hier liegen, zeigt eine

[1] *Der Rest dieses Absatzes ist Veränderung für* Also zweimal steckte in diesem komplizierten Gedanken der Gedanke „jedes". Und nun heißt es noch zum dritten Mal „jede von den Rosen unseres Gartens".

nahe liegende Überlegung, die scheinbar mit derselben Beweiskraft vier Negationen aus dem Sinn der Rede „die Rosen dieses Gartens" herausholen könnte. In der Tat, sprechen wir von den Rosen dieses Gartens, so ist, dem Plural nach, offenbar die Rede von einer Vielheit, aber einer Vielheit, in der kein Glied sich findet, das keine Rose dieses Gartens wäre, und in der andererseits keine Rose des Gartens nicht vertreten wäre. Anstelle des doppelten „jede" fungieren hier also vier Negationen.

Soll man demnach sagen, alle diese Analysen seien Geltungsanalysen, nicht wirkliche Bedeutungsanalysen? Oder müssen wir uns zu der vierfachen Negation entschließen, die im Gedanken „jede Rose dieses Gartens" impliziert sei? Unmittelbar finden wir davon sicher nichts. Freilich ist das aus gewissen Gründen nicht beweisend. Nämlich in der Verworrenheit eines Gedankens kann so manches Bedeutungsmoment impliziert sein, das erst in der Analyse sich als ein wirklich gemeintes herausstellt. Erst wenn wir uns vollste Deutlichkeit in Betreff des gemeinten Inhalts verschaffen, wenn wir den zunächst vage verstandenen Gedanken in eine die Bedeutung voll explizierende Form überführen, können[1] wir zu einer wirklichen Entscheidung kommen. Es heißt: „die Rosen unseres Gartens". Achten wir auf den Gedanken. Machen wir ihn deutlich, ohne ihn dem Sinn nach zu verändern. Wir stellen dann unseren Garten vor und die in ihm wachsenden Rosen. Sehen wir wirklich in den Garten hinein, so durchlaufen wir die Rosen im überschauenden und zusammenschauenden Blick und vollziehen dabei das attributive Bewusstsein des Im-Garten-Seins der Rosen und zugleich die Hinweisung „diese", „die da". Nun ist es sicher, dass der hierbei gebildete Gesamtgedanke psychologisch das doppelte „jedes" in expliziter Form nicht enthält. In der Einheit des Blickes umfassen wir die Rosen, die sich äußerlich zu einer Gruppe oder einer Konfiguration von Gruppen zusammenschließen, die ihrerseits durch das Gartengitter umfriedet und damit von den Rosengruppen der Nachbargärten abgeschlossen ist. Wir halten uns an dieser abgeschlossenen Gruppe und urteilen im Bewusstsein des „je und je", dass jede Rose darin eine Teerose sei.

Aber die Bedeutung der Aussage, die wir machen, indem wir sagen: „die Rosen dieses Gartens", verlangt doch die Meinung, dass die erfasste Gruppe sämtliche Rosen des Gartens umspanne. Die Anschauung durch ihre Eigenart im gegebenen Fall mag im Voraus den möglichen Vollzug

[1] *Der Rest dieses Satzes ist Veränderung für* finden wir doch nichts von der vierfachen Negation, aber sehr wohl das doppelte „jedes". Das muss aufgewiesen, also jene Überführung wirklich vollzogen werden.

dieses Gedankens verbürgen und somit den expliziten Vollzug ersparen, aber irgendwie, wie sich aus der Wahl der Ausdrucksform verrät, ist der Gesamtheitsgedanke mitgemeint. Und erst recht, wenn wir nicht Anschauung haben, sondern im unbestimmten Denken von „den Rosen unseres Gartens" sprechen. Ebenso ganz allgemein, wo wir sagen: „die A schlechthin"; darin steckt das Insgesamt. Es fragt sich nun, was das besagt. Etwas von Negation wohl und etwas vom „jede". Einmal: Das ist sicher, dass, wenn wir „die A" sagen, wir eine Vielheit vorstellen aus lauter A, eine Vielheit, in der jedes Einzelne A ist. (Da kann allerdings bloß der Gedanke „ein A und ein A und ein A" usw. dienen.) Und andererseits ist gedacht, dass in dieser Vielheit kein A fehlt. So, scheint es, können wir den Gedanken „Gesamtheit von A's", der schon im „die A" gemeint ist, fassen.[1]

Eine Vielheit von A's, in der kein A fehlt: Dieser Gedanke ist freilich durchaus äquivalent mit dem einer Vielheit, in der kein Einzelnes ist, das nicht A wäre, und in der kein A fehlt. Aber die erste doppelte Negation ist entbehrlich, weil der Gedanke einer Vielheit von A's ohne doppelte Negation schon das enthält, dass es sich um eine Vielheit, deren jedes Einzelne A ist, handelt oder, vielleicht noch einfacher, eine Vielheit der Art „ein A und ein A und ein A" usw.

In jedem Urteil der Form „Jedes A ist B" ist dieser Gesamtheits- oder Allheitsgedanke gedacht, und direkter zum Ausdruck kommt er in dem Wörtchen „alle": „Alle A sind B." Was wird nun von der Allheit ausgesagt? Wie wir sagten: dass in ihr jedes ein B sei. Das kommt in der ersten Ausdrucksform besser zum Ausdruck, während die zweite sich mit dem Plural begnügt und seinem distributiven Sinn. Indessen scheint es, dass wir dieser Formel die einfache plurale Prädikation darum nicht zugeben können, weil der Gesamtheitsgedanke eine nominale Vorstellung der Gesamtheit voraussetzt und die Distribution in pluraler Form eigentlich einen pluralen Subjektgedanken voraussetzt. Darum analysiere ich: „Jedes aus der Gesamtheit von A's ist B" oder „Jedes von den A's ist B".

Keineswegs soll mit dieser Analyse gesagt sein, dass in jedem Fall, wo wir aussagen: „Jedes oder Alle A sind B", dies der Gedanke sei. In der Tat, ganz anders steht es, wenn wir sagen: „jedes Dreieck", z.B. beim Satz von der Winkelsumme, und etwas auszusagen meinen, was eben zu jedem in strenger

---

[1] *Gestrichen* Nicht jede vollständige Durchlaufung einer Vielheit liefert das Bewusstsein „jede" – hier fehlt es nämlich trotz der Durchlaufung ganz und gar –, vielmehr tritt nach unseren Analysen das „jede" erst auf, wenn wir schon eine Vielheit gebildet und in Bezug auf sie eine Prädikation vollziehen: „Von der Vielheit ist jedes ein a." Dergleichen liegt aber hier im Beispiel „die Rosen dieses Gartens" nicht vor.

Allgemeinheit gehört. Wir bilden zwar alle ohne Mühe den Gedanken der Gesamtheit aller Dreiecke überhaupt und stellen dabei einen Inbegriff vor, der einerseits nur Dreiecke enthalten soll und andererseits kein Dreieck überhaupt entbehren soll; wir bilden also in gleichem Sinn, wie es scheint, das Urteil: „Unter den Dreiecken, in der Gesamtheit der Dreiecke, hat jedes zur Winkelsumme zwei Rechte." Aber die Frage ist, ob dies wirklich der Gedanke ist, in dem die Formel mit „jede" und mit „alle": „Alle S sind p", überall fungiert (und zumal dann, wenn man sich mit der traditionellen Logik darin gefällt, diese Allheitsformel als einzigen Repräsentanten des so genannten allgemeinen Urteils hinzustellen, oder besser gesagt, wenn man sich darin gefällt, eine Reihe wesentlich verschiedener Urteilsformen zu unterdrücken und in ungeschiedener Weise in die äußerliche Ausdrucksform des „Alle S sind P" hineinzupressen). Unter[1] den neueren Logikern ist besonders Sigwart auf die Vieldeutigkeiten der allgemeinen Aussageform aufmerksam geworden.*

Er macht der traditionellen Logik den großen Vorwurf, dass sie Heterogenes zusammenmenge, indem sie jedem Satz, der mit „alle" anfange, ohne weiteres als zur selben Art gehörig behandle. Man muss nach Sigwart den fundamental verschiedenen Sinn der universellen Aussage beachten, je nachdem sie als empirisch allgemeine und unbedingt allgemeine verstanden wird. Die empirisch allgemeine Aussage stelle den psychologisch ursprünglicheren Sinn der universellen Aussageform dar. Ursprünglich bezieht diese sich nach Sigwart auf die Fälle, wo uns Dinge in begrenzter, zählbarer Anzahl vorliegen, wo wir eine empirische, durch faktische Zahlen erschöpfbare Allgemeinheit im Auge haben und dann von deren einzelnen Gliedern das Prädikat P einzeln behaupten. Ehe wir von allen S sagen, dass sie P sind, haben wir von jedem einzelnen das P-Sein ausgesagt und uns so überzeugt, dass wir nun mit den S zu Ende sind. Und das allgemeine Urteil habe hier den Sinn: „Die S, die P sind, sind alle S"; z.B. „Alle Neun sind gefallen", „Alle Gäste sind da": „Die Kegel, die gefallen sind, sind alle Kegel", „Die Gäste, die nun schon da sind, sind alle Gäste". Die Meinung des „alle" sei dabei die Negation der Ausnahme. Das „alle" sagt, dass keinem das Prädikat P fehlt, dass es ausnahmslos vorhanden ist. Daher die Redeformen: *nemo non, nullus non*. Im „alle" steckt eine doppelte Negation.

---

[1] *Dieser Satz ist Veränderung für* Besonders berühmt ist in dieser Hinsicht Sigwarts Lehre. Sigwart sucht nachzuweisen, dass die Form des allgemeinen Urteils „Alle S sind P" eine vieldeutige sei.

* Vgl. zum Folgenden Christoph Sigwart, *Logik*, Freiburg i. B. 1889, Bd. I, 5. Abschnitt.

Es gibt aber noch einen anderen Sinn der universellen Aussageform, z.B. in Sätzen wie „Alle Menschen sind sterblich", „Alle Dreiecke haben ...", „Alle Tiere empfinden". Hier sei der Sinn sicher nicht der, dass der Urteilende vorher erst alle Menschen, alle Dreiecke, alle Tiere einzeln durchgegangen und ihnen das bezügliche Prädikat einzeln zuerteilt habe. Sondern die Meinung ist: „Was überhaupt ein Mensch ist, ist sterblich", „Was überhaupt ein Dreieck ist" usw. Jetzt wird im universellen Urteil die notwendige Zugehörigkeit des Prädikats zur Subjektvorstellung, des P-Seins zu dem als S Vorgestellten gedacht, und dieser Gedanke wird nur ganz inadäquat durch Rekurs auf den Gedanken der Menge der Einzelnen ausgedrückt. Sigwart unterscheidet dann weiter bei den unbedingt allgemeinen Urteilen die analytischen und synthetischen. Analytisch: „Alle Tiere empfinden", sofern der Begriff Tier die Empfindungsfähigkeit schon einschließt, während z.B. im Begriff des Dreiecks keine bestimmte Winkelsumme gedacht ist, so dass der Satz von der Winkelsumme synthetisch ist. Hier sei das Urteil Resultat eines Schlusses, aufgrund dessen das Prädikat an das Subjekt nicht unmittelbar, wie im Fall des analytischen Urteils, sondern mittelbar als notwendig geknüpft erscheine.

Im Zusammenhang damit erledigt sich nach Sigwart auch die alte Streitfrage, ob das universelle Urteil „Alle S sind P" die Existenz von S mitbehaupte bzw. voraussetze oder nicht. Im empirisch allgemeinen Urteil, wo wir es von vornherein mit empirisch gegebenen bestimmten Dingen zu tun ⟨haben⟩, bezieht sich das Prädikat natürlich auf existierende S. Sage ich: „Alle Gäste sind da", so rede ich selbstverständlich von existierenden Gästen. Anders im Fall der unbedingt allgemeinen Urteile. Bei diesen lautet nach Sigwart die adäquate Ausdrucksweise: „Wenn etwas S ist, so ist es P"; ein Urteil, das offenbar die Existenz von S nicht voraussetzt und nicht impliziert. Ob es in Wirklichkeit Dreiecke gibt oder nicht, darüber besagt der Satz von der Winkelsumme nichts. Und eben darum ist die Formel „Alle S sind P" nach Sigwart höchst unpassend, wo sie statt des empirisch allgemeinen Urteils dem unbedingt allgemeinen, dem Notwendigkeitsgedanken Ausdruck geben soll. Es liege da eine Art μετάβασις vor aus der Sphäre des freien unabhängigen Denkens in die Gewohnheiten der Anschauung, die es mit bestimmt Einzelnem zu tun habe.[1]

[1] *Gestrichen* Die sigwartsche Darstellung gibt uns ein klassisches Beispiel, wie die moderne Logik dadurch, dass sie sich über die Ziele der Bedeutungsanalyse nicht klar ist und sie von der genetisch-psychologischen Analyse nicht trennt, in Irrungen gerät.

Dass der psychologische Ursprung der Form „Alle S sind P" uns auf Fälle hinweist, wo uns eine geschlossene und anschauliche Vielheit von Objekten eines und desselben Begriffs gegeben ist, ist zweifellos. Damit ist aber nicht gesagt, dass der jetzige normale Sinn der Aussageform nur solchen Anwendungsfällen angepasst ist und sonst nur durch eine Art μετάβασις gebraucht werden könne.[1]

Lassen wir also das Einzeldurchlaufen und erschöpfende Einzelprädizieren fallen, so bleibt übrig der Umstand, dass die Allheitsvorstellung sich aufgrund einer anschaulich-einheitlichen Mannigfaltigkeit von empirisch gegebenen Objekten konstituiere. Ist dadurch aber der Bedeutungsgehalt der Aussage „Alle S sind P" beschränkt? Nehmen wir an, Sigwarts Interpretation des empirisch allgemeinen Urteils wäre richtig, es besagt: „Die S, die P sind, sind alle S." Ich frage: Kann sie nicht im selben Sinne, in identisch demselben, Anwendung finden auf unanschauliche Objekte und Vielheiten? Können wir nicht urteilen: „Alle Spezies von Tonqualitäten ordnen sich in eine Reihe" und dann interpretieren: „Die Spezies von Tonqualitäten, welche sich in eine Reihe ordnen, sind alle Spezies"? „Alle Kegelschnitte werden von einer schneidenden Geraden in zwei reellen oder imaginären Punkten geschnitten" = „Die Kegelschnitte, welche ... geschnitten werden, sind alle Kegelschnitte"; „Alle Menschen sind sterblich": „Die Menschen, die sterblich sind, sind alle Menschen." Wir sagen auch, die von Sigwart so genannten unbedingt allgemeinen Urteile lassen sich genau in demselben Sinne interpretieren, der für die empirisch allgemeinen festgesetzt war. Jedenfalls gibt auch in der Sphäre der Unanschaulichkeit, in der Sphäre

[1] *Gestrichen* Ich würde schon die psychologische Deskription beanstanden. Eine geschlossene, anschauliche Vielheit gibt zum Allheitsurteil nicht bloß Anlass durch einzelweises Durchlaufen und durch erschöpfende Ausführung der Einzelprädikation „Dies ist P", „Dies ist P ..." mit dem abschließenden „Also keines darunter, das nicht P wäre". Wenn wir z.B. in einen großen und überfüllten Saal eintretend konstatieren: „Alle Herren sind im Frack", so tun wir dies sicher nicht aufgrund eines erschöpfenden Durchzählens und Durchprädizierens. In einem Blick erfassen wir die anschauliche Vielheit als eine Vielheit von Herren, und wieder ⟨in⟩ einem Blick erfassen wir sie als eine Vielheit befrackter Herren. Wir brauchen also nicht erst fünfzig oder mehr einzelne Urteilsvorstellungen zu fällen. Die Allheit kann anschaulich konstituiert sein, wo ein wirkliches Durchzählen für uns gar nicht durchführbar wäre, wie wenn wir, in Hinblick auf eine unübersehbare Schar von Schwalben, die sich zur Herbstwanderung anschicken, irgendeine Aussage mit „alle Schwalben" machen oder in Hinblick auf den Sternenhimmel von „allen Sternen". Wir mögen da zwei oder drei Einzelschritte machen und im Einzelnen dabei das gleiche Prädikat konstatieren, aber die Aussage kommt doch als allgemeine zustande und nicht als Aussage in Betreff der paar einzeln Aufgefassten. Offenbar gehören aber diese Fälle schon zu der Klasse ⟨der⟩ ursprünglicheren, denen die Prägung der allgemeinen Redeform ihre intuitive Begründung verdankt. Und sicherlich würde Sigwart allgemeine Urteile dieses Kreises als empirisch allgemeine gelten lassen.

des Mathematischen und rein Begrifflichen sonst die Formel mit dem im Prädikat stehenden „alle" einen Sinn, und genau denselben Sinn wie in der Sphäre der Anschaulichkeit. Das „alle" negiert, sagt Sigwart, die Ausnahme. Können wir nicht, wie in der Sphäre des Anschaulichen, so in der des rein Begrifflichen, ein Interesse haben, die Ausnahme zu negieren? Und natürlich haben wir auch oft genug das Interesse; und die Ausdrucksform, die das besagt, hat hier wie dort und hat überall denselben Sinn. Also der Umstand, dass die Sphäre der anschaulichen Dinge und Mengen von Dingen die erste Urteilssphäre ist und dass somit, wie alle anderen Urteilsformen, so auch diese in dieser Sphäre zunächst sich ausbildete, dieser Umstand, sage ich, beschränkt nicht den Sinn der Urteilsform. Im Wesen dieselbe Funktion des Urteils bietet sich dann auch in anderen Sphären. Und das ist ganz selbstverständlich. Zur Form steigen wir auf, wenn wir von der Besonderheit der anschaulich gegebenen Objekte abstrahieren. Jedes anschauliche Urteil liefert uns eine Urteilsform, wenn wir, von der Besonderheit der Anschauung abstrahierend, das Anschauliche als ein Irgendetwas supponieren, und diese Formalisierung lässt jedes vorgegebene Urteil *eo ipso* zu.

Sigwart hat einen sehr wichtigen Unterschied bemerkt, aber ihn nicht richtig zu fassen vermocht. Der Unterschied der empirisch und unbedingt allgemeinen Urteile besteht zu Recht, nämlich als Unterschied zwischen Urteilen, welche explizite oder implizite Behauptungen von individuellem Dasein einschließen, und solchen, die es nicht tun: „Alle Blumen dieses Gartens sind Rosen", „alle Europäer" (sc. historischer Zeit). Dagegen: „alle Blumen überhaupt", „alle Menschen überhaupt".

Aber dieser im Übrigen sehr wichtige Unterschied hat mit den Interpretationen nichts zu tun, die in ihrer Allgemeinheit gegen die Unterschiede unempfindlich sind, die sich innerhalb der Termini noch abspielen können. Und so müssen wir jetzt die kritische Frage erheben: Ist die von Sigwart für das anschauliche Gebiet empfohlene Interpretation „Die S, die P sind, sind alle S" die einzig mögliche Interpretation? Und wenn diese sich auf das unanschauliche Gebiet identisch überträgt: Gibt es nur diese eine, die sich so überträgt?

„Alle", meint Sigwart, negiert die Ausnahme; es sagt, dass keines fehlt. Im Wörtchen „alle" steckt eine doppelte Negation. Das ist eine triftige Bemerkung, die zu gleicher Zeit Brentano gemacht hatte.* Wenn wir darin

* Vgl. Brentano, *Psychologie vom empirischen Standpunkte*, Bd. I, S. 283.

zustimmen, so ist es aber nicht selbstverständlich, dass im Satz „Alle S sind P“ das „alle“ zum Prädikat gehöre: „Die S, die P sind, sind alle S.“[1]

Wie wir gestern erörterten, interpretiert Sigwart die Redeformel „Alle S sind P“ in zweierlei Sinn: in einem ursprünglichen Sinn, der sich auf eine durchzählbare Vielheit bezieht, und in einem späteren und zur Redeform gar nicht passenden Sinn, der nichts vom Gedanken der Vielheit enthält, sondern einen notwendigen Zusammenhang aussagen will. Was den ersteren anlangt, so ist es die Funktion der allgemeinen Aussage, Ausnahmslosigkeit auszusagen. Sie ist umschrieben durch die Ausdrucksweise „Die S, die P sind, sind alle S“. „Die S, die P sind“ meint hier offenbar den Gesamtinbegriff derjenigen S, welche P sind. Also: „Die Allheit der P-seienden S ist identisch mit der Allheit der S“, das würde die Formel „Alle S sind P“ nach Sigwart besagen. „Die Gesamtheit der anwesenden Gäste ist identisch mit der Gesamtheit der eingeladenen Gäste“ = „Alle eingeladenen Gäste sind anwesend“.

Indessen ist diese Form sicherlich nicht die einzige und einzig natürliche, wenn wir im echten Sinn des „jede“ aussagen. Und dabei kommt es nicht immer darauf an, die Ausnahmslosigkeit zu einem präsentierten Ausdruck zu bringen. Wir können sagen im Sinne unserer eigenen Interpretation: „Von den eingeladenen Gästen ist jeder nun da.“ Wir können auch sagen: „Von den Gästen fehlt keiner.“ Also in allgemeiner Form: „Unter den S ist keines, das nicht P ist“, „Von den Blumen unseres Gartens ist keine, die nicht eine Teerose wäre“. Mitunter häufen wir auch; wir sagen durch die Wiederholung und Komplizierung des Gedankens betonend: „Unter den Blumen unseres Gartens ist jede – ohne Ausnahme – eine Teerose.“ Es ist zweifellos, dass auch solche komplizierten Gedanken[2] beim Gebrauch der Ausdrucksweise „Alle S sind P“ die Bedeutung ausmachen können. Es wird das z.B. der Fall sein, wenn wir betonen „Alle S sind P“. Die Betonung ist eben auch ein Ausdrucksmittel und bringt seinen Bedeutungsgehalt. Das betonte „alle“ und das betonte „jeder“ sagt nicht nur „jeder“, sondern durch Übergang in

[1] *Gestrichen* Wenn wir, die anschauliche Vielheit durchlaufend, mit dem Urteil enden: „Alle! An keinem der S fehlt das P“, so heißt dies „keines der S, das nicht P wäre“, oder „Unter den S gibt es, findet sich keines, das nicht P wäre“ oder „Die S enthalten keines, das nicht P wäre“. Das ist offenbar ein einfacher und natürlicher Gedanke. Mitunter mag Sigwarts Formel wirklich benützt ⟨werden⟩. Sehr oft wird aber auch die andere benützt. Und da sie einfacher ist, ⟨ist sie⟩ auch gewöhnlicher. Auch bei den Vielheitsprädikationen ist die gewöhnliche Prädikation: „Mehrere, wenige, viele, gewisse S sind P.“ Aber auch hier können wir unser Interesse anders gewendet haben und urteilen: „Die S, die P sind, sind wenige, viele, sind gewisse“ u.dgl.

[2] *Gestrichen* bzw. die einfacheren, die aber einen Negationsgehalt in sich bergen.

die Negation zugleich: „Wohl gemerkt: Keiner, der nicht".[1] Es ist natürlich nicht gleichgültig, allen diesen Wendungen nachzugehen. Einerseits ist es für die Zwecke der logischen Kunstlehre wichtig, den verschiedenen in denselben Ausdrucksformen sich bergenden Gedanken scharf unterscheidenden Ausdruck zu verschaffen. Andererseits, die Zwecke der logischen Theorie selbst erfordern es, am Leitfaden solcher Analysen die verschiedenen Bedeutungsformen herauszustellen, um sich zu überzeugen, dass im systematischen Aufbau der Formenlehre nicht etwa eigene Bedeutungsformen übergangen worden seien. Die erste und wichtigste Aufgabe ist aber für solch eine Formenlehre, wie wir wissen, die Aufsuchung der primitiven Formen in ihrer systematischen Ordnung, und da kommt die sigwartsche Form offenbar an eine spätere Stelle als die von uns aufgefundene. Der Gedanke „Jedes unter den S ist p" ist sicherlich viel einfacher wie „Die A, die B sind, sind alle A".[2]

Eine ganz einfache Interpretation gab Brentano für die Formel des universellen Satzes. Auch er betonte, gleichzeitig mit Sigwart, das „alle" besage „keiner, der nicht". Und er schließt daraus, ⟨dass⟩ das universelle Urteil, wenn es ein einfaches Urteil sein soll, angemessen ausgedrückt werden müsste durch den Existentialsatz „Kein S gibt es, das nicht P wäre" oder „Es gibt nicht ein nicht-P-seiendes S". Nach seiner Auffassung des Wesens des Urteils überhaupt müssen alle einfachen Urteile Existentialurteile sein, und alle übrigen Urteile sind nur Verbindungen oder Verwebungen von einfachen Existentialurteilen. So sei auch komplex der gewöhnliche Sinn der Formel „Alle S sind P". Er impliziere neben dem eben angegebenen negativen Existentialsatz noch an der Subjektstelle ein zweites Existentialurteil, nämlich die Setzung der Existenz von S, ein affirmatives Existentialurteil, das mit dem ersten verwoben und nicht bloß mit ihm äußerlich zusammengebunden sei. Sage ich: „Alle Blumen hier sind Rosen", so liegt darin, dass hier Blumen sind und dass von diesen Blumen keine ist, die nicht Rose wäre.

---

[1] *Gestrichen* „Jedes A": „jedes von den A", „die A", „ein Inbegriff", „Jedes aus dieser Vielheit ist a", „jedes aus einer Vielheit aus lauter A". „Alle": „jedes unter den A": „jedes aus der Gesamtheit der A"; „Alle A sind B": „die Blumen dieses Gartens";

„Alle A sind B": „In der Gesamtheit der Blumen dieses Gartens ist jede eine Rose."

Dabei ist zu unterscheiden: Es kann „jedes S" meinen als ein unvollständiger Ausdruck: „jedes von diesen S da" (die etwa vor meinem wirklichen oder geistigen Auge stehen in einem einheitlichen nach seinen Gliedern einzeln erfassten Inbegriff), oder es kann meinen: „jedes aus einer gewissen Vielheit S" oder endlich: „jedes S schlechthin", und das kann, da eine Vielheit notwendig vorgestellt sein muss, nur meinen: „jedes unter den S überhaupt."

[2] *Gestrichen* oder wie der oft übrigens genau gleichsinnige Gedanke, unter den A, die B sind, finde sich A – ohne Ausnahme.

Diese Interpretation scheint mir weit von dem wirklichen Sinn der Allheitsform abzuführen. Gewiss „liegen" die beiden Existentialurteile im Allheitsurteil, aber nur im Sinne der Geltung, nicht aber in seinem Bedeutungsgehalt. Es will mir scheinen, dass ein Kerngedanke des Allheitsurteils ganz verloren geht, nämlich gerade der Gedanke der Allheit und der durch den Plural angedeutete Gedanke der Distribution auf die Glieder der Allheit. Wer von der Analyse der bestimmten pluralen Formen ausgeht, kann es unmöglich verkennen, dass, so wie wir aussagen können von einigen, zweien, von einer Anzahl von S, sie seien P, wir auch aussagen können von einer Gesamtheit von S, es komme ihnen das P-Sein zu, d.h., genauer zu reden, dass jedes aus dieser Gesamtheit ein p ist. Man könnte übrigens den Gebrauch der pluralen Form im Ausdruck „Alle S sind p" dadurch sich zurechtlegen, dass man sagte, psychologisch sei ihr leitender Gedanke der, dass erst Sorge getragen würde dafür, dass der Gesamtinbegriff der S hergestellt sei, dann aber knüpfe sich daran ein plurales Prädizieren, das im Einzeldurchlaufen im „sowohl – als auch" auf einzelne Glieder in pluraler Weise das Prädikat p distribuiere.

Die Ausnahmslosigkeit zu betonen, ist nicht die Funktion dieser Aussage, sondern diejenige der anderen von uns besprochenen Bildungen, wie: „In der Gesamtheit der S oder Unter allen S ist keines, das nicht P wäre"; und dahin gehört auch die sigwartsche Form. Wir brauchen hier die Komplikation, weil wir eben nicht nur das P-Sein, sondern die Ausnahmslosigkeit dieses P-Seins noch dazu aussagen wollen. Dann hat es nichts Verwunderliches, dass neben den Negationen, die zur Allheitsvorstellung im Subjekt gehören, auf Prädikatseite mit dem Gedanken „ohne Ausnahme" noch zwei weitere auftreten.

Sigwart hat, wie wir gehört haben, noch eine zweite Interpretation der Allheitsaussage gegeben, die mit der brentanoschen Interpretation durch den negativen Existentialsatz das gemein hat, dass in ihrem Sinn jede Beziehung auf eine Gesamtheit und auf eine daran auszuführende plurale Prädikation vermieden ist. Die plurale Redeform übernimmt nach Sigwart eine völlig neue Funktion; sie erhält einen Gedanken, der zu ihr durchaus nicht passt: den Gedanken der notwendigen Verknüpfung des P-Seins mit dem S-Sein. Wo immer das Allheitsurteil als „unbedingt allgemeines", wie Sigwart sich ausdrückt,* fungiert, da ist der eigentliche Gedanke angemessen auszudrücken durch die Satzform „Wenn etwas S ist, ist es P", „Wenn etwas ein Dreieck ist, so hat es zur Winkelsumme zwei Rechte". Denn wenn wir sagen:

* Sigwart, *Logik*, Bd. I, S. 210.

„Alle Dreiecke haben zur Winkelsumme zwei Rechte", da handelt es sich in Wahrheit nicht um eine Vielheit von Dreiecken, die einzeln durchlaufen würden, um die Ausnahmslosigkeit des P-Seins festzustellen. Einen Widersinn wollen wir ja nicht aussagen, und ein Widersinn würde uns zugemutet, nämlich mit der supponierten Möglichkeit, eine Allheit „Dreiecke" zu bilden und die Ausnahmslosigkeit des Prädikats im Durchlaufen zu konstatieren: Wir sprechen ja nicht über empirische Mengen von Dreiecken, sondern von Dreiecken im allgemein geometrischen Sinn, und das ist *eo ipso* eine Unzahl.

Das Letztere ist, wie immer wir die Allheitsrede plural und eigentlich interpretieren, ein durchschlagendes Argument. Allerdings, zu beachten ist: Die Bedeutung „alle Dreiecke" im wirklichen Allheitssinn lässt sich gewiss bilden, und nichts steht im Wege, den Dreieckssatz von der Winkelsumme als Allheitsurteil auszusprechen und zu meinen, aber einen geltenden Sinn könnte er dann nicht haben; er wäre widersinnig. Die Vorstellung einer Gesamtheit von Dreiecken (als einer Vielheit, in der kein Dreieck fehlt) ist in sich widersinnig. Soll also das in der Allheitsform ausgesprochene Urteil eine Wahrheit meinen, dann kann das Urteil, das da wahr ist, kein plurales Urteil sein. Ich will nun nicht sagen, dass wir beim Gebrauch der Allheitsformel für „unbedingt allgemeine" Urteile niemals einen Allheitsgedanken hätten und dass wir nicht z.B. im mathematischen Denken tatsächlich oft mit dem Allheitsgedanken operierten. Wenn wir etwa schließen würden, dass, was von allen geradlinigen Polygonen gilt, auch von allen Dreiecken gelten muss, da alle Dreiecke unter allen Polygonen mitenthalten sind, so operieren wir im Denken mit den Allheiten von Dreieck und von Polygon wie mit geschlossenen Mengen. Und darauf baut auch der Gebrauch von Sphärenbildern in der Syllogistik. Aber da fungieren die Allheitsvorstellungen eben analog wie Bilder oder vielmehr wie fiktive und analogisierende Ersatzvorstellungen. Gewisse Verhältnisse, die zwischen den Begriffen bestehen, werden analogisiert mit Verhältnissen zwischen geschlossenen Vielheiten. Die Analogie kann bis zu einer gewissen Grenze nützlich leiten, da die mittelbaren Verhältnisse, die sich aus ineinander geschachtelten Mengen oder Kreisen erschließen lassen, parallel laufen mit den begrifflichen Verhältnissen; und so verfolgen wir symbolisierend an der Anschauung, was wir eigentlich an den Begriffen feststellen wollten. Anschauliches Denken ist immer bequemer und ist weniger anstrengend als abstraktes Denken. Es soll natürlich nicht gesagt sein, dass der Übergang vom abstrakten Denken zum anschaulichen und bloß stellvertretenden bzw. analogisierenden Denken Sache einer kunstmäßigen logischen Erfindung ist. Der Übergang vollzieht sich vielmehr ganz natürlich und zumeist ganz unbeabsichtigt: aus psychologischen Gründen, auf die wir hier nicht näher einzugehen haben. Es zeigt sich aber auch hier wieder, wie vorsichtig man sein muss bei der Interpretation der Bedeutungen unserer gewöhnlichen Aussageformen. In den beschriebenen Fällen vollziehen wir *de facto* ein Mengenurteil, und doch ist es nicht das Urteil, welches die Bedeutung des betreffenden Satzes, in unserem Beispiel: des geometrischen Satzes ausmacht. Das Mengenurteil fungiert als ein Symbol, als ein Analogon, eine anschaulich vorstellbare Sachlage, als ein Bild für die eigentlich gemeinte Sachlage. Psychologisch kann in weiten Strecken des Denkens das Bewusstsein der bloßen Stellvertretung und Analogisierung fortfallen, dagegen kann es nicht fehlen, wo das Urteil einsichtig gemacht und auf seine letzten geometrischen Gründe und damit auf seinen wahren Sinn zurückgeführt wird. Da kann der Mengensinn eben nicht standhalten, der ja in der Evidenz nicht realisierbar ist, und so kommt es zum deutlichen Bewusstsein, dass in ihm nicht die eigentliche Bedeutung liege und dass das ganze Vorstellungsgebilde nur eine Hilfsfunktion geübt habe oder nur in solcher zugelassen sein dürfte (nämlich einen nützlichen Behelf beizustellen für eine bequeme analogisierende Veranschaulichung, die nur dann zu Verirrungen Anlass geben würde, wenn man sie für mehr als das nehmen wollte).

Da nun im aktuellen Denken, psychologisch betrachtet, auch wo ein unbedingt allgemeines Urteil vollzogen werden soll, sehr häufig ein bloßes Allheitsurteil vollzogen wird, ohne jedes Bewusstsein oder ohne deutliches Bewusstsein von einer Stellvertretung, so ist es begreiflich, dass der reflektierende Logiker, der sich an das wirklich gefällte Urteil hält, den wahren Sinn der unbedingt allgemeinen Urteilsweise übersehen und sie mit der pluralen Allheitsurteilsweise verwechseln kann. Und genauso verhält es sich in sehr vielen anderen Fällen.

Die Frage ist jetzt aber die, ob der von Sigwart proponierte Gedanke „Wenn etwas S ist, ist es P“ die wahre Urteilsmeinung im unbedingt allgemeinen Urteil zu angemessenem Ausdruck bringe.

Wir sind da freilich in der unangenehmen Situation, dass wir nicht recht wissen, was das ist, unbedingt allgemeines Urteil. Sigwart hatte gegenübergestellt empirisch allgemein und unbedingt allgemein, wobei im letzteren Fall das Charakteristische zugleich in der Notwendigkeit des Zusammenhangs liegen soll. Nun haben wir aber gesehen, dass das Allheitsurteil (als wirkliches Gesamtheitsurteil verstanden) gar nicht gebunden ist an eine empirische Sphäre. Einen Sinn hat es vielmehr in jeder Sphäre, und auch Wahrheit kann es in einer nichtempirischen Sphäre haben wie z.B., wenn wir ein Allheitsurteil über die Arten regelmäßiger Polyeder aussprechen, die ja eine abzählbare Gesamtheit darstellen. Gehört in dieser Art das Allheitsurteil in eine allgemeine Formenlehre, die eben in ihrer formalen Allgemeinheit gegen solche Unterschiede wie empirisch und nichtempirisch unempfindlich ist, so fragt es sich, ob dasselbe nicht auch von der hypothetischen Formel gilt, die Sigwart proponiert hat, um ein nichtempirisch allgemeines Urteil angeblich adäquat auszudrücken.

Da ist es nun klar, dass wir sehr wohl in der empirischen Sphäre in genau derselben sigwartschen Form urteilen können, z.B. „Wenn irgendetwas eine Rose meines Gartens ist, so ist es eine Teerose". Nur so viel haben wir also Sigwart zuzugeben, dass das Allheitsurteil in einer Sphäre mathematischer Wahrheiten überall da nicht fungieren kann, wo der Begriff A in „alle A" keinen abzählbaren Umfang haben würde. Auch das können wir zugeben, dass, wenn dabei trotzdem die Allheitsform verwendet wird, der eigentliche Gedanke öfter durch die hypothetische Form ausgedrückt werden kann, mindest ohne erheblichen Wahrheitsverlust. Sagen wir: „Jedes Dreieck hat zur Winkelsumme zwei Rechte", so „liegt" darin: Ist uns irgendein Dreieck gegeben, welches auch immer, so hat es diese Eigenschaft. Ich möchte allerdings es für klar halten, dass auch hier Vielheitsvorstellungen ihre Rolle spielen, die das „jede" und „alle" rechtfertigen und evtl. sogar die Betonung der Ausnahmslosigkeit. Nämlich der Gedanke spielt dabei doch zumeist: „Denke ich mir irgendwelche Dreiecke, so haben sie alle die Winkelsumme zwei Rechte." Oder formelhafter: „Sind irgendwelche Etwas Dreiecke, so haben sie je und je diese Winkelsumme, keines ausgenommen" (wofern wir das noch besonders in dem „alle" betonen wollen). Der Unterschied besteht nur darin, dass wir nicht die Gesamtheit aller Dreiecke unter dem Titel „alle A" denken können (wenn der Sinn unseres Satzes der des wahren Lehrsatzes sein soll), sondern nur denken: „Irgendwelche Dreiecke vorausgesetzt, beliebige Dreiecke gedacht, dann ist darin keines zu finden, das nicht jene Winkelsumme hätte." Dergleichen Gedanke ist uns eben von Wert, wie auch dies, dass uns nicht irgendein Dreieck vorkommen kann, das von der Regel abwiche; also der Gedanke des brentanoschen negativen Urteils: Ein Dreieck, das nicht diese Eigenschaft hätte, gibt es nicht.

⟨*Unterschiede der Partikularität und Universalität*⟩

Haben wir nun erkannt, dass wir alle Beschränkungen auf nichtempirische Sphären unberücksichtigt lassen können und dass alle die auftretenden Formen in die allgemeinste Formenlehre hineingehören, so fragt es sich, wie wir dies nutzbar machen und wie wir etwa neue Antriebe für Fortschritte in unserer Formenlehre gewinnen können.

Was uns auffällt, ist, dass die Analyse des Allheitsurteils, mit dem der Bereich einzelnsweise bedeuteter Vielheiten verlassen ist, auf gewisse hypothetische und auf existentiale Urteilsformen führt. Mögen sie auch mit dem Allheitsurteil nicht identisch sein, so haben sie doch offenbar einen nahe verwandten Sinn. „Unter den S gibt es keines, das nicht P wäre": Das ist offenbar verwandt mit: „Es gibt überhaupt kein S, das nicht P wäre", und wieder mit: „Wenn etwas S ist, ist es P." Worin besteht die Verwandtschaft? Zunächst tritt hervor, dass überall in solchen Urteilen Unbestimmte auftreten, das merkwürdige „etwas", und zwar nicht als „ein gewisses Etwas" oder als „dieses Etwas", sondern schlechthin als „etwas". Nun werden wir aber bald darauf aufmerksam, dass unsere bisherige Berücksichtigung der urteilsbildenden Form „etwas" eine einseitige und ganz unvollkommene war und dass dieselbe in zwei grundverschiedenen und doch wesentlich zusammengehörigen Weisen fungiert, die den radikalen und echten Unterschied zwischen Partikularität und Universalität ausmachen. Nicht das drückt den radikalen Unterschied zwischen beiden Urteilsweisen aus, dass einmal von „mehreren" und das andere Mal von „allen" ausgesagt wird, und zwar in den von der Tradition dargebotenen Formen kategorischen Urteilens „Einige S sind P" und „Alle S sind P". Vielmehr einzig und allein darauf kommt es an, dass Urteile welcher sonstigen Form auch immer, Unbestimmte, Leervorstellungen „etwas" enthalten, und in zwei grundverschiedenen Weisen: in der Weise der Partikularität und Universalität. Damit ist schon gesagt, dass wir den nun zu engen Rahmen der primitiven Urteile und somit den Rahmen der kategorischen Form überschreiten. Es handelt sich um einen Unterschied, der durch das weiteste Urteilsgebiet hindurchgeht.

Ich knüpfe diese Erörterung an die sigwartsche Form an „Wenn etwas S ist, ist es P". Er identifiziert ihren Sinn mit dem einer anderen sprachlichen Form: „Das Dreieck hat zur Winkelsumme zwei Rechte" = „Wenn etwas Dreieck ist, so ..."* Und zweifellos meint er auch als gleichbedeutend die Form „Ein Dreieck überhaupt hat zur Winkelsumme zwei Rechte" (sagen wir kürzer: P). Diese letztere Form ist nun sicherlich von jedem hypothetischen Gedanken frei. So gut wir urteilen können: „Dieses Dreieck ABC ist P" und wieder urteilen können: „Ein einzelnes Dreieck ist P", können wir urteilen: „Ein Dreieck überhaupt ist P." Aber steckt nicht in dem „überhaupt" wieder das ominöse „alle" oder „jede"? Und fordert das nicht, nach Sigwart, den Rückgang auf die hypothetische Form, also „Wenn etwas ein Dreieck ist, so ist es P"? Aber sehen wir uns doch diesen Gedanken an. Ist da die

* Vgl. Sigwart, *Logik*, Bd. I, S. 213.

Rede von einem gewissen Etwas, das Dreieck ist? Ist die Rede von einem unbestimmt einzelnen Dreieck? Offenbar nein. Vielmehr zu dem „etwas" gehört, und ganz unerlässlich, mit das „überhaupt". Dabei ist zu beachten, dass nicht etwa das „überhaupt" in den bloßen Vordersatz, der unter dem „wenn" steht, hineingehört, als ob wir sagen wollten: gesetzt, es gälte, es sei etwas überhaupt ein Dreieck; oder es gälte allgemein, etwas sei ein Dreieck. Das ergäbe einen ganz anderen Gedanken. Wir können den Gedanken daher besser so ausdrücken: „Überhaupt gilt, dass wenn etwas ein Dreieck ist, so ist es P." Und dabei gehört das „überhaupt" offenbar mit zu dem „etwas". Also das „überhaupt" ist durch die sigwartsche Interpretation nicht zu ersparen. Die hypothetische Urteilsform ändert nichts daran, dass das Urteil ein allgemeines ist. Verbleiben wir also in der primitiveren Urteilssphäre, in der des kategorischen Urteils, und studieren wir hier die Unterschiede der Partikularität und Universalität.[1]

Als universelles Urteil bot sich uns hier die sehr einfache kategorische Form dar „Ein S ist überhaupt P", „Ein S im Allgemeinen ist P", „Ein Mensch ist überhaupt sterblich", „Ein Dreieck ist überhaupt dreiseitig".

---

[1] *Gestrichen* So bietet uns also die Form „Ein S überhaupt ist P" ein universelles Urteil, und der Unterschied der Partikularität und Universalität tritt uns gegenüber, wenn wir es vergleichen mit dem Urteil „Ein S ist P", in dem das „überhaupt" nicht vorkommt und das „ein" nur als „ein Gewisses" gemeint sein soll. Dieser Unterschied zwischen Besonderheit und Allgemeinheit hat nur Sinn mit Beziehung auf das Vorkommen von Leervorstellungen. Sagen wir: „Sokrates ist krank", so können wir zwar sagen, es „liege" darin, dass jemand, ein Mensch krank sei, also eine partikulare Geltung sei darin ausgesagt. Indessen ist das ein Schluss, und der Gedanke der unbestimmten Einzelgeltung liegt nicht im ursprünglichen Satz selbst, in dem Satze „Sokrates ist krank". Noch schlechter wäre es, wenn man im Beispiel „Dies Dreieck hat drei Seiten" sagen würde, was von diesem Dreieck gesagt sei, gelte allgemein; denn in dem vorliegenden Urteil selbst ist der Gedanke der Allgemeinheit nicht vollzogen. Dieser Gedanke wie der der besonderen Geltung hat nur Sinn als Urteilscharaktere des „etwas" bzw. die sich auf eine solche Leervorstellung im Zusammenhang des Urteils beziehen.

Es handelt sich dabei aber nicht um Charaktere, die sich irgend mit dem „etwas" verbinden, als ob wir irgendwo ein reines Etwas fänden, zu dem dann je nachdem und nur gelegentlich und äußerlich ein Gedanke von Besonderheit und ein Gedanke von Allgemeinheit hinzuträte. Vielmehr handelt es sich um zwei Modi des „etwas" und zugleich um zwei fundamentale Modi der ganzen Urteilsweise, sofern das „ist" dabei wesentlich affiziert ist. Genau gesprochen handelt es sich also nicht um einen Unterschied bloßer Bestandstücke des Urteils. Die Kopula, und damit der ganze Urteilsgedanke, ist ein wesentlich anderes. Sagen wir in Bezug auf eine behandelte Gleichungsart: „Eine Wurzel ist reell", so ist die Urteilsweise eine besondere, „eine partikulare", wenn wir das traditionelle Wort festhalten wollen. Dass die Partikularität das „ist" affiziert, erkennen wir noch besser in Hinblick auf das parallele universelle Urteil. Heißt es: „Ein gleichseitiges Dreieck ist gleichwinklig", und zwar in universellem Sinn (Sie sehen, diese gewöhnliche Ausdrucksform ist sowohl partikular wie universell zu interpretieren), so ist es klar, dass das „überhaupt" einerseits das „ein gleichseitiges Dreieck" angeht und andererseits das „ist".

Wir stellen dem gegenüber die verwandte Form, in der der Gedanke dieses „überhaupt“ fehlt, nämlich „Ein S ist P“.

Die Redeform ist da allerdings zweideutig. Sehr oft gebrauchen wir sie,[1] um gerade das allgemeine Urteil auszudrücken. Wir sagen: „Ein Dreieck hat zur Winkel⟨summe⟩ zwei Rechte“ und meinen den Satz natürlich allgemein. Darum müssen wir in formelhafter Schreibweise festsetzen, dass, wenn wir einfach sagen: „Ein S ist P“, nicht das allgemeine Urteil gemeint sein soll, während wir zur Bezeichnung des letzteren eben ausdrücklich sagen: „Ein S ist überhaupt“ oder „Ein S ist allgemein P“.

Dabei ist aber noch ein Unterschied aufseiten der nichtallgemeinen Urteile hervorzuheben, der uns aber schon entgegengetreten war: der Unterschied des schlechthin unbestimmten „ein“ oder „etwas“ und des „ein“ im Sinn „ein gewisser“. Gewöhnlich meint das „ein“ an Subjektstelle „ein gewisser“. So z.B. wenn es heißt: „Ein Mann ist da gewesen“, „Ein Vogel ist aufgeflogen“. Der Kontrast gegen die andere Bedeutung des „ein“ tritt etwa hervor in folgendem Beispiel: Wir hören zum ersten Mal, lesen es etwa in einem Buch, es sei zwischen Merkur und Sonne ein Planet entdeckt worden. Hier besagt das „ein Planet“ so viel wie „ein gewisser“. Und nun knüpfen wir daran und voll Erstaunen das Urteil: „Also ein Planet ist innerhalb der Merkurbahn!“ Hier bedeutet das „ein Planet“ offenbar nicht mehr „ein gewisser Planet“. Ebenso wenn wir eine blaue Rose sehen würden und nun urteilen würden: „Eine Rose ist blau.“ Gerne werden wir in solchen Fällen in andere Urteilsformen oder zum mindest⟨en⟩ zu anderen Ausdrücken übergehen; wir werden etwa sagen: „Wie merkwürdig: Rosen können blau sein“, „Es gibt blaue Rosen“, „Es gibt innerhalb der Merkurbahn Planeten“.

Dagegen werden wir gar nicht die Neigung haben, uns in den anderen Fällen so auszudrücken, etwa zu sagen: „Es gibt einen da gewesenen Mann“ anstatt „Ein Mann ist da gewesen“.

Merkwürdigerweise bieten sich, um den beiderseitigen Unterschied zu bezeichnen, gerade die Worte „überhaupt“ und „allgemein“ ⟨an⟩. Insbesondere sagt man das bei den pluralen Formen, denn auch bei ihnen tritt, wie wir wissen, der Unterschied auf. Sagen wir: „Manche Menschen sind schwatzhaft“, so kann das und wird das oft anzüglich gemeint sein, also im Sinn von „gewisse“; wollen wir es anders verstanden haben, so werden wir etwa sagen: „Allgemein zu reden, sind manche Menschen schwatzhaft“ oder „Überhaupt sind manche Menschen schwatzhaft“. Ebenso bei der Rede mit „einige“, wo wir wieder sagen können: „allgemein zu reden“

[1] *Gestrichen* wo kein Missverständnis zu befürchten ist.

oder „überhaupt". Bei den Reden mit „manche" und „einige" ist dann der Ausdruck eindeutig, weil wir mit „manche" und „einige" überhaupt nicht universell zu urteilen pflegen.

Wir müssen also hervorheben, dass es ein doppeltes „überhaupt" und „allgemein" gibt, und gerade für diesen Unterschied wollen wir uns jetzt interessieren. Das eine „überhaupt" ist das partikulare, das andere ist das universelle. Mit dem Unterschied des „gewissen" ergibt es drei Unterschiede: Für diesen dritten Unterschied fehlt es an einem irgend passenden Namen. Der traditionelle Ausdruck „singuläres Urteil" ist unpassend, weil wir einen ganz anderen und sich mit den vorliegenden Unterschieden kreuzenden Unterschied zwischen singulären und pluralen Urteilen haben. Tatsächlich vermengt die traditionelle Logik beide Unterschiede, da sie, dem singulären das partikulare gegenüberstellend, zu sagen pflegt, es könne wie von allen und einigen, so von einem einzelnen S das P ausgesagt werden. Und die Rede von Gewissheit hat in der Urteilslehre noch einen ganz anderen Sinn: den Gegensatz zu Wahrscheinlichkeit. Unser „gewisser" ist das *quidam*, das auch im *certus* steckt, aber hier ein Element der Gewissheit im anderen Sinn angenommen hat: „ein ganz bekannter" u.dgl.

Dieses *quidam* bietet der Analyse einige Schwierigkeiten. Das Element der Unbestimmtheit ist darin so gefasst, dass das betreffende Vorstellungsglied im Ganzen wie ein Bestimmtes fungiert. Ob ich sage: „Ein gewisser Mann ist da gewesen" oder ob ich sage: „Herr Maier ist da gewesen", das ändert in der Weise des Urteils nichts Wesentliches. Die Kopula zeigt beiderseits keine Differenzen, bzw. die ganze Weise des Bezogenseins des Prädikats auf das Subjekt. Ganz anders, wie wir hören werden, beim Übergang zum partikularen und universellen Urteil. Wir werden dieses *quidam* daher jetzt ausschließen. Tun wir es, dann tritt uns mit dem partikularen und universellen Urteilen eine neue Urteilsweise entgegen, oder es kommt uns zum Bewusstsein, dass hier ein kardinaler Unterschied durch das Urteilsgebiet hindurchgeht, nämlich je nachdem die Urteilsweise eine bestimmte oder unbestimmte ist (derart also, dass in die erste Klasse die Urteile mit *quidam* und die Urteile, die gar keine Leervorstellungen enthalten, gehören). Die Urteile der Unbestimmtheit oder innerhalb der Unbestimmtheit zerfallen dann in partikulare oder universelle. Es ist in letzterer Hinsicht die Weise, wie die Leervorstellung „etwas" in das Urteil eintritt und dabei die Kopula affiziert, was den Unterschied ausmacht. Dabei ist zu bemerken, dass genau gesprochen das „etwas", mit dem die Charaktere der Partikularität und Universalität wesentlich zusammenhängen, nicht etwa zunächst als ein pures und von solchem Charakter freies „etwas" im Urteilsinhalt zu finden ist, zu dem nur äußerlich der eine oder andere Charakter hinzutritt, um dann also evtl. wieder wegfallen zu können. Das geht nicht. Ein Urteil, das überhaupt ein leeres „etwas" (ein „etwas", das nicht modifiziert ist zum *quidam*) enthält, ist notwendig entweder partikular oder universell: Das „etwas" fordert die eine oder andere Urteilsweise oder Urteilsform.[1]

Ob außerhalb des Urteils, also in bloßer Vorstellung, etwa in einer nominalen Vorstellung, das „etwas" ohne ⟨den⟩ einen oder anderen Charakter auftreten kann, ist die nächste Frage. Vielleicht kann man dies bejahend beantworten. Sagen wir: „ein Dreieck", „ein Löwe", so lässt das offen, ob das darauf zu bauende Urteil partikular oder universell sein wird. Aber freilich zeigt sich eben dadurch, dass diese freie Vorstellung nicht dieselbe ist (in allem und jedem dieselbe) außerhalb und innerhalb des Urteils. Als Urteilsglied fundiert sie den Charakter, sei es der Allgemeinheit oder Besonderheit, und das gibt ihr selbst eine Form. Ebenso ist es bei ganzen Sätzen. Sage ich: „Der Satz oder das Urteil ‚Ein Dreieck hat zur Winkelsumme zwei Rechte' gilt allgemein", „Das Urteil ‚Ein Dreieck wird durch eine Gerade in zwei Punkten geschnitten' gilt nicht allgemein", so ist der Ausdruck inkorrekt. Was hier als Satz oder Urteil bezeichnet wird, ist in Wahrheit gar kein Urteil, da es ja offen bleiben soll, ob das angebliche Urteil partikular oder allgemein ist: denn das wird ja erst auf Prädikatseite prädiziert. Korrekter heißt es: „Ein Urteil der Form ‚Ein Dreieck hat zur Winkelsumme zwei Rechte' gilt für jedes bestimmte Dreieck", das ich für die Leerstelle „ein Dreieck" substituiere. Oder: Diese Form geht allgemein in ein richtiges Urteil über, wenn ich in ihr in angegebener Weise verfahre. Was ist das, diese Urteilsform „Ein Dreieck hat zur Winkelsumme zwei Rechte"? Sie ist nicht etwa ein Urteil, sie ist kein wirklicher selbständiger Satz, sondern eine Abstraktion davon, dadurch entstanden, dass der Charakter der Partikularität oder Universalität abstrahiert worden ist, der bei jedem wirklichen Urteil desselben Wortlauts so oder so auftreten muss. Jedem partikularen Urteil entspricht als ein genaues Gegenbild ein universelles Urteil, und umgekehrt. Was die einander entsprechenden gemein haben, ist der ganze Urteilsinhalt, nur dass unentschieden bleibt, ob mit Beziehung auf das unbestimmte „ein Dreieck" im Sinne der Partikularität oder Universalität verfügt ist.

Halten wir also volle und wirkliche Urteile fest, so kann es unter ihren sie konstituierenden Vorstellungen keine Leervorstellung geben, die nicht in partikularer oder universeller Funktion stände. Dass Abstraktion von diesen

---

[1] *Randbemerkung (wohl nach Ablauf des Semesters)* Aber das „ein A" als Prädikat oder als Attribut?

Funktionen vollzogen werden kann und dass diesbezügliche Vorstellungen zweiter Stufe über jene Satzformen auch in Urteilen auftreten können, tut dem Gesagten keinen Eintrag.[1]

Wir sagten, dass die Charaktere der Partikularität und Universalität zu dem unbestimmten „etwas" oder „ein" gehören, und andererseits auch, dass sie zur Urteilsweise gehören. Genauer gesprochen gehört hier zusammen das betreffende „ein" oder „etwas" und das „ist". In der Tat, heißt es z.B. „Ein gleichseitiges Dreieck ist überhaupt gleichwinklig", so ist es klar, dass das „überhaupt" einerseits das „ein" angeht und andererseits doch sehr wesentlich das „ist". Umschreibend werden wir daher auch sagen können: „Überhaupt gilt es, dass ein gleichseitiges Dreieck gleichwinklig ist", wobei wieder in der Umschreibung jene „Satzform" verwendet ist, von der wir vorhin sprachen.

Und ebenso beim partikularen Urteil. Daraus geht hervor, dass der ganze Charakter des Satzes durch den Unterschied betroffen ist, die ganze Weise der spezifischen Urteilssynthese.

Wir dürfen aber nicht dabei stehen bleiben, ausschließlich Urteilsformen mit einer Unbestimmten zu bevorzugen und etwa nur die traditionellen Formen zu beachten: „Ein oder Einige S sind P" und „Alle S sind P" (für Letzteres natürlich besser: „Ein S überhaupt ist P" oder „S' überhaupt sind

---

[1] *Gestrichen* Ist das wahr, wenn ich für das „irgendein" setze: „welches bestimmte Dreieck auch immer"? Aber freilich ist das eine Umschreibung, die nicht viel nützt und das überhaupt nicht bestätigt; es steckt nur in dem „welches bestimmte auch immer". Es kann nur darauf aufmerksam machen, dass die Allgemeinheit eine Allgemeinheit der Geltung ist bzw. dass, wenn es heißt „S ist p", die Allgemeinheit eben Allgemeinheit dieses S-ist-p-Seins oder des p-Seins des S ist und somit zum „ist" seine besondere Beziehung hat. In diesem „ist" steckt ja beim kategorischen Urteil, wie immer in sich es gegliedert sein mag, die Hauptkopulation, und so muss eine Bedeutungsweise, die das ganze Urteil durchtränkt und in ihrem Charakter bestimmt, hier sozusagen besonders fühlbar sein.

Wir dürfen aber nicht etwa dabei stehen bleiben, nach einer Unbestimmten Universalität und Partikularität zu orientieren. Es geht schon aus dem Gesagten hervor, dass jede Leervorstellung ihren Besonderheits- oder Allgemeinheitscharakter hat. Und das hat für die Urteilslehre eine außerordentliche Bedeutung. Zunächst haben wir als selbstverständlich hervorzuheben, dass alle Unbestimmtheitsformen, die wir schon unterschieden haben, im Sinne der Universalität und dem der Partikularität fungieren können. Z.B. „Etwas ist A": Das kann universell verstanden werden und sagt dann: „Alles und jedes ist A." „Einige sind A". Dem entspricht: „Mehrere sind allgemein A", oder umschreibend: „Jede Mehrheit ist eine Mehrheit von A." „Einige a sind b": „A's sind überhaupt b." Sie sehen, die Formen mit „einige" werden speziell in partikularem Sinn gebraucht. Aber es entsprechen ihnen genau Formen von demselben Unbestimmtheitsgehalt und sonstigen Urteilsgehalt, nur dass die Urteilsweise eine allgemeine ist. Mit den pluralen Verknüpfungen von Unbestimmtheiten treten mehrere Leerstellen als Träger der Partikularität und Universalität auf, und auch dadurch, dass sowohl an Subjektstelle wie an Prädikatstelle das „ein" vorkommen kann, finden wir zumeist mehrere Termini.

P"). Es geht ja schon aus dem vorhin Ausgeführten hervor, dass jede Leervorstellung, die im Urteil auftritt, ihren Charakter der Partikularität oder Universalität trägt, und das hat für die Urteilslehre eine ganz außerordentliche Bedeutung. Denken wir zurück an alle die Unbestimmtheitsformen, die wir früher erwähnt, und an die Komplikationen in der Bildung der aufbauenden Vorstellungen, die wir aufgeführt haben, wobei doch immer wieder Unbestimmtheitsformen in den Gliedern mit auftreten können, so ist es klar, dass, was die Anzahl der Leerstellen anlangt, gar keine Grenze gesetzt ist und dass die Formen ihres Auftretens überaus mannigfaltige sind. In unserer Sphäre kategorischer Urteile treten dabei die Leerstellen nicht nur auf Subjekt-, sondern auch auf Prädikatseite auf. Wie wenn ich z.B. sage: „Einige S stehen in Beziehung ϱ zu einigen P", so habe ich beiderseitig partikulare Leerstellen.[1]

Im Zusammenhang damit steht es, dass wir nur in vager und recht unbestimmter Allgemeinheit von partikularem und universellem Urteil sprechen können, wenigstens wo mehrere Leerstellen vorkommen, und dass wir eben diese Stellen, wenn wir bestimmt sprechen sollen, angeben müssen. Ich will hier gleich die Terminologie fixieren. Es ist nützlich, in unmittelbar verständlichem Sinn von Terminis oder Trägern der Universalität und Partikularität zu sprechen. Mit Beziehung auf einen und denselben Terminus schließen sich Universalität und Partikularität aus, nicht aber mit Beziehung auf verschiedene, so dass ein und dasselbe Urteil zugleich universell und zugleich partikular sein kann. Es ist kaum glaublich, dass von all diesen einfachen und fundamentalen Feststellungen in der ganzen bisherigen Logik nichts zu finden ist. Beispielsweise ist nun das Urteil „Ein Kreis wird von einer Geraden in zwei Punkten geschnitten" ein universelles Urteil mit zwei Terminis der Universalität: „ein Kreis" und „eine Gerade". In dem „zwei Punkten" als „eins und eins" stecken andererseits zwei Träger der Partikularität. In der Tat sind hier die „eins und eins" nicht weiter bestimmt, als dass es ein Punkt und noch ein Punkt (evtl. ein zusammenfallender) sein kann, und da kann nicht jeder beliebige Punkt substituiert werden. Jede algebraische Formel enthält so viele Termini der Universalität, als sie Buchstaben enthält, z.B. $a(b+c) = ab+ac$. Und der Begriff der reinen Formel ist geradezu der eines Satzes, der gar keine anderen Termini hat als Termini der Universalität, also keinen bestimmten Terminus und keinen partikularen. Wenn wir aber in

[1] Nachträglich bemerke ich: Was die „Unbestimmten" anlangt, so müssen es, wie wohl scharf hervorgehoben werden muss, nominal unbestimmte Gegenstände sein; das „ein S" im Prädikat oder vielmehr als Prädikat begründet kein partikulares Urteil. Das ist noch nicht klargestellt. Leider konnte ich das nicht mehr in der Vorlesung sagen.

der Physik der Massenanziehung schreiben: $p = \frac{m\,m'}{r^2}$, so sagt das: Für jedes Massenpaar und jede Entfernung dieser Massen gilt, dass es ein p gibt, das sich bestimmt durch das Produkt $\frac{m\,m'}{r^2}$. Hier sind also nur diese drei Größen m, m', r Termini der Universalität und p ein davon abhängiger Terminus der Partikularität. Jede algebraische Gleichung mit bestimmten Koeffizienten ist hinsichtlich ihrer x, y ... ein partikulares Urteil.

Die Termini der Universalität können vermöge des Einflusses unbestimmter Vielheitsvorstellung auch in Unbestimmtheit gedacht sein und evtl. selbst als Träger einer mittelbaren Partikularität gedacht sein, wie wenn wir sagen: „Es gibt Funktionen der Koeffizienten einer Gleichung, welche, für die Unbekannten substituiert, sie formelhaft erfüllen." Doch kann ich auf die vielen wichtigen Komplikationen, die hier möglich sind, nicht näher eingehen.

So viel nun im Allgemeinen über die universellen und partikularen Urteile. Nicht näher ausgeführt muss werden, dass man es einer Aussage nicht immer gleich ansieht, ob sie in diese Klasse gehört, nämlich ob sie Unbestimmtheitstermini enthält, und welche. So verhält es sich z.B. mit den Ausdrücken, bei denen man von einem so genannten allgemeinen Urteil gesprochen hat: „Alle S sind P" oder „Jedes S ist P". „Alle" besagt, wie wir hörten „keiner, der nicht". Nun, wo immer dieses „keiner" auftritt und ebenso das „jeder" in Verbindung mit einem adjektivischen Attribut, da stehen wir in der Sphäre des partikularen Unbestimmtheits- oder Allgemeinheitsdenkens. „Jedes S", das ist „jedes aus einer Vielheit von S, in der kein Glied ist, das nicht S wäre". Da haben wir mindest bei „kein", „nicht ein" die Leerstelle. In Fällen aber, wo die Form „Jedes S ist P" keine plurale und distributive Vorstellungsweise meint, da haben wir erst recht ein Unbestimmtheitsurteil, denn da steht sie für „E i n S überhaupt ist P". In der Hinsicht hat ja Sigwart Recht, dass die gewöhnliche Rede von „Allheit" und von „jeglichem" aus der Sphäre des pluralen und ursprünglich anschaulichen Denkens herstammt und dann in Übertragung angewendet worden ist auf das begrifflich allgemeine Denken, wo die Meinung nur sein kann „Ein S überhaupt ist P" oder „Ist etwas S, so P" oder „Es ist überhaupt nichts S, ohne P zu sein". Die plurale Vorstellung, die der Ausdruck mit „alle" mit sich führt, fungiert dann nur als so genannte innere Sprachform, als Bedeutungsvermittler und evtl. als nützliches Bild und stellvertretende Vorstellung.

Das ist also jederzeit zu beachten, wenn man die wahre Bedeutung und in ihr die wirklichen Leerstellungen und die Art ihrer Funktionierung bestimmen will.

Existentialurteile[1]

Wir wenden uns jetzt zur Behandlung der Existentialurteile. Wir betreten damit einen heißen Kampfesboden. Der Streit scheint da zunächst ein grammatischer zu sein; er betrifft die Interpretation gewisser Aussageformen: der Existentialaussagen und der mit ihnen dem Sinn nach offenbar sehr verwandten Impersonalien. Beispiele von Impersonalien sind: „Es brennt", „Es regnet", „Es gibt rechtwinklige Dreiecke", „Es fehlt an Geld" und entsprechende Negationen. Beispiele von Existentialsätzen: „Gott existiert" oder „Gott ist", „Ein regelmäßiges Dreieck existiert nicht", „Eine Zeit ist", „Ein Raum ist", „Eine einzige Wirklichkeit ist" usw. Nun handelt es sich für den Logiker natürlich nicht um bloße Fragen grammatischer Interpretation, sondern nach Ansicht aller streitenden Parteien um logische und zugleich um deskriptiv-psychologische Grundfragen. Man meint, hier sei der Kampfplatz, auf dem die fundamentalen Fragen der deskriptiven Psychologie des Urteils entschieden werden. Den wesentlich verschiedenen Satzformen entsprächen wesentlich verschiedene Formen von Urteilsakten. Das Wesen der Urteilsfunktion müsse man da studieren, wo Urteilsakte von primitivem Bedeutungsgehalt gefällt werden, d.i. an den einfachen Urteilen. Ist nun jedes einfache Urteil ein kategorisches? Ja ist am Ende jedes Urteil überhaupt ein kategorisches, wenn auch evtl. von einer komplizierten Syntaxe? So meint die vorherrschende, aber schon uralte, auf Aristoteles zurückgehende Tradition. Sehen wir uns aber die umstrittenen Aussageformen auch nur flüchtig an, so merken wir ihre Anomalität. Bei den Existentialurteilen, wenn sie in der Form „A ist" auftreten, fehlt das Prädikat. In den Impersonalien fehlt andererseits das Subjekt; mindest wird man das an Subjektstelle einspringende Wörtchen „es" nicht ohne weiteres als Subjekt gelten lassen. Gehen wir nun von den Aussagen zu den Urteilen zurück (und wir vom Standpunkt unserer Bedeutungslehre zu den Urteilen im Sinne von selbständigen Sätzen), so ist die Frage, ob die betreffenden Urteile wirklich subjektlos bzw. prädikatlos sind oder ob die Aussagen ihren Urteilen nur einen unvollkommenen Ausdruck verschaffen, wobei dann der Nachweis zu führen wäre, welches der wahre und dann kategorische Sinn sei. Je nach der Entscheidung dieser Frage wird man die aristotelische Lehre vom Urteil festhalten oder verwerfen müssen.

Brennend ist die Frage erst geworden durch Brentanos im Jahre 1874 erschienene *Psychologie*, worin die Lehre vertreten ist, dass alle einfachen

[1] *Randbemerkung (wohl 1910/11).*

Urteile Existentialurteile seien oder dass die Formeln „A ist" oder „A ist nicht" den adäquaten Ausdruck eines jeden primitiven Urteils abgäben. Danach sind Impersonalien nur anders ausgedrückte Existentialsätze. Aber nicht nur das. Entgegen aller Tradition wird gelehrt, dass die so genannten kategorischen Urteile in Wahrheit Existentialurteile seien, zum mindest⟨en⟩, wie Brentano später hervorgehoben hat, diejenigen kategorischen Urteile, die einfache Urteile sind. Die eigentümliche Syntaxe der kategorischen Urteile, die wir ausführlich beschrieben haben, soll nur grammatischen Wert haben, sie soll Zufälligkeiten der Sprachentwicklung und der Mitwirkung von außerlogischen Faktoren bei dieser Entwicklung ihren Ursprung verdanken. So allerdings nur bei einfachen Urteilen. Bei zusammengesetzten kategorischen Urteilen ist die schlichte Form der Existentialaussage zum Ausdruck des Urteils nicht mehr hinreichend, und hier kann die Syntaxe auch logische Bedeutung haben: Es handelt sich dann um eigentlich aufeinander gebaute Existentialurteile, und die Art dieses Aufeinanderbaus komme eben in der Syntaxe der kategorischen Aussage zu einem mehr oder minder angemessenen Ausdruck.[1]

Nun werden Sie vielleicht fragen: Ist nicht „Gott ist" gleichbedeutend mit „Gott existiert", „Gott ist wirklich" u.dgl., also mit Aussagen, die ein Prädikat aufweisen? Brentano wird doch nicht alle kategorischen Urteile zurückführen wollen auf solche mit einem ganz speziellen Prädikat „Existenz"? Selbstverständlich gehört es zum Sinn dieser Lehre, dass die Existentialurteile eben nicht kategorisch sind, also in Wahrheit kein Subjekt und Prädikat haben. Existenz ist nach Brentano im einfachen und ursprünglichen Existentialsatz nur ein Scheinprädikat, das primitive Urteil in der Normalform spricht sich nach ihm, wie wir gleich anfangs sagten, aus als „A ist" und „A ist nicht", und das „ist" bedeutet hier kein Prädikat und somit auch das A kein Subjekt. (Im Zusammenhang damit liegt nach Brentano eine Grundverkehrtheit des ontologischen Arguments für das Dasein Gottes darin, dass in demselben Existenz überhaupt als Prädikat behandelt wird. So hatte z.B. noch Descartes das Argument vorgebracht: Was im Begriff einer Sache liegt, das kann von ihr in Wahrheit ausgesagt werden. Im Begriff eines notwendig existierenden Wesens, nämlich Gott, liegt notwendig beschlossen die Existenz als Merkmal, so wie im Begriff eines Dreiecks notwendig be-

[1] *Gestrichen* In der näheren Ausführung zeigt sich, dass Brentano jedes Urteil mit bestimmten Terminis, wie „Sokrates ist ein Philosoph", schon als ein zusammengesetztes ansieht. Wer so urteilt, mein⟨t⟩ Brentano, stellt Sokrates als einen Existierenden hin; es steht bei der nominalen Vorstellung an Subjektstelle ein Existentialsatz: „Sokrates ist", und darauf baut sich dann das unselbständige Prädikaturteil.

schlossen liegt das Haben der bekannten Winkelsumme. Also wäre es ein Widerspruch zu sagen, dass ein Gott nicht existierte; Gott existiert also, und zwar notwendig. Seit Humes und Kants Kritiken glaubt man nicht mehr an die Beweiskraft solcher Argumente, und zwar besteht die Widerlegung in der Analyse des Existentialsatzes. „Sein ist kein reales Prädikat", sagt Kant.* Brentano sagt: Sein ist überhaupt kein Prädikat, zum mindest⟨en⟩ nicht im ursprünglichen und reinen Existentialsatz. Haben wir einmal in Wahrheit „A ist" geurteilt, so können wir freilich in Reflexion auf dieses Urteil von A aussagen, dass es ihm zukomme, Gegenstand eines solchen wahren Existentialurteils zu sein, und das wäre „Existenz" ausgesagt als Prädikat. Das ist aber eine bloße Verwicklung, die das ursprüngliche einfache Existentialurteil voraussetzt und seinen Geltungsgehalt nicht verändert.)

In der näheren Ausführung der Lehre durch Brentano zeigt sich, dass er jedes Urteil mit bestimmten Terminis, wie „Sokrates ist ein Philosoph", schon als zusammengesetztes ansieht. Wer so urteilt, meint Brentano, stellt Sokrates als wirklich existierenden Menschen hin; bei der nominalen Vorstellung an Subjektstelle steht schon ein Existentialurteil: „Sokrates ist", und darauf baut sich dann ein zweites, unselbständiges Prädikaturteil. Fragen Sie nach den in kategorischer Aussageform sich aussprechenden Urteilen, welche Brentano als einfache Urteile (Existentialsätze mit Bestimmten und Unbestimmten: „Sokrates ist") gelten lässt (von existentialen Formen abgesehen), so ist hinzuweisen auf die partikularen und universellen Urteile der Formen, die in der traditionellen Logik behandelt zu werden pflegen. Mindest kann in solchen Formen einfach geurteilt werden. Ihr wahrer Sinn liegt aber in einfachen Existentialurteilen.

Die Form „Ein oder Einige S sind P" = „Es gibt ein P-seiendes S" = „Ein P-seiendes S ist"; „Irgendein S ist nicht-P" = „Ein nicht-P-seiendes S ist"; „Alle S sind P" = „Es gibt kein S$\bar{P}$"; „Kein S ist P" = „Es gibt kein P-seiendes S".

Also z.B. „Irgendein Mensch ist gelehrt" = „Es gibt einen gelehrten Menschen"; „Irgendein Mensch ist nicht gelehrt" = „Es gibt einen ungelehrten Menschen"; „Alle Menschen sind sterblich" = „Es gibt keine unsterblichen Menschen"; „Kein Mensch ist allwissend" = „Es gibt keinen allwissenden Menschen".

Sie sehen, dass wir Brentanos Existentialsätze öfters durch „es gibt" ausgedrückt haben, also eine impersonale Form gewählt haben.

* Kant, *Kritik der reinen Vernunft*, A 598.

Sagen wir zunächst einige Worte über Impersonalien, welche insbesondere Marty in seinen lehrreichen Aufsätzen „Über subjektlose Sätze" in der *Zeitschrift für wissenschaftliche Philosophie* vom VIII. Band ab behandelt hat, ebenso Sigwart in seiner Broschüre über Impersonalien, Dazu die logischen Werke von Sigwart, Erdmann, Bergmann u.a. Die impersonale Ausdrucksform hat nicht immer denselben Gedanken. Es gibt Gruppen von Fällen, wo wir es mit ganz zweifellos kategorischen Urteilen zu tun haben und die Frage nach dem Subjekt des Satzes leicht zu beantworten ist, z.B. alle diejenigen, wo wir auf die Frage „Was ist das?" die Antwort durch solch eine Aussage erhalten: „Was läuft dort? Es ist ein Hase", „Was ist das für eine Farbe? Es ist weiß". Natürlich ist hier geurteilt: „Dies ist ein Hase", „Dies ist weiß". Wir scheiden diese so genannten „unechten Impersonalien" aus, wo das „es" in der Tat ein Subjekt, ein deiktisches Subjekt ist. Sie haben keine Verwandtschaft mit den echten Existentialsätzen.

Natürlich gehören hierher nicht alle Fälle, so nicht die meteorologischen Impersonalien. Wenn wir sagen: „Es regnet", so ist das normalerweise keine Antwort auf die Frage „Was ist das?"; ebenso wenn wir sagen: „Es friert." Wie sollen wir die nun kategorisch interpretieren? Sollen wir für „es" „etwas" einsetzen? Aber wir können doch nicht sagen: „Etwas friert", „Etwas regnet", anstatt „Es ist still": „Etwas ist still." Bei dem letzteren Beispiel kann es ja sein, dass ein Tierchen, wir wissen nicht welches, im Laub raschelt und dann stillhält; wir sagen dann: „Es ist still." Da haben wir ein echtes kategorisches Urteil oder ein unechtes Impersonale. Auch hier können wir die Frage „Was ist da still?" hinzudenken, worauf die Antwort lautet: „Etwas, ich weiß nicht, was." Aber das ist ein ganz anderer Sinn als im echten Impersonale „Es ist still". Offenbar geht es nicht an, mit den alten Grammatikern wie Priscian (*curritur = currus curritur*) zu interpretieren: „Es regnet" = „Der Regen regnet"; „Es ist still" = „Die Stille ist still". Schleiermacher, Ueberweg, Lotze u.a. geben verwandte, aber schwer annehmbare Deutungen. Schleiermacher: Das Subjekt sei die chaotisch vorgestellte Totalität des Seienden; Lotze: die allumfassende Wirklichkeit; Prantl: die unbestimmte Allgemeinheit der Wahrnehmungswelt.* Sowie wir aber in gegebene Impersonalien solche Gedanken als Subjekte einsetzen wollen, misslingt die Interpretation grotesk.

---

* Vgl. Anton Marty, „Über subjektlose Sätze und das Verhältnis der Grammatik zu Logik und Psychologie I", *Vierteljahrsschrift für wissenschaftliche Philosophie* 1 (1884), S. 77.

Andererseits ist es ohne weiteres klar, dass die Interpretation solcher echten Impersonalien[1] als so genannter Existentialsätze einen guten Sinn gibt. Anstatt „Es brennt" können wir sagen: „Es ist ein Brand" oder „Ein Brand ist", anstatt „Es ist kalt": „Kälte ist", anstatt „Es ist still": „Stille ist." Der Gedanke ist, scheint es, da nicht wesentlich geändert. Die entsprechende Frage, auf die solche Urteile antworten, ist nicht „Was ist das?", sondern „Was ist?"; und hatten wir ursprünglich etwa gesagt: „Es regnet" und waren nicht ganz verstanden worden, so mögen wir auf die Frage, uns wiederholend, antworten: „Regen ist!" Man könnte sagen, das sei ein Beweis, dass wir eins und das andere für dasselbe oder so ziemlich für dasselbe halten. Freilich ist damit die Frage nicht entschieden, ob solche Sätze kategorisch sind oder nicht. Das Blatt hat sich jetzt gewendet: Aus scheinbar subjektlosen Sätzen sind scheinbar prädikatlose geworden, und bei den „echten" Impersonalien stellt sich heraus, dass das vermeintliche Prädikat zu einem vermeintlichen Subjekt wird.[2]

Marty und Brentano halten diese Urteile für wirklich prädikatlos und die Sätze gemäß ihrem Ausspruch für Existentialsätze; und zwar genau in dem Sinn, in dem eingesetzt wird für ein Partikularurteil „Irgendein Mensch ist gelehrt": „Es ist ein gelehrter Mensch, es gibt einen solchen,

---

[1] *Gestrichen* d.h. eben solcher, bei denen es vergeblich ist, durch grammatische Prädikate ein Urteil zu interpretieren, dessen Prädikat mit dem des impersonalen Satzes zusammenfällt.

[2] *Gestrichen* So ist es auch bei den Impersonalien mit „es gibt". Auch bei ihnen scheint das Prädikat bedeutungsmäßig besser als Subjekt anzusehen zu sein, zum mindesten, wenn wir nach Beispielen schließen wie „Es gibt Kuchen": „Was gibts? Kuchen gibts." Sofern sind sie echte Impersonalien, als wir das Prädikat als solches nicht festhalten können. In den Formen mit „es gibt" sprechen wir mit Vorliebe Existentialsätze aus. „Schwarze Schwäne existieren": „Es gibt schwarze Schwäne", und stellen wir um: „Schwarze Schwäne gibt es", so fungiert das „gibt es" genauso wie das „existiert". Freilich, überall, wo wir mit der Rede „es gibt" operieren, können wir das „existiert" nicht gut einsetzen. Heißt es: „Es gibt Kuchen", so wäre es ziemlich sonderbar, mit Brentano zu sagen: „Kuchen ist" oder auch: „Kuchen existiert." Doch ist zu beachten, dass das „es gibt" sich hier auf die Zukunft richtet: „Es wird Kuchen zugerichtet", „Es wird Kuchen geben", „Kuchen wird sein"; ebenso wie „Es gibt Kälte" = „Es wird kalt werden". Das „es gibt" deutet den existentialen Gedanken indirekt durch einen analogisierenden Gedanken, eben den des Gebens an. Das „es gibt" schließt dabei ein zugehöriges schon aktuell Haben aus. Wenn ich schon kalt habe, so braucht mir nicht erst Kälte gegeben zu werden.

Sehen wir näher zu, so können wir beobachten, dass die soeben durchgeführte Auffassung des impersonalen Prädikats als grammatisches Subjekt nützlich ist, dass wir damit aber keineswegs darauf verzichten brauchen, das grammatische Subjekt als wirkliches Subjekt anzusehen. Denn in den meisten Fällen echter Impersonalien wird es möglich sein, entsprechende Prädikate aufzuweisen, so dass die vorliegenden Urteile dann eben anomal ausgedrückte kategorische Urteile sind.

Wir sprechen eine große Zahl von Sätzen mit „es gibt" als Existentialsätze an.

er ist, existiert", soll in diesen Sätzen das „ist" existentialen, und genau diesen echten existentialen Sinn haben. Nun ist es näher besehen in den gegebenen Beispielen doch sehr wohl möglich, ein Prädikat zu finden. Würden wir den Satz „Stille ist hier", „Stille herrscht in der ganzen Natur" u.dgl. nicht für kategorisch anerkennen müssen (ein Relationsurteil)? Es ist aber zweifellos, dass der Ausdruck „Es ist still" unvollkommen ist. Nicht die Existenz einer Stille überhaupt wird ausgesagt, sondern hier und jetzt, in der Natur, bei ruhiger Luft oder in unserem Zimmer in tiefer Nacht ist es still. Eine Beziehung, die nicht ausgesprochen und nicht in die bedeutungsmäßige Fassung der Aussage aufgenommen ist, liegt vor, und nur in dieser Beziehung auf einen konkreten Wirklichkeitszusammenhang wird das Urteil verstanden. Darum bedeutet es nicht überall dasselbe. Sage ich hier: „Es ist still", und sagt es jemand irgendwo in Amerika, so bedeuten die Aussagen nicht genau dasselbe. Bei „Es regnet" denken wir gewiss nicht an eine Tätigkeit des Regengottes, und an eine Tätigkeit überhaupt nicht. Das Regnen ist ein Naturereignis, und „Regen ist" besagt dann, Regen finde jetzt draußen, in unserer Umgebung statt. Ein echter Existentialsatz ist das nicht. Man kann urteilen: „Es existiert Regen", aber als echtes Existentialurteil würde es meinen, es gäbe überhaupt so etwas wie Regen, und das wäre ein total anderer Gedanke. Ein solcher ist aber maßgebend bei der Umwendung der partikularen Urteile in existentiale Urteile. Das „etwas" des partikularen Satzes ebenso wie das des allgemeinen führt den Charakter eines gewissen „überhaupt" mit sich. Wir sagen: „Es gibt ein A", „Es ist ein A", nämlich „Es ist überhaupt ein A", „Es gibt überhaupt einen weisen Menschen", „Es gibt überhaupt rechtwinklige Dreiecke". Solche Urteile haben ihren eigenen Charakter. Ihre Negation gibt ein universales Urteil: „Es gibt überhaupt keinen absolut weisen Menschen", „Es gibt überhaupt kein Dreieck mit rechten Winkeln" u.dgl.

Ein wesentlich anderes aber bei jenen Beispielen „Es ist still", „Es ist kalt", „Es ist Regen": Die Negationen sagen hier nicht: „Es gibt überhaupt keine Stille, überhaupt keine Kälte", sondern: „Es ist hier nicht still" oder „Stille herrscht hier nicht, findet hier nicht statt", „Regen findet hier nicht statt", „Kälte ist hier nicht".

Es ist danach ein wesentliches Versehen Brentanos und Martys, dass sie diesen wesentlichen Unterschied zwischen der einen und anderen Sorte von Existentialsätzen und Impersonalien nicht beachtet haben, von denen die eine in allernächster Beziehung steht zu den partikularen und universellen Urteilen, während die andere sich auch in der Sphäre bestimmter

Gegebenheiten und bestimmten Urteilens über sie bewegt. Wir wissen aber schon, was für ein gewaltiger Abstand zwischen Bestimmtheitsurteilen und Unbestimmtheitsurteilen herrscht.

Sehen wir uns noch näher die Urteile mit „es gibt" und ihre Verwandten an, wie „man findet" usw. In solchen Reden drücken wir Existentialsätze mit Vorliebe aus. Wir sagen: „Schwarze Schwäne existieren", aber in gleichem Sinn ⟨sagen wir⟩: „Es gibt schwarze Schwäne."

Freilich, nicht umgekehrt überall, wo wir „es gibt" sagen, können wir im guten Sinn Existenz aussagen: „Es gibt Kuchen" und „Es existiert Kuchen" ist doch keineswegs dasselbe.

Es ist vorauszusehen, dass die Verbindung der einen und anderen Fälle hergestellt wird durch die innere Sprachform, die dem Ausdruck „geben" anhaftet und die bildlich vermittelt auch in Fällen, wo im ursprünglichen Sinn von einem Geben oder Gegebenwerden keine Rede ist.

In gleicher Art fungieren nun öfters Ausdrücke mit „es hat", „es ist vorhanden", „es kommt vor", ebenso Ausdrücke mit „sich finden", „bestehen", „statthaben", „stattfinden" u.dgl. Öfters übernimmt dabei das Wörtchen „ist" für sich allein jenen Gedanken, z.B. „Ein Tanzvergnügen *ist*" für „Ein Tanzvergnügen findet statt oder hat statt".

Betrachten wir nun Fälle normaler kategorischer Prädikationen, in denen diese Ausdrücke, die doch alle im Gedanken etwas Gemeinsames haben, fungieren oder in denen das Wörtchen „ist" ihren Gedanken übernommen hat. Es sind, wie wir leicht bemerken, darunter alle Prädikationen, in denen von einem Subjekt ausgesagt wird, dass es in irgendeinem Zusammenhang, als Teil in irgendeinem Ganzen, irgendeinem Verein, in irgendeiner Gesamtheit ist, sei es in einem räumlich-zeitlichen Zusammenhang, sei es in Übertragung in einer ideellen einheitlichen Mannigfaltigkeit: „Das Kind ist in der Schule, es findet oder befindet sich dort", „Der Brief befindet sich in der Schublade, das Buch in dem Zimmer, ist auf dem Bücherbrett" usw. Das überträgt sich aber auch auf ideale und begrifflich umgrenzte Gesamtheiten: „Eine Zahl ist in der Zahlenreihe, ist unter *den* Zahlen", „Ein Satz findet sich in der Geometrie oder unter *den* geometrischen Lehrsätzen" usw. Man kann da auch sagen: „Die Zahl gibt es in der Zahlenreihe oder unter den Zahlen" wie „Das Buch gibt es in der Bibliothek".[1]

In diesen Relationsaussagen kann nun der Prädikat-Beziehungspunkt unbestimmt werden, sei es wirklich unbestimmt oder bloß unausgedrückt: „Der

[1] Hier zu bemerken: „ist (existiert) in etwas und an etwas" statt „ist enthalten in etwas". Existenz = Inexistenz.

Brief ist irgendwo, existiert irgendwo, findet sich irgendwo" oder auch: „Er ist vorfindlich, man kann ihn finden" und dafür wieder: „Er ist vorhanden" (natürlich irgendwo). Ist der Brief verbrannt, so heißt es: „Der Brief ist nicht mehr vorhanden" oder geradezu: „Er ist nicht mehr." So kann von einem bestimmten Subjekt, wenn von ihm ausgesagt werden soll, dass es irgendwo ein nicht genauer bestimmtes Glied eines Inbegriffs, Zusammenhangs sei, und zwar unbestimmter Prädikation, auch gesagt werden, es sei ein Vorfindliches, es sei vorhanden, dasselbe gebe es, oder auch, es sei, existiere. Sofern dabei wirklich unbestimmt geurteilt wird, und nicht etwa bloß ein bestimmt Gedachtes nicht bezeichnet wird, stehen wir schon in der Sphäre der Partikularität.

Auch auf Subjektseite können Unbestimmtheiten eintreten, während der Zusammenhang bestimmt erhalten bleibt: „Große Männer sind, gibt es in diesem Jahrhundert", „In der Zahlenreihe ist eine Zahl 4, gibt es, hat es eine Zahl 4" oder auch: „Unter d e n Zahlen ist eine Zahl 4", „Unter den Zahlen gibt es = sind algebraische und transzendente Zahlen, unter ihnen findet man sie" usw., „Unter den geometrischen Gebilden gibt es eine Ellipse".

In all diesen Fällen haben wir es mit unzweifelhaften kategorischen Prädikationen zu tun. Wir haben unser Denken mehr oder minder bestimmt gerichtet auf einen Zusammenhang von Gegenständen, auf den Dingzusammenhang der Erde oder des umgebenden Weltraums, auf den idealen gegenständlichen Zusammenhang der Gebilde im geometrischen Raum, der Zahlen in der Zahlenreihe u.dgl. Mit Beziehung darauf sagen wir aus, dass in diesem Zusammenhang oder unter diesen Gegenständen irgendetwas vorkomme, dass es ein bestimmtes oder unbestimmt attributiv vorgestelltes Ding darin gibt, dass es darin ist. Das In-Etwas-Sein ist doch ein Typus von Relationen, und darauf bezügliche Aussagen der Art, wie sie hier in Frage sind, können doch nur als kategorische gelten.

Bei den echten Existentialsätzen und denjenigen unter den Impersonalien, die ihnen gleichzustellen sind, handelt es sich nun überall um Urteile mit Unbestimmten. Sagen wir: „Es gibt rote Lilien", so deutet das „es gibt", „es ist vorfindlich" auf einen nicht näher bezeichneten, aber ganz gewissen und in der kommunikativen Rede auch im Verständnis supponierten Zusammenhang oder eine Gesamtheit. Gewöhnlich denken wir dabei wohl an die Blumenwelt; wir denken: „Unter den Blumen gibt es rote Lilien", „Unter den Blumen sind sie", oder im Bilde: „sind sie vorfindlich". Urteilen wir aber: „Unter den Blumen sind rote Lilien" oder „Rote Lilien sind unter den Blumen", so ist weder „rote Lilien" noch „unter den Blumen" als Subjekt anzusprechen. Das Urteil ist vielmehr das partikulare: „Einige unter den

Blumen sind rote Lilien." Man muss hier bei der Interpretation genau auf den Gedanken achten. Man darf nicht ansetzen: „Einige rote Lilien sind unter den Blumen", denn dann wäre der Gedanke ein ganz anderer. Mit dem „es gibt" ausgesprochen, besagte er: „Es gibt eine Anzahl, eine Mehrheit von roten Lilien unter den Blumen." Dergleichen urteilen wir etwa mit Beziehung auf ein Blumenbeet, in dem uns auffällt, dass da mehrere von dieser uns gerade interessierenden Sorte vorkommen. Das ist aber nicht der Gedanke „Es gibt rote Lilien". Auch darauf ist zu achten, dass in diesem Gedanken das Prädikat „rote Lilien" (das sich uns bei diesem Impersonale also wirklich als Prädikat herausgestellt hat) ganz einheitlich genommen ist. Der Gedanke ändert sich schon, wenn wir sagen: „Es gibt Lilien, welche rot sind." Hier hat der relative Satz eine besondere Funktion. Das Rotsein ist vom Liliesein im Gedanken erheblich getrennt. Denn was wir jetzt sagen wollen, ist dies: „Unter den Lilien sind einige rot" = „Einige unter den Lilien sind rot". Letzteres ist bei allen solchen Existentialsätzen zu beachten: „Es gibt Polyeder, welche regelmäßig sind" = „Einige unter den Polyedern sind regelmäßig". Der Existentialsatz „Es gibt regelmäßige Polyeder" ist zweideutig. Betonen wir das „regelmäßig", so vertritt es jenen trennenden Relativsatz, betonen wir es nicht und denken wir „regelmäßige Polyeder" als Einheit, so ist der Gedanke ein anderer, etwa: Unter den geometrischen Gebilden sind einige charakterisiert als regelmäßige Polyeder. Auch diese Zweideutigkeit ist bei allen hierher gehörigen Existentialsätzen zu beachten. Schließlich kann auch unser voriges Beispiel „Es gibt rote Lilien", wenn wir das Rot betonen, sagen: „Unter den Lilien gibt es rote."

In irgendeine Gegenstandssphäre, bald in die, bald in jene, sagte ich, werden wir bei den Urteilen mit „es gibt" hineingezogen. Das liegt in der Natur dieser inneren Sprachform und ebenso des ursprünglichen „ist in etwas", „existiert in etwas": unter den Lilien, unter den Blumen, unter den geometrischen Gebilden. Ebenso, urteilen wir arithmetisch: „Es gibt algebraisch lösbare Gleichungen", so ist die Meinung natürlich im Sinn der Betonung „algebraisch lösbar", also der Sinn: „Unter den Gleichungen hat es algebraisch lösbare" oder schulmäßig ausgedrückt: „Einige unter den Gleichungen sind algebraisch lösbar." Noch ein Beispiel: „Es gibt eine Art von Wirbelstürmen, Tornados genannt" = „Unter den Arten von Wirbelstürmen gibt es eine, genannt Tornados".

Wir haben in der letzten Vorlesung versucht, den ursprünglichen Gedanken der Impersonalien mit „es gibt" und der ihnen gleichstehenden Existentialsätze bloßzulegen. Das „ist" besagt öfters das In- oder An-etwas-vorhanden- oder -befindlich-Sein, das An-irgendeinem-Orte-, In-irgendeinem-Zusammenhang-Sein, und für dieses „ist“ sagen wir oft „existiert“. Wir sagen nicht: „Das Haus existiert ein Ziegelbau“, „Der Baum existiert belaubt“ anstatt „Das Haus ist ein Ziegelbau“, „Der Baum ist belaubt“. Dagegen sagen wir: „Das Ding existiert hier oder dort“, „Der Brief existiert in der Schachtel“, „Der Mensch existiert in der Stadt“. Und genau in diesem Sinn sagen wir „es gibt“: „Den Brief gibt es in der Schachtel“, „Das Ding gibt es hier“, während wir nicht sagen: „Das Haus gibt es ein Ziegelbau“ u.dgl. Wenn uns irgendetwas „gegeben“ wird, so wird es uns hier oder dort, in und aus irgendeinem Zusammenhang gegeben. Bleibt der eine Beziehungspunkt unbestimmt, und wird er nicht genannt, so erwachsen dann Impersonalien wie „Es gibt Regen“ oder Existentialaussagen wie „Der Mensch existiert“ (natürlich irgendwo, in einer Stadt) u.dgl. Das überträgt sich auch auf die ideellen Sphären. Eine Zahl gibt es: Unter den Zahlen, in der Zahlenreihe ist, existiert die Zahl. Ein regelmäßiges Dekaeder existiert nicht: nämlich im Raume oder unter den Gebilden des Raums. Es tritt nun eine wesentliche Änderung oft dadurch ein, dass wir es nicht mehr mit wirklich zu vollziehenden Zusammenhängen, Inbegriffen, Gesamtheiten zu tun haben, so wie es der Fall ist, wenn wir in Hinblick auf die Häuser der Straße sagen, darunter existiere ein betürmtes Haus oder es existiere darunter nicht, es gebe da ein solches nicht. „Die Häuser“, das ist hier ein geschlossener und wirklicher Inbegriff. Sagen wir aber: „die Zahlen“, „die geometrischen Gebilde“, so wird zwar *de facto* eine Gesamtheit begrifflich indirekt vorgestellt, und eine Gesamtheit von Zahlen, aber wo immer das Urteil, in dem eine solche Gesamtheitsvorstellung auftritt, im prägnanten Sinn logisch, in Absicht auf mögliche Geltung fungieren soll, da muss diese Vorstellung ausgemerzt werden, sie muss herabgedrückt werden zu einer bloßen Surrogatvorstellung.

Es ist ja anstößig, dass wir von einem Ausmerzen von Vorstellungen sprechen bzw. davon sprechen und sprechen müssen, dass Vorstellungen, die wir wirklich vollziehen und selbst im wissenschaftlichen Denken vollziehen, gar nicht die logischen Vorstellungen seien, die den gefällten Urteilen ihre eigentlich logische Bedeutung geben. In der Tat höchst merkwürdig ist diese Spannung zwischen dem aktuell vollzogenen Bedeuten und dem Bedeuten, das das spezifisch logische Denken fordert. Man beschreibt die Sachlage nicht korrekt, wenn man für das Bedeuten als innere Sprachform ein stellvertretendes Vorstellen annimmt, in dem das eigentliche Bedeuten insofern nicht liege, als es mit dem Bewusstsein der Stellvertretung vollzogen sei, so dass eine leichte Besinnung uns klarmacht, dass nicht in diesem Vorstellen, sondern in einem leicht herzustellenden anderen Vorstellen die eigentliche Bedeutung liege. So liegt es jedenfalls nicht in den hier fraglichen Fällen. Selbst im wissenschaftlichen Denken operieren wir mit Allheitsvorstellungen, wir operieren mit Umfängen reiner Begriffe, ohne jedes Bewusstsein, dass das nur Surrogatvorstellungen seien. Erst wo eine letzte Begründung vollzogen werden soll, wechseln die Vorstellungen, denn eine wahre Evidenz ist mit Allheitsvorstellungen nicht zu realisieren. Die neu entstandenen Bedeutungen sind aber im spezifischen Sinn logische Bedeutungen, weil alle z.B. im mathematischen Denken ausgesprochenen Sätze mit Allheitsvorstellungen nur dann Geltung haben, wenn anstelle der gewöhnlich vollzogenen Allheitsvorstellungen diese neuen, logischen Bedeutungen substituiert werden. Und darum gehören diese logisch zu den betreffenden Sätzen; sie gehören zu den Sätzen, sofern sie als Wahrheiten gemeint sind und sich in der vollen Begründung als Wahrheiten herausstellen. Und danach beurteilen wir also die so genannten wahren Bedeutungen oder eigentlichen Bedeutungen von Aussagen, und nicht nach den Bedeutungen, die im Vorstellen der Aussagenden selbst aktuell vollzogen werden. Dieser echte Begriff der logischen Bedeutung im Gegensatz zur psychologischen und aktuell vollzogenen ist wohl zu beachten. Er ist hier ganz streng bestimmt. Was man sonst zum Unterschied der so genannten logischen Begriffe gegenüber den psychologischen gesagt hat, trifft diesen Kernpunkt nicht.

Bemerken möchte ich noch, dass bei der Feststellung „wahrer" Bedeutungen gegenüber den faktisch vollzogenen Eindeutigkeit des Resultats nicht zu erwarten, und vernünftigerweise nicht zu erwarten ist. Denn bei dem Wesenszusammenhang, der unmittelbar äquivalente, obschon bedeutungsverschiedene Gedanken verbindet, bei dem Umstand, dass es sich dabei um bloß formale Wendungen handelt, innerhalb deren sich das Denken frei und leicht bewegt, ist es klar, dass solche nah verwandten und unmittelbar äquivalenten Gedanken gleich gut als wahre Bedeutungen bezeichnet werden können, und zwar insbesondere da, wo das aktuelle Denken eigentlich immerfort mit Surrogatbedeutungen operiert und nur, wo es zur letzten Begründung gezwungen ist, auf die logischen Grundgedanken rekurriert.

Mit der Beziehung auf einen unendlichen Inbegriff als existentialen Bereich tingiert sich nun auch der wahre Sinn des „existiert" oder „es gibt". Sagen wir: „Unter den Anzahlen existiert kein $\sqrt{-a}$", „Unter den geometrischen Gebilden existiert kein Dekaeder", so ist der in dieser Redeform maßgebende Gedanke, der Gedanke des „in[1] einer geschlossenen Vielheit

---

[1] *Der Rest dieses Satzes ist Veränderung für* „in einem bestimmten umgrenzten Zusammenhang sein" überhaupt nicht geltungsmäßig ausführbar. Dieser ganze Gedanke kann also nur als

sein" als eigentliche Bedeutung unbrauchbar, also bloß Surrogat. Und so ist es mit all den Existentialsätzen, die wir andeutungsweise als echte Existentialsätze bezeichneten, und so bezeichneten, obschon gerade der ursprüngliche Sinn des Existierens und Gebens oder Angebbar-, Auffindbarseins bei ihnen verlassen ist. Denn für diesen ursprünglichen Gedanken haben wir genug sonstige Ausdrücke: Teil in einem Ganzen sein, Glied einer Verbindung sein u.dgl.; und das gibt für eine Formenlehre der Bedeutungen keine wesentlich eigenartigen Formen. In ihr haben wir die allgemeine Relationsform aufgestellt „S ist ϱ p", und diese vertritt hier alle Besonderungen. Es mag sein, dass gewisse dieser Besonderungen, und gerade die Verhältnisse zwischen Ganzem und Teil, zwischen Verbindung und Verbindungsglied, wenn sie ganz allgemein gehalten bleiben, in eine allgemeine Wissenschaftslehre hineingehören, sicher aber nicht in eine reine Formenlehre der Urteile. Aber mit Rücksicht darauf, dass diejenigen Existentialsätze, die den ursprünglichen Sinn verlassen haben, gewisse Urteilsformen der reinen Bedeutungslehre des Urteils ausprägen, nannten wir sie von diesem logischen Standpunkt aus echte Existentialsätze.

Wie steht es nun mit der „wahren" Bedeutung dieser Existentialsätze, für welche der selbst schon bildlich vermittelte „Es-gibt"-Gedanke, der mit Pluralen und Gesamtheiten operiert, als bloßer Stellvertreter fungiert?[1]

---

eine innere Sprachform fungieren, oder er muss im Zusammenhang der Geltungsausweisung in einen bloß analogisierenden Gedanken verwandelt werden.

[1] *Der folgende Text wurde mit der Randbemerkung* Nicht gelesen, unbenützt, aber vielleicht noch zu überlesen *versehen:* Überlegen wir. Solange der „Ist"- und „Es-gibt"-Gedanke der ursprünglich relationelle ist, haben wir sowohl bei den schlichteren Existentialurteilen: „Es gibt A" als bei den komplizierteren: „Es gibt A, welche B sind" oder „Unter den B gibt es A" gleich gebaute partikulare Urteile vor uns; im letzteren Fall: „Einige unter den B sind A", im anderen Fall: „Einige unter den x sind A", wo x die nicht näher angegebene, aber jedenfalls im Denken maßgebende Existenzsphäre andeutet. Der ganze Unterschied ist also der, dass die Existenzsphäre einmal angegeben ist, das andere Mal nicht. Eine leise Wendung, und die Existenzsphären und Beziehungen auf Existenzsphären fallen fort. Sagen wir: „Einige Zahlen sind algebraisch", so können wir das so verstehen, dass wir nicht denken: „einige unter den Zahlen", sondern einfach: Wir sehen, da ist eine Zahl, die algebraisch ist, da wieder eine Zahl, die algebraisch ist usw. Genau gesprochen liegen Urteile zugrunde: „Diese Zahl ist algebraisch, jene Zahl ist algebraisch"; und wir gehen über zum unbestimmten Urteil: „Eine Zahl und eine Zahl und eine Zahl ... sind algebraisch, einige Zahlen sind algebraisch" – „einige Zahlen" im „überhaupt" gedacht, aber unbestimmt und partikular. Wir werden es lieben, in den „Es-gibt"-Gedanken hineinzugehen und mehr anschaulich oder Anschaulichkeitsvorstellungen erregend auszusagen: „Es gibt Zahlen, welche algebraisch sind." Dann steht wieder das gegeben gedachte Zahlengebiet dahinter, und darin algebraische Zahlen. Aber das ist nicht notwendig. Wir haben, wenn wir dergleichen abweisen, ein reines, von dem eigentlichen Existentialgedanken freies partikulares Urteil. Durch ihren Sinn können wir also sozusagen entexistentialisierte Existentialsätze definieren, d.h. wir können den Ausdruck „Es existiert

Zur Ausführung der Antwort unterscheiden wir: 1) Die zweigliedrigen Existentialsätze der Form „Unter den A gibt es B“ oder, was nur eine grammatische Umstellung ist: „Es gibt B unter den A“; d.h. diejenigen, die einen Existenzbereich ausdrücklich angeben. 2) Die schlichter konstituierten Existentialsätze „Es gibt A“, worin das A auch komplex sein kann, also

ein A, welches B ist“, „Es existieren A's, die B sind“ unter Dahingabe des ursprünglichen existentialen Gedankens definieren durch „Einige A sind B“ oder „Ein A ist B“; und dann auch die eingliedrigen Existentialsätze „Es existiert ein A“ durch das sozusagen eingliedrige partikulare Urteil „Irgendetwas ist ein A“, welches nur einen Terminus besitzt, der eine Bestimmtheit enthält, während das „irgendetwas“, das an Subjektstelle fungiert, völlig leer ist. Ebenso in der pluralen Form „Einiges überhaupt ist A“ oder „Einige sind A“; man kann hier auch sagen: „Einige Gegenstände, irgendein Gegenstand sind oder ist A.“ (Ich habe mitunter gedacht, dass das nominal fungierende „etwas“ eigentlich schon die Form „etwas, das α ist“ hat, nur dass das α als leerer Inhalt vorgestellt ist, unbestimmt, und dass somit das „etwas“, an das das α geheftet ist, eine bloße Form darstellt; ebenso wie im Prädikat, wenn wir sagen: „Dies ist ein Grünes“, das „ein“ kein wirklich nominales „etwas“ darstellen kann, es läge denn eine Doppeldeutigkeit im „etwas“. Wo es frei steht, müsste es eigentlich heißen: „ein Etwas“, es verträte einmal die bloße Form „ein“ und einmal das das „ein“ ergänzende α in „ein α“, dies Ergänzende aber völlig unbestimmt, bedeutend. Aber: „Etwas, das α ist“, das weist doch hin auf „Dies ist α“, „Etwas ist α“!) Wir hätten also jedenfalls Urteile mit leeren nominalen Vorstellungen: „Ein Gegenstand, ein Etwas, ein irgend Seiendes ist A“; oder noch einfacher: „Etwas ist α“. Das wäre der Sinn einer Existentialaussage im neuen Sinn, die keine Beziehung mehr zu einer Existenzsphäre hat.

Danach würde sich ein bedeutsamer Gehalt der brentanoschen Lehre von der Identität der partikularen Sätze mit Existentialsätzen herausstellen; nämlich die partikulare Formel drückt öfters und ursprünglich das dem natürlichen Denken näher liegende unbestimmte Urteilen mit Beziehung auf die Existenzsphären aus. Demgemäß müssen wir sagen: Solange etwas vom ursprünglichen „Es-gibt“- oder „Existiert“-Gedanken vorhanden ist, handelt es sich um eine, wenn auch unbestimmte Einordnung in eine Existenzsphäre, d.h. in eine gegebene Gesamtheit, in ein gegebenes Ganzes, einen gegebenen Inbegriff oder dgl. Von dieser Gegebenheit ist in der Bedeutungslehre nichts weiter zu sagen. Sie ist vertreten durch das bestimmte Subjekt oder durch die Rede von d e m A, von den als α oder β Bestimmten, also „unter den geometrischen Gebilden“, „in dem Raum“, „in der Zeit“, „unter den Arten Blumen“ usw. Die Existenzsphäre bedeutet also nichts weiter als die Sphäre von Gegenständen, die da gibt, in der der betreffende Gegenstand oder die Vielheit von Gegenständen sich findet. Und im echten Existentialurteil wird unbestimmt attributiv ein Gegenstand oder eine Gegenstandsmehrheit gedacht und auf solch eine Existenzsphäre bezogen. Kann aber diese Beziehung nicht fallen gelassen werden? Nimmt nicht der Existenzbegriff einen weiteren Sinn an, der schließlich nicht immer wieder Beziehung auf eine vorgegebene Existenzsphäre zulässt? In der Tat zeigt es sich, dass wir die Existenzsphäre, das Korrelat dessen, was wir existierend nennen, auch wieder existierend nennen. Das das Existierende Gebende nennen wir selbst ein Gegebenes. Also würde das voraussetzen eine neue Existenzsphäre. Aber das kann doch nicht *in infinitum* gehen, während wir immer doch die Existenzsphäre als existierend bezeichnen. Also der Raum existiert auch, die Zeit existiert auch. Wenn wir von Blumen sagen, sie existieren, so existieren sie irgendwo auf der Erde. Die Erde existiert aber auch. Nun, sie existiert unter den übrigen Gestirnen im Weltall. Das Weltall existiert aber auch. Schließlich hört doch aber die Möglichkeit der Einordnung auf als Einordnung in einen Gegebenheitszusammenhang. Wenn also immer noch von Existenz gesprochen wird, so muss der Begriff der Existenz eine neue Wendung genommen haben.

mehrere Termini enthaltend, wie z.B. „Es gibt regelmäßige Polyeder", wobei aber der Komplex einheitlich gefasst und gedacht ist. Sprachlich gehen diese beiden Formen insofern ineinander über, als, wie schon am Schluss der letzten Vorlesung betont wurde, Sätze der Form „Es gibt B-seiende A" in doppeltem Sinn verstanden werden können. (Z.B. betonen wir: „Es gibt regelmäßige Polyeder", so meinen wir oft: „Unter den Polyedern gibt es regelmäßige"; das ist die an erster Stelle bezeichnete Form. Ganz besonders ist dies wohl der Fall, wenn wir die beiden Termini durch den explizierenden Relativsatz trennen, also sagen: „Es gibt Polyeder, welche regelmäßig sind"; oder statt zu sagen: „Es gibt Blaufüchse": „Es gibt Füchse, die blau sind." Sagen wir aber einheitlich: „Es gibt Blaufüchse", so fehlt sicher die Beziehung auf den untergesetzten Inbegriff der Füchse. Der Unterschied tritt, wie Sie sich leicht überzeugen, auch sehr scharf in der Negation hervor.) Was nun die erste Form anlangt: „Unter den A gibt es B", „Unter den A existieren B", so ist sie natürlich oft ganz konkreter Ausdruck dessen, was wir meinen, solange nämlich die Gesamtheitsvorstellung der A und das Existieren in dieser Gesamtheit nicht nur ausgesprochen und bewusstseinsmäßig vollzogen ist, sondern auch endgültig gemeint sein kann und gemeint ist, d.h. nicht bloß stellvertretend für ganz andere Vorstellungen sein muss. Wie aber, wenn mit den A gemeint sind Allheiten von Zahlen, von geometrischen Gebilden, überhaupt Allheiten von Gegenständen, die einem reinen Begriff unterstehen? Allheiten von rot seienden Dingen, Allheiten von Bäumen überhaupt usw.?[1]

Fragen wir nun, was dann für die Urteile „Unter den A sind B" eintreten soll, so bieten sich äquivalente partikulare Urteile dar, welche von den Inbegriffsgedanken leicht freizuhalten sind. Der ursprüngliche Gedanke, dass unter den A einige B sind, der selbst ein partikularer ist, geht ja leicht über in den Gedanken, dass einige unter den A B sind, der selbst wieder äquivalent ist dem schlichteren Gedanken „Einige A sind B". „Unter den Polyedern gibt es regelmäßige": Dafür ist logisch gleichwertig und nur nuanciert verschieden: „Einige unter den Polyedern sind regelmäßig." Und geben wir die Beziehung auf den Inbegriff der Polyeder preis, so haben wir: „Einige Polyeder sind regelmäßig", wodurch für die Geltung gar nichts verloren gegangen ist. Der oft begleitende Gedanke, dass nicht etwa alle Polyeder diese Eigenschaft haben, müsste natürlich besonders ausgesprochen werden in einem zweiten Urteil. Es ist aber klar, dass er zur bloßen Form „Es gibt S, welche P sind" ebenso wenig gehört als zur Form „Einige S sind P".

[1] *Gestrichen* Nicht wirklich aufweisbar sind also bei der Geltungsausweisung von Wahrheiten, die scheinbar von Allheiten sprechen, die Allheitsvorstellungen.

Das Ausgeführte überträgt sich auch auf die eingliedrigen Existentialsätze. Dabei haben wir zwei Fälle: Entweder die Beziehung auf eine Existentialsphäre ist vorhanden und nur verschwiegen, oder sie fehlt ganz auch im stillen Denken. Das Letztere ergibt die wahrhaft eingliedrigen Existentialsätze.

a) Die einfachen lauten: „Es existiert ein A.“ Die Rede mit „existiert“, „es gibt“, weist auch hier auf irgendeinen Inbegriff oder Zusammenhang hin, in dem das Existierende eben existiert. Aber während dieser Inbegriff bei der Form „Unter den A ist B“ bezeichnet ist oder, wenn es sich um ein Ganzes als existentiale Grundlage handelt, in dem Ausdruck bezeichnet ist „In A oder an A ist B“, ist diese Bezeichnung unterlassen beim ursprünglichen eingliedrigen Existentialsatz. „Ein A existiert“, „Einige A existieren“ würde dann mitmeinen „in x oder unter den x“: „Es gibt Löwen“ (nämlich gemeint ist: auf der Erde). Auch hier kann die verschwiegene Existenzsphäre eine Allheit rein begrifflicher Art sein, z.B. wenn das Urteil „Es gibt Polyeder“ gemeint wäre mit Beziehung auf die Gesamtheit geometrischer Gebilde überhaupt. Auch hier wird die Beziehung auf die Existenzsphäre ausgemerzt, die bei rein begrifflichen Gesamtheiten nicht wirklich und eigentlich gemeint sein kann.

Die partikularen Urteile werden wieder entsprechend umgestaltet. Was uns aber besonders interessiert, ist

b) dass ein echter Existentialsatz auch gemeint sein ⟨kann⟩ ohne Beziehung auf eine verschwiegene Existenzsphäre (geschlossener oder ideeller Art). Das ist die besonders wichtige Gruppe von Existentialsätzen.

Umformung: Wir können dann dafür setzen das eingliedrige partikulare Urteil „Es existiert ein A“ = „Irgendetwas ist ein A“; für „Es gibt A's“ = „Einiges ist A“.

(Dass diese Transformationen ganz naturgemäß sind, erkennen Sie durch folgende Überlegung. Finden wir *in concreto* „Dies da ist A“, „Jenes ist A“ u.dgl., so können wir doch sicher ein Interesse haben zu bemerken, dass überhaupt etwas A ist und dass einige A sind; ebenso, wenn wir beobachtet haben, dass dies A B ist, dass jenes da B ist u.dgl., dass irgendein A überhaupt B ist und dass A's (in unbestimmter Mehrheit gedacht) B sind. Andererseits ist es klar, dass wir dabei doch meist entweder konstatiert haben oder schon wissen, dass auch andere A's noch sind und dass sich so leicht der Gedanke darbietet einer umfassenderen Gesamtheit von A's, aus denen wir die B-seienden herausgreifen; dass sich aber der Übergang vollzieht zur Aussage „Einige u n t e r d e n A sind B“, „U n t e r d e n A gibt es B's“ („Unter den Gegenständen überhaupt sind A's“ u.dgl.), versteht sich daraus, dass wir bei all solchem Urteilen von vornherein interessiert sind für die Frage, wie es mit anderen A's steht, ob etwa A's überhaupt B sind, oder nur einige.)

Resultat: Danach liegt der brentanoschen Lehre von der Identität der partikularen Sätze der traditionellen Logik mit Existentialsätzen ein wertvoller Gehalt zugrunde. Wir können nämlich unser Resultat so fassen: Der ursprüngliche Sinn von Existenz ist ein relativer, er bezieht sich auf eine Existenzsphäre. Die „Existenzsphäre" ist das, worin das Existierende existiert, und das „existiert" heißt nichts anderes als Darinsein. Auf Inbegriffe angewendet ist die Existenzsphäre der Inbegriff, in dem es das und jenes gibt, das Existierende selbst dasjenige, welches es eben darin gibt. Natürlich ist die Existenzsphäre selbst nicht existierend in dem Sinn, in dem wir von dem in ihr Seienden sagen, dass es existiert.

Das partikulare Urteil nun drückt in dem ursprünglichen und der Anschauung näher liegenden Denken immer eine Beziehung auf eine Mehrheit aus, die Rede ist von einem aus einer Mehrheit oder von einem oder mehreren aus einer geschlossenen Gesamtheit. Da haben wir also Existenzsphären und darin existierende Einzelnheiten oder Mehrheiten. Es gibt aber auch reine und von aller Beziehung auf Existenzsphären freie partikulare Urteile, die insbesondere ihre Rolle spielen im rein begrifflichen und wissenschaftlichen Denken. Und diese sind identisch mit den reinen und echten Existentialsätzen.

Der Existentialgedanke wird nun als innere Sprachform oder Surrogat auch festgehalten für solche partikularen Urteile, bei denen keine Beziehung auf solche Existenzsphären mehr vorliegt. Was die Existentialform so sehr lebendig erhält, ist auch der Umstand, dass die Bedeutungen der Aussage *salva veritate*, d.h. ohne die Geltung zu beeinträchtigen, öfters auch schwanken können. Ob wir im indirekten Beweis ansetzen: angenommen, es sei irgendetwas ein regelmäßiges Dekaeder, oder ob wir ansetzen: angenommen, irgendein[1] geometrisches Gebilde sei ein Hexaeder, ist einerlei. Übrigens, insofern besteht normalerweise eine Beziehung auf eine Existenzsphäre, als wir z.B. als Geometer das „irgendetwas" von vornherein als irgendein geometrisches Gebilde verstehen. Überall wollen wir ja in der Geometrie Aussagen über geometrische Gebilde machen, und so hat jede Wissenschaft ihren Oberbegriff als allumfassende Existenzsphäre.

[1] *Der Rest dieses Absatzes ist Veränderung für* es sei unter den geometrischen Gebilden ein regelmäßiges Dekaeder, ist einerlei. Ebenso macht es nicht viel aus, ob wir das Urteil fällen: „Irgendetwas ist ein Haus" oder: „Unter den Dingen ist ein Haus", „Im Raum, in der Welt ist ein Haus". Denn dass Häuser Raumdinge, Dinge der Welt sind, wissen wir.

Indessen, ganz erschöpfend ist diese Analyse des Existentialsatzes immer noch nicht. Bei den höchsten und letzten Existenzsphären, z.B. wenn wir von der allumfassenden Realität sprechen und sie als existierende bezeichnen, klingt es schon gezwungen zu sagen, die Existentialaussage bedeute „Irgendetwas ist die allumfassende Realität"; auch wenn der Atheist sagt: „Gott ist eine Fiktion" = „Gott ist nicht", dafür einzusetzen: „Irgendetwas (Nichts) ist Gott."

In der Tat setzt bei der Existentialaussage sehr oft ein ganz anderer Gedanke ein, der das Urteilen sozusagen in ganz neue Dimensionen überführt und der sich wieder mit dem ursprünglichen „Es-gibt"-Gedanken aus nahe liegenden psychologischen Gründen verflicht, so dass er wiederum durch diese Aussageform „es gibt" oder „es existiert" ausgedrückt wird. Andererseits stellt auch er den logischen Äquivalent mit dem Gedanken des puren partikularen Urteils dar.

Wir können hier etwa anknüpfen an eine Interpretation, die Bolzano für den Existentialsatz gibt. Nämlich: „A existiert" = „Die Vorstellung A hat Gegenständlichkeit".* Auch sonst begegnen wir dieser Interpretation nicht selten.

Was soll hier „Vorstellung A" besagen? Wir unterscheiden natürlich die subjektive Vorstellung von einem Gegenstand von dem Gegenstande selbst und abermals die Bedeutung, die wir nominale Vorstellung nannten und die als Urteilsglied fungieren kann, von dem durch sie bedeuteten Gegenstand. (Gewöhnlich wird nicht geschieden und so wird in ungeschiedener Weise die „Gegenständlichkeit" als Eigenschaft der Vorstellung bezeichnet.) Die Vorstellung A, pflegt man nun zu sagen, sei eine gültige oder ungültige Vorstellung, je nachdem der Vorstellung ihr Gegenstand in Wahrheit entspricht oder nicht entspricht. „Ein Löwe" ist eine wahre, eine gültige Vorstellung, „ein Zentaur" eine ungültige. Wenn Bolzano sagt: „gegenständliche" und „gegenstandlose Vorstellung", so meint er dasselbe. Und er lehrt, der Existentialsatz sage nicht etwa von dem A etwas aus, sondern von der Vorstellung A, und was er auf Prädikatseite aussage, sei Gegenständlichkeit bzw. Gegenstandlosigkeit (d.h. negativ: Nicht-Gegenständlichkeit). In dem Urteil „Ein A ist rot" wird von A etwas ausgesagt, in dem Urteil „Ein A existiert" von der Vorstellung A. Also, das Urteil „Gott existiert" ist ein inadäquater Ausdruck für seine eigentliche Meinung. Es sagt nicht von Gott etwas aus, wie wenn wir sagen: „Gott ist allgütig", sondern von der Vorstellung Gott, nämlich dass sie eine gegenständliche sei. Auf diese Weise

* Vgl. Bolzano, *Wissenschaftslehre*, Bd. II, § 137.

kann Bolzano seine Lehre aufrechterhalten, dass alle Urteile kategorische sind. Dabei scheidet Bolzano klar, was in der Tat scharf zu unterscheiden ist, zwischen Existenz und Realität. Eine reelle Zahl ist keine Realität, aber ein Existierendes, und sie ist existierend, das heißt: die Vorstellung „eine reelle Zahl" hat Gegenständlichkeit; aber nicht ist gesagt, dass eine reelle Zahl ein reales Ding oder eine reale Eigenschaft an einem Ding wäre.[1]

Im ersten Moment ist diese Interpretation sehr anstößig. Zunächst könnte man sagen: „Gegenständlichkeit hat eine Vorstellung A", das heißt doch, ihr entspricht ein Gegenstand. Und was heißt dieses „entspricht"? Doch wieder so viel wie „Es gibt einen Gegenstand dieser Vorstellung A". Nach der bolzanoschen Interpretation besagt das Letztere aber, dass die Vorstellung „Gegenstand der Vorstellung A" Gegenständlichkeit habe, und das heißt wieder: „Es gibt einen Gegenstand der Vorstellung ‚Gegenstand der Vorstellung A'", und so *in infinitum.* Es scheint also, wir geraten in einen absurden unendlichen Regress. Müssen wir also, um ihn zu vermeiden, sagen, die Vorstellung A habe Gegenständlichkeit oder irgendetwas entspreche der

[1] *Gestrichen* Können wir nun diese Interpretation durchführen? Werden wir nicht sagen müssen: Gegenständlichkeit hat eine Vorstellung, d.h. es entspricht ihr ein Gegenstand wirklich, und heißt dieses „entspricht" nicht dasselbe wie: Es gibt einen Gegenstand dieser Vorstellung? Verlieren wir uns nicht in einen unendlichen Regress? Natürlich können wir das letztere Urteil auch interpretieren durch: Irgendetwas entspricht der Vorstellung A. Aber können wir nicht ebenso gut das ursprüngliche Urteil „A existiert" interpretieren durch „Irgendetwas ist A"? Wir brauchen also nicht den Umweg über die Vorstellung. Würde Bolzano sagen, was er in der Tat meint, dass es eine eigentümliche Beschaffenheit gewisser Vorstellungen ist, dass ihnen etwas wahrhaft entspricht, und anderer, dass ihnen nichts entspricht, so würden wir antworten: Ganz recht; ist das Urteil wahr: „Irgendetwas ist A", so können wir mit Beziehung darauf der Vorstellung A, die darin vorkommt, die Eigenschaft zuschreiben, dass sie diese Wahrheit erfüllt, und das heißt, sie ist gegenständlich. Niemand wird doch leugnen, dass diese Aussagen gleichwertig seien: „Irgendetwas ist A" und „Die Vorstellung A ist eine gültige Vorstellung". Man könnte auch zur Bestätigung anführen, dass, wenn wir von den Bedeutungen „ein A", „Sokrates", „Jupiter" je nachdem sagen, sie seien ungültige Vorstellungen oder gültige, dass wir da an Prädikate denken, nämlich dass ihnen in Wahrheit Subjekte zugehören oder nicht.

Sehen wir nun näher zu, so bemerken wir, dass zwar Bolzanos Auffassung, und alle gleichstimmigen, unhaltbar ist, dass ihr aber ein Gefühl des Richtigen zugrunde liegt.

Wir können über beliebige Gegenstände urteilen, wir können statt der Gegenstände Vorstellungen nehmen und über sie urteilen, und gehen wir vom einen zum anderen über, dann modifizieren sich die betreffenden nominalen Vorstellungen aus schlichten Vorstellungen in Vorstellungen über Vorstellungen. Es gibt aber noch eine andere Urteilsweise. Wenn wir sagen, auf ein wahrgenommenes Haus hinblickend: „Dies Haus ist von zierlicher Architektur", so steht das Haus als Wirklichkeit da. Wir sagen: „dies Haus" und setzen es damit in Seinsweise. Das geht durch das ganze Urteil hindurch und bestimmt seinen Bedeutungscharakter. Es ist wohl zu beachten, dass da nicht etwa vorausliegt ein Urteil „Dies Haus existiert", für welches ja dasselbe gälte. Mag vorausliegen das Urteil „Dies ist ein Haus", um die Attribution gültig ansetzen ⟨zu⟩ können „dies Haus", so liegt doch schon im „dies" derselbe Setzungscharakter.

Vorstellung A, sei nur eine Umschreibung für die ihr evidenterweise äquivalente Aussage, irgendetwas sei A oder A sei irgendetwas? Ein Zentaur, sagen wir, ist nichts, oder nichts ist ein Zentaur, ein Löwe aber ist etwas, er existiert. Vom Standpunkt Bolzanos wäre allenfalls zu antworten, der unendliche Regress sei durchaus nicht notwendig; es gehöre zu den wesentlichen Eigentümlichkeiten jeder Vorstellung (und zwar, wie wir ihm gegenüber näher begrenzen, jeder nominalen Vorstellung), dass ihr entweder Gegenständlichkeit zukomme oder nicht zukomme. Das Gegenständlichsein, das sei ein den Vorstellungen, und zwar gewissen Vorstellungen, wesentlich zukommendes Prädikat. Nun sei es sicherlich richtig, dass, wenn die Vorstellung A diese Eigenschaft hat, auch die Vorstellung „Gegenstand der Vorstellung A" diese selbe Eigenschaft hat, und so *in infinitum*. Aber das sei eine Gesetzmäßigkeit, die hier so wenig störe wie bei Urteilen die Gesetzmäßigkeit, dass, wenn das Urteil U wahr ist, das Urteil „Es ist wahr, dass U ist" auch wahr sei, und so *in infinitum*. Genau wie Wahrheit eine Eigenschaft von Urteilen sei, so sei Gegenständlichkeit eine Eigenschaft von Vorstellungen. Und beiderseits gehöre zu dieser Eigenschaft jene Gesetzmäßigkeit unendlicher Verkettung, die gar nichts Beunruhigendes habe, da wir nicht in der Definition der Gegenständlichkeit einer Vorstellung zurückgewiesen sein sollen auf die Vorstellung „Gegenstand dieser Vorstellung" usw.

Man würde ferner antworten können, der Satz, dass irgendetwas ein A sei, sei gewiss gleichwertig mit dem Satz, die Vorstellung „ein A" habe Gegenständlichkeit. Und damit hänge es zusammen, dass beides und auch das Erste unter dem Titel Existentialurteil auch öfter gemeint sei, wie z.B. in der Mathematik zumeist. Aber zweifellos sei es, dass wir in sehr vielen Fällen nicht dieses partikulare Urteil meinen, wenn wir Existenz aussagen wollen. Z.B. wenn wir, mystische oder mythologische Vorstellungen und Urteile zugrunde legend, darüber streiten, ob die Gegenstände und Sachverhalte, die da als Wirklichkeiten angesprochen werden, seien oder nicht seien, ebenso wenn Realisten und Idealisten streiten, ob die erscheinenden Dinge wirkliche Dinge seien oder nicht, so ist durchaus bestimmend eben die Gegenüberstellung von Vorgestelltem und Wirklichem. Sagen wir: „Ein Zentaur ist nicht, existiert nicht, er ist etwas Unwirkliches", oder sagen wir von einer gemalten Landschaft, sie sei unwirklich, so setzen wir gleichsam eingebildete und wirkliche Welt in Beziehung. Davon ist aber gar keine Rede, wenn einfach geurteilt wird in der Form eingliedriger partikularer Urteile: „Ein A ist irgendetwas" oder „Irgendetwas ist A". Allerdings mögen wir uns ausdrücken: „Ein Zentaur ist nichts", „Ein Löwe ist etwas". Aber hier hat, wenn die Wirklichkeitsbeurteilung vollzogen sein soll, eine Bedeutungsänderung stattgefunden. „Ein Löwe ist etwas", das kann man wohl sagen.[1] Als Wirklichkeitsurteil aber besagt es sehr viel mehr. Es besagt, was auszusprechen sehr wichtig sein kann: dass die Vorstellung „ein Löwe" eine gültige, eine gegenständliche ist oder dass ihr etwas in Wahrheit entspricht; ebenso im anderen Beispiel: dass der Zentaur-Vorstellung keine Wirklichkeit entspricht. Um solches auszuweisen, müssen wir freilich im Löwen-Beispiel in der Wirklichkeit einen Löwen aufweisen. Wir urteilen dann: „Dies ist ein Löwe", also: „Irgendetwas ist ein Löwe", also die Vorstellung von etwas, das Löwe ist, ist eine gegenständliche, ihr entspricht etwas Wirkliches. Der Zusammenhang mit dem partikularen Urteil, und zwar nicht mit dem Urteil „Ein A ist etwas", sondern mit dem umgekehrten „Irgendetwas ist ein A", ist ein sehr naher. Das Existentialurteil als Wirklichkeitsurteil ist eine gewisse äquivalente Wendung des partikularen Urteils. Gerade sie muss aber vollzogen werden, weil eben bei dieser Wirklichkeitsbeurteilung das Interesse auf das Verhältnis zwischen Vorgestelltem und Wirklichem geht. Und um dies zu befördern, müssen wir sozusagen das Urteilsniveau verändern oder uns zwischen verschiedenen Urteilsniveaus bewegen. In der Tat ist es bei einiger Aufmerksamkeit eine sehr fühlbare Modifikation, wenn wir vom normalen Urteilen, in dem die Vorstellung „ein A" auftritt, zum Existentialurteil übergehen, z.B. wenn wir kategorisch urteilen: „Ein Löwe ist aus der Menagerie ausgebrochen" und zum Existentialurteil übergehen: „Ein Löwe, das ist keine Fiktion, sondern etwas Wirkliches." Im zweiten Fall ist mit der Vorstellung „ein Löwe" eine Modifikation vorgegangen, und diese ist vorausgesetzt, damit wir solch ein Prädikat aussprechen können. Nach Bolzano besteht diese Modifikation darin, dass die Vorstellung A übergegangen ist in eine Vorstellung zweiter Stufe.

So weit ist sicherlich die Antwort, die wir, der Ansicht Bolzanos möglichst Folge leistend, gegeben haben, durchaus befriedigend. Andererseits ist die Erwägung nicht zu Ende, ob Bolzanos Lehre damit hinreichend gesichert ist und nach ihrem positiven Gehalt richtig. Fragen wir, was das für eine Eigenschaft der nominalen Vorstellungen ist, die da „Gegenständlichkeit" oder „Gegenstandlosigkeit" heißt, so werden wir keine andere Antwort finden können, es sei denn durch Rekurs auf partikulare Urteile der Form „Irgendetwas ist ein A". (Bolzano freilich lehrt dies nicht, er deutet umgekehrt solche Urteile in Existentialurteile um. Aber ganz mit Unrecht.) Das

[1] *Gestrichen* Aber als jenes rein partikulare Urteil besagt es, dass es irgendeinem Löwen zukommt, etwas zu sein, was uns zu sagen kaum je ein Anlass sein wird. *Dazu Randbemerkung* Falsch!

Urteil „Ein Zentaur existiert nicht" oder „Die Vorstellung ‚ein Zentaur' hat nicht Gegenständlichkeit" würde dann besagen, diese Vorstellung habe die Eigenschaft, dass für sie das Urteil falsch sei „Irgendetwas ist ein Zentaur". Aber das ist mehr als zweifelhaft. Denken wir wirklich in solchen Umwegen? Das kann der Gedanke des Existentialsatzes offenbar nicht sein. Aber ein Ausweg: Können wir nicht über Vorgestelltes als solches urteilen, ohne über die Vorstellung in Relation zum Urteil zu urteilen?[1]

⟨*Urteile mit verschiedenem Seinsniveau*⟩

Man wird daraus herleiten, dass es überhaupt ein Umweg sei, über Vorstellungen zu urteilen. Nicht über Vorstellungen, sondern über das Vorgestellte als solches urteilen wir, dass es existiere, dass es „in Wirklichkeit" sei. So urteilen wir ja oft über Erscheinendes als solches, dass es wirklich oder unwirklich sei, wo es sich um anschaulich sich Darbietendes handelt. Wir urteilen dabei nicht über unsere Vorstellungen. An die denken wir gar nicht. Wir blicken in ein Stereoskop und bringen darin zwei passend gewählte Zeichnungen zur Deckung; wir sehen eine Pyramide. Wir verwechseln die Zeichnung, wir sehen eine Pyramide von entgegengesetztem Relief. Wir sehen das und sagen: „Diese beiden Pyramiden, eins die Umstülpung der anderen, sind unwirklich." Wir bringen ins Stereoskop ein Bildpaar des Berliner Schlosses: Wir sagen jetzt: „Das ist das Schloss zu Berlin, etwas Wirkliches." Oder wir sagen genauer: „Das Ding da, das im Kasten drinnen erscheint, als gegenwärtig, so und so viele Schritte von uns entfernt, das existiert nicht. Aber es entspricht ihm eine Wirklichkeit, das Berliner Schloss." Wir nennen in diesem Fall das erscheinende Objekt eine Darstellung, ein Bild einer wirklichen Sache. Denken wir dabei an unsere subjektiven Vorstellungen? Ebenso ist es, wenn wir von der Unwirklichkeit des Regenbogens, des uns als eines großen über die Landschaft sich breitenden dingartigen Bogens ⟨Erscheinenden⟩, sprechen; und ebenso umgekehrt, wenn wir, zu-

[1] *Gestrichen* Es ist freilich zu beachten, dass hier nicht von subjektiven Vorstellungen die Rede ist. Auch über sie können wir urteilen, wie wenn wir z.B. sagen, dass wir wahrnehmen, dass wir halluzinieren, phantasieren u.dgl. und dass unseren vorstellenden Akten etwas entspreche in der Wirklichkeit oder nicht. Aber hier ist die Rede von Vorstellungen als Bedeutungen. Ist aber nicht am Ende zu unterscheiden zwischen Bedeutung (und zwar nominaler Bedeutung) und Bedeutetem, und kann dabei nicht der Sinn der Urteilsweise ein doppelter sein, je nachdem wir über Bedeutetes als solches urteilen und je nachdem wir über Bedeutetes in der Weise urteilen, die ihm den Wert eines Wirklichen gibt? Dann wäre auch möglich, dass Bedeutetes als solches in Beziehung gesetzt würde zum Wirklichen, und wieder, dass von Bedeutetem als solchem geurteilt würde, ihm entspreche ein Wirkliches.

erst in Betreff der Wirklichkeit zweifelhaft, zur Entscheidung kommen, ein Erscheinendes sei in der Tat wirklich. Natürlich, über unsere subjektiven Vorstellungen als Akte sprechen wir dabei nicht. Die Schlosserscheinung, deutlicher: das als Ding Erscheinende als solches, das so und so weit von uns entfernt dasteht, gibt sich als Schloss, und als das ist es kein Akt im psychologischen Sinn, kein psychisches Erlebnis. Sagen wir doch, es sei etwas bloß Subjektives, so heißt das, wir hätten das Erscheinen von diesem Schloss, während das Erscheinende selbst nicht existiere. Aber das Erscheinen von dem Schloss ist nicht das erscheinende Schloss.

Nun ist aber zu beachten, dass die Lehre, das Subjekt des Existentialsatzes sei eine Vorstellung, bei Bolzano nicht besagt: eine Vorstellung als subjektiver Akt, sondern als Bedeutung. Bedeutung ist aber nicht Bedeuten. Ist nun nicht, könnten Sie fragen, Bedeutung gerade dieses Bedeutete als solches, unabhängig von der Frage der Existenz oder Nichtexistenz (und bei Sätzen: der Wahrheit oder Unwahrheit)? Wir können schon darum nicht mit Ja antworten, weil verschiedene Bedeutungen zu einem und demselben bedeuteten Gegenstand gehören können, gleichgültig ob es sich um einen wirklichen Gegenstand handelt oder einen eben bloß bedeuteten. Schon wenn ich in dem einen unserer Beispiele sage: „diese“ und wieder: „diese Pyramide“ und wieder: „diese Pyramide mit kreisförmiger Basis“, habe ich verschiedene Bedeutungen und denselben nichtexistierenden bedeuteten Gegenstand. Wir urteilen über die Bedeutungen, wenn wir darüber aussagen, die erste Bedeutung sei in der zweiten und die zweite in der dritten enthalten. Wir urteilen aber, wenn wir von der Nichtexistenz des „dieses da“ reden, nicht über die Bedeutungen, sondern über das Bedeutete, über das erscheinende und unwirkliche Ding, das bald so, bald so bedeutungsmäßig gefasst ist. Also müssen wir doch zwischen Bedeutung und Bedeutetem unterscheiden. Andererseits ist zu beachten, dass wir in gewöhnlicher Rede auch in dieser Hinsicht von „Vorstellung“ sprechen. Vorstellung heißt nicht nur der Akt, sondern auch sein Inhalt, und der Inhalt kann dabei bald die Erscheinung, bald das Erscheinende, und bei sprachlichen bzw. Denk-Vorstellungen bald die Bedeutung und bald das Bedeutete meinen. Sagen wir: „bloße Vorstellung“, z.B. diese Pyramide sei „bloße Vorstellung“, so meinen wir das Bedeutete bzw. Erscheinende als solches und meinen zugleich, dieser „Vorstellung“ entspreche nichts Wirkliches; was hier besagt – da wir Stereoskop„bilder“ eben von vornherein als Bilder ansehen –, sie habe nicht als bildliche Darstellung eines Wirklichen zu gelten, so wie jenes im Stereoskop erscheinende Schloss als Bilddarstellung des wirklichen. Es scheint also, dass Bolzano das Bedeutete und die Bedeutung verwechselt hat oder zum mindest⟨en⟩ nicht geschieden: In der Tat, die Scheidung fehlt bei ihm ganz und gar. *De facto* haben wir eine ganz andere Urteilsstellung, wenn wir etwa zu logischen Zwecken über Vorstellungen als Bedeutungen urteilen (ob sie einfach oder zusammengesetzt sind, ob sie in einem Urteil als Glieder auftreten oder nicht) oder ob wir urteilen: „Diese Pyramide existiert nicht in Wirklichkeit", jenes Schloss, jenes stereoskopisch erscheinende Schloss, stelle Wirkliches dar u.dgl.

Sind wir uns darüber klar, so bemerken wir, dass eine fundamentale Modifikation durch das ganze Bedeutungsgebiet hindurchgeht, durch welche der Bedeutungsbegriff selbst in Mitleidenschaft gezogen wird. Sagen wir von einem Bildobjekt, etwa einem gemalten Schloss, etwas aus über die darstellende Schlosserscheinung, so wie sie als Bildobjekt erscheint, oder auch: beschreiben wir das Subjekt des Bildes, das etwa eine reine Fiktion sei, so urteilen wir über Vorgestelltes als solches. Andererseits: Urteilen wir über ein Schloss, das wir sehen oder dessen wir uns erinnern, so urteilen wir über Wirkliches; ebenso, wenn wir über ein abgebildetes, aber uns als wirklich geltendes Objekt urteilen.[1]

Beide Male könnten wir dieselben Erscheinungen haben, wir könnten nach ihnen dieselben Ausdrücke orientieren, könnten Aussagen nicht nur desselben Wortgehalts, sondern auch desselben „Sinnes" aussprechen. Und doch hätten wir nicht genau dasselbe gemeint, wir hätten nicht dieselbe Bedeutung in einem gewissen volleren Sinn. Wir sehen, wir müssen jetzt differenzieren, wozu bisher kein Anlass vorlag. Jene beiden Aussagen haben denselben Sinn, aber sie haben doch nicht dieselbe voll genommene Bedeutung.[2] Subjektiv gesprochen: Das Bewusstsein ist beiderseits verschieden; wir urteilen beiderseits, beiderseits ist ein Identisches: Schritt für Schritt sind die Vorstellungen und ihre Verbindungen dieselben nach dem Sinn genommen. Aber einmal steht alles in der Weise der „Wirklichkeit" da, das andere

---

[1] *Gestrichen* Schließlich besagt doch – was freilich Bolzano nicht lehrt und womit wir über ihn hinausgegangen sind – die Eigenschaft der Gegenständlichkeit einer Vorstellung A so viel wie den Umstand, dass die Vorstellung A sich einem wahren partikularen Urteil der Form „Irgendetwas ist A" einfügt. „Ein Zentaur existiert nicht", „Die Vorstellung ‚ein Zentaur' hat nicht Gegenständlichkeit", das heißt: Sie hat die Eigenschaft, dass für sie das Urteil falsch ist: „Irgendetwas ist ein Zentaur". Aber denken wir dies wirklich, wenn wir sagen: „Ein Zentaur existiert nicht in Wirklichkeit"?

[2] *Randbemerkung (wohl 1910/11)* Hier wird Sinn und Bedeutung differenziert! – Dabei ist Dreifaches nicht zu verwechseln: 1) Bedeutung und bedeuteter Gegenstand, 2) Aktualität und Inaktualität des ganzen Urteils, 3) Unterschied des Seinsniveaus der Urteilsweise aufgrund bloßer Phantasie und der thetischen Urteilsweise. Ad 2) Das ganze Urteil ist wirkliches Urteil. Es kann aber auch Urteilsphantasie sein, was freilich für Phantasieurteile unterliegende Phantasie zweiter Stufe erfordert.

Mal in der Weise der „Erscheinung" und überhaupt bloßer Vorstellung. Wir können auch die Stellungnahme mindest in einer Richtung willkürlich modifizieren. Wir können freilich nicht willkürlich machen, dass wir glauben, was wir nicht glauben, und für wirklich halten, was wir nicht für wirklich halten. Aber umgekehrt: Wenn wir für wirklich halten, z.B. wahrnehmen, so können wir dieses Für-wirklich-Halten in gewisser Weise suspendieren und rein das in der Wahrnehmung Erscheinende als solches beurteilen. Die Worte können dieselben bleiben; höchstens sagen wir indirekt aus, es solle jetzt über das Erscheinende als solches geurteilt werden. Trotz derselben Worte hat sich dann etwas geändert. Bei demselben Sinn ist die volle Bedeutung geändert durch Veränderung sozusagen des Seinsniveaus (wirkliches Sein – assumiertes Sein). Das eine Mal bewegen wir uns ausschließlich im Niveau der Wirklichkeit, was keineswegs immer reale Wirklichkeit heißt. Wir bewegen uns im Niveau der Wirklichkeit, das besagt nichts anderes als dies: Mögen unsere Urteile wahr sein oder nicht, wir urteilen derart, dass wir den „Gegenständen Wirklichkeitswert verleihen", sie als Wirklichkeiten ansetzen, meinen. Und das gibt dem Urteil, im idealen Sinn der Bedeutung, seinen Charakter. Die Gegenstände, worüber wir da urteilen, sind, wie in allen Urteilen überhaupt, vorstellig durch nominale Vorstellungen. Aber hier sind die nominalen Vorstellungen gerade so vollzogen, dass wir in ihnen lebend das Bewusstsein vom Sein, Wahrhaftsein, Wirklichsein des Vorgestellten haben.

Heißt es im Urteil: „das Berliner Schloss", so ist die Weise der Meinung die Wirklichkeitsweise, das Meinen ist Wirklichkeitsmeinen. Nicht jedes nominale Meinen ist Wirklichkeitsmeinen. Es fehlt z.B., wenn wir vor dem bekannten Böcklin-Bild stehend sagen: „dieser Zentaur in der Hufschmiede". Ich sprach von Unterschieden der Bewusstseinsweise, in der die betreffenden nominalen Vorstellungen vollzogen sind. Aber es ist offenbar, dass dem ein Unterschied der Bedeutungen entspricht, ein Unterschied im Was des Meinens. Es ist dabei zu beachten, dass jetzt nicht die Rede davon ist, dass wir Wirklichkeit prädizieren oder Vorstellung, Quasisein (Einbildung) prädizieren. Es kommt vor, dass wir aussagen, das Berliner Schloss sei etwas Wirkliches. Aber hier ist davon die Rede, dass wir ohne solches Existentialurteil, sowie wir bloß zu sagen beginnen: „das Berliner Schloss ...", ein Wirklichkeitsbewusstsein vollziehen; so, wenn wir etwa über dieses Schloss allerlei Nachrichten lesen, etwa urteilen, es sei im 17. Jahrhundert gebaut worden, sei vom deutschen Kaiser bewohnt u.dgl. Worauf ich hier hinweisen wollte, ist, dass dabei die nominale Vorstellung immerfort den (existentialen) Setzungscharakter hat bzw. das Bewusstsein den Charakter des Wirklichkeitsbewusstseins. Und diesem Niveau gehören die ganzen Urteile dieser Art an, der ganze Sachverhalt hat den Charakter des Wirklichkeitsverhalts. Die ganze Bedeutung ist nicht nur überhaupt Urteil, sondern Wirklichkeitsurteil, ein Urteil, das seinen Sachverhalt als Wirklichkeitsverhalt setzt. Und das gilt eben nicht von allen Urteilen.

Es ist wichtig, dass Sie sich das zur vollsten Klarheit bringen. Sie könnten sich zu diesem Zwecke etwa den Fall fingieren, wo sich zwei Urteile durch nichts unterscheiden als eben durch das Seinsniveau. Etwa so: Vor der Jakobikirche stehend und sie wahrnehmend mögen Sie Urteile fällen, die sich in dem durch die Wahrnehmung gegebenen Wirklichkeitsniveau bewegen. Sie sagen etwa aus: „Dies ist eine Kirche, ein spätgotischer Bau etc." Die nominalen Vorstellungen des Wahrnehmungsurteils und das ganze Urteil, das sie fundieren, haben Wirklichkeitscharakter. Nun besteht doch die Möglichkeit, dass Sie genau dieselbe Erscheinung, die Ihnen die Wahrnehmung bietet, im Bilde vor Augen hätten oder in einer bloßen Phantasie. Auch die Möglichkeit besteht doch, dass es pure Phantasie sei, dass jede Erinnerung an die Wirklichkeit, aus früherer Wahrnehmung, ausgelöscht wäre, dass die Erscheinung Ihnen als reines Fiktum vor Augen stände; und wieder, dass Sie nun genau dieselben Aussagen machten „mit genau denselben Bedeutungen". Also wieder: „Dies ist eine Kirche, ein spätgotischer Bau etc." Doch halt! Mit genau denselben Bedeutungen? In gewisser Weise ja und in gewisser nein. So wie das Bewusstsein beiderseits trotz der so weit gehenden Verwandtschaft ein Verschiedenes ist, ist auch das Was des Bewusstseins ein Verschiedenes.

Beiderseits wird geurteilt und in gleichen Worten sogar ausgesagt. Aber die intuitive Unterlage der Urteile ist eine verschiedene. Einmal haben wir Wahrnehmung als Grundlage (wofür auch Erinnerung, Bildsetzung eintreten könnte). In ihr steht das Erscheinende bewusstseinsmäßig als Wirklichkeit da. Das andere Mal haben wir „bloßes" Bildbewusstsein oder „bloßes" Phantasiebewusstsein, in dem das Erscheinende nicht als Wirklichkeit dasteht, sondern bloß hingenommen oder aufgenommen wird, als was es da erscheint. Das ist ein höchst weit tragender Unterschied. Trotzdem, Sie wissen, wie weit tragend „inhaltlich" die Verwandtschaft zwischen Wahrnehmen und phantasierendem, assumierendem bzw. bildlichem Ansetzen, Assumieren sein kann; und sie ist hier als möglichst weit gehend von uns angenommen. In der Phantasie steht das Erscheinende nicht als Wirklichkeit da. Das sagt nicht etwa, dass es als nichtseiend dasteht, nämlich so, als ob ein Unglaube an Wirklichkeit vorläge, als ob gar geurteilt würde, das existiere nicht. Die Phantasie, als bloße Phantasie angenommen, ist nicht Glaube und ist nicht Unglaube, sie affirmiert nicht, sie negiert nicht. Das alles ist nicht ihre Sache. Eine Kirche steht da, aber steht nicht wie in Wahrnehmung oder Erinnerung in einem Wirklichkeitsbewusstsein da. Sie steht also in modifizierter Weise, in anderer Weise da, trotzdem die Kirche inhaltlich absolut dieselbe, in allen Erscheinungsbestimmtheiten identisch vorausgesetzt ist. Und nun urteilen wir. Ein gewisses in den Urteilsformen verlaufendes Gliedern und Aufeinander-Beziehen findet statt. Wir nennen es etwa die „urteilsmäßige Fassung der Anschauung", vielleicht gar den „urteilsmäßigen Ausdruck des Erscheinenden als solchen". Wir sagen dann etwa, einmal sei das Wahrgenommene, das andere Mal das bloß Phantasierte, und so, wie es im Modus der Phantasie gleichsam dasteht, hingenommen, zum urteilsmäßigen „Ausdruck", zur urteilsmäßigen „Fassung" gebracht. Nun haben wir den wesentlichen Unterschied im Urteil, der bestimmt ist durch den wesentlich verschiedenen Charakter der intuitiven Urteilsunterlage: Nämlich die intuitiv erscheinenden Gegenstände und gegenständlichen Bestimmtheiten werden zu Urteilsgegenständen-worüber und Bestimmtheiten der Gegenstände durch die sie urteilsmäßig erfassenden Vorstellungen. Und diese haben, je nachdem Wahrnehmung oder Phantasie zugrunde liegt, einen ganz anderen Charakter: Das Vorgestellte, oder besser Gedachte, ist einmal als Wirklichkeit gesetzt, das andere Mal nicht. Und damit ist das ganze Urteilsbewusstsein ein wesentlich anderes und somit auch das Was des Urteilens, das Urteil im idealen bedeutungstheoretischen Sinn. Der geurteilte Sachverhalt ist im einen Urteil als Wirklichkeitsverhalt gesetzt, und das andere Mal nicht: Er ist nun bloßer „Erscheinungsverhalt", „Vorstellungsverhalt", wie anstößig dies manchen Logikern klingen mag (da es sich ja doch immer um einen Urteilsverhalt handelt). Wir urteilen ja. Würden wir aufgrund dieser selben Phantasieerscheinung aussagen wollen: „Diese Kirche ist ein Renaissancebau", so wäre das falsch, und wir würden es auch nicht glauben können. Was wir urteilen ist vielmehr, es sei ein spätgotischer Bau; nur das passt zu dem Erscheinenden. Aber die Urteilsweise ist eben eine ganz andere wie im Fall der Wahrnehmung. Das zeigt sich auch in Folgendem: Die Richtigkeit des Urteils ist hier eine bloße Anpassungsrichtigkeit oder Ausdrucksrichtigkeit. Das Urteil richtet sich bloß nach dem aufgenommenen Erscheinungsgehalt, fasst ihn bloß in die ihm passenden, sich ihm anschmiegenden Gedanken und Formen. Die Wahrheit des Urteils ist demnach bloß Wahrheit im Sinn der Richtigkeit solchen „Ausdrucks". Im anderen Fall hingegen haben wir nicht bloß Erscheinungsgehalt und ihm zugehörige Anpassung, vielmehr schon mit der Erscheinung das die Wahrnehmung als solche auszeichnende Bewusstsein der Wirklichkeitssetzung. Demnach ist auch in höherer Stufe, in der des Urteils, dem Sachverhalt und seinen Gegenständen, Eigenschaften, Relationen Wirklichkeit zuerteilt. Die Sachen sind als wirkliche Sachen, d.i. in der Wirklichkeitsweise gemeint, und somit der Sachverhalt als Wirklichkeitsverhalt. Und nun fordert die Wahrheit des Urteils nicht bloß Richtigkeit in der Anpassung, im logischen Ausdruck, sondern auch Gültigkeit dieser Wirklichkeitssetzung. Denn nicht muss immer wirklich sein, was uns als wirklich gilt, was in Wirklichkeitsweise gemeint ist.

Also haben wir hier zwei Komponenten im Urteil und denen entsprechend zwei Komponenten in der Wahrheit. Die eine Komponente gibt das Seinsniveau, die andere gibt den Ausdruck als solchen, die Anpassung des ausdrückenden Gedankens. Aber genau besehen haben wir in beiden Urteilsfällen von zwei Komponenten zu sprechen, und nicht umsonst haben wir bisher schon von dem Unterschied eines Seinsniveaus gesprochen. Denn auch im Phantasieurteil (und ebenso im Bildlichkeitsurteil) finden wir etwas jener Wirklichkeitssetzung als Parallele Entsprechendes, eine gewisse Modifikation der Setzung, eine Quasisetzung oder, wie ich es in früheren Vorlesungen zu nennen pflegte: assumierende Setzung. Wirklichkeitssetzung bedeutet dann nicht etwa das Moment der Aktualität der unterliegenden Wahrnehmung, sondern die zum Urteil gehörige Untersetzung, ein Moment nicht des „Anschauens“, sondern des „Denkens“ im Sinn der Synthesis. Und das wird konzeptiv gefasst zum Bestandstück der Bedeutung. Andererseits: Assumtionssetzung ist die Modifikation der Untersetzung, aber nicht bloß Phantasie davon, wie das ganze „Urteil in der Phantasie“ wirkliches, aktuelles Urteil ist. Denn indem wir uns mit anschaulich sich darstellenden phantasie- oder bildmäßig erscheinenden Objekten beschäftigen und gar über sie urteilen, sie als Subjekte ansetzen, ihnen prädikativ Erscheinungsprädikate oder Erscheinungsrelationen zuerteilen, setzen wir sie in gewisser Weise doch, freilich ohne Wirklichkeitssetzung zu vollziehen. Das „gleichsam“ Dastehende, die erscheinende Kirche unseres Beispiels, nehmen wir hin, „machen es für unser Urteil zum Gegenstand“, und das ist auch schon eine „Setzungsweise“. Was für uns nicht gegenständlich ist, das können wir auch nicht ausdrücken, es nicht, wie es sich da gibt, zu urteilsmäßiger Fixierung, zur Beschreibung bringen. Was sich uns gibt, müssen wir nehmen, oder was überhaupt im Bild dahinschwebt, das gibt sich uns noch nicht. Es muss sich uns erst darbieten bzw. wir ⟨müssen⟩ es aufnehmen, und nur so können wir denkend etwas damit anfangen. Genau dies ist es, was ich unter dem Titel Assumieren im Auge habe und unterscheide von dem hypothetischen Setzen, von dem wir später sprechen werden. Damit hängt zusammen, dass nicht etwa überall ein Urteil vorliegt, wo Ausdrücke sinnvoll sich mit entsprechenden Anschauungen zusammenpassen, und seien es auch volle Sätze. Es ist eine ganz andere Sachlage, ob wir beschreibend „ausdrücken“, was uns in Phantasie oder Bildlichkeit erscheint (bzw. leer vorstellig ist), oder ob wir einen Fluss von Phantasieanschauungen erleben mit dazu passenden Ausdrücken bzw. Gedanken. Oder auch umgekehrt gesprochen: Ob Gedanken, und in ausdrücklichen Sätzen verlaufende Gedanken, uns durch den Kopf gehen, während zugleich entsprechende Phantasien ihnen angeschmiegt abfließen, oder verstehende propositionale Gedanken (ich verstehe einen anderen, ohne auszudrücken, ohne selbst zu urteilen), da ist das Ausdrücken nicht aktuell vollzogen – und so das ganze Urteilen –, sondern selbst nur Vorstellung.

Im letzteren Fall urteilen wir nicht. Wir drücken in prägnantem Sinn nicht aus, und dieses Ausdrücken in prägnantem Sinn nennen wir auch Beschreiben. Wir beschreiben nichts; wir „stellen bloß vor“. Die Satzgedanken, die wir haben, mögen sie auch von Anschauungen begleitet sein, haben nichts vom Bewusstseinscharakter der Überzeugung, der dem Urteil wesentlich ist. Es ist aber klar, dass es im Wesen eines solchen anschaulich unterlegten propositionalen Vorstellens liegt, dass es jederzeit in ein entsprechendes beschreibendes Urteilen umgewandelt werden kann. Es ist evident, dass zu jeder nichtsetzenden Vorstellung die ideale Möglichkeit gehört, sie in eine assumtiv setzende zu verwandeln. Also, wir können auf die phantasiemäßig erscheinenden Gegenstände eigens hinblicken, sie nehmen, als was sie sich geben, und sie beschreiben, so wie sie sich geben: Und nun ist wirklich geurteilt.

Wir ersehen aus diesen Betrachtungen, dass auch bei den Urteilen, die kein Wirklichkeitsniveau setzen, neben der Urteilskomponente, die zum Ausdruck, zur Anpassung an den Erscheinungsverhalt gehört, auch eine solche zu unterscheiden ist, die das Niveau bestimmt. Genauer gesprochen besteht sie in dem assumtiven Charakter der dem Urteil zugrunde liegenden Vorstellungen, wie ebenso im anderen Fall der Existentialcharakter dieser Vorstellungen es ist, der das Wirklichkeitsniveau im Wirklichkeitsurteil bestimmt. (Einige Schwierigkeit liegt darin zu entscheiden, ob wir den Setzungscharakter bloß den nominalen Vorstellungen zusprechen sollen oder überhaupt den primären Terminis, den primären Gliedern des Urteils. Das Letztere jedenfalls!)

Unsere Darstellung bezog sich bloß auf beschreibende Urteile. Aber auch in der weitesten Urteilssphäre kehrt der Unterschied wieder, auch da, wo Urteile gefällt werden ohne Beziehung auf begleitende und auszudrückende Anschauung. Z.B. die nominalen Vorstellungen, welche die Gegenstände, worüber geurteilt wird, dem Urteil unterlegen, können im Modus der Wirklichkeitssetzung vollzogen sein oder im Modus bloßer Assumtion, der das Bedeutete bloß hinnimmt und eben ohne Wirklichkeitssetzung zum Gegenstand-worüber macht. Gilt dies beiderseits von allen nominalen Vorstellungen und überhaupt von allen Vorstellungen, welche die Gegenstände, Eigenschaften, Relationen des dem Urteil entsprechenden Sachverhalts vorstellig machen, so ist der geurteilte Sachverhalt auf der einen Seite ein reiner Wirklichkeitsverhalt, auf der anderen ein reiner Vorstellungsverhalt, nämlich ein Sachverhalt, der rein auf Vorgestelltes als solches geht, ohne dass aber Vorgestelltes als solches seinerseits wieder „existential" gesetzt wäre.

Denn auch das ist zu beachten: Wie wir Bedeutungen als Gegenstände, seiende Gegenstände setzen, so auch vorgestellte Gegenstände, bedeutete Gegenstände „als solche". Und das sagt oft das Wort „Vorstellung". Wir sprechen von einer Welt der Vorstellungen, und in dieser „gibt es" die oder jene Vorstellung. Hierbei haben wir zweierlei Begriffe:

1) Vorstellung, das Vorgestellte als solches; jede Vorstellung stellt etwas vor. In assumtiver Weise kann ich aufgrund jeder urteilen und aussagen, was dem Vorgestellten zukommt.

Wie verwandle ich diese assumtive Setzung in eine Wirklichkeitssetzung, die das Vorgestellte „in der Welt der Vorgestelltheiten" als Wirkliches setzt? Die Eigenschaften, die in der assumtiven Urteilsweise ausgesprochen werden, gehören dem „assumierten Gegenstand" zu, nicht dem wirklichen „Vorgestellten als solchen". Was hat dieses für Eigenschaften? Nun, Vorgestelltes zu sein, dem assumtiv das und das zukommen würde, und das Vorgestellte als solches ist existierend oder nichtexistierend, ist möglich oder unmöglich.

2) Die Zerfällung der „vorgestellten Gegenstände als solcher" in mögliche und unmögliche führt zur Scheidung der existierenden Vorstellungen (als der möglichen) und nichtexistierenden im Sinn der unmöglichen. Die existierenden meinen, stellen vor Einstimmiges, die anderen Unstimmiges. Vorstellungen sind dann „Ideen".

Es wurden hier durch Rekurs auf die subjektiven Erlebnisse des Urteilens Unterschiede angedeutet, die keineswegs nur die subjektiven Akte angehen, sondern denen Unterschiede des Bedeutungsgehalts der Urteile bzw. Aussagen entsprechen. Ob ein Satz eine Aussage über Wirklichkeit macht oder nicht, das geht nicht bloß den Wortlaut an, oder das subjektive Meinen des sich Aussprechenden an, sondern den Satz in idealem Sinn. Also man ändert die Bedeutung, wenn man die Wirklichkeitssetzung suspendiert, obschon der Satz nach allen Teilen und Formen eine Sinnesidentität bewahren kann, die eben nicht das Wirklichkeitsniveau betrifft. Für das logische Denken im spezifischen Sinn, im Sinn der höheren Stufe, welches auf Wahrheit abzielt,[1] sind offenbar die Urteile von besonderem Werte, in denen nicht bloß über Eingebildetes, über Phantasie- und Bildobjekte als solche geurteilt wird, und auch nicht bloß geurteilt wird über sonstwie willkürlich gedachte Objekte, z.B. über Objekte, die irgendwie ganz willkürlich durch Denkbestimmungen definiert sind, ohne nach Wahr- und Wirklichsein solcher Objekte zu fragen. Andererseits spielen auch Urteile der letzteren Art im Denken eine erhebliche Rolle und sogar in den Zusammenhängen des wissenschaftlichen, auf das wahrhaft Seiende abzielenden Denkens. Jedenfalls in einer Logik wird man keine Urteils- und Bedeutungsklasse beiseite schieben dürfen. Wenn nun subjektiv gesprochen das Denken bald im Niveau der Wirklichkeit sich bewegt, d.h. wahrhaft seiende Objekte ansetzt und in dieser Setzung über sie prädiziert, und bald wieder in das Niveau der Fiktion oder bloßen Vorstellung überhaupt übergeht, so fehlt es ihm nicht an Möglichkeiten, Verbindungen herzustellen, in einheitlichen Urteilen sich auf diese verschiedenen Sphären von Wirklichkeit, Erscheinung, bloß bedeutetem Sein zu beziehen, also Brücken zwischen diesen Sphären zu schlagen. Das geschieht schon dadurch, dass wir eine Erscheinung einmal nach ihrem Erscheinungsgehalt beschreiben können, und dann wieder von ihr aussagen können, dass sie Erscheinung sei, deren wir uns jetzt in unserer Anschauung und denkmäßigen Betätigung bewusst seien (psychische Beziehung der Erscheinung auf das Ich); natürlich auch, dass zum Wesen der und der Akte so geartete Erscheinungen gehören; ferner dadurch, dass wir von der Erscheinung aussagen können, dass die und die Sätze wahrheitsgemäß zu ihr passen u.dgl. Die neuen Aussagen, die wir da machen, gehen in das Wirklichkeitsniveau hinein, nämlich die einen in das Niveau der psychischen und psychophysischen Realität, die wir mit der Rede von unserem Ich, von unseren Erlebnissen u.dgl. ansetzen, die anderen in die Bedeutungswirklichkeit. Wir setzen da die betreffenden Sätze als seiende Bedeutungen, die sich auf die betreffenden Erscheinungen beziehen.

Jede Beschreibung des bloßen Erscheinungsgehalts einer subjektiven Wahrnehmung, einer Erinnerung, einer Bildvorstellung als solcher bewegt sich zwischen verschiedenen Niveaus; ausgesagt wird über die wirklichen Wahrnehmungen usw. und andererseits über die in sich selbst nicht als wirklich gesetzten Erscheinungen. (Übrigens auch wo diese als wirklich gesetzt sind, besteht ein verschiedenes Niveau insofern, als die Aussagen zugleich

[1] *Gestrichen* bzw. auf die formalen Gesetze geht, unter denen die Bedeutungen stehen, wenn sie sollen gelten, sollen Wahrheitsbedeutungen sein können.

direkte Vorstellungen – bezogen auf die Wahrnehmungen, Erinnerungen etc. – enthalten und zugleich Vorstellungen, die auf die Gegenstände der ersten Vorstellungen gerichtet sind.) Übrigens können auch andere Relationsurteile Wirklichkeit und Sage, Mythologie, Bildwelt in Beziehung setzen, wie wenn wir Vergleichungsurteile zwischen den Objekten der wirklichen Welt und einer solchen Erscheinungswelt anstellen.

Offenbar gehören nun die Existentialurteile, verstanden als Urteile, die express Wirklichkeit aussagen, zu solchen verschiedene Niveaus verbindenden Urteilen. Sagen wir: „Ein Zentaur existiert nicht wirklich", so wird hier nicht etwa wie im normalen kategorischen Urteil, das ein Wirklichkeitsurteil ist, „ein Zentaur" in der Seinsweise gesetzt. Das wäre etwa der Fall, wenn jemand ernstlich glauben und urteilen würde: „Ein Zentaur ist vorbeigeritten." Dem würde ein Zentaur als Wirklichkeit gelten. In der normalen Bedeutung seiner Aussage liegt die Wirklichkeitssetzung beschlossen. Wer aber sagt: „Ein Zentaur existiert nicht", der setzt nicht den Zentaur und sagt von dem gesetzten aus, vielmehr denkt er ihn bloß, er stellt ihn bloß vor, was ein modifiziertes nominales Bewusstsein ist, und von dem so vorgestellten sagt er, er sei nichts, nämlich nichts Wirkliches.

Genauso wenn affirmativ ausgesagt wird: „Ein Mammut existiert." Die nominale Bedeutung „ein Mammut" fungiert hier offenbar (trotz des identischen Sinnesbestands) mit anderem Setzungswert als etwa in dem Urteil „Ein Mammut ist im sibirischen Eise gefunden worden". Im letzteren Fall wird der unbestimmt vorausgestellte Gegenstand von vornherein als Wirklichkeit in Anspruch genommen, die nominale Vorstellung „ein Mammut" trägt den Charakter der Wirklichkeitssetzung, der Existentialsetzung. In der erster⟨en⟩ Aussage aber „Ein Mammut existiert" wird Existenz prädiziert, und dazu gehört natürlich, dass nicht von vornherein das nominale Subjekt, dem erst die Existenz zugeschrieben werden soll, im Urteil schon im Voraus mit der Subjektnennung als existierend gesetzt sei. Der Sinn der existentialen Prädikation ist also ein wesentlich anderer als der Sinn derjenigen „normalen" kategorischen Prädikation (der kategorischen Prädikation im prägnanteren Sinn), in welcher einem als „wirklich" seiend gesetzten (im Wirklichkeitsbewusstsein gesetzten) Subjekte irgendwelche Eigenschaften oder relative Bestimmungen zugesprochen oder abgesprochen werden. Man darf sich hier nicht täuschen lassen durch die Tatsache, dass wir, ein affirmatives Existentialurteil aussprechend, doch im Voraus schon wissen müssen, dass der Gegenstand existiere und dass darum, wenn wir damit anheben, ihn mit der betreffenden nominalen Vorstellung zu nennen, ihn schon im Wirklichkeitsbewusstsein haben. Aber eine andere Frage ist, ob wir mit der nominalen Vorstellung Wirklichkeitsbewusstsein haben oder ob zum Urteil, das wir fällen und für welches die nominale Vorstellung die Unterlage liefert, die Wirklichkeitssetzung mitgehöre. Oder auch so: ob zur nominalen Vorstellung, sowie sie das Existentialurteil fundiert, die Wirklichkeitssetzung gehöre. Das ist hier durchaus nicht der Fall. Genauso ja in parallelen Fällen. Wir wissen, dass ein Zentaur ein mythologisches Fabelwesen ist, und von vornherein werden wir die Vorstellung „ein Zentaur" in einem Nichtigkeitsbewusstsein vollziehen. Urteilen wir aber: „Ein Zentaur ist ein Mischwesen zwischen Pferd und Mensch", so geht von diesem Nichtigkeitsbewusstsein in das Urteil gar nichts ein, für das Urteil liefert es keinen Beitrag. Ganz anders steht es mit der Seinssetzung im kategorischen Urteil im engeren und unmodifizierten Sinn. Sagen wir: „Ein Erdbeben hat Messina zerstört",* „Ein Mammut ist in Sibirien gefunden worden", so gehört das Seinsbewusstsein, in dem die nominale Subjektvorstellung vollzogen ist, mit zum Urteil und der entsprechende Existentialcharakter mit zum vollen Sinn des Satzes.

Danach kommt Existenz in doppelter Weise im Urteil zum Bewusstsein und in der Urteilsbedeutung eben zur Bedeutung: Einmal haben wir in den oder jenen Sachvorstellungen, die ein Urteil unterbauen, eben Setzungscharaktere, Existentialcharaktere, d.h. der bedeutete Gegenstand ist uns dabei bewusst in Wirklichkeitsweise. Die zweite Form des Existenzbewusstseins ist die als Prädikat „existiert" im Existentialsatz. Freilich muss auch betont werden, dass die Bezeichnung als Existenzbewusstsein im einen und anderen Fall zugleich voraussetzt gewisse geltungslogische Zusammenhänge: z.B. dass, wenn wir überzeugt sind: „A existiert", wir künftig im nichtprädikativen Existentialbewusstsein, und rechtmäßig ansetzen können: „Das A ..." (im Setzungsbewusstsein), und umgekehrt, dass, wenn wir von einem A in setzender Weise sollen aussagen dürfen, wir auch das Recht haben müssen auszusagen, dass das A ein wirkliches sei.

Doch nun ist die Frage, ob wir die prädizierende Aussage von Existenz noch weiter charakterisieren und etwa durch Beziehung zum Partikularurteil bzw. Allgemeinurteil weiter charakterisieren können. Äquivalenzzusammenhänge bestehen offenbar. „Ein Mammut existiert" ist sicher äquivalent mit dem Urteil „Irgendetwas ist ein Mammut"; „Ein Zentaur existiert nicht" = „Nichts ist ein Zentaur", d.h. „Kein Etwas überhaupt ist ein Zentaur" oder auch „Ein Etwas überhaupt ist nicht ein Zentaur". In diesen Urteilen sind die Funktionen im Wirklichkeitsbewusstsein vollzogen. Folgen wir unserer

* Am 28. Dezember 1908 wurde fast die ganze Stadt Messina durch ein schweres Erdbeben zerstört.

Neigung, Inbegriffs-, Allheitsgedanken zu verwenden, so könnten wir auch sagen: „Unter den Dingen (Gegenständen) gibt es ein Mammut, gibt es überhaupt keinen Zentaur."

Andererseits ist klar, dass wir hier zwar Äquivalente für Existentialsätze haben, aber den ursprünglichen Sinn derselben als Wirklichkeitsaussagen verändert finden. Sagen wir von einem A Existenz oder Nichtexistenz aus, so steht ja das „ein A" an Subjektstelle und nicht wie in jenen Unbestimmtheitsurteilen aufseiten des Prädikats. Also z.B. „Irgendetwas ist ein A": Darin, sage ich, hat das „ein A" offenbar eine andere Stellung und Funktion als im Satz „Ein A existiert". Günstiger liegt die Sache, wenn wir umgekehrt bilden: „Ein A ist irgendetwas", „Ein A ist nicht irgendetwas", und zwar im Sinn von „überhaupt nicht". Hier hätten wir für das scheinbar unbestimmte Existentialurteil ein Partikularurteil mit zwei Terminis der Partikularität. Aber NB!, es ist nicht das gewöhnliche partikulare Urteil, dessen nominales Subjekt Existentialcharakter hat;[1] in Wahrheit nämlich hätten wir es so zu verstehen, dass auf Subjektseite das „ein A" vom Existentialcharakter frei ist, während auf Prädikatseite das „irgendetwas" als ein nominaler Terminus fungiert mit solchem Setzungscharakter. Offenbar ist das „ist" hierbei nicht äquivalent mit dem gewöhnlichen „ist identisch", obschon ja auf Prädikatseite ein nominaler Terminus fungiert. Denn das Identitätsurteil setzt auch auf Subjektseite, und in derselben Weise wie auf Prädikatseite. Wir können durch Einführung von Inbegriffsvorstellungen für diese Sätze äquivalent substituieren: „Ein A (oder A's) findet sich unter den Dingen, gibt es unter den Dingen",[2] „Ein A (oder A's) gibt es nicht unter den Dingen" (Ding kann im weitesten Sinn von Gegenstand genommen werden). Natürlich sind das in der Bedeutung modifizierte Aussagen, aber in der früher beschriebenen Weise fungieren sie praktisch im Denken als Substitute für jene primitiveren partikularen Sätze. Und wie früher schließt sich an diese Formen der „Es-gibt"-Gedanke an, wodurch dann die Übertragung der Rede von „es gibt" und verwandte Reden auf das Wirklichkeitsurteil erklärlich wird.[3]

Es ist freilich zu zweifeln, ob diese Interpretation der Existentialaussagen zutrifft (ich meine jetzt: der Wirklichkeitsaussagen) und ob wir nicht

---

[1] gewöhnliche *und* dessen nominales Subjekt Existentialcharakter hat *wurde wohl 1910/11 gestrichen.*

[2] Aber da wäre doch „ein A", wenn es Subjekt ist, gesetzt!

[3] Ganz vergessen habe ich auszuführen:

Brentano und viele andere scheinen ganz übersehen zu haben, dass jeder so genannte negative Existentialsatz, der sich in der Form „es gibt nicht" ausspricht, von vornherein ein universelles Urteil ausspricht: „Es gibt nicht ein A" = „Ein A überhaupt gibt es nicht". Das negative Wirklichkeitsurteil: „Ein A existiert nicht", „Eine Art Dreieck gibt es nicht".

auch hier wieder eine bloße Äquivalenz, obschon eine wertvolle, festgestellt haben. Ich neige zu der Ansicht, dass das Existentialurteil, verstanden als Wirklichkeitsurteil, eine Grundform ist, die nicht mehr reduziert werden kann.[1]

Damit soll nicht gesagt sein, dass das Wirklichkeitsurteil, neben den schwierigen Untersuchungen, die darauf abzielen, es von den verschiedenen durch Äquivalenz ihm nah vereinten Urteilen abzusondern und ihm die richtige Stellung in der Bedeutungslehre des Urteils zu geben, zu keinen weiteren Untersuchungen Anlass gebe. Aber das sind, wenn wir von den Untersuchungen ⟨absehen⟩, die den Aufbau der formalen Geltungslogik angehen, (also die Gesetzmäßigkeiten der Geltung angehen, welche zu den unterschiedenen Urteilsformen nach ihren Geltungszusammenhängen gehören), Untersuchungen des Ursprungs, phänomenologische und erkenntnistheoretische Untersuchungen, die in eine ganz andere Linie hineingehören und von der formalen Logik sorgsam geschieden werden müssen. Die Frage, wie die verschiedenen Urteilsformen bewusstseinsmäßig realisiert sind, die Frage, wie sozusagen die Akte aussehen, in denen die Urteilsbedeutungen das Was des Meinens ausmachen, welche verschiedenen Modi von Akten dasselbe Urteil als Inhalt haben, wie insbesondere die Erlebnisse aussehen, in denen das Urteil Inhalt einer Evidenz ist und in denen somit der geurteilte Sachverhalt zur adäquaten Gegebenheit kommt: das alles sind höchst wichtige Untersuchungen, aber sie gehen die Bedeutungslehre selbst nicht an. Zu ihnen gehören auch die Fragen nach dem „Ursprung“ der Begriffe, die als formale Bedeutungskategorien den Form gebenden Momenten der Urteile entsprechen, sowie den damit *a priori* zusammenhängenden Begriffen: also Begriffen wie Einheit, Vielheit, Allgemeinheit, Einzelnheit, Beschaffensein, Nichtsein usw. Und dahin gehört auch der Begriff der Wirklichkeit, des Wirklichseins, und andererseits ebenso des Vorgestellten als solchen. Bei den Bedeutungsanalysen wird man es gelegentlich zwar für gut finden können, an die subjektiven Erlebnisse anzuknüpfen und von den auf sie bezüglichen phänomenologischen Unterscheidungen einigen Gebrauch zu machen: wie wir es insbesondere in der Analyse des Wirklichkeitsurteils getan haben. Aber der Zweck

[1] *Gestrichen* Natürlich ist damit auch gesagt, dass es ein πρῶτον ψεῦδος wäre, Existenz als Prädikat gleichzustellen mit Beschaffenheitsprädikaten (darunter auch Relationsprädikaten): was der Grundfehler des ontologischen Beweises für das Dasein Gottes war. Die grundwesentliche Verschiedenheit des Prädikats „Existenz“ gegenüber allen anderen Prädikaten geht übrigens auch aus unseren partikularen und universellen Äquivalenten hervor. Ein Irgendetwas-Sein ist nicht ein Prädikat der Art wie ein Rot-Sein, ein Größer-als-ein-Haus-Sein, ein Identisch-mit-Sokrates-Sein u.dgl.

war hier bloß der, in lebendiger Weise ⟨uns⟩ in die Bewusstseinslage hineinzuversetzen, die vollzogen sein muss, damit die zu unterscheidende Bedeutung des Existentialurteils und darin die Bedeutung des Existenzprädikats lebendig wird. Bei der Korrelation, die zwischen Akten und ihren idealen Inhalten besteht, kann man überhaupt die bedeutungsanalytischen und die aktanalytischen Untersuchungen parallel führen, und zu Zwecken der tiefsten Erkenntnis dieser Korrelation ist man dazu auch gezwungen. Aber es bleibt dabei, dass es für eine Bedeutungslogik auf eine objektive Feststellung nicht der Aktunterschiede und der Korrelationen, sondern auf diejenige der Bedeutungen und ihrer wesentlichen Formen ankomme und auf nichts weiter.

⟨*Irrtümer neuerer Urteilstheorien*⟩

Die früheren Untersuchungen zur so genannten Urteilstheorie sind alle daran gescheitert, dass man die fundamental verschiedenen Probleme, die hier vorliegen, noch nicht zu sondern vermochte. Das gilt von den Urteilstheorien so ausgezeichneter Forscher wie Brentano, Sigwart, Bergmann und Erdmann. Ihre Theorien kranken an einem fehlerhaften Psychologismus, an einem Vermengen psychologischer und bedeutungstheoretischer Forschung, dem übrigens begreiflichen Erbübel der Logik seit Aristoteles. Trotz dieser schon der ältesten Logik zugehörigen Vermengung war diese traditionelle Logik bis zum Aufblühen des psychologistischen Empirismus seit den sechziger Jahren des vorigen Jahrhunderts vorwiegend objektiv gerichtet. Erst nachher geht man voll bewusst daran, die Logik durch bloße psychologische Analysen der Urteilserlebnisse zu begründen, und, wie man meint, auf allein wissenschaftliche Weise zu begründen. Z.B. der geniale Brentano geht in seiner *Psychologie* darauf aus, die deskriptiven Unterschiede der psychischen Erlebnisse und darunter der intellektiven Erlebnisse festzustellen, die ja selbstverständlich das Fundament für eine genetische Psychologie bilden müssen. Er scheidet bloße Vorstellungsakte und Urteilsakte, letztere ausgezeichnet durch den deskriptiven Charakterzug der Überzeugung, und dies Moment der Überzeugung ist, wie Brentano findet, entweder Anerkennung oder Verwerfung. Urteilen ist glauben, und Glauben ist glauben, dass ist oder nicht ist. Und sofort meint Brentano den wahren Sinn, die Bedeutung des Aussagesatzes, in dem wir uns urteilend aussprechen, in neuer Weise festgestellt und ihn als Existentialsatz festgestellt zu haben. Um einen Glauben, ein Überzeugtsein sprachlich auszudrücken, bedarf es zweierlei: einmal eines Zeichens für das, wovon wir da überzeugt sind, und andererseits eines Zeichens für die Überzeugung selbst, für Anerkennung oder Verwerfung. Also „A ist" und „A ist nicht" sind die Grundformen aller Urteile: „ist" muss Zeichen der Anerkennung, „ist nicht" Zeichen der Verwerfung sein, A Zeichen für das geurteilte Was; und dieses muss uns im Urteil doch vorstellig sein, also ist das A zugleich Ausdruck einer dem Urteil zugrunde liegenden bloßen Vorstellung. Wenn wir sprachlich so viele andere Formen von Ausdrücken finden neben der existentialen, so muss das bloß an empirisch-grammatischen Gründen liegen: Die Sprache ist ja nicht ein bloß logischen Bedürfnissen angepasstes Kunsterzeugnis. Da das „ist" und „ist nicht" als Zeichen der Anerkennung bzw. Verwerfung zu jedem Urteil in gleicher Weise gehört, so hat das „ist" in der kategorischen Aussage und in der existentialen Aussage keine veschiedene Bedeutung; und der Begriff der Existenz entspringt durch Reflexion auf das anerkennende Urteil.[1] Das alles ist konsequent gedacht. Aber ich brauche nicht zu sagen, dass es durchaus unhaltbar ist und nur sehr interessant ist als Musterexempel einer extrem psychologistischen ⟨Auffassung⟩. Nur ein großes Verdienst haben wir Brentano für die formale Logik zuzusprechen: dass er die allgemeine Aufmerksamkeit auf das bis dahin völlig beiseite geschobene Existentialurteil gelenkt und dieses zum Zentrum der neueren urteilstheoretischen Untersuchungen gemacht hat. Wer sich einmal den Unterschied zwischen Urteil als Urteilserlebnis und Urteil als Bedeutung klargemacht hat, und wer dem Prinzip wissenschaftlicher Ehrlichkeit folg⟨t⟩, einen direkt gesehenen Unterschied niemals preiszugeben, und sei es auch zugunsten noch so schöner Modetheorien, wie es die psychologistischen sind, der kann mit solchen Theorien nicht viel anfangen. Freilich ist es von unserem Standpunkt, vom Standpunkt desjenigen, der den Trug des Psychologismus durchschaut hat, leicht, zu kritisieren. Vor einigen Jahrzehnten stand es anders. Damals stand jeder, stand die ganze Philosophie unter dem psychologistischen Vorurteil, auch die idealistische Philosophie, und die Unterschiede lagen nur in der größeren oder geringeren Klarheit und Konsequenz der Durchführung. Die Paradoxie der brentanoschen Lehre lag zutage, gegen ihre Annahme sträubte sich der gesunde Menschenverstand. Man hatte aber nur die Wahl, diesem nachgebend, die brentanosche Lehre zu verwerfen, aber dann inkonsequent zu sein und mit vagen Halbheiten zu enden, oder konsequent psychologistisch zu sein und ihr dann nachzugeben, oder sie höchstens in psychologischer Richtung zu verbessern. So sehen wir denn in der Tat, dass die Kritiker Brentanos zwar sonst manches Gute zu sagen wissen, aber nichts, was in den strittigen Sachen reinlich Klarheit schaffen könnte.

[1] *Gestrichen* und auf das wahre, wenn Existenz wirklich bestehen soll.

Gewiss kann man sagen, das Wesen des Urteilens sei zu bestimmen als Überzeugtsein, und jedes Überzeugtsein habe ein Was, wovon man überzeugt ist, eine „Materie". Aber dieses Was ist eben das ganze Urteil im Sinn der Logik, das Urteil im zweiten Sinn, im Sinn der Bedeutung. Das gilt, mit welchem Inhalt und in welcher Form ich auch urteile, ob ich urteile: „Gott ist Geist" oder „Gott existiert". Wovon bin ich so urteilend überzeugt? Nun: Gott ist Geist! Gott existiert! Und urteile ich negativ: „Gott ist kein körperliches Wesen", so ist auch das ganze Was, das da in den Worten ausgesprochen ist, das, wovon ich überzeugt bin. Also zu diesem Was, der brentanoschen Urteilsmaterie, gehört ebenso wohl das „ist" wie das „ist nicht". Die Überzeugung ist in keinem Worte ausgesprochen, ich meine bedeutet, ausgesprochen ist nur das Was der Überzeugung. Und würde die Überzeugung ausgesprochen sein, so müsste etwa das Wort „Überzeugung" auftreten oder ein sonstiges Wort, in dem die Überzeugung Vorgestelltes und mittels seiner Bedeutung Bedeutetes ist. Sage ich: „Ich bin überzeugt, dass Gott existiert", so spreche ich über meine Überzeugung, ich sage über sie aus, d.i. ich urteile über sie. Ich habe dann ein neues Urteil mit einem neuen Sinn; statt des Urteils „Gott existiert" das Urteil „Ich bin überzeugt, dass Gott existiert". Dem entspricht eine neue Überzeugung, die in dieser Aussage mit keinem Wort ausgedrückt ist; und so *in infinitum*. Das, was wir in unseren Aussagen aussagen, sind nicht unsere Akte des Aussagens, sondern zur Ausprägung kommt ausschließlich das Was unserer Überzeugungen, d.i. eine Urteilsbedeutung, ein Urteil im logischen Sinn. Somit besteht gar kein Grund und gar keine Möglichkeit, das psychologische Moment der Überzeugung mit dem idealen Bedeutungsmoment des „ist" oder „ist nicht" zu identifizieren und in weiterer Folge dann das „ist" des kategorischen Satzes und das des existentialen zu identifizieren.

Ähnliche Grundirrtümer gehen durch die ganze neuere Urteilstheorie hindurch. So z.B. bei Lotze und Bergmann (Lotze, *Logik*, 1874; Bergmanns Lehren, ⟨die⟩ am kürzesten und in sorgfältigster Ausführung in den *Grundproblemen der Logik* (1895) dargelegt sind). Brentano hatte dem trügerischen Gedanken nachgegeben, dass jedes Urteil etwas glaube und dieses „etwas" doch vorgestellt sein müsse und dass demnach jedes Urteil einen Glaubensakt darstelle, der fundiert sei in einer bloßen Vorstellung des Geglaubten. Also urteilen wir: „S ist P", so sagt sich nun Bergmann, so habe ich zunächst die bloße Vorstellung oder, wie er sagt, die bloße Prädizierung „S ist P". Und nun ist doch das Urteilen Für-wahr-Halten oder Für-falsch-Halten, also tritt zu dem „S ist P" hinzu ein „kritisches Verhalten" der Für-gültig-Erklärung im Urteil „S ist P!" und der Ungültig-Erklärung im „S ist nicht P". M.a.W. der eigentliche Sinn ist nach Bergmann der: „Dass S P ist, ist gültig", „Dass S P ist, ist ungültig".* Früher schon hatte Lotze in ähnlichem Sinn gesagt, Gültigkeit und Ungültigkeit seien sachliche Prädikate, die vom ganzen Urteilsinhalte gelten. Dieser komme für sich, ohne Entscheidung, zum Ausdruck in der Frage, und wir hätten daher nach Lotze eigentlich drei Urteilsqualitäten zu unterscheiden, die fragende, die bejahende und verneinende.**

Das sind nahezu unbegreifliche Lehren. Urteilen wir: „S ist P", so können wir gewiss auch weiter urteilen: „Es ist gültig, dass S P ist" und weiter abermals: „Es ist gültig, dass es gültig ist, dass S P ist" usw. Es ist aber evident, dass sich damit der Urteilsinhalt, d.h. das Urteil im logischen Sinn beständig verändert. Und geben wir als Prinzip aus, dass zum Sinn jeder kategorischen Aussage gehöre, Prädikation über Gültigkeit zu sein, so müsste das auch von dieser Prädikation über Gültigkeit gelten, und der unendliche Regress wäre doch unvermeidlich und wäre widersinnig.

Auch hier wieder ist die Quelle dieser Verkehrtheit die Verwechslung zwischen dem Überzeugungscharakter, den man fasst als ein Erlebnis des affirmativen oder negativen Überzeugtseins, mit dem was zum Bedeutungsgehalt der Aussage gehört. Allgemein nennt man das Urteilen ein Für-gültig- oder Für-wahr-Halten bzw. Für-falsch-Halten. In gewissem Sinn natürlich mit Recht. Und nun sucht man im Bedeutungsgehalt der Aussage ein „ist gültig" und „ist ungültig" und gerät darauf, dem logischen Urteil selbst, dem „S ist P", unterzuschieben das wesentlich neue „Dass S P ist, ist gültig." (Ich übergehe andere Fehler, die hier gemacht sind und die mit der falschen Interpretation des Für-gültig-Haltens zusammenhängen.)

In ähnlicher Weise verlaufen auch die Theorien für die verschiedenen besonderen Urteilsformen, z.B. die Formen des allgemeinen und partikularen Urteils. Das Für-gültig-Erklären ein⟨er⟩ Prädizierung, meint z.B. Bergmann, kann entweder bezogen sein auf den ganzen Umfang der Subjektvorstellung oder auf einen bloßen Teil dieses Umfangs. Sie ist danach universal oder partikular.*** Der Sinn des „Einige oder alle S sind P" sei danach der: Die Prädizierung „die S, die P sind" gilt für alle S bzw. gilt für einige S.

Es wird Ihnen leicht sein, aufgrund unserer früheren Analysen hier Kritik zu üben. Sie sehen aber immer wieder, wie bei der falschen Einstellung, unter

---

* Julius Bergmann, *Die Grundprobleme der Logik*. Zweite, völlig neue Bearbeitung, Berlin 1895, § 15, 5.

** Vgl. Hermann Lotze, *Logik. Drei Bücher vom Denken, vom Untersuchen und vom Erkennen*, 2. Aufl., Leipzig 1880, S. 61.

*** Vgl. Bergmann, *Die Grundprobleme der Logik*, § 17, 3.

der man die Untersuchung anstellt, komplizierte und reflexive Formen der Urteile für die einfachen Grundformen ausgegeben werden, die einfachen Formen selbst verloren gehen und dabei der Sinn der interpretierten Urteile sich überall ändert und evtl. nicht einmal die Äquivalenz innegehalten bleibt.

Negation[1]

Doch genug der Kritik, die schließlich immer wieder auf dieselben Hauptpunkte zurückführen würde.

Mit unserer Analyse der Existentialsätze und der im Zusammenhang damit festgestellten Bedeutungsunterschiede, welche das Seinsniveau der den Urteilen zugrunde liegenden Vorstellungen und der Urteile selbst bestimmen, sind die Hauptunterschiede in der Sphäre der propositional einfachen Urteile festgestellt, und zwar, wie ich betone, die Unterschiede, die durch die reine Form im engsten Sinn bestimmt sind unter Absehen auf prinzipielle Unterschiede der primitiven Vorstellungskerne. Die Formen komplizieren sich natürlich mit der Komplikation der Vorstellungsglieder, die in sie eintreten; so z.B. die Form „Ein A ist wirklich", „Ein A existiert" dadurch, dass das A selbst eine komplexe Vorstellung ist, die nun ihrerseits wieder verschiedene Glieder enthalten kann, die teils Wirklichkeitssetzung enthalten und teils nicht, z.B. „Ein bewohntes Land auf dem Nordpol existiert nicht". Eine besondere Aufgabe, die bisher noch nicht hinreichend in Angriff genommen ist, würde dahin gehen, des Näheren die Bedeutungsmodifikationen, welche in der Reihe der von uns aufgestellten Formen durch die Änderungen des Seinsniveaus erzeugt werden, zu studieren und damit neue und zum Teil eigenartige Formen der Reihe nach abzuscheiden. So hatten wir z.B. ursprünglich nur die eine Form aufgestellt: „Ein A ist irgendetwas." Sie zerfällt aber jetzt in zwei Formen von verschiedenem Sinn: In der einen hat „ein A" Setzungscharakter, in der anderen nicht. Und in diesem Sinn wären überhaupt die einzelnen Formen durchzugehen und zu fragen, in welchem Umfang in ihnen Änderungen des Seinsniveaus vorzunehmen sind.

Die Hauptgesichtspunkte, die sich als Grundform erzeugende herausgestellt haben, waren 1) der Unterschied zwischen singulärer und partikularer Prädikation, 2) der Unterschied der Allgemeinheit und Nicht-Allgemeinheit. Er bezog sich darauf, dass die Prädikationen in solche zerfielen, in denen keine Unbestimmte auftreten, und solche, in denen Unbestimmte auftreten,

[1] *Randbemerkung (wohl 1910/11).*

und im letzteren Fall konnte jede der Unbestimmten entweder den Charakter des *quoddam*, „ein Gewisses", ein in unbestimmter Weise Gedachtes, aber Gewisses haben oder den Charakter des „überhaupt", den der Allgemeinheit. Auf dieses Letztere bezog sich dann der fundamentale Unterschied des universellen und des partikularen „überhaupt". Es ergeben sich so die Urteile, die eine oder mehrere Stellen der Universalität oder Partikularität und evtl. beide zugleich haben.

Dazu treten weiter die Unterschiede, die durch den Gesichtspunkt des Seinsniveaus, d.h. durch die Unterschiede zwischen Existentialsetzung und assumtiver Setzung aufseiten der das Urteil aufbauenden Vorstellungen bedingt sind. Und hierunter tritt eine eigene primitive Form noch auf, die des Existentialurteils, als des Wirklichkeit prädizierenden.

Mit all diesen Unterschieden verflicht sich der in unserer Darstellung an erster Stelle flüchtig berührte und von den Logikern immer an die Spitze gestellte Unterschied der so genannten Urteilsqualität, d.i. der Unterschied, der durch die Operation der Negation erzeugt wird. Er bot sich uns in einer an die Grundform „S ist P" sich anschließenden Form dar, nämlich als Unterschied „S ist P" und „S ist nicht P". Ehe ich über die Negation noch einiges ergänzend sage, hebe ich noch hervor, dass sämtliche primitiven Urteilsformen, die wir auffanden, vom kategorischen Typus waren, d.h. in jedem primitiven Urteil ist ein Subjekt und ein Prädikat zu unterscheiden (oder aufseiten der Bedeutungen eine Subjektvorstellung und eine Prädikatvorstellung), und das Prädikat wird entweder affirmativ dem Subjekt zugesprochen oder negativ ihm abgesprochen. Die brentanosche Lehre von subjekt- und prädikatlosen, nämlich im wirklichen Sinn eingliedrigen Urteilen, als welche er die Existentialurteile interpretierte, war nicht zu halten. Existenz wird in diesen Urteilen von dem betreffenden, aber bloß assumtiven Subjekt ausgesagt. Ein Ergebnis unserer Analysen ist also bisher: Jedes primitive propositional einfache Urteil ist kategorisch.

Zur Lehre von der Negation möchte ich nun noch sagen, was erst nach der Behandlung der besonderen Urteilsformen gesagt werden konnte, insbesondere auf die Notwendigkeit weiterer Untersuchungen bzw. auf gewisse Lücken in ihr hinweisen. Zunächst erwäge ich die alten und viel verhandelten Streitfragen, ob Affirmation und Negation zwei einander gleichgeordnete, gleichursprüngliche psychologische Urteilsqualitäten sind, und wieder, ob die Negation zum Prädikat gehöre oder die Kopula affiziere. Nur die letztere ginge uns hier in der Bedeutungslehre an, und sie ist durch unsere Theorie vollkommen zu entscheiden. Ich will hier einige Worte darüber sagen. Die Lehre, dass die Negation zum Prädikate gehöre, trat schon in alter Zeit auf (wir finden sie z.B. bei Hobbes, *De Corpore**). In neuerer Zeit finden wir sie bei Bolzano, und ab und zu kehrt sie immer wieder bis in unsere Tage hinein, ohne sich aber durchzusetzen. Der Sinn dieser Lehre, so wie sie bei Bolzano begründet ist, ist der: So wie wir im Satz „S ist P" von dem S aussagen, dass es P sei, so sagen wir von dem S im Satze „S ist nicht P" aus, dass es nicht P sei, d.h. dass ihm das P fehle. Das Fehlen, der Mangel sei ein Prädikat so gut wie ein anderes. Der herrschenden Lehre, welche das „nicht" zur Kopula, zum „ist" rechnet, wird entgegengehalten: Hätte sie Recht, so wäre durch das Nicht die gesamte Verbindung „S ist P", die ja durch das „ist" hergestellt wird, geleugnet, also müsste der Sinn von „S ist nicht P" sein = „Dass S P ist, das ist nicht wahr"; das sei aber wieder ein negativer Satz, der also wieder die entsprechende Umwandlung erforderte: „Es ist nicht wahr, dass es nicht wahr ist, dass S P ist", und so kämen wir auf einen unendlichen Regress. Also kann das „nicht" zur Kopula nicht gehören, es muss also zum Prädikat gehören, und besage da den Mangel an P.** [1]

---

* Vgl. Thomas Hobbes, *De Corpore*, III.15.

** Vgl. Bolzano, *Wissenschaftslehre*, Bd. II, § 136, 2.

[1] *Gestrichen* ⟨...⟩ die lebendige Überzeugung, ist ja für das Urteilen gerade charakteristisch. Aber sehr wohl kann man den Begriff der Vorstellung oder Meinung so erweitern, dass er beides in sich fasst, den Fall der Unentschiedenheit und den der Entschiedenheit. Zu beachten bleibt aber immer, dass davon in der Aussage selbst nichts steht und dass alle logischen Formen, da sie den Inhalt betreffen, sowohl in der Sphäre des bloßen Vorstellens als in der des Urteilens anzutreffen sind. Demgemäß wäre es vielleicht am richtigsten, den Begriff des Satzes so zu fixieren, dass er weder die Idee der Entscheidung oder Nichtentscheidung impliziert, also die bloße Idee der synthetischen Einheit befasst, deren gegenständliches Korrelat der Sachverhalt ist. Logischer Satz wäre also das, was in einem Aussagesatz ausgesagt ist, unabhängig von Glauben oder Nichtglauben.

2) Auch die bolzanosche Ansicht, welche die Negation zum Prädikate rechnet, werden wir verwerfen müssen, zum mindest⟨en⟩ in der Form, in der sie vertreten worden ist. Übrigens, schon Hobbes hat diese Auffassung (*De Corpore*) befürwortet, und sie kehrt in der neueren Philosophie immer wieder, ohne jedoch allgemeine Annahme gefunden zu haben.

„Gold ist nicht grün", „Der Kaiser ist nicht verreist" und dergleichen Sätze wären danach zu interpretieren nach Maßgabe von Sätzen wie „Die Seele ist unsterblich", „Holz ist ein Nichtleiter der Elektrizität". Es wären affirmative Sätze mit negativen Prädikaten. Bolzano meint, so wie wir im Satz „S ist P" dem S zuschreiben, dass es P sei, so schreiben wir im entsprechenden negativen Satz dem S zu, dass es nicht P sei, d.h. dass ihm das P fehle. Das Fehlen, der Mangel ist ein Prädikat so gut wie ein anderes. Er argumentiert folgendermaßen: Gehörte das „nicht" zur Kopula, so wäre das, was das „nicht" negiert, die gesamte Verknüpfung „S ist P", die ja durch das „ist" hergestellt wird. Der Sinn wäre also: „Dass S P ist, ist nicht wahr." Aber das sei doch wieder ein negativer Satz, also müsste das „nicht" abermals die ganze Verknüpfung negieren, also müssten wir dafür wieder sagen: „Es ist nicht wahr, dass es nicht wahr ist, dass S P ist" und so *in infinitum*. Also die Auffassung, die die Negation als eine Affektion der Kopula fasst, muss falsch sein. Es bleibt also nur übrig, dass das ursprüngliche Urteil „S ist nicht P" in Wahrheit ein affirmatives mit geändertem Prädikat sei, dass das Nichtsein, der Mangel an P, das Ausgesagte sei.

Diese frappante Argumentation werden wir uns darum nicht zu Eigen machen können, weil ihre Voraussetzungen falsch sind. Sie nimmt als selbstverständlich an, dass, wenn die Negation zur Kopula gehört, die ganze Verbindung „S ist P" negiert ⟨wird⟩, also der negative Satz den Sinn der Negation des affirmativen Satzes haben muss: „Es ist nicht wahr, dass S P ist." Und wieder nimmt sie als selbstverständlich an, dass, wenn die Negation zum Prädikate gehört, sie zum Prädikatbegriff und in ihn hinein gehört und dass somit das negative Urteil ein affirmatives Urteil mit einem modifizierten Prädikat sei.

Dass das Resultat falsch ist, ist so unverkennbar, dass man sich nur wundern muss, wie der große Logiker es festhalten konnte. Bolzano war übrigens hier wie immer ehrlich und sprach es aus, dass er in dieser Frage lange hin und her geschwankt habe.* Es ist ja fühlbar nicht dasselbe, ob wir einem Subjekt ein Prädikat absprechen oder ob wir ihm das negierte Prädikat zusprechen. Vergleichen Sie „Holz ist nicht ein Leiter der Elektrizität" und „Holz ist ein Nichtleiter der Elektrizität", „Herr Schultz ist ein Nichtraucher" und „Herr Schultz ist-nicht Raucher" oder „raucht nicht"; allgemein: „S ist nicht P" und „S ist ein Nicht-P". Das Zweite ist von einem komplizierteren Gedankengehalt. Was heißt „ein Nicht-P"? Das heißt „etwas, das nicht P ist". Es ist klar, der negative Begriff impliziert die ideale Möglichkeit des negativen Urteils. („Ich habe nicht Geld" = „Ich habe Mangel an Geld"; „Dieses Blatt hat nicht die Form eines Eichenblattes" = „Ihm fehlt die Form des Eichenblattes." Vermissen, Mangel haben, Fehlen: das sind Prädikate mit negativem Gehalt. Den Begriff des Mangels verdanken wir der negativen Prädizierung, so wie den Begriff des Habens der affirmativen. So wie wir statt „Das Dach ist ⟨grün⟩" sagen können: „Dem Dach kommt es zu, grün zu sein" oder: „Ihm kommt Grünsein zu", so können wir auch sagen: „Ihm kommt das Nichtgelbsein zu", „Ihm kommt Mangel an Gelb zu." Offenbar sind das sehr vermittelte Urteile, welche das schlichte affirmative und negative Urteil voraussetzen.) Die Idee des Satzes mit negativem Prädikat steckt schon da⟨rin⟩. Wir kämen also auf einen unendlichen Regress, wenn wir in jedem negativen Satz das negative Prädikat durch ein affirmatives mit negativem Prädikatbegriff ersetzen wollten.

Und doch hat Bolzano richtig gesehen, dass das „nicht" zum Prädikate gehört; und zugleich haben diejenigen richtig gesehen, welche das „nicht" zur Kopula rechneten. Beides schließt sich so wenig aus, dass es sich vielmehr wechselseitig fordert. Von S sagen wir aus, dass es P ist: Auf dem Grunde

* Bolzano, *Wissenschaftslehre*, Bd. II, S. 45.

der Subjektvorstellung oder Subjektsetzung vollzieht sich die Prädikation, sie bezieht das P auf S. Von S leugnen wir, ⟨dass⟩ es P sei, oder sagen wir aus, dass es nicht P sei: Auf dem Grunde derselben Subjektvorstellung vollzieht sich das Prädizieren als Negieren, das P wird streitend auf das S bezogen.[1]

Das „ist" gehört im ersten Fall zum Prädikat, denn das ganze Prädikat, wofern wir darunter den sich auf die Subjektvorstellung aufbauenden Gesamtakt verstehen, liegt im „ist P". Es ist der identifizierende Akt, der sich auf dem Grunde der S-Vorstellung aufbaut. Das „ist" gehört zum Prädikat, aber nur in dem eben angegebenen Sinn, also wenn wir unter Prädikat nicht den Prädikatbegriff verstehen. Zum Prädikatbegriff gehört es natürlich nicht. Ebenso gehört das „ist nicht" zum Prädikat, d.h. das ganze Prädikat lautet: „ist nicht P", aber das „nicht" gehört nicht zum Prädikatbegriff.

Ferner: Das „nicht" affiziert die Kopula, das heißt natürlich nicht, dass die Negation die Kopulation von S und P und damit irgendein im Voraus vorgestelltes Ganzes von S und P leugnet. Die Negation „ist nicht P" baut sich ja auf dem Grunde der Subjektvorstellung erst auf, sie kann also nicht gegen die Subjektvorstellung selbst gerichtet sein. Gerichtet ist sie gegen das „ist P", sofern das Bewusstsein des „ist", das der prädikativen Identifizierung, hier ersetzt ist durch das „Nicht"-Bewusstsein, das als solches die Vorstellung

---

[1] *An dieser Stelle beigelegtes älteres Blatt* (NB) Ein kategorischer Satz (ein Satz mit schlichten Positionen überhaupt) kann 1) gegenstandslos und 2) kann im eigentlicheren Sinn des Wortes falsch sein. Der Satz „Der jetzige Kaiser von Frankreich ist blind" gilt nicht, weil er gegenstandslos ist.

Sage ich: „Das ist nicht wahr, es ist falsch", so liegt darin normalerweise, dass ich mich auf den Boden der Assumtion und Position stelle, dass ich die Prädikation bestreite. Weiß ich aber, dass die Position ungültig, dass der Satz gegenstandslos ist, so bestreite ich nicht mehr die Prädikation, aber ich verwerfe den Satz als ungültig, hier als gegenstandslos. Ich kann einen Satz bestreiten:

I. 1) weil er *de facto* gegenstandslos ist; der empirische Gegenstand existiert nicht, und ich weiß das.

2) Weil der gesetzte Gegenstand unmöglich ist; der Begriff ist ein widerstreitvoller.

a) Der Satz ist notwendig (*a priori*) gegenstandslos.

b) Oder er ist aufgrund von Naturgesetzen, von empirischen Gesetzen gegenstandslos: Der Subjektbegriff (ein positiv gesetzter überhaupt) ist mit einem faktischen Widerstreit behaftet.

II. Ich bestreite den Satz, ohne die Gegenständlichkeit in Erwägung zu ziehen (evtl. selbst wenn ich die Gegenstandslosigkeit kenne), hinsichtlich der Prädikation. Einem Gegenständlichen kommt überhaupt nicht ein solches Prädikat zu oder nicht zu, überhaupt nicht aufgrund von empirischen Allgemeinheiten, evtl. Naturgesetzen, oder überhaupt nicht aufgrund von apriorischen Allgemeinheiten (Widerstreit oder Widerspruch hinsichtlich der Begriffe von Prädikat und Subjekt).

III. Ich bestreite den Satz, dessen Gegenständlichkeit ich anerkenne, weil faktisch der Gegenstand so nicht ist oder weil nach II Unverträglichkeit empirischer oder apriorischer Art überhaupt besteht: Ein solcher Gegenstand ist unmöglich.

der Identifizierung voraussetzt. Wer von S leugnet, dass es P ist, und zwar genau in dem Sinn, den das „S ist nicht P" vorschreibt, stellt das S als P-seiend vor. Das Nein zielt auf das „ist P". Das drückt der sprachliche Ausdruck „S ist nicht P" korrekt aus. Und es bewährt sich diese Auffassung, der Sigwart mit den Worten Ausdruck gibt: „Es gibt keine verneinende, sondern eine verneinte Kopula",* wenn wir etwa auf die Fälle hinblicken, wo uns ein verneinendes Urteil evident wird. Während das S als P-seiend vorgestellt wird, wird es zugleich etwa als ein Q erschaut (oder ist als ein solches mit Überzeugung gedacht); und nun streitet das vorgestellte Prädikat mit dem wahren Prädikat, das „ist P" mit dem „ist Q". Das Subjekt bleibt dabei die feste Unterlage, auf der sich all dies abspielt.

Aber die Lehre von der Negation bzw. die systematische Aufstellung der Urteilsformen, die zunächst aus den unter dem Grundtypus „S ist P" stehenden primitiven Formen durch Negation erwachsen, bedürfte noch weiterer Untersuchungen. Der Gedanke, dass Affirmation und Negation, diese so genannten Urteilsqualitäten, wirklich so etwas wie Qualitäten seien, vergleichbar etwa den Sinnesqualitäten Rot oder Blau, derart, dass dann weiter „Urteil überhaupt" sich zu den zwei Qualitäten so verhalte wie „Farbe überhaupt" zu Rot und Blau, dieser Gedanke ist sicher falsch. Eine derartige Vergleichung schon ist gänzlich schief, und sie stammt wieder aus der psychologistischen Verwechslung von subjektiven Momenten der Überzeugung mit dem zum Was der Überzeugung, also zum Satz gehörigen „ist" bzw. „ist nicht".

Auch die Auffassung ist bedenklich, welche, von der kategorischen Grundform „S ist P" ausgehend, mit der Negation fertig zu sein glaubt, indem sie einfach danebenstellt „S ist nicht P". Es ist zu beachten, dass „S ist P" eigentlich gar keine bestimmte Urteilsform ausspricht, sondern nur den zweigliedrigen Typus von Formen andeutet, unter dem alle primitiven Urteilsformen stehen. Man gerät leicht in Fehler, wenn man sich zu sehr in der Sphäre der vagen Allgemeinheit hält. Das tut die traditionelle Logik, wenn sie, statt ihre Gedanken an die bestimmt gestalteten Urteilsformen anzuknüpfen, vielmehr nur orientiert nach dem formal unbestimmten „S ist P".

Betrachtet man die verschiedenen Formen, so scheint sich zu ergeben, dass die Negation in sehr verschiedener Weise ansetzen kann, dass sie sozusagen eine Operation ist, die sich gegen verschiedene Bedeutungsmomente richtet. Und das klarzulegen, meine ich, würde die Aufgabe neuer und durch-

* Sigwart, *Logik,* Bd. I, S. 154.

aus notwendiger Untersuchungen sein müssen. Nehmen wir z.B. die Formen des allgemeinen und partikularen Urteils. „Ein S überhaupt ist P": Wir haben da einmal „Ein S ist allgemein P" und das partikulare „Irgendein S ist P" (verstanden im besonderen, partikularen Sinn). Z.B. „Irgendein Mensch ist sterblich", „Ein Mensch ist überhaupt (allgemein verstanden) sterblich": Dann kann die Negation in verschiedener Weise walten. Zunächst selbstverständlich so, dass wir negative Begriffe einführen. Das ist nichts wesentlich Neues. Ich kann für „sterblich" den negativen Begriff „unsterblich" setzen. Jeden Begriff, ob an Subjektstelle oder Prädikatstelle, kann ich ja in einen negativen verwandeln.[1]

Dann haben wir aber noch andere und mehrere andere Weisen, wie Negation hier walten kann.

Zunächst aufseiten des Vollprädikats, so dass es ein negatives wird: „Irgendein S ist nicht P"; in der pluralen Form: „Einige S sind nicht P", wo das „nicht" also nicht in den Prädikatbegriff hineingehört. Das andere Mal kann sich die Negation auf das „irgendein" oder „einige" richten, und wir hätten „Kein S ist P". In der pluralen Form fehlt uns das einheitliche und die Richtung auf die Unbestimmtheit scharf ausprägende Wort. Es müsste etwa lauten: „keinige". Hier richtet sich also die Negation gegen die Besonderheit, die ihrerseits, wie wir früher wohl mit Recht sagen durften, den Charakter des „ist" mitbestimmt. Ebenso bei der universellen Form: „Ein Dreieck hat überhaupt zur Winkelsumme zwei Rechte", „Ein Mensch ist überhaupt sterblich". Das „überhaupt" gehört wesentlich zum „ein" und dabei zugleich wieder zum „ist". Nun kann sich die Negation in „Ein S überhaupt ist P" erstens vollziehen im Prädikat; wir können also haben: „Ein S ist überhaupt nicht P." Oder zweitens es kann die Negation sich speziell gegen das „überhaupt" richten: „Ein S (ist nicht überhaupt) P", „Ein S ist (nicht allgemein) P". Natürlich ist der Sinn ein wesentlich verschiedener. Einmal heißt es etwa: „Menschen sind überhaupt sterblich" – und im Gegensatz als Negation: „Menschen sind überhaupt nicht sterblich", d.h. „Überhaupt sind Menschen

[1] *Gestrichen* Dann geht das die Kopula nichts an. Beurteilen wir die Affirmativität des Urteils nach der Kopula, so bleibt das affirmative Urteil weiter affirmativ trotz des negativen Begriffs. Ob ich sage: „Dieser Mensch ist sterblich" oder: „Dieser Mensch ist unsterblich", ich affirmiere, einmal eben die Sterblichkeit, das andere Mal die Unsterblichkeit, wie ich ja negierend dann setzen kann: „Dieser Mensch ist nicht sterblich", „Dieser Mensch ist nicht unsterblich". Freilich muss man da genau auf den Gedanken achten, da manchmal in der Tat, wenn negative Begriffsworte verwendet werden, die Kopula das Affizierte wird; so, wenn wir betonen: „Ein Mensch ist unsterblich." Wir haben also die Formen „Irgendein S ist nicht-P", „Ein S ist überhaupt nicht-P", die nichts wesentlich Neues ergeben, weil das P eben in sich ebenso gut ein „nicht" enthalten kann wie es nicht enthalten kann.

nicht sterblich", „Es gilt allgemein, dass Menschen nicht sterblich sind" (= „Alle sind unsterblich"). Das andere Mal aber heißt es: „Menschen sind nicht-überhaupt sterblich", was eine ganz andere Negation ist, die umschrieben besagt: Das ist keine allgemeine Wahrheit, es kommen auch unsterbliche Menschen vor. Natürlich können wir hier auch indirekte und reflexive Formen bilden, die dann nicht mehr zu den primitiven Urteilsformen gehören würden. Reflexiv kann sich die Negation sogar noch gegen das Urteil im Ganzen richten: „S ist P: Das ist falsch. Es ist nicht wahr, dass S P ist." Ebenso können wir, Geltung in einem Prädikate prädizierend, das Allgemein-Gelten prädikativ aussagen und dann in verschiedener Weise negieren:

Es gilt überhaupt, dass ein S P ist, es ist eine allgemeine Wahrheit.
Es gilt nicht überhaupt, es ist keine allgemeine Wahrheit, dass S P ist.
Es gilt überhaupt nicht, dass S P ist (es ist eine allgemeine Falschheit).
Es gilt nicht überhaupt-nicht, dass S P ist, es ist keine allgemeine Falschheit.

Wieder:

Es gilt in irgendeinem Fall, dass S P ist.[1]
Es gilt nicht in einem (in keinem Fall).

Weiter:

Es gilt in einem Fall nicht.
Es gilt nicht in einem Fall nicht.

Nebenbei bemerkt: Diese Verhältnisse der Negation legen es besonders nahe, die partikularen und allgemeinen Sätze als Prädikationen über Sätze aufzufassen, also „Ein S überhaupt ist P" gleichzusetzen „Dass ein S P ist, gilt überhaupt"; „Irgendein S ist P" = „Dass ein S P ist, gilt in einem Fall". Doch überlegt man sich den Sinn des zum Subjekt verwendeten unbestimmten Urteils und den Sinn der Prädikationen, so merkt man, dass die Sache doch ihre großen Bedenken hat.

Bleiben wir aber bei der Negation, so lernen wir an solchen Überlegungen, dass ihre Funktion doch nicht eine so einfache ist, wie die Logik sie bisher dargestellt hat, und dass sie nicht ein Gedankenmoment ist, das sich an die Kopula einfach anschließt, aus dem „ist" bloß das „ist-nicht" machend. Die Negation richtet sich jeweils auf etwas, und das, worauf sie sich richtet, ist ein Verschiedenes. Im partikularen Urteil „Irgendein S ist P" richtet sie sich

---

[1] *Randbemerkung (wohl 1910/11)* Freges Funktionsbegriff!

einmal gegen das „irgendein", dann haben wir „Kein S ist P"; oder gegen das „ist P", dann haben wir „Irgendein S ist nicht P"; und endlich gegen das ganze Urteil, dann haben wir „Es ist nicht so, dass irgendein S P ist". Und ähnlich im allgemeinen Urteil, wo wir sehen, dass die Negation sich gegen das „ist P", aber auch gegen das „überhaupt" richten kann.

Übrigens gebe ich auch für Urteile mit bestimmten Subjekten Ihnen einiges zur Überlegung. Z.B. „Napoleon war der Sieger von Waterloo": Negieren wir, dann können wir sagen: 1) „Napoleon war nicht der Sieger von Waterloo" (er war nämlich der Besiegte). 2) „Napoleon war der Sieger nicht von Waterloo!" (nämlich von Jena). Weiter 3) „Nicht Napoleon war der Sieger von Waterloo." Bei 3): Die Negation richtet sich hier gegen das Subjekt und nicht gegen die Kopula.

Oder beachten Sie: „Nicht Plato und nicht Aristoteles haben den Verfall der Größe Athens hindern können": Die Form „S_1 und S_2 sind P" kann also durch Subjektnegationen verwandelt werden in „Nicht S_1 und nicht S_2 sind P" (weder – noch). Und der Gedanke ist hier sicherlich ein anderer, als wenn wir, die Negation zur Kopula rechnend und gegen sie richtend, urteilen: „S_1 und S_2 sind nicht P." So scheint mir also die Lehre von der Negation nichts weniger als abgeschlossen.

Propositional komplexe ⟨Urteile⟩[1]

Wir haben nun das, was sich beim gegenwärtigen Stande der Wissenschaft zur Formenlehre der propositional einfachen und in diesem Sinn primitiven Urteile sagen lässt, erledigt. Nach dem systematischen Gesichtspunkt, der uns leitet, haben wir nun die propositional komplexen Urteile zu betrachten. In diesem Sinn komplex sind alle zusammengesetzten Urteile. Darunter verstanden wir Urteile, aus denen sich als Bestandstücke wieder Urteile abscheiden lassen, also selbständige Sätze, die genau mit dem Bedeutungsgehalt, den sie isoliert haben, sich auch in der Zusammensetzung finden, nur dass sie in dieser noch durch einen verknüpfenden Gedanken und dadurch zugleich Form gebenden gefasst sind. Wir haben uns aber überzeugt, dass es in diesem Sinn einfache Urteile gibt, die doch propositional komplex sind, sofern zwar Satzgedanken in ihnen als Teile auftreten, aber nicht selbständige Urteile. Wollten wir also in unserer Formenlehre der Urteile noch in der Sphäre der einfachen verbleiben, was im ersten Augenblick als der natürliche Gesichtspunkt erscheint, dann hätten wir nach derartigen propositional

[1] *Randbemerkung (wohl 1910/11).*

zusammengesetzten und dabei doch urteilsmäßig einfachen Urteilen zu fragen. Die kantische Urteilstafel, welche die nachkantische Logik ziemlich beeinflusst hat, führt solche Urteile mit auf unter dem Titel Relation.[1] Aber schon aus dem, was dieser Titel bringt, ist zu ersehen, dass die natürlichen Einteilungsgedanken, die uns hier leiten und die sicherlich grundwesentliche Urteilsunterschiede klassifikatorisch bestimmend werden lassen, Kant fremd waren. Und dasselbe gilt, wie man wohl sagen kann, von der ganzen seitherigen und auch zeitgenössischen Logik. Kant sagt: Die Urteile zerfallen vom Gesichtspunkt der so genannten Relation in kategorische Urteile („S ist P"), in hypothetische („Wenn S P, so ist Q R"), in disjunktive („Entweder S ist P, oder Q ist R"). Es ist klar, dass man dies nicht als eine Einteilung aller Urteile unter einem, wie es hier gemeint ist, überall anwendbaren, wie immer näher zu fassenden Gesichtspunkt ansehen kann, da es leicht ist, Urteile anzugeben, die darunter nicht fallen, wie z.B. das konjunktiv zusammengesetzte Urteil „Sowohl S ist P als Q ist R", welches doch dem disjunktiven nah verwandt erscheint. Es wäre auch nicht schwer, genug andere nicht hierher gehörige Urteile zu finden. Ein wenig besser steht es, wenn wir uns auf einfache Urteile beschränken wollten. Dann hätten wir eben die Einteilung: propositional einfach („S ist P") und propositional zusammengesetzt, und darin die zwei wichtigen und sich zunächst darbietenden Aussageformen mit „wenn" und „so", andererseits „entweder – oder", wobei freilich jede vieldeutig ist und nicht ohne weiteres als Ausdruck nur einer Form angesehen werden kann. Auch hier ist aber einzusehen, dass wir nicht annehmen können, dass diese Einteilung vollständig sei.

Geht[2] man an eine nähere Untersuchung all dieser Sachen heran, so bemerkt man, dass es natürlicher ist, sich nicht vom Gesichtspunkt der Einfachheit und Zusammengesetztheit der Urteile leiten zu lassen und die einfachen Urteile, die propositional komplex sind, von den zusammengesetzten Urteilen zu trennen, sondern dem allgemeineren Gesichtspunkt der Urteilsbildung durch Sätze als Komponenten zu folgen, ohne Rücksicht darauf, ob diese Komponenten Urteile sind oder nicht. Ob die betreffenden Urteile dann zusammengesetzt, ob die oder jene Partialsätze, die in ihnen auftreten, als wirkliche Urteile gelten können, das ist dann Schritt für Schritt zu erwägen; und wenn man will, kann man dann die logischen Formen zusammengesetzter Urteile herauslösen gegenüber den Formen einfacher, aber propositional komplexer Urteile.

---

[1] *Randbemerkung (wohl 1910/11)* Relation.

[2] *Randbemerkung (frühestens 1910/11)* Cf. 1910/11, ⟨Blatt⟩ 99 ⟨= *Husserliana* XXX, S. 128⟩.

Von vornherein sei bemerkt, dass wir die Art von Einwebung von Sätzen in Urteilsgliedern nicht in Rücksicht ziehen, welche in jenen Relativsätzen vorliegt, diejenige also, die attributive Vorstellungen herstellt, z.B. „ein A, welches B ist". Denn attributive Vorstellungen haben wir, da dies vorteilhafter erscheint, von vornherein in der ersten Klasse von Urteilen berücksichtigt. Wir haben solche Vorstellungen nicht als Satzvorstellungen angesehen.

Wie können in Urteilen überhaupt Sätze als Glieder oder in Gliedern auftreten? Zunächst natürlich in nominaler Weise dadurch, dass wir über Sätze, und wiederum, dass wir über Sachverhalte urteilen, und zwar beiderseits so, dass nominale Eigenvorstellungen der Sätze oder Sachverhalte zu Urteilsgliedern werden. Sagen wir beispielsweise aus: „Sätze können in Schlüssen als Prämissen auftreten", so tritt die nominale Vorstellung „Sätze" als Subjektvorstellung auf, aber mit ihr treten keine expliziten Satzgedanken auf. Erst wenn wir urteilen würden: „Die Sätze ‚S ist P, Q ist R' usw. bilden die Prämissen dieses oder jenes Schlusses", wären explizite Satzgedanken in unsere Urteilseinheit eingetreten, und zwar in Form von Eigenvorstellungen der betreffenden Urteile „S ist P", „Q ist R". Es können dabei zugleich mit den Eigenvorstellungen dieser Urteile auch die Urteile selbst auftreten, z.B. wenn wir urteilen würden: „Die Wahrheit ‚2×2 ist 4' birgt keine Abgründe des Tiefsinns in sich." Darin ist die Wahrheit $2 \times 2 = 4$ nominal gesetzt, und zugleich ist das selbständige Urteil $2 \times 2 = 4$ ausgesprochen, das als solches hier mit in die Urteilseinheit gerechnet sein will. Man kann jedenfalls den Ausdruck so verstehen. Ebenso wenn wir zuerst sagen: „$2 \times 2 = 4$: Diese Wahrheit usw." Die deiktische nominale Vorstellung bezieht sich auf die Wahrheit, die ausgesprochen worden war und selbst noch mitgerechnet sein will in die Einheit des Urteilszusammenhangs. Die Anknüpfung erfolgt hier durch die mit der Deixis vollzogenen Identifikation.

Ähnliches wäre zu sagen, wo nicht über Sätze geurteilt wird (wie das in allen logisch-grammatischen Urteilen der Fall ist), sondern über Sachverhalte geurteilt wird, wie wenn wir sagen: „Heute ist trübes Wetter, wie unangenehm ist das." „Das" heißt hier: „diese Tatsache", „dieser Sachverhalt", und nicht: „dieser Satz".

In die logische Formenlehre gehören natürlich nur die Formen möglicher Urteile über Sachverhalte und Sätze hinein. Solche Formen erwachsen in mannigfaltiger Weise aus den bisher von uns fixierten Urteilsformen dadurch, dass in passender Weise für nominale algebraische Termini A, B u.dgl., die als Unbestimmte in den Formen auftreten, nominale Vorstellungen von Sätzen und Sachverhalten dieser oder jener Form substituiert werden. So würde man aus der Existentialform „A ist" z.B. gewinnen: „Dass S P ist, das ist, d.h. diese Tatsache besteht."

Von größerem Interesse ist es, neuen Form bildenden Prinzipien nachzugehen, die sich etwa dadurch ergeben, dass sich aus zwei oder mehreren Sätzen, sei es bloßen Sätzen, sei es Urteilen, neue Urteile ergeben. Ich sage: bloßen Sätzen oder Urteilen. Dieser Unterschied wird erst jetzt völlig deutlich werden. In der schlichten Formenlehre, in der wir die Vorkommnisse von Sätzen über Sätze und Sachverhalte nicht beachteten und die Modifikationen noch nicht zu studieren hatten, welche zwischen Sätzen und Sätzen wesentliche bedeutungsmäßige Unterschiede herstellen, hatte der Unterschied zwischen Urteilen im eigentlichen Sinn, von Nicht-Urteilen, von bloßen Sätzen und Satzgedanken keine Rolle zu spielen. Hier wird er Ihnen erst zu⟨m⟩ voll lebendigen Bewusstsein kommen. Wenn wir eine Satzverbindung nehmen wie „S ist P, oder Q ist R" oder die hypothetische Verbindung „Wenn S P, so ist Q R", so merken wir, dass jedes der beiden Glieder dieser Oder-Verbindung oder der konditionalen Verbindung einen vollen Satzgedanken enthält, genau wie ein selbständiger und freier Satz „S ist P bzw. Q ist R", der als Urteil in Anspruch zu nehmen ist, und dass doch der Sinn beiderseits verschieden ist. Der Satz „S ist P" in Freiheit und derselbe Satz in der Verbindung haben ein Identisches der Bedeutung, sofern wir vom selben Satz sprechen können, und ein Verschiedenes, um dessen willen wir einmal vom Urteil und das andere Mal nicht vom Urteil sprechen. Die Urteilsverbindung allein macht es nicht. Denn wenn wir urteilen: „S ist P, und Q ist R", so hat in dieser Verbindung jeder der Sätze den Urteilscharakter, d.h. in und außerhalb der Verbindung hat er denselben Charakter; das Urteil „S ist P" ist dasselbe, nur ist es eine Verbindung eingegangen.

Gehen wir auf das Bewusstsein zurück, so entspricht dem der Unterschied, dass eine Satzbedeutung einmal Inhalt eines Glaubensbewusstseins ist und das andere Mal Inhalt eines modifizierten Bewusstseins ohne Glaube. Urteilen wir konjunktiv, so glauben wir, dass beide Sätze gelten, und in dieser Urteilsweise ist der Glaube des Inhalts „S ist P" enthalten und wieder der Glaube des Inhalts „Q ist R". Urteilen wir aber disjunktiv oder hypothetisch, so ist im Gesamtglauben nicht enthalten der Glaube „S ist P", sondern das bloße Denken „S ist P", das kein Urteilen ist; im hypothetischen Satz das hypothetische Annehmen, es sei S P. Es ist klar, dass, so wie dem Bewusstsein nach, so auch objektiv der Bedeutung nach der Modifikationen mehrere sind, wie ich dies schon in meinen *Logischen Untersuchungen*, wenn auch flüchtig angedeutet habe. Jedenfalls ergibt sich die Notwendigkeit einer Scheidung im Bedeutungsbegriff, je nachdem wir das Identische des Satzgedankens „S ist P", das bei allen Modifikationen des „S ist P" eben identisch bleibt, als Satzbedeutung fassen, oder noch hinzunehmen den Charakter, der einmal das Urteil „S ist P" ausmacht, das andere Mal die Annahme „S ist P", das bloße Sichdenken, das wir im disjunktiven Glied finden u.dgl. Zur Bedeutung im vollen Sinn gehört beides: die Qualität sozusagen, oder besser der Modus, und der Inhalt. Wo wir vom bloßen Satzgedanken sprechen,[1] werden wir den Inhalt, jenes Identische im Auge haben und ihm gegenüber dann näher sprechen vom Urteil, von der Annahme u.dgl. Den Ausdruck „Satz" gebrauchen wir für alle vollen Bedeutungen, welche Satzgedanken zum Inhalt haben. In der Formenlehre des Urteils sind die selbständigen Bedeutungsganzen Urteile, aber innerhalb der Urteile treten dann Bestandstücke auf, die evtl. Sätze sind, aber nicht Urteile.

Unsere Frage soll nun die sein, wie, in welchen Formen aus mehreren Sätzen ein Urteil wird; oder, da die primitiven Formen dieser Komplexion in der Verbindung zweier Sätze liegen und eine größere Mehrheit keine wesentlich neue Form begründet, so beschränken wir uns auf zwei Sätze.

Wir haben nun zwei Fälle zu unterscheiden: Entweder die beiden Sätze haben innerlich, in ihren Bedeutungen, eine Aufeinanderbeziehung – sie haben nämlich irgendein Glied gemeinsam –, oder sie sind voneinander getrennte Sätze, die in sich miteinander nichts gemeinsam haben. Subjektiv gesprochen können zwei Urteile einen Terminus miteinander gemein haben in dem Sinn, dass da und dort derselbe Terminus auftritt, während doch das Bewusstsein der Gemeinsamkeit fehlt. Andererseits werden aber die Urteile nur dann innerlich Gemeinsamkeit haben, wenn das Bewusstsein der Gemeinsamkeit sie verbindet. Und ebenso: Innerlich haben zwei Sätze Bedeutungsgemeinsamkeit, wenn nicht nur das gleiche Bedeutungsglied hier und dort auftritt, vielmehr die Bedeutung selbst aufseiten des einen Gliedes auf das andere als dasselbe hinweist. Damit ist eine Verbindung zwischen Sätzen schon bezeichnet: die Identitätsverbindung. Z.B. „A ist α. Dasselbe ist β", „Sokrates ist ein Philosoph. Derselbe ist Lehrer des Platon". Man kann hier für das Wort „dasselbe" wieder A substituieren, also sagen: „A ist β", wiederholend also sagen: „Sokrates ist der Lehrer des Platon." Aber es ist klar, dass bedeutungsmäßig etwas verloren gegangen ist. Sagen wir: „derselbe", so liegt darin: eben der, von dem im vorigen Satz das und das gesagt war. Die Beziehung, die früher bedeutungsmäßig gedacht war, ist jetzt durchschnitten. Deskriptiv hervorzuheben ist für jede

[1] *Randbemerkung (wohl 1910/11)* „Propositionale Materie" hier „Satzgedanke" genannt!

Identitätsverbindung, dass in ihr ein Satz der fundierende, der andere der fundierte ist. Der erstere ist selbständig ablösbar, der andere verliert durch sein Fundiertsein an Selbständigkeit, nämlich durch die Form „dasselbe", mit der zurückgewiesen wird auf den fundierenden Satz und ein in ihm Vorgestelltes.

Wir bemerken für die Identitätsverbindung aber, dass, wenn sie zwei Sätze zur Einheit eines Urteils verbinden soll, über die Identifikation hinaus noch ein Band vorhanden sein muss. Wir haben noch keine Einheit des Urteils, wenn wir aussagen: „Sokrates ist ein Philosoph, derselbe ist Lehrer des Platon", bloß aneinander reihend, ohne das frühere Urteil im Urteilsbewusstsein festzuhalten. M.a.W. Einheit des Urteils erfordert hier, dass wir denken: „Sokrates ist ein Philosoph, und derselbe ist Lehrer des Platon", wo der Einheitsgedanke „Beides gilt" verknüpft. Ich sagte, andere Verbindungen müssen noch da sein außer Identität. Ich kann auch so sagen: Sätze, die in sich gar nichts gemeinsam haben, können zur Urteilseinheit kommen in gewissen Verknüpfungsmodis, und dieselben Verknüpfungsmodi, die hier bestehen, können auch bestehen, wenn die Sätze durch Identitätsband aufeinander bezogen sind. Gehen wir also zur Betrachtung anderer verschiedener Satzverbindungen zu Urteilen über, von der Identitätsverbindung absehend.

Sprachlich können zwei Aussagesätze durch die Konjunktion „und" oder, was gleichbedeutend sein kann, durch „sowohl – als auch" verbunden sein. Dem entspricht eine Grundform der Zusammensetzung, bezüglich auf Sätze ganz beliebiger Form, sie mögen also selbst schon zusammengesetzte oder nur einfache sein, also die Form „M und N", z.B. „S ist P, und Q ist R". Das Gesamturteil ist hier nicht nur propositional zusammengesetzt, sondern aus zwei Urteilen zusammengesetzt: Denn hier liegt in der Aussage „S ist P!" und „Q ist R". Anders, wenn wir zur zweiten Grundform übergehen, die von derselben Allgemeinheit ist: „M oder N", z.B. „S ist P, oder Q ist R". Hier entspricht keinem der verknüpften Sätze ein Urteil. Die Bedeutungsmodifikation ist offenbar, phänomenologisch gesprochen, es ist nicht geurteilt „S ist P!", sondern, um es zirkumskriptiv auszudrücken, dass eins von beiden, von „S ist P" und „Q ist R" gelte. Beim konjunktiven Urteil andererseits ist geurteilt, dass beides gelte, und so urteilend steht uns jeder der Sätze als eine Geltung da.

In der Art, wie wir uns soeben ausgedrückt haben, scheint es zu liegen, dass selbstverständlich beiderseits die propositionale Zusammensetzung so erfolge, dass über die beiden Sätze geurteilt bzw. dass ihnen einmal plural, also distributiv, das andere Mal disjunktiv das Prädikat „Geltung" oder

„Wahrheit“ zugesprochen wird. Anstatt ein beliebiges Urteil auszusprechen, können wir auch in Hinsicht auf die Geltung mit selbstverständlicher Äquivalenz auch aussprechen, dass der zugehörige Satz gelte. Anstatt „S ist P!“ sagen wir aus: „Dass S P ist, ist gültig.“ Sind wir nun interessiert an der Geltung als solcher, so dass wir Geltung als Prädikat aussagen wollen, dann sind das wichtige Vorkommnisse in Bezug auf mehrere vorgelegte Sätze, dass wir evtl. urteilen können, dass sie zugleich gelten oder dass einer von ihnen gelte. Dem entsprechen die eben aufgestellten Formen, die danach interpretiert wären als kategorische Urteile über gegebene und durch Eigenvorstellungen vorgestellte Sätze mit dem Prädikat „gültig“. Ähnlich wäre die Auffassung zu begründen, die die Urteile als Urteile über Urteile und wieder als Urteile über die Sachverhalte fasste. Indessen kann ich mich doch nicht entschließen, diese Interpretation anzunehmen, da sie mir doch über das in wirklicher Analyse Vorfindliche hinauszugehen scheint. Die Prädikation der Gültigkeit kann ich durchaus nicht vorfinden; im Gedanken des konjunktiven oder disjunktiven Satzes kommt der Gedanke des „ist wahr“, „ist gültig“ als wirkliches Bestandstück nicht vor. Damit soll nicht eine gewisse Zweischichtigkeit geleugnet werden. Die beiden Sätze „S ist P“, „Q ist R“ sind nicht äußerlich verknüpft, gleichsam aneinander geleimt, sondern innerlich eins; phänomenologisch gesprochen: Eine übergreifende Bewusstseinseinheit umspannt das Urteilsbewusstsein „S ist P“ und das andere Urteilsbewusstsein „Q ist R“. Man wird auch sagen dürfen, dass dieses übergreifende Bewusstsein den Charakter einer einheitlichen Setzung hat, die sich auf die beiden Urteilsinhalte, auf die in den beiden Urteilen bewussten Sätze bezieht oder besser: gründet, ähnlich wie sich eine nominale Setzung, z.B. „dieser große Kaiser“, auf den nominalen Bedeutungsgehalt bezieht. Eine Einheit der Setzung umspannt die beiden Satzbedeutungen, deren jede zugleich Inhalt eines Urteils für sich ist. Nur kann ich nicht finden, dass Geltung prädiziert wird oder dass Bestehen prädiziert wird, so wie bei der nominalen Setzung nicht eine Prädikation über Geltung statthat und ebenso wenig über Existenz.

Wieder bei der disjunktiven Urteilseinheit vollziehen wir eine disjungierende Setzung. Zugrunde liegen hier nicht Urteile – wir urteilen nicht „S ist P“, „Q ist R“ –, vielmehr gewisse Urteilsmodifikationen finden wir, bloße propositionale Vorstellungen, die nicht etwa den Charakter von nominalen haben. Nun zieht sich ein einheitliches disjungierendes Setzungsbewusstsein so über beide Vorstellungen, dass die beiden propositionalen Inhalte, die bloßen Sätze in besonderer Weise betroffen werden, wobei aber keineswegs die Meinung die ist, dass die Sätze hier die Rolle von Gegenständen spielen.

Das tun sie hier so wenig, wie bei der nominalen Setzung die nominale Bedeutung gegenständlich ist. Nachdem wir zu den konjunktiven und disjunktiven Urteilen die eben begründete Stellung eingenommen, also ihre Auffassung als kategorische Urteile mit dem Prädikat „gültig“ verworfen haben, ist es klar, dass wir in diesen Urteilen solche besitzen, die sich der kategorischen Form überhaupt nicht fügen. Es ergibt sich also schon jetzt, dass zwar alle propositional einfachen Urteile kategorisch sind, nicht aber alle propositional komplexen Urteile. Die Lehre, dass alle Urteile überhaupt kategorisch sind, ist falsch.

Die beiden Formen propositional zusammengesetzter Urteile haben das Eigentümliche, dass sie nicht bloß assoziativ, um es in der Redeweise der Mathematik auszudrücken, erweitert werden können, sondern sozusagen kollektiv. Die Einheit des konjungierenden Bewusstseins kann beliebig viele Sätze gleichstufig vereinen, also nicht etwa nur in der Form $((a+b)+c)$, sondern $\{a, b, c\}$.

⟨*Hypothetische und kausale Urteile*⟩

In die schlichte disjunktive Form können Komplikationen eintreten, die die Rede mit „entweder – oder“ gewöhnlich mitbefasst. „Entweder M oder N“ kann meinen: Eins von beiden gilt, und wenn das eine, so nicht das andere, und umgekehrt. Diese konjunktiv mitverflochtenen Annexe, die offenbar ablösbar sind, führen uns auf eine neue Grundform, die hypothetische. Man versteht zunächst unter hypothetischen Urteilen Urteile, die der Aussageform mit „wenn“ und „so“ entsprechen; also „Wenn M, so N“, z.B. „Wenn S P ist, so ist Q R“. Die Vieldeutigkeit dieser Form werden wir sogleich kennen lernen und davon hören, dass die analytische Unterscheidung und Fixierung der verschiedenen äquivok durch sie bezeichneten Urteilsgedanken nicht unerhebliche Schwierigkeiten macht. Sehr nah verwandt mit dem hypothetischen Urteil ist das so genannte kausale „Weil M, so N“: „Weil S P ist, so ist Q R.“ Von vornherein klar ist (das einzusehen genügt die Erwägung des allgemeinen Sinnes der Redeformen), dass das kausale Urteil ein zusammengesetztes Urteil ist, das hypothetische aber nicht. Im „Weil M ist, ist N“ liegt, dass M ist und dass N ist. Dagegen ist weder das eine noch das andere geurteilt, wo wir bloß aussagen: „Wenn M ist, so ist N.“ Wer urteilt: „Wenn es einen Gott gibt, so werden die Bösen schließlich bestraft“, kann sehr wohl ein Atheist sein und sowohl Vorder- als Nachsatz leugnen. Aber auch der Theist, der genauso urteilt, urteilt, obschon er Vordersatz und Nachsatz für wahre Sätze hält, in derselben Aussage weder, dass es Gott gibt, noch, dass es in der Welt kein Übel geben kann. Ich erinnere auch an die hypothetischen Sätze im Zusammenhang der indirekten Beweise der Mathematik. Doch es bedarf nicht vieler Auseinandersetzung: Es ist klar, dass das hypothetische Urteil ein Urteil ist, dass aber die beiden in der eigentümlichen Syntaxe verbundenen Sätze des Urteils, Vorder- und Nachsatz, keine Urteile sind.

Der Sinn des hypothetischen Urteils ist viel umstritten. Brentano glaubte, es, wie jedes einfache Urteil, auf einen Existentialsatz reduzieren zu können: „Wenn ein Mensch schlecht handelt, so schädigt er sich selbst“ = „Es gibt keinen schlecht handelnden und sich dabei nicht schädigenden Menschen“. Das wäre also ein negatives unbestimmtes und damit universelles Existentialurteil.

Andere sehen den Sinn des Urteils in der Prädikation einer notwendigen Folge, so z.B. Sigwart. Wieder andere unterscheiden zwischen einer Prädikation schlechthin und der Prädikation unter einer Voraussetzung: Das im Nachsatz Ausgesagte sei nicht schlechthin, sondern unter Voraussetzung des Vordersatzes gesagt.

Die große Aufgabe der Logik ist hier, sichere Grundlagen zu schaffen, insbesondere auch die fundamentalen Unterscheidungen zu gewinnen, die für die Sinnesanalyse des deduktiven (analytischen) Schlusses notwendig sind. Denn jeder Schluss ist ein hypothetisches bzw. ein kausales Urteil.

Um uns nun zurechtzufinden, beachten wir zunächst eine Unterscheidung. In der Lehre von den primitiven Urteilen haben wir davon gehört, dass die Termini, die in ihnen auftreten, den Charakter von Bestimmten oder von Unbestimmten haben können. Offenbar erstreckt sich dieser Unterschied über das Gesamtgebiet der Sätze und Urteile. Er tritt ja in die zusammengesetzten Urteile schon dadurch ein, dass sie beliebige Urteile bzw. Sätze als Bestandstücke enthalten können. Also tritt aber auch der Unterschied des Partikularen und Universellen in den Kreis der jetzt von uns behandelten Urteile. Damit hängt nun eine Anzahl von Modifikationen zusammen, die wir für die schon betrachteten Formen nicht einzeln durchführen können. Höchst wichtig ist aber der hierher gehörige Unterschied der hypothetischen Urteile in solche, die feste Sätze miteinander verbinden (d.i. Sätze in vollem und echtem Sinn), und in solche, wo die im sprachlichen Ausdruck auftretenden Sätze vielmehr den Charakter besitzen von Ausdrücken für Satzformen oder, wie manche Mathematiker dergleichen nennen, Satzfunktionen. 1) Die eine Klasse von hypothetischen Aussagen ist repräsentiert durch das Beispiel „Wenn Gott gerecht ist, so werden die Bösen bestraft“. Die Sätze sind hier feste Sätze.[1] Jeder könnte für sich als selbständiges Urteil gefasst werden, obschon das Urteil im hypothetischen Urteil nicht als Bestandstück vorkommt.[2] Jedenfalls ist, abgesehen von dem Urteilscharakter, der Satz „Gott ist gerecht“ in seiner Urteilsvereinzelung und als Vordersatz des hypothetischen Satzes von genau demselben Sinn. Und dasselbe gilt vom Satz „Die Bösen werden bestraft“. Freilich hat jeder dieser Sätze innerhalb des hypothetischen Urteils eine gewisse Syntax, die den einen als Vordersatz, den anderen als Nachsatz charakterisiert. Aber das ist sozusagen eine superstruierte Form, eine Funktionalform, die den wesentlichen Sinn der beiden Sätze nicht etwa verändert, sondern in gewisser Weise funktional bereichert. Wir können daher hier äquivalent auch so umformen: „Wenn der Satz ‚Gott ist gerecht‘ wahr ist, so auch der Satz ‚Die Bösen werden bestraft‘.“ Oder auch: „Die Wahrheit des einen Satzes hat die des anderen zur Folge“ u.dgl. Ebenso korrelativ: „Wenn der eine Sachverhalt besteht, so der andere Sachverhalt.“

Eine zweite Klasse von Fällen ist repräsentiert durch das Beispiel „Wenn ein Dreieck gleichseitig ist, so ist es gleichwinklig“. Hier haben wir auch, so scheint es, zwei Sätze miteinander verbunden: „Ein Dreieck ist gleichseitig; dasselbe Dreieck ist gleichwinklig.“ Aber bald merken wir, dass die hier sprachlich auftretenden grammatischen Sätze keinen festen, keinen wirklichen und vollen Sätzen Ausdruck geben. Was uns zunächst auffällt, ist, dass hier Unbestimmte auftreten: „ein Dreieck“ heißt es. Nun fragen wir: Was ist das für eine Unbestimmte, ist gemeint ein gewisses, bestimmtes Dreieck, nur unbestimmt bedeutet? Ist gemeint irgendein Dreieck im partikularen oder im universellen Sinn? Nun, natürlich das Letzte, werden Sie sagen; gemeint sei: Wenn überhaupt ein Dreieck, welches immer, gleichseitig ist, so ist es gleichwinklig. Aber nun ist es klar, dass das „überhaupt“ nicht etwa einfach zum Vordersatz gehört, als ob wir eine hypothetische Verknüpfung hätten zwischen den zwei vollen oder festen Sätzen, nämlich „Ein Dreieck überhaupt ist gleichseitig“ und „Dasselbe Dreieck ist gleichwinklig“, und als ob wir also äquivalent ansetzen könnten: „Wenn es wahr ist, dass ein Dreieck überhaupt, dass jedes Dreieck gleichseitig ist, so ist auch der Satz wahr ‚Dasselbe Dreieck ist gleichwinklig‘“, was entweder keinen Sinn gibt oder

[1] *Gestrichen* Und mindestens zirkumskriptiv können wir den Sinn hier so ausdrücken: Wenn der Satz „Gott ist gerecht“ wahr (das Urteil berechtigt) ist, so ist auch der Satz „Die Bösen werden bestraft“ wahr.

[2] *Gestrichen* Die Termini sind feste, d.h. sie haben nicht den Charakter der Variablen wie in mathematischen Aussagen, also nicht den Charakter von allgemeinen Unbestimmten, die als Termini der Universalität fungieren.

einen ganz anderen, als wir meinten. Wir machen nicht die Voraussetzung, es gelte der allgemeine Satz, aus dem als solchen etwas folge.

Da ist es schon klar, dass die Satzaussprüche innerhalb einer solchen hypothetischen Aussage nicht dieselbe Bedeutung haben wie außerhalb, als freie Aussagen, und dass somit der Gedanke in dieser Art hypothetischer Aussagen ein wesentlich anderer ist als in den hypothetischen Verbindungen fester Sätze.

1) Naturgemäß sagen wir zunächst einiges über die Urteile der ersten Klasse. Zu ihr gehören u.a. alle schließenden hypothetischen Aussagen, d.h. diejenigen, welche aus Schlüssen, die offenbar kausale Urteile sind, dadurch hervorgehen, dass wir die Prämissen hypothetisch fassen, z.B. „Wenn alle Menschen sterblich sind und Sokrates ein Mensch, so etc.“; ebenso die daraus durch Unterdrückung einer Prämissenvoraussetzung entstehenden Sätze: „Wenn Cajus ein Mensch ist, so ist er sterblich“ usw. Wir sehen sogleich, dass wir es hier mit einer neuartigen und auf ganz beliebige, gleichgültig wie immer geformte Sätze anwendbaren Verbindungsform zu tun haben. Zum Wesen des Urteilsgebietes gehört es, dass zwei beliebige Sätze zu einer hypothetischen Urteilseinheit verbunden werden können. Gegenüber der konjunktiven und disjunktiven Verbindungsweise treten uns charakteristische Unterschiede entgegen. Fürs Erste, dass die hypothetische direkt nur anwendbar ist auf zwei Sätze und dass nur dadurch neue Verbindungen angeknüpft werden können, dass ein zuerst aus zwei Sätzen gebildeter hypothetischer Satz mit einem beliebigen neuen Satz als Folge verknüpft werden kann. Z.B. „Wenn M ist, so ist N“, und weiter: „Wenn gilt, dass, wenn M, so N ist, so gilt P“. Ferner: Während wir nicht gut sagen können, dass die konjunktive und disjunktive Verbindungsweise ihren Gliedern eine verschiedene Stellung gibt, verhält es sich anders bei der hypothetischen. Hier sind, immer abgesehen von der Geltung, die als Glieder fungierenden Sätze mit einer verschiedenen Bedeutungsfunktion behaftet, so dass die Umordnung sofort eine stark merkliche Sinnesänderung ergibt. Demgemäß unterscheidet man Hypothesis und Thesis, hypothetischen Vordersatz und hypothetischen Nachsatz.

Von der bloßen hypothetischen Verbindung unterscheidet sich die kausale nur dadurch, dass die Hypothesis statt einer bloßen Voraussetzung ein Urteil ist, und ebenso bei der Thesis, der Nachsetzung. Dabei fungiert das erste Urteil doch als in gewisser Weise vorausgesetztes und das zweite als nachgesetztes oder daraufhingesetztes. Z.B. aufgrund der Prämissen wird der Schlusssatz geurteilt, dieser auf die Prämissen hin gesetzt und nicht bloß einfach geurteilt. Im bloßen hypothetischen Urteil wird andererseits aufgrund der bloßen Voraussetzung die Folge geurteilt; aber wie die Voraussetzung kein Urteil ist, so ist die Folge zwar aufgrund der Voraussetzung geurteilt, aber doch nicht so, dass ihr in sich der Urteilscharakter zukäme. Während wir im einen Fall ein Urteil als Grund haben und ein Urteil als Folge, das zugleich auf den Grund hin gesetztes ist, haben wir im anderen eben kein Urteil als Grund, sondern eine Urteilsmodifikation, die dem daraufhingesetzten auch nur den Charakter der Urteilsmodifikation gibt.

Es liegt nahe, das Verhältnis zwischen kausalem und hypothetischem Urteil so zu fassen, dass das erstere eine Komplikation sei zwischen einem hypothetischen Urteil und zwei konjunktiv mitverflochtenen schlichten Urteilen. Also: „Weil M ist, so ist N" = „M ist, N ist, und wenn M ist, so ist N". Indessen, wenn auch schwerlich geleugnet werden kann, dass die hypothetischen und kausalen Urteile in der Weise der Verbindung im Wesen übereinkommen und dass wirklich im Ganzen des kausalen Urteils das Urteil M und das Urteil N vorkommen, ganz sicher zum mindesten das erstere, so kann ich doch nicht finden, dass die Konjunktion jener drei Urteile den Inhalt des kausalen Urteils erschöpfe. Die Übereinstimmung im Wesenscharakter der Verbindung besagt, wie mir scheint, nicht das reelle Enthaltensein des hypothetischen Urteils im kausalen, sondern: Eine wesentlich gleichartige Verbindungsweise verbindet einmal bloße Sätze, das andere Mal Urteile. Dazu gehört dann aber, dass das logische Gesetz der Geltung, wonach analytisch geltungsmäßig im kausalen Satze der hypothetische „liegt", ⟨besagt, dass⟩ dieser aus jenem geltungsmäßig entnommen werden kann.

Was das Bewusstsein anbelangt, das zum hypothetischen Urteil gehört, so bemerken wir, dass die hier als fundierende Glieder auftretenden propositionalen Akte eigentümliche Modifikationen des Urteilsbewusstseins sind: das hypothetische Annehmen, Voraussetzen, und das Daraufhinannehmen, Daraufhinsetzen. Sie sind offenbar anders charakterisiert als z.B. jenes propositionale Bewusstsein, das im disjunktiven Urteilen dessen Gliedern anhaftet; und dem entsprechen korrelative Bedeutungsunterschiede. An sich kann man sagen, dass überhaupt den verschiedenen Bedeutungsformen, und speziell den Formen, in denen propositionale Gedanken auftreten, Verschiedenheiten des Bewusstseins entsprechen. Hier nun handelt es sich um Modifikationen, die dem Setzungscharakter entsprechen oder dem spezifischen Urteilscharakter. Derselbe propositionale Sinn kann einmal Inhalt eines Urteils sein, das andere Mal Inhalt eines propositionalen Denkens innerhalb eines Disjungierens, wieder eines Annehmens, eines Voraussetzens u.dgl. Solche Modifikationen nimmt, wie wir hier sehen, der Modus des Urteilens insbesondere in den syntaktischen Zusammenhängen des propositional komplexen Urteilens an, obschon es ähnliche auch sonst, außerhalb der Verbindung gibt. Innerhalb des Urteils als Bedeutung entsprechen jenen Setzungsmodis Modi jener Bedeutungsschicht, zu der der spezifische Urteilscharakter gehört.

Im hypothetischen und kausalen Urteil werden, wie man sagen muss, nicht nur Zusammenhänge von Sachverhalten, sondern gewisse Sachverhaltrelationen gedacht. Es sind die Verhältnisse zwischen Grund und Folge, zwischen Bedingung und Bedingtem. Man könnte nun denken, dass die hierher gehörigen Urteile eben Relationsurteile, also kategorische Urteile seien, in denen ausgesagt wird, dass das Sein von A die Bedingung für das Sein von B sei, dass B aus A folge u.dgl. Indessen sprechen hier *mutatis mutandis* dieselben Gründe wie bei den konjunktiven und disjunktiven Urteilen dafür, eine solche Auffassung abzulehnen und die hypothetische Urteilseinheit als eine eigenartige und von der kategorischen wesentlich verschiedene anzusehen. Im hypothetischen Urteilsbewusstsein finden wir nichts von einer Prädikation-über, sei es Sachverhalte oder Sätze oder Urteile; und korrelativ finden wir auch nichts davon in der Bedeutung, so wie sie wirklich vorhanden und nicht auf dem Wege indirekter Reflexionen hineingedeutet ist. Alle Relationsurteile, die hier ausgesprochen werden können, sind bloß Äquivalente für das schlichte und ursprüngliche hypothetische Urteil, und das letztere heißt mit Recht „ursprünglich" darum, weil wir bei der Begründung eines jeden solchen reflexiven Urteils und zuletzt bei seiner Evidentmachung auf das hypothetische Urteil zurückgeführt werden und das ihm entsprechende Evidenzbewusstsein. Aber ich darf hier nicht verweilen.

Wir gehen nun zur zweiten Klasse von hypothetischen Aussagen über, die gemäß den einleitenden Erörterungen ihrem Bedeutungsgehalt nach nicht den Charakter von Urteilen haben, die zwei feste Sätze miteinander verknüpfen. Das Auftreten von Terminis der Universalität weist uns schon darauf hin, dass es sich hier um eigentümlich gebaute allgemeine Urteile handelt.

Dabei haben wir wieder zwei Möglichkeiten. Entweder es wird, um es umschreibend auszudrücken, der allgemeine Bestand eines Verhältnisses der Folge ausgesprochen, also: „Allgemein gilt, dass, wenn M ist, auch N ist." Solche Urteile entsprechen parallelen Urteilen der Form „Allgemein ist sowohl M als N", „Allgemein gilt entweder M oder N".

Auch da sind Verwechslungen möglich, und man muss wohl auseinander halten die eigentlich disjunktiven Sätze und die allgemein Disjunktionen aussagenden Sätze. Zu der letzteren Sorte gehört z.B. die Aussage „Entweder eine Zahl ist gerade, oder sie ist ungerade". Das ist ein universelles Urteil und sagt: Für eine beliebige Zahl überhaupt gilt, dass sie entweder gerade oder ungerade ist. Zu der anderen Art gehört das eigentlich disjunktive Urteil: „Entweder die Zahlenreihe ist endlich, oder sie ist unendlich.“ Manches von dem weiter Auszuführenden wird übrigens auch auf diese Urteile passen.

Bei den universellen Urteilen über notwendige Folgen haben wir zu fragen, wie ihre eigentliche Konstitution ist. Z.B. „Wenn ein Dreieck gleichseitig ist, so ist jeder seiner Winkel gleich 45°“: Darin liegt, äquivalent gesprochen: „Für jedes beliebige Dreieck gilt, dass daraus, dass es gleichseitig ist, folgt, dass jeder seiner Winkel 45° ist.“ Natürlich könnten wir parallel dazu ein entsprechendes partikulares Urteil konstruieren der Form „Für manche A gilt, dass daraus, dass sie α sind, folge, dass sie β sind“; oder in der einfacheren Form: „Mitunter, wenn ein A α ist, ist es β.“ Bleiben wir aber beim universellen Urteil. Offenbar ist das aber eine Umschreibung, denn wie in einem schlichten universellen Urteil sonst, so wird auch hier zwar universell geurteilt, aber nicht das Prädikat „universelle Geltung“ gebildet und prädiziert. Es scheint, dass wir sagen müssen: Der einheitlich genommene, unbestimmt allgemeine Folge-Gedanke „Wenn irgendein Dreieck gleichseitig ist, so ist es gleichwinklig“ kann einmal partikular, das andere Mal universell vollzogen werden, genauso wie der Gedanke der Satzform „Ein S ist P“ in dem doppelten Allgemeinheitsmodus partikular und universell vollziehbar ist. Also beide haben miteinander ein Bedeutungsmäßiges gemein, eine wohl als unselbständig zu bezeichnende Unterschicht der Bedeutung, und diese Satzform kann reflektiv herausgehoben werden. Es erwächst dann das reflektive Urteil: „Die Satzform ‚Ein S ist P‘ ist allgemein gültig erfüllbar, oder gilt für jedes S“, und andererseits: „Sie gilt für ein einzelnes S.“ Und ähnlich bei der hypothetischen Aussage. Die Satzform ist hier Form eines hypothetischen Satzes, z.B. die Form „Wenn ein A B ist, so ist es C“. Und hier heißt es: Sie ist für jedes A erfüllbar, ist gültig für jedes A bzw. gültig für ein einzelnes A. Im schlicht gefällten universell-hypothetischen Urteil und dem entsprechenden partikular-hypothetischen Urteil liegt die Satzform zwar zugrunde, aber als unselbständiges Moment; und sie hat einmal als höhere charakterisierende Schicht den Charakter der allgemeinen Geltung und im anderen Fall den der besonderen Geltung, jedoch ohne dass über die Geltung kategorisch prädiziert würde.

Ganz Ähnliches wäre für das universell-disjunktive und konjunktive Urteil zu sagen.

2) Eine andere, zweite Gruppe von Fällen ist die, wo der eigentlich hypothetische Gedanke, der in der ersteren Gruppe unter dem Modus der

Allgemeinheit gedacht war, fehlt, und die Meinung nur die ist: „Sooft, in jedem Fall, wo M gilt, gilt N, jeder Fall der Geltung von M ist auch Fall der Geltung von N." Dabei haben M und N natürlich wieder den Charakter von Satzformen, Satzfunktionen mit einander entsprechenden Unbestimmten, auf welche sich die Rede von den Fällen bezieht. Wir können ja nicht sagen: „In jedem Fall, wo Cajus ein Mensch ist, ist er sterblich" – da haben wir eben feste Sätze –, aber wohl: „In jedem Fall, in dem der Luftdruck sinkt, fällt das Barometer." Denn, wenn auch verborgen, steckt hier in den Terminis Unbestimmtheit, und auf diese bezieht sich der Charakter der Allgemeinheit. Es ist an die wechselnden Druckzustände der Luft gedacht, und das sind die Fälle. Andererseits, an eine notwendige Folge, an eine Abhängigkeit braucht dabei weiter nicht gedacht zu sein, sondern bloß: Mit dem einen findet immer das andere statt, keinen Fall gibt es, an dem das eine stattfindet und das andere nicht. Das sind lauter Äquivalente, die auf den Sinn indirekt hinweisen, während für den direkten Sinn Ähnliches auszuführen wäre wie vorhin. Unzählige hypothetische Aussagen des gewöhnlichen Lebens haben diesen Inhalt, z.B. „Wenn ein Schiff die gelbe Flagge hisst, ist gelbes Fieber an Bord", „Wenn Vollmond eintritt, ändert sich das Wetter" usw. Die Ausdrucksweise ist, wie Sie sehen, öfters eine laxe. Bald meint sie „wirklich immer", „in jedem Fall", bald nur „zumeist".

Da es für geltungslogische Zwecke durchaus notwendig ist, von der gewöhnlichen vieldeutigen Aussageweise mit „wenn" und „so" abzusehen, so zieht man deutliche, wenn auch indirekt explizierende Aussageweisen vor. Daher wird man Aussagen wählen über Satzformen (oder, wie Mathematiker lieber sagen, Funktionen). So wie ein universeller bzw. partikularer Satz Termini der Universalität oder Partikularität hat, so hat eine Satzform Lückentermini, Leertermini bzw. Variable. In mathematischem Sinn kann man dann sagen: Jedes Wertsystem, das die Satzform oder Funktion $F(\alpha\beta\ldots)$ erfüllt, erfüllt auch die Funktion $F'(\alpha\beta\ldots)$, und das Erfüllen besagt: in einen gültigen Satz verwandeln. $\Pi_{\alpha\beta\ldots} F(\alpha\beta\ldots) \in F'(\alpha\beta\ldots)$.

Als merkwürdig möchte ich hervorheben, dass die ursprünglicheren und schlichteren Satzgedanken in allen diesen Sphären wohl auch noch aus einem anderen Grund hintangesetzt werden gegenüber den indirekt reflektiven Formen. Die letzteren rücken sozusagen die in den schlichteren Formen aufeinander gebauten und dabei innig miteinander verwobenen Bedeutungsschichten auseinander, sie dabei nur innerhalb der unmittelbaren Äquivalenzsphäre modifizierend. Die indirekten Formen sind leichter voneinander zu unterscheiden und im schließenden Denken besser verwendbar. Doch dürften hier für die wissenschaftliche Analyse nicht unbedeutende Probleme liegen, die tiefere Erkenntnis des Verhältnisses der schlichteren und der äquivalent modifizierten Bedeutungen betreffend.

Innerhalb der jetzigen Gruppe von universellen Urteilen, die nichts vom hypothetischen Gedanken enthalten (obschon aus geltungslogischen Gründen sehr enge Beziehungen zur eigentlich hypothetischen Sphäre bestehen), können wir wieder zwei Klassen unterscheiden: genau entsprechend einer Klassifikation, die alle universellen Urteile überhaupt betrifft.

Die eine umfasst diejenigen Urteile, welche gesetzmäßige Allgemeinheit meinen, während im Sinne der anderen die bloß empirische, bloß faktische Allgemeinheit liegt. Z.B. wenn wir aussagen: „Wenn ein Dreieck rechtwinklig ist, so ist es nicht gleichseitig", so können wir das so verstehen, dass der Gedanke der Folge ausgeschlossen bleibt und das Urteil somit in unsere Sphäre gehört; nämlich so: „In jedem Fall, in dem ein Dreieck rechtwinklig ist, ist es nicht gleichseitig." Das Beispiel ist zugleich ein solches, in dem die Allgemeinheit als eine unbedingte gemeint ist; wir wissen, dass wir in der Geometrie stehen und darin, wie jeder Satz, so dieser als streng gesetzmäßiger gemeint ist. Jedes „alle", „überhaupt", „allgemein", das da ausgesprochen wird, ist schlechthin unbedingt gemeint.

Ganz anders, wenn wir in der empirischen Sphäre allgemein urteilen. Entweder die Beschränkung auf einen individuell geschlossenen Kreis ist ausdrücklich angegeben, wie wenn wir sagen: „alle Rosen dieses Gartens", oder wir urteilen der Form nach unbeschränkt, aber der Sinn ist ein beschränkter, das unbeschränkte „alle" besagt: „alle wirklichen Dinge"; also zu ergänzen ist mindest die Wirklichkeit als Sphäre der Begrenzung.

Der Unterschied gehört zwar nicht eigentlich hierher, aber es ist andererseits nützlich, bei der Unterscheidung der Aussagen, die in hypothetischer Aussageform auftreten, auf ihn von vornherein hinzuweisen. Die gewöhnlichen empirischen Urteile mit „sooft", „in jedem Fall, wo" haben trotz derselben Urteilsform doch einen wesentlich anderen inneren Charakter. Während die ersteren echt hypothetischen und Notwendigkeitsurteilen gleichwertig sind, gilt es von den letzteren nicht. Entsprechendes gilt für die parallelen partikularen Aussagen, die sich auf die gleichen Satzformen beziehen.

Noch ein auf die verschiedenen unter dem Titel der hypothetischen Aussage stehenden Urteilsformen gleichmäßig bezüglicher Punkt ist zu besprechen.

Selbstverständlich kann aufseiten des Nachsatzes, ebenso wohl wie ein affirmativer, so ein negativer Satz stehen. In dieser Hinsicht besteht aber eine Zweideutigkeit. Wenn wir aussagen: „Wenn M gilt, so gilt N nicht",

„Wenn S P ist, so ist nicht Q R“, so haben wir gewöhnliche hypothetische Aussagen. Dass, sei es im Vordersatz, sei es im Nachsatz, Negationen auftreten, hat nichts Besonderes. Es kann aber auch heißen: „Wenn M gilt, gilt darum nicht N“, „Wenn S P ist, so ist noch nicht Q R“. Hier haben wir Aussagen wesentlich geänderten Sinnes. Er expliziert sich in den Sätzen: „Die Voraussetzung M hat nicht die Folge N“, „Aus der Voraussetzung ‚S ist P‘ folgt nicht ‚Q ist R‘“. Das sind Aussagen, die ihrer Bedeutung nach äquivalent sind mit den vollen Negationen der entsprechenden affirmativen hypothetischen Sätze. Nämlich sie sind äquivalent mit den Aussagen: „Es ist nicht wahr, dass, wenn M gilt, auch N gilt“, „Es ist nicht wahr, dass, wenn S P ist, Q R ist“.[1]

Nach diesen allgemeinen Erörterungen wenden wir uns zu den echten hypothetischen Urteilen zurück. Nämlich so können wir die Urteile der erstunterschiedenen Klasse nennen, mit denen eine neue Form zusammengesetzter Sätze in der formalen Logik auftritt. In der zweiten Klasse hatten wir teils auf Formen solcher echt hypothetischen Sätze bezogene universelle Aussagen, teils universelle Urteile, die überhaupt nichts vom spezifisch hypothetischen Gedanken enthalten. Wir stellen nun die echt hypothetischen Urteile in Vergleich mit den letztgenannten universellen Urteilen: so haben wir, scheint es, zwei Klassen von Urteilen, die miteinander nichts gemeinsam haben. In der einen Klasse stehen Urteile, die sagen: „Wenn der Satz M gilt, gilt der Satz N“, in der anderen aber Urteile ganz anderer Gestalt, nämlich: „Jedes Wertsystem x y z, das die Satzform M (x y z) gültig erfüllt, erfüllt auch mit die Satzform N (x y …).“ Vom Standpunkt der Geltung ist es aber leicht einzusehen, dass die beiden Urteilsklassen in sehr bedeutsamer Weise zusammenhängen und damit die in ihnen herrschenden Gedanken der Folge und der der allgemeinen Mitgeltung. Wenn die Folge den Charakter der notwendigen Folge hat, so spielen hier mit die entsprechenden Zusammenhänge, die überhaupt zwischen Notwendigkeit und Allgemeinheit, jetzt als Gesetzlichkeit bestehen. Zwar gehört die nähere Erörterung dieser Zusammenhänge nicht in die Formenlehre der Bedeutung, aber berührt müssen sie werden, damit Sie auf eine Wesenseigentümlichkeit der echten hypothetischen Sätze aufmerksam werden, die man wohl in ihre Form wird rechnen müssen.

---

[1] Nota ⟨*wohl nach Ablauf des Semesters*⟩ ad Logik 1908/09. „Aus M folgt mit Rücksicht auf N P“: Dies Verhältnis ist in den Vorlesungen leider übergangen worden. Nicht immer, wenn es heißt M N ∈ P (auch: „Wenn M ist, so folgt, weil N ist, P“), kann ich sagen: „Wenn M, so gilt mit Rücksicht auf N P“ oder: „Aus M folgt mit Beziehung auf einen in N liegenden Grund P“ u.dgl.

Ich sagte: Hypothetische Folge und Allgemeinheit der Mitgeltung hängen zusammen. Es genügt, das zu verstehen, Beispiele von hypothetisch schließenden Urteilen zu nehmen, z.B. „Wenn alle Menschen sterblich sind und Sokrates ein Mensch ist, so ist Sokrates sterblich". Stellen wir daneben: „Jedes System von Terminis a b d, welches die beiden Satzformen ‚Alle a sind b' und ‚d ist a' erfüllt, erfüllt auch mit die Satzform ‚d ist b'": Wir merken sogleich, dass im Fall der Geltung des Schlusses auch das allgemeine Urteil gilt, das entsprechende Schlussgesetz, und dass umgekehrt jeder möglichen Besonderung des allgemeinen Urteils ein gültiger hypothetisch-schließender Satz entspricht. Nun sind freilich nicht alle hypothetischen Sätze schließende; z.B. kann ja eine der Prämissen, deren Geltung für sich feststeht, weggestrichen sein, und dann ist die Beziehung zum nun entsprechenden universellen Satz nicht mehr vorhanden, obschon eine gewisse Beziehung fortbesteht zu dem ursprünglich allgemeinen Schlussgesetz, dem Korrelat des perfekten hypothetischen Zusammenhangs. Aber auf eins werden wir doch dabei aufmerksam: dass nämlich jeder hypothetische Satz in ähnlicher Weise ausgezeichnete Termini hat – wir sagen: Termini der Konditionalität – so wie jeder universelle und partikulare Satz seine Termini der Universalität und Partikularität. Das im hypothetischen Urteil liegende Verhältnis der Folge hat seine Träger. Und die Beziehung auf diese Träger vermittelt die gesetzlichen Geltungszusammenhänge mit gewissen allgemeinen Urteilen, welche korrespondierende Träger haben, die hier Unbestimmte sind. So wie im Bewusstsein einer universellen Prädikation deren Träger deutlich markiert sind, so auch im Bewusstsein der hypothetischen Prädikation: notabene falls die Prädikationen in entsprechender Deutlichkeit und Eigentlichkeit vollzogen sind. Wenn wir wirklich schließen, sei es auch falsch schließen, so sind gewisse Termini immer als Träger ausgezeichnet, und zwar für das Bewusstsein ausgezeichnet, und sie müssen es sein, weil diese Auszeichnung für die Bedeutung etwas besagt, zu ihr als charakterisierendes Moment gehört; und ebenso, wenn kein voller Schluss, aber ein mit innerer Deutlichkeit vollzogener Folgegedanke gegeben ist. Beispiel: Z.B. „Wenn a > b, so ist 3a > 3b". In unzähligen Fällen ist freilich das hypothetische Urteil (was übrigens auch beim universellen und partikularen Urteil vorkommen kann) ohne Artikulation der Termini vollzogen. Das gibt bewusstseinsmäßig einen markanten Unterschied, und dem entspricht auch ein Bedeutungsunterschied. Einmal gehören zur Bedeutung die von den Trägern getragenen bestimmten Verflechtungen, die das bestimmt gedachte Folgeverhältnis bedeutungsmäßig fordert. Das andere Mal ist bloß der allgemeine Gedanke des Folgeverhältnisses vorhanden, aber hinsichtlich der inneren Gliederung unbestimmt verbleibend. In indirektem und in dieser Hinsicht scharf explizierendem Ausdruck wäre also einmal zu sagen: „Hinsichtlich der Termini α β … folgt N aus M“, und das andere Mal: „Hinsichtlich gewisser Termini besteht die Folge.“ Natürlich sind das, wie gesagt, indirekte Ausdrücke bzw. Urteile. Was die unmittelbaren hypothetischen Urteile anbelangt, so erfordert es noch besondere Untersuchung, wie da einerseits im Bedeutungsgehalt und andererseits im Urteilsbewusstsein der Unterschied zu charakterisieren ist. Jedenfalls ist die Beachtung der Eigentümlichkeit hypothetischer Urteile, in Terminis zu ruhen, von großer Wichtigkeit, insbesondere für die Geltungslehre der Urteile. Von vornherein ist zu übersehen, dass der Sinn eines hypothetischen Urteils nicht bloß durch die beiden Sätze bestimmt ist, die in ihm zur Einheit kommen, sondern auch durch die Termini, welche für die Verbindung als Träger fungieren. Ein sprachlich und hinsichtlich der ganzen Satzgedanken gleicher Schluss kann sehr verschiedenen Sinn haben, je nachdem er für die oder jene Termini gemeint ist; er könnte sogar in der einen Hinsicht ein richtiger, in der anderen ein Trugschluss sein. Wenn nun gar hypothetische Urteile gefällt werden, in denen die Artikulation hinsichtlich der Termini und die zugehörige innere Struktur der Bedeutung fehlt, so können, wenn dieser Unbestimmtheit in der Bedeutung nicht ausdrücklich Rechnung getragen wird, verwirrende logische Trugschlüsse bzw. Paradoxien erwachsen.[1]

Kerne[2]

In der ganzen bisherigen Formenlehre der Urteile haben wir auf die Natur der Termini und schließlich der letzten ihnen logische Materie verleihenden Kerne nicht Rücksicht genommen. In den Urteilsformen figurierten

---

[1] Es fehlt nun die systematische Aufstellung von Formen, die erwachsen, wenn wir auf die zwei fundamentalen Bedeutungsmodifikationen Rücksicht nehmen, die im Wesen des Bedeutungsgebietes gründen.

1) Einführung von Bedeutungen, die auf Bedeutungen gerichtet sind: Vorstellungsvorstellungen.

2) Einführung von Bedeutungen, die gerichtet sind auf Gegenstände, die ihrerseits durch andere Bedeutungen vorgestellt sind. *Diese Notiz wurde 1910/11 durch eine Null am Rande als ungültig kenntlich gemacht; dazu Bemerkung* Für 1910! Zu sagen ist jetzt: was S. 146 und ff. ⟨= unten, S. 220 ff.⟩ näher ausgeführt ist. *Ein 1910/11 hier beigelegtes Blatt trägt die Notiz* Eine Reihe von Unterschieden, die bei gültigen Schlüssen besprochen werden: perfekte – imperfekte etc., propositionale Schlüsse und nichtpropositionale Schlüsse sind als vor der Geltung liegende Schlussformen hier zu besprechen. Cf. 168 ff. ⟨= unten, S. 256 ff.⟩

[2] *Randbemerkung (wohl 1910/11).*

Buchstaben als Anzeigen für Termini, die ihrerseits unbestimmt blieben. Wir wissen: Jeder Satz führt zuletzt auf primitive Sätze, und jeder primitive Satz auf Vorstellungen, die nichts mehr von Sätzen und wie immer modifizierten Satzgedanken enthalten. In den primitiven Sätzen kommen wir dann auf nominale oder adjektivische Vorstellungen und, wenn wir in diesen wieder Form und Stoff unterscheiden, auf Seite des Stoffes auf die Vorstellungskerne. In ihnen stecken die eigentlichen die Sachhaltigkeit der Vorstellungen und Urteile ausmachenden Momente. Betrachten wir die letzten elementaren Termini primitiver Urteile, und zwar solcher, die keine Vorstellungen von Vorstellungen und keine mittelbaren Vorstellungen enthalten. Wenn wir einen individuellen Eigennamen hinsichtlich seiner Bedeutung nehmen, so ist solch eine Bedeutung von jedem Satzgedanken frei, auch von derjenigen Modifikation einer Prädikation, die wir Attribution nennen (z.B. „Napoleon war ein großer Feldherr, geborener Korse" etc. Aber in der bloßen Vorstellung „Napoleon" ist das nicht bedeutungsmäßig vertreten, das wäre der Fall, wenn wir etwa sagten: „Napoleon, der geborene Korse, der große Feldherr" usw.). Je nach der Bedeutungsfunktion, welche die nominale Vorstellung „Napoleon" hat, nimmt sie verschiedene Formen an; sehen wir von diesen ab, so haben wir die bloß abstrakt herauszuhebende pure nominale Vorstellung. In ihr unterscheiden wir nun, wieder abstrakt, zwischen der Bedeutungsform „nominaler Vorstellung überhaupt" ⟨und⟩ ihrem Inhalt, das ist eben der Kern. Ebenso machen wir es bei einfachen adjektivischen Vorstellungen und Relationsvorstellungen. Die adjektivische Vorstellung „rot", schon genommen abgesehen von ihren verschiedenen Funktionen, kann in eine nominale desselben Inhalts verwandelt werden, wie wenn wir einmal sagen: „Dies ist rot", und das andere Mal: „Rot ist eine Farbe." Dieser identische Rotinhalt, abgesehen von allen Funktionen, auch dem Unterschied zwischen nominaler und adjektivischer Formung, macht den Kerninhalt Rot aus. Und ebenso haben wir noch eine Gruppe von Kernen, die Relationskerne, wie z.B. das Identische von „ähnlich" und „Ähnlichkeit".

Zum Wesen der Individualkerne gehört es, dass sie nie befähigt sind zur rein adjektivischen Funktion. Sie können nur dadurch adjektiviert werden, dass sie Beziehungsglieder von Relationsvorstellungen werden, z.B. „größer als, identisch mit Sokrates". Aber „Sokrates" kann nicht adjektiviert werden zu einem Prädikat wie „rot". Adjektivische Kerne sind gewissermaßen zur adjektivischen Funktion berufen. Sie können andererseits auch nominalisiert werden. Das ergibt aber wesentlich andere Sorten von nominalen Vorstellungen als solchen, die Individualkerne haben.

Seien wir genauer. Den Individualkernen entsprechen gewisse nominale Eigenvorstellungen, wie „Sokrates". Ihre Gegenstände sind Individuen.[1] Was die adjektivischen und relationellen Kerne anbelangt, so entsprechen ihnen auch gewisse Eigenvorstellungen, die beiderseits etwas Gemeinsames haben; wir nennen sie generelle (sachhaltige, stoffhaltige) Eigenvorstellungen, die Kerne selbst generelle Kerne. (Hierbei ist Folgendes zu sagen: Bisher haben wir von Eigenvorstellungen nur gesprochen bei nominalen Vorstellungen. In diesem Sinne gibt ⟨es⟩ auch hier Eigenvorstellungen, nämlich Eigenvorstellungen, die den adjektivischen und relationellen Kernen entsprechen, z.B. „das Rot", „die Ähnlichkeit" – zu unterscheiden von „das Rotsein", wobei zu ergänzen ist „von irgendetwas", und „das Ähnlichsein" oder „die Ähnlichkeit von irgendetwas, in Beziehung auf irgendetwas". Wir können aber, wie mir scheinen möchte, den Begriff der Eigenvorstellung auch erweitern, so dass wir von adjektivischen Eigenvorstellungen sprechen können, z.B. das Prädikat „rot", wenn wir z.B. aussagen: „Dies ist rot." Nicht durch eine adjektivische Eigenvorstellung wäre prädiziert, wenn wir stattdessen sagen würden: „Dies hat eine Eigenschaft" oder: „Dies hat eine Farbe." Ebenso fungiert das Prädikatstück „ähnlich" als Eigenvorstellung, wenn wir aussagen: „Dies ist ähnlich mit a.") Bei den generellen Kernen haben wir also zweierlei Eigenvorstellungen: die generellen Eigenprädikate von Eigenschaften und von Relationen *in abstracto*, andererseits die generellen nominalen Vorstellungen. Hierbei ist jeder dieser Sorten genereller Kerne ihre Funktion vorgeschrieben, sofern ein Eigenprädikat einer Eigenschaft nicht als Relationsbestandteil eines Prädikats in der Weise einer Eigenvorstellung fungieren kann, und umgekehrt. Die Rede von Eigenschaften weist hin auf das, dass die Eigenschaft etwas von einem Gegenstand Gehabtes ist. Also nach dem gewöhnlichen Sinn des Wortes fällt Eigenschaft unter den Begriff der Beschaffenheit überhaupt. Die Gegenstände nominaler genereller Eigenschaften sind aber nicht vorgestellt als Gehabtes, sondern schlechthin und an sich. Rot als Beschaffenheit wird vorgestellt durch „Rotsein", nicht durch Rot schlechthin. Wir verwenden daher zur Bezeichnung solcher Gegenstände nicht das Wort „Eigenschaft", sondern das Wort „Wesen" („Essenz") und näher „Eigenschaftswesen" und „Relationswesen". Sie gehören zu den generellen Gegenständen im weitesten Wortsinn. Ihnen stehen gegenüber die individuellen Gegenstände im weitesten Wortsinn. Den realen Individuen entsprechen dann die hier uns entgegentretenden realen Essen-

[1] *Gestrichen* Und sofern der Begriff des Individuums auch weiter gefasst werden kann, reale Individuen. Davon sind Dinge aber nur eine Gruppe.

zen. Namen, die auf generelle Gegenstände Anwendung finden, sind Genus und Spezies. Wir müssen dabei in der weitesten Sphäre unterscheiden absolute Genera oder absolut allgemeine Gegenstände und relative oder besser relationelle. Diesem Unterschied entspricht offenbar die Einteilung der den individuellen Gegenständen entsprechenden Bestimmtheiten in innere und äußere, absolute und relative. Denn wenn in einem Urteil „S ist a" einem individuellen Gegenstand S eine innere Bestimmtheit direkt zugeschrieben wird, so führt uns dies auf adjektivische Eigenvorstellungen generellen Gehalts zurück; und umgekehrt: Jeder generellen Eigenvorstellung entspricht ein inneres Prädikat. (Zunächst, jeder nominalen entspricht eine adjektivische selben Kerninhalts, und die adjektivische kann immer auf nominal vorgestellte individuelle Subjekte bezogen werden. Freilich ist die Meinung der Unterscheidungen eigentlich bezogen auf gültige Urteile.)

Die Berücksichtigung der grundverschiedenen Typen von Vorstellungskernen und die damit zusammenhängende Typik der Vorstellungen begründet fundamentale Unterschiede der Urteilsformen von dem neuen Gesichtspunkt aus.

⟨*Gegenstände und Bedeutungen*⟩

Unsere Betrachtung bedarf zunächst einer Ergänzung. Was wir ausführten, bezog sich auf Vorstellungen, die in einem gewissen prägnanten Sinn Sachhaltigkeit haben. Was diese Sachhaltigkeit sagt, das kann zunächst direkt durch Hinweis auf die eben beschriebenen Vorstellungen und Vorstellungskerne und durch ihren Gegensatz zu anderen deutlich gemacht werden. Es ist dabei auch einzusehen, dass zum Wesen des Urteilsgebiets notwendig verschiedenerlei Grundtypen von Bedeutungen gehören und dass Wahrheit eine sinnlose Sache wäre, wenn irgendwelche derselben fehlten: Also einerseits hätten wir die spezifisch sachhaltigen Vorstellungen und Urteile, in denen reale individuelle Gegenstände und die ihren realen Relationen und absoluten Bestimmtheiten entsprechenden generellen Gegenstände gedacht sind, andererseits gewisse Grundartungen von Vorstellungen, die in diesem Sinn nicht sachhaltig sind. Was sind das für nicht sachhaltige, in sich keinen Realitätsgehalt implizierende Vorstellungen? Wir brauchen sie nicht weit zu suchen, die Bedeutungslehre ist sozusagen voll von ihnen, ja gerade sie sind diejenigen, die in ihr wirklich hervortreten, während die real sachhaltigen Vorstellungen nur in den Exempeln auftreten oder in den psychologischen oder phänomenologischen Exkursen. Auf Reales bezüglich sind Vorstellungen wie die von Dingen, Personen, Ereignissen, von psychischen Erlebnissen, von Akten des Vorstellens und Urteilens u.dgl. sowie die zugehörigen generellen Vorstellungen von inneren Momenten, Eigenschaften, Relationen derselben.[1] Von total anderem Charakter, in diesem Sinn nicht auf Reales bezüglich, sind die Vorstellungen, die uns in den bedeutungstheoretischen Zusammenhängen entgegentreten und die zum Teil auch als Form bildende fungieren, zumal in den reflektiven oder sonstwie durch Umschreibung erwachsenden Urteilsformen, z.B. die Begriffe Existenz und Wahrheit, alle spezifisch bedeutungstheoretischen Vorstellungen, d.i. alle Bedeutungskategorien wie Vorstellung, Urteil, Subjekt, Prädikat, Vordersatz, Nachsatz usw., ferner die formal ontologischen Kategorien wie Gegenstand, Sachverhalt, Relation, Eigenschaft, Inbegriff, Anzahl usw. Gerade die real sachhaltigen Vorstellungen fehlen in der rein auf die Formen gerichteten Formenlehre, und sie treten in den Gesichtskreis der formalen Logik erst durch eine Überlegung, die sozusagen in eine neue Dimension führt und die im Grunde eine ontologische Überlegung ist. Vom Standpunkt der reinen Bedeutungslehre haben wir nämlich zunächst zu sagen: Die einfachsten Urteilsformen sehen so und so aus, und so und so erwachsen aus schlichten Urteilen bzw. entsprechenden schlichten Sätzen zusammengesetzte Sätze. Zum Wesen des Bedeutungsgebiets gehören dann aber auch zwei Grundformen von Modifikationen: Die eine ersetzt gegebene Vorstellungen durch Vorstellungen von Vorstellungen und von sonstigen Bedeutungen, zumal von Sätzen, die andere ersetzt Vorstellungen durch Vorstellungen von Gegenständen, die mittels anderer Vorstellungen gedacht sind, also Vorstellungen nicht von Vorstellungen, sondern mittelbare Vorstellungen, die durch andere Vorstellungen Gegenstände vorstellen.

So ist es, wenn wir z.B. statt der Vorstellung „Löwe" die Vorstellung bilden: „Gegenstand der Vorstellung ‚Löwe'". Und ähnlich, wenn wir statt des Urteils „S ist P" die Vorstellung bilden: „der Sachverhalt, der durch das Urteil ‚S ist P' gedacht ist". Überall können wir – das gehört zum Wesen des Bedeutungsgebiets – von schlichten Vorstellungen zu Vorstellungsvorstellungen und mittelbaren Vorstellungen übergehen, und danach wären die entsprechenden Formbildungen zu verfolgen.[2] (In der reinen Formenlehre bleibt es aber immer offen, ob den Terminis nicht schon von vornherein solche Komplikationen entsprechen; die Termini bleiben ja unbestimmt. Sagen wir: „Ein S ist P", so kann von vornherein für „ein S", da es unbestimmt ist,

[1] *Randbemerkung (wohl nach Ablauf des Semesters)* real, formal-kategorial cf. 160 ⟨= unten, S. 242 ff.⟩.

[2] *Gestrichen* Wir selbst haben diese Komplikationen der Kürze der Zeit halber nicht systematisch behandelt.

jede beliebige schlichte oder nichtschlichte Vorstellung substituiert werden. Neue Formen erwachsen aber nur, wenn wir ausdrücklich für S etwa substituieren „ein Gegenstand, der unter der Vorstellung A" steht, in welcher dann ein neuer mittelbarer Terminus auftritt, der nun unbestimmt bleibt.)

Wir können nun aber überlegen, dass notwendig alle Mittelbarkeit ihr Ende haben muss, dass in jedem Fall konkret gegebener Bedeutung wir, ihren Gliederungen nachgehend, auf letzte nicht mehr komplizierte und nicht mehr in dem einen oder anderen Sinn mittelbare Bedeutungen kommen.[1]

Überlegen wir dann weiter die Möglichkeiten, welche für die Termini in den Urteilsformen bestehen. Wenn wir annehmen, dass die ihnen entsprechenden Bedeutungen in dem angegebenen Sinn schlichte Bedeutungen sein sollen, so stoßen wir hier auf sachhaltige Bedeutungen, nämlich auf Vorstellungen, die durch reale Kerninhalte ausgezeichnet sind und sich eben darum, wie wir sehen, auf reale Gegenstände, reale Eigenschaften und reale Relationen beziehen. Damit sind also logische Grundtypen von Vorstellungen ausgezeichnet, und ausgezeichnet nicht durch ihre funktionelle Form, sondern durch ihre letzten Inhalte, bzw. durch die Fundamentaltypen dieser Inhalte. Die ausgezeichnete Stellung dieser Vorstellungen besteht darin, dass sie als letzte Termini in die letzte Grundschicht der Urteile, in die der bedeutungsmäßig völlig schlichten Urteile hineingehören. Nun sind aber diese Vorstellungen nicht alle Vorstellungen. Es entspricht ja jeder Vorstellung, z.B. jeder Eigenvorstellung dieser real sachhaltigen Gruppe, eine Eigenvorstellung von dieser Eigenvorstellung, z.B. der Vorstellung „Sokrates" die direkte Vorstellung von der „Vorstellung Sokrates", und ebenso eine Vorstellung, welche Sokrates indirekt vorstellt als das durch die Vorstellung „Sokrates" Gedachte. In die reine Logik gehören natürlich nicht die konkret bestimmten Vorstellungen dieser Art, sondern nur die Typen. Und vor allem gehören in sie hinein die auf die Grundformen von Vorstellung selbst bezüg-

---

[1] *Gestrichen* Und dann weiter, dass zum Wesen der Urteile, die ausschließlich solche schlichten Bedeutungen enthalten, es gehört, dass sich unter ihnen solche finden müssen, die Sachhaltigkeit im besonderen Sinn des Realen implizieren. Vorstellungsbedeutungen, die nicht selbst wieder auf Bedeutungen gerichtet sind und nicht auf Gegenstände mittels anderer Bedeutungen, müssen notwendig sein entweder Vorstellungen von realen Gegenständen, realen Eigenschaften, Relationen oder von Sachverhalten betreffs Realitäten, in denen dann reale Subjekte etc. auftreten.

Haben wir aber die Analyse so weit geführt, und haben wir uns die Fundamentaltypen von realen Vorstellungskernen und realen Eigenvorstellungen klargemacht, so müssen wir doch wieder nicht vergessen, dass innerhalb der Bedeutungssphäre auch andere Vorstellungen und sogar prominentere auftreten und dass wir auch hier die Unterschiede zwischen letzten Vorstellungsinhalten und entsprechenden Eigenvorstellungen berücksichtigen müssen. Wir haben also auch Grundtypen von nichtrealen Vorstellungen.

lichen Vorstellungen (wie ich schon vorhin sagte), also die Kategorien von Vorstellungen und von Bedeutungen überhaupt, die ihrerseits in wesentlichem Zusammenhang stehen mit den Kategorien von Gegenständlichkeiten überhaupt, wie Gegenstand, Beschaffenheit, Eigenschaft, Sachverhalt usw. Offenbar muss sich die Lehre von den Vorstellungskernen, als Vorstellungsinhalten in einem letzten Sinn, übertragen auch auf diese Vorstellungen. Auch der Unterschied zwischen individuellen Eigenvorstellungen und entsprechenden generellen Vorstellungen tritt uns entgegen. Aber freilich bestehen andererseits grundwesentliche Unterschiede, die noch durchaus genauer Erforschung harren. Nur weniges kann ich hier zur Erläuterung sagen. Von der Seite der Gegenständlichkeiten gesprochen sind Bedeutungen und Gegenstände, die nicht Bedeutungen sind, zwei wesentlich aufeinander bezogene und andererseits doch wesentlich unterschiedene Kategorien von Gegenständlichkeiten. Dieser Unterschied spiegelt sich sozusagen in den aufeinander bezogenen, aber wesentlich unterschiedenen Typen von Eigenvorstellungen und in weiterer Folge von generellen Vorstellungen und in weiterer Folge von jederart Satzformen. In der Sphäre realer Gegenstände ist Napoleon eine absolute Einzelnheit, in der Sphäre der Bedeutungen ebenso die Bedeutung „Napoleon". Die Vorstellung „Napoleon" ist eine reale Vorstellung, die Vorstellung von der „Vorstellung Napoleon" ist eine nichtreale Vorstellung. Aber in der Klasse von Urteilen, die sich auf Bedeutungen beziehen, spielt diese Vorstellung genau dieselbe Rolle wie in der Klasse von Urteilen, die auf die reale Welt gehen, die Vorstellung „Napoleon". In jeder dieser Welten sozusagen kann in allen Formen geurteilt werden: singulär, partikular, universell usw. In jeder treten Vorstellungen der verschiedenen formalen Artungen auf: Eigenvorstellungen und generelle Vorstellungen etc. Aber gegenüber aller Gemeinsamkeit haben wir wesentliche Verschiedenheiten, und diese gründen nicht in der logisch-funktionalen Form, sondern in der Inhaltsartung der Vorstellungen, die als Termini fungieren und die eben einmal Vorstellungsvorstellungen sind und das andere Mal nicht.[1]

Es ist hier zu beachten, dass, wenn wir hingewiesen werden auf die wesentlich verschiedenen Gebiete von Gegenständlichkeiten, über die die Urteile urteilen, auf die sich die Bedeutungen beziehen, dies nicht so zu verstehen ist, als ob wir von einer anderweit vorgegebenen Tatsache, dass es wesentlich verschiedene Gegenstandsgebiete gibt, ausgehen und danach die

---

[1] *Gestrichen* Stellen wir als mögliche Urteilsgegenstände Bedeutungen und Nichtbedeutungen gegenüber, so stehen aufseiten der Nichtbedeutungen nicht bloß Individuen im Sinne von Gegenständen im engeren Sinn, sondern auch Sachverhalte. So haben wir in der Sphäre des Realen reale Individuen und reale Sachverhalte zu unterscheiden.

Bedeutungen klassifizieren, nämlich dass sie sich vorstellend und urteilend auf diese Gebiete beziehen oder auf jene. Vielmehr gehen wir in der reinen Bedeutungslehre ausschließlich von den Bedeutungen aus und betrachten rein immanent die Natur der Bedeutungen, ohne Rücksicht darauf, ob sie sich auf Gegenständlichkeiten beziehen, ob es, und welche, Grundartungen von bedeuteten Gegenständlichkeiten gibt. Dann stoßen wir auf wesentliche Unterschiede der letzten Vorstellungen, der letzten Termini in den Urteilen, und hinterher konstatieren wir – was aber zunächst nicht in die Formenlehre selbst hineingehört –, dass mit diesen Unterschieden grundwesentliche Unterschiede in der Gebietsscheidung der gegenständlichen Zusammenhänge gegeben sind, auf die sich die Bedeutungen, wie man sagt, beziehen. Primär und rein vom Standpunkt der bloßen Formenlehre haben wir also zu sagen: Neben den Unterschieden der funktionellen Formen, der Formen verschiedener Stufe, die Satz- und Urteilseinheit herstellen, kommen auch Unterschiede der Stoffe in Betracht, aus denen jeweils gemäß den oder jenen Formungen das Urteil zustande kommt. Die Stoffe in ihren ersten Formungen liefern die grammatischen Einheiten, die verschiedenartigen Termini, die in den Satzformen und Vorstellungsformen im gewöhnlichen logischen Sinn die Variablen darstellen. Die Typik der Stoffe, der Kerninhalte, liefert also eine neue Dimension für allgemein logische Unterscheidungen, nämlich als Unterscheidungen für allgemeinste und grundwesentliche Artungen von Bedeutungen. Andererseits, haben wir aber die Beziehung auf die Gegenständlichkeit erkannt, so können wir auch sagen: Urteile unterscheiden sich einerseits durch ihre reine Urteilsform,[1] die nur fortgeführt sei bis zu den letzten Terminis. Und weiter unterscheiden sich die Urteile nach den sich in der inhaltlichen Eigenart der Termini widerspiegelnden Urteilsgebieten, d.h. den Kategorien möglicher Gegenstände der Beurteilung.

Von den hierher gehörigen Unterscheidungen sei besonders betont diejenige zwischen universellen und generellen Urteilen. Der Titel „universell" gehört in die funktionelle Formenlehre. Haben wir uns klargemacht, dass es nicht nur individuelle, sondern auch generelle Eigenvorstellungen gibt und dass alle formalen Artungen von Vorstellungen und Sätzen ebenso wohl auf generelle Gegenstände wie auf nichtgenerelle bezogen sein können, so ist es selbstverständlich, dass der Titel „generelles Urteil" nicht etwa dem universellen beigeordnet und nicht im Zusammenhang der Lehre von der so genannten Urteilsquantität behandelt werden kann. Generell ist ein Ur-

[1] *Gestrichen* wozu wir auch die reinen Vorstellungsformen rechnen, alles im Sinn von Funktionalformen.

teil über allgemeine Gegenstände, und solche Urteile können singulär sein, partikular, universell, kurz von allen Formen. Der Grund, warum ⟨man⟩ hier leicht in Mengungen verfällt, ist der, ⟨dass⟩ jeder konkreten Eigenschaftsvorstellung eine abstrakte zugeordnet ist und nun jeder singulären Aussage über den generellen Gegenstand eine universelle entspricht, gültig für alle individuellen Gegenstände, die die entsprechende Eigenschaft haben. Eben mit Beziehung darauf heißt der generelle Gegenstand ein „allgemeiner", er ist etwas, was alle individuellen Gegenstände, die ihm subsumierbar sind, gemein haben. Er ist in Bezug auf sie alle eine gemeinsame „Eigenschaft". Überlegen wir Folgendes. Konkrete Vorstellungen nennt man Vorstellungen der Form „ein A". A sei dabei eine adjektivische Eigenschaftsvorstellung, z.B. „rot". Dieser entspricht die nominale Eigenvorstellung „das Rot". Urteilen wir nun: „Ein Rotes ist ein Farbiges", so haben wir einen universellen Satz, der sich auf konkrete Einzelnheiten bezieht, die eben rot sind. Urteilen wir aber: „Rot ist eine Farbe", so urteilen wir generell, wir urteilen über das so genannte Abstraktum Rot, d.h. über die generelle Einzelnheit, die der Eigenvorstellung „rot" so entspricht, wie der Eigenvorstellung „Bismarck" die individuelle Einzelnheit Bismarck entspricht. Das Urteil ist also jetzt ein singuläres, aber generelles. Natürlich können wir auch generell-universell urteilen, wie wenn wir sagen: „Alle Farben ordnen sich in den so genannten Farbenkörper." Hier sind die absoluten Einzelnheiten, von denen die Rede ist, die und die bestimmten Nuancen von Rot, von Blau usw.

Zwischen generellen Urteilen und individuellen bestehen nun Wesenszusammenhänge, und zwar Geltungszusammenhänge, die es machen, dass man leicht generelle Allgemeinheit und universelle zusammenwirft. Jedem singulär generellen Urteil, wenn es wahr ist, entspricht in Wahrheit ein universelles. Gilt es, dass Rot eine Farbe ist, so gilt es auch, dass jedes Rote ein Farbiges ist. Das letztere Urteil erscheint nur als selbstverständliche Umwendung des ersten. Treten wir überhaupt in das Geltungsgebiet ein, so hat jeder seiende generelle Gegenstand, wie Rot, seine generellen Prädikate höherer und niederer Stufe. Und alle diese generellen Prädikationen wenden sich in universelle um. Jedes solche Prädikat können wir nominal vorstellen, und zwar in einer Eigenvorstellung, wie z.B. Farbe, sinnliche Qualität; wir haben hier also Reihen von Eigenvorstellungen derart, dass sie einerseits an Subjektstelle, andererseits in der adjektivischen Modifikation an Prädikatstelle fungieren können. Dies aber in bestimmter Stufenfolge. Darauf bezieht sich die Rede von *genera* und *species*. Farbe ist *genus* für Rot, sinnliche Qualität ist höhere Gattung für Farbe, eine höhere Gattung, unter die ja auch Ton fällt. Um höhere und niedere Gattung zu unterscheiden, gebraucht man öfters verschiedene Worte; z.B. man nennt die relativ niedere Gattung „Art" gegenüber der relativ höheren als Gattung. Steigen wir in dieser Stufenfolge herab, so kommen wir notwendig auf Subjekte, die nicht mehr Prädikate in gleichem Sinn sein können, d.h. die nicht mehr Subjekte haben können, und Subjekte, die nun selbst wieder zu prädikativer Funktion befähigt sind. Wir kommen also zu letzten generellen Subjekten. Denn zum Wesen des Generellen gehört ja dies, dass es seiner Natur nach adjektivisch fungieren kann; Subjekte, die es nicht können, sind also nicht mehr generell. Ja, das macht die Definition des Individuellen als Nichtgenerellen aus. So ist Rot ein Artbegriff (Begriff ⟨meint⟩ hier, sei es den generellen Gegenstand, sei es die entsprechende Eigenvorstellung), der in der generellen Urteilssphäre noch prädikativ fungieren kann. Z.B. die Farbe, die wir Karmin nennen, und überhaupt irgendeine letzte Nuance von Rot, kann Subjekt sein für das Prädikat „rot". Sind wir aber wirklich bei der Nuance angelangt, so kann sie zwar noch prädikativ fungieren, aber nur in Beziehung auf nichtgenerelle Subjekte, d.i. in Beziehung auf individuelle. Diese letzten Einzelnheiten im generellen Gebiet, wie Karminrot, nennt man niederste spezifische Differenzen, die unmittelbar über ihnen stehenden Prädikate bestimmen die niedersten Arten. Zu beachten ist noch, dass die Weise, wie Arten oder Gattung prädikativ fungieren in Bezug auf andere Arten, eine wesentlich andere ist als die Weise, wie niederste Differenzen adjektiviert werden zu Prädikaten von Individuen. Eine Rose ist etwas, das Farbe *hat*, ein Rot ist etwas, das Farbe *ist*. Jede niederste Differenz ist etwas Gehabtes. In ganz anderem Sinn gehört die Differenz unter die Art und die Art unter die Gattung. Das Verhältnis der Subsumtion ist ein wesentlich anderes als das der Subordination.

Dies höchst merkwürdige Verhältnis hatte (und so wie diese Beispiele es andeuten, in der Sphäre der sachhaltigen generellen Gegenständlichkeiten) Aristoteles im Auge da, wo er von Gattung und Art sprach, weshalb man zur genaueren Bezeichnung und Unterscheidung von anderen Reden von Gattung und Art auch von aristotelischer Gattung sprechen kann. Besonders beachtenswert sind die Stufenreihen, aufeinander bezogene Eigenvorstellungen, deren jede eine abstrakte ist, wie Rot-Nuance, Rot, Farbe, Qualität. Dabei müssen die Stufen bei der Interpretation des Sinnes der auf sie bezüglichen Urteile scharf auseinander gehalten werden, und wieder scharf auseinander gehalten werden alle diese Stufen genereller Urteile und andererseits die individuellen Urteile mit den entsprechenden Prädikaten und dem wesentlich geänderten Charakter der Prädikationen. Es ist etwas ganz anderes, eine generelle Prädikation vollziehen und eine individuelle, etwas anderes ein Urteil wie „Dieser Apfel ist rot" und ein Urteil wie „Dies da, diese Nuance ist Rot, nämlich von der Art Rot", und wieder: „Rot ist eine Art Farbe, Farbe eine Gattung sinnlicher Qualität." Es ist etwas ganz anderes zu urteilen: „Dieser Apfel ist farbig, oder hat eine Farbe", „Dieser Apfel hat eine sinnliche Qualität"; andererseits: „Dies da (nämlich in Hinweis auf die spezifisch gefasste Nuance) ist eine sinnliche Qualität" oder „Rot ist eine sinnliche Qualität".

Dabei ist jedes generelle Urteil höherer Stufe in ein universelles Urteil, das auf die Gegenstände der anderen Stufen sich bezieht, umzuwandeln, und zwar geltungsmäßig. Wenn Rot eine Art Farbe ist, so ist jede niederste Differenz von Rot eine Farbe, aber nun nicht eine Art von Farbe, sondern eben eine niederste Differenz. Wenn Farbe und Ton Gattungen sinnlicher Qualitäten sind, so sind alle Arten von Farben, alle Arten von Tönen mittelbare Arten sinnlicher Qualitäten usw. Alle Prädikate genereller Art können schließlich bezogen werden in entsprechender Beachtung der geänderten Verhältnisse auf die niedersten spezifischen Differenzen und in abermaliger Änderung auf die individuellen Gegenstände, die Eigenschaften von der betreffenden Differenz haben. Dabei sind die universellen Urteile der verschiedenen Stufen wesentlich verschieden.

Bei all dem stehen wir aber genau besehen schon in der geltungslogischen Sphäre, wir haben nicht die bloßen Bedeutungen unabhängig von Geltung oder Nichtgeltung betrachtet, sondern generelle Gegenstände gesetzt und angenommen, dass solche stufenweise aufeinander bezogenen Begriffe und Urteile gelten. Indessen kann man fragen, ob dem nicht auch in der reinen Bedeutungslehre etwas korrespondiert, d.h. ob nicht manches davon für die reine Formenlehre der Bedeutungen in Anspruch zu nehmen wäre. Leider hat man ja die Idee einer solchen reinen Formenlehre bisher noch nicht zu entwerfen und durchzuführen versucht, und wenn wir selbst diesen Versuch hier gemacht haben, so ist es natürlich, dass für manche Gebiete noch fraglich bleibt, wie die Scheidungslinien zu ziehen sind. Ich möchte nun in der Tat glauben, dass, abgesehen von der Geltungsfrage, für die Lehre von den Vorstellungskernen hier etwas zu gewinnen wäre, nämlich dass im Bedeutungsgehalt der betreffenden Eigenvorstellungen, näher in der Artung der letzten Inhalte, die wir Kerne nennen, schon vorgezeichnet sind die Stufen der Prädikate bzw. der generellen Gegenstände, in Form eben genereller Bedeutungen. Danach würde also in die Formenlehre hineingehören der Unterschied von Vorstellungsinhalten der Art wie Qualität, Farbe und Rot, ebenso gut wie der Unterschied hineingehört zwischen Vorstellungsinhalten wie Bismarck und Rot, natürlich nur der typischen Artung nach. Dasselbe würde gelten für alle Grundarten von generellen Gegenständen, für die Relation Gattung und Arten usw. Und demgemäß wäre auch zu sagen, dass die verschiedenen Klassen und Stufen von allgemeinen und besonderen bzw. einzelnen Urteilen, die den verschiedenen Grundarten von generellen Gegenständen und ihren Verhältnissen von Gattung und Art entsprechen, ihre Korrelate haben in allgemeinen Bedeutungsunterschieden, die schon in der reinen Formenlehre der Bedeutungen, vor der Geltungslehre, ihre Stelle haben. Doch bedürfte es hier erst näherer Untersuchung, ob eine solche Auffassung in jeder Hinsicht zu bewähren ist.[1]

Modale Unterschiede[2]

Ein[3] weiteres Thema, das wir hier zu besprechen haben und das uns ebenfalls schon in die Geltungslehre überleitet, betrifft die so genannten modalen Unterschiede der Urteile. In der kantischen Urteilstafel und der von Kant abhängigen seitherigen Logik tritt der modale Unterschied als Unterschied zwischen Wirklichkeit, Möglichkeit, Notwendigkeit wie ein gleichberechtigter auf gegenüber den drei Unterschieden der Qualität, Quantität und Relation. (Die drei letzteren Titel entsprechen durchaus Gruppen von Unterschieden der funktionellen Form, wenn auch sehr unvollständig. Es handelte sich um Unterschiede zwischen Bejahung und Vernei-

---

[1] *Gestrichen* Doch ich darf hier nicht länger verweilen.

So viel ist uns klar geworden, dass wir in der Tat verschiedene Gruppen von Inhalts- oder Kerntypen der letzten Vorstellungen, die als Termini fungieren, zu unterscheiden haben und dass die Typik dieser Inhalte eine neue Dimension für mannigfache Unterscheidungen der Bedeutungen darstellt, die zur reinen Formenlehre der Bedeutungen im weiteren Sinne mit gehören.

Hierher sind insbesondere zu rechnen gewisse Unterschiede in der Sphäre der universellen, partikularen und singulären Urteile. Die Unterscheidungen zwischen universellen und partikularen Urteilen, ebenso Eigentümlichkeiten wie die, dass Urteile eigene Termini, direkt deiktische Termini und unbestimmt deiktische Termini der Art des *quoddam*, des „ein gewisses" enthalten, das sind ganz allgemeine Urteilsunterschiede, und zwar rein funktionelle, sie gehen die reine Urteilsform im prägnanten Sinn an, nicht die Natur der letzten Vorstellungskerne. Ziehen wir aber die Typik dieser Letzteren mit in Betracht, so erwachsen wichtige Unterschiede, welche, gegenständlich gesprochen, die Art des Gebietes bestimmen, auf welches die Urteile sich beziehen wollen: ob es ein Gebiet realer Sachhaltigkeit ist oder nicht, ob über Gegenständlichkeiten im allerweitesten Sinn geurteilt sei, so weit, dass Unterschiede zwischen Realem und Nichtrealem gar nicht in Frage kommen, oder ob diese andererseits ausgezeichnet sein sollen. Indessen, die Urteilsformen, von denen wir reden, haben nicht einen bloß subjektiven Sinn. Es ist gewiss = Es ist glaubhaft, man hat ein Recht, es zu glauben. Es ist vermutlich so = Es kann mit Recht vermutet werden, usw.

[2] *Randbemerkung (wohl 1910/11).*

[3] *Notiz (wohl 1910/11)* Das Folgende bezeichnet als Übergangsgebiet in die Geltungslogik.

nung, Unterschiede zwischen singulären und pluralen Urteilen, dann Unterschiede zwischen singulären, partikularen, universellen Urteilen, endlich, was die Unterschiede der Relation anbetrifft, so handelte es sich um Unterschiede der Urteilsverbindung, der Herstellung zusammengesetzter Urteile.) Unter dem Titel Modalität kommen nun ganz andersartige und offenbar fremde Gedanken herein. Es sollen hier neue Formen auftreten, nämlich „Es ist wirklich so“: „S ist wirklich P“, „S kann P sein“, „S ist notwendigerweise P“; und danach spricht man von einer Einteilung der Urteile nach dem Unterschied der Modalität in assertorische, problematische und apodiktische.[1]

Hätte sich bei den früheren Einteilungen, bei denjenigen nach den früheren Gesichtspunkten, herausgestellt, dass die traditionelle Logik Eigentümlichkeiten, welche die Akte des Urteilens angingen, nicht zu scheiden wusste von denen der entsprechenden Urteilsbedeutungen, d.i. der Urteile im Sinne der reinen Bedeutungslogik, so gilt dasselbe noch in höherem Grad von der jetzt proponierten Urteilseinteilung. Was in ihr vorgebracht wird, ist eine Vermengung von psychologischen und bedeutungslogischen Unterscheidungen. Zunächst, vonseiten des Aktes kann ein und derselbe Satzgedanke Inhalt einer Gewissheit sein (der Anmutlichkeit, der Vermutlichkeit). Sage ich aus, dass heute ein trüber Wintertag ist, so gebe ich meiner Überzeugung Ausdruck, ich bin dessen gewiss, was ich da sage. Nennt man ein Urteilen mit einer derart vollen Gewissheit des Urteilens ein assertorisches Urteilen, so reihen sich daran andere Aktmodi an. Spricht jemand eine politische Überzeugung aus, und vertritt er sie einem Gegner gegenüber, so mögen dessen Einwände ihn innerlich etwas unsicher machen. Trotz der verdoppelten Verve, mit der er nun vielleicht für seine Überzeugung eintritt, und trotzdem er fortfährt zu behaupten und zu urteilen, hat dieses Urteilen einen etwas geänderten Charakter, den einer geringeren inneren Sicherheit oder Gewissheit. Es ist ein wenig angekränkelt vom Zweifel. Solcher Modi mag es viele geben; sie gehören natürlich nicht in die Bedeutungslehre. Man kann freilich Urteile des Inhalts bilden „Ich bin gewiss“, „Ich bin nahezu gewiss“, „Ich finde es einigermaßen zweifelhaft“, „Ich vermute“, „Ich bin zur Behauptung geneigt“ u.dgl., aber solche Sätze, als Bedeutungen genommen, sind Sätze von zufälligem Inhalt und gehören in keine Formen-

---

[1] *Randbemerkung (wohl nach Ablauf des Semesters)* NB! Bezieht sich die Klassifikation nicht eben unwillkürlich auf funktionale Urteile (partikulare, allgemeine, quantifizierte)? Nämlich als Korrelat der Einteilung in „Ein f(x) gibt es“, „Ein f(x) gilt allgemein“, „Ein f(x) gilt nicht allgemein“, und nun Einzelfälle davon: Anmutungen, Vermutungen usw. bei irgendeiner propositionalen Materie.

lehre der Bedeutung hinein. Ebenso wenig aber auch Sätze, die, statt vom urteilenden Ich auszusagen, vielmehr objektiv hinstellen: „Es ist gewiss" („Die Gewissheit ist berechtigt"), „Es ist zweifelhaft" = „Es besteht ein berechtigter Zweifel", ebenso: „Es ist wahrscheinlich" usf. Es mag innerhalb der Logik im weiteren Sinn eine objektive Wahrscheinlichkeitslehre, objektive Lehre von vernünftigem Zweifel, von vernünftigem Fragen etc. geben: in der Lehre von den Urteilen im Sinn von Urteilsbedeutungen ist nicht ihre Stelle. Dasselbe gilt für die Möglichkeits- und Notwendigkeitsurteile, sofern ihr Sinn mitbeschlösse irgendeinen subjektiven und empirischen Gehalt, der Beziehung hätte auf den Urteilenden, auf seine Meinungen, Kenntnisse, Vermutungen u.dgl. Solche Unterschiede gingen die formale Logik nichts an.

Alle ihre Urteile haben als Urteile denselben Charakter; jedes Urteil im Sinn der formalen Logik sagt: „So ist es!" Jedes ist in ihrem Sinn äquivalent mit dem „Es ist wahr, dass ...". Mit welchem Gehalt und in welcher Form immer ein Urteil M vorliegt: immer ist das M äquivalent mit „Es ist wahr, dass M ist". Man könnte das so interpretieren: Die Logik betrachtet, phänomenologisch gesprochen, nur reine Gewissheiten. Auf sie schränkt sie sich ein. Wo ein anderer Denkakt gegeben ist, ein solcher, der den Charakter des Schwankens, des Vermutens, des Geneigtseins u.dgl. besitzt, da kann man immer übergehen zu einem Urteilen im engsten Sinn, zu einer reinen und vollen Gewissheit, indem man eben aussagt: „Es ist vermutlich", „Es ist zweifelhaft" u.dgl. oder: „Ich vermute", „Ich zweifle". In der Sphäre absoluter Gewissheit bewegt sich die Logik aber nicht derart, dass sie sich mit diesem subjektiven Charakter der Gewissheit beschäftigt, sondern in Gewissheiten lebend steht uns eine Sachlichkeit als seiend (im Sinn der Wahrheit) da, als „S ist P!"; und dieser nichtpsychologische Inhalt, der Urteilsinhalt im idealen Sinn, ist das Feld der bedeutungslogischen Forschung.

Andere mögen sich die Sachlage anders deuten, sie mögen sagen, dass all die Modi von Akten, die wir da verglichen haben, und andere, die wir noch irgend heranziehen mögen, das gemeinsam haben, dass sie einen gewissen „Inhalt" als Bedeutungsinhalt haben, das gemeinsame „S ist P", das Inhalt des Gewissseins, des Vermutens, Fragens, Zweifelns usw. ist. Und die verschiedenen möglichen Formen solcher „Inhalte" zu studieren, das sei eine gemeinsame Aufgabe. Erst mit dem „Es gilt" und mit der Frage nach den Geltungsgesetzen käme die Beschränkung. Nämlich da setze als ein Neues ein die Beurteilung der Vernünftigkeit der betreffenden auf solche Aussageinhalte oder Sätze bezüglichen Gewissheit; das „Es gilt" besage, die Gewissheit dieses Inhalts sei berechtigt. Und dem reihten sich dann (der

Gewissheitslogik) weitere logische Disziplinen an: Auch die Frage nach der Vernünftigkeit des Zweifels, der Frage, der Vermutung könne man aufwerfen, und dementsprechend sei die Frage nicht nach der Geltung der Urteile „S ist P", sondern der Urteile: es sei wahrscheinlich, dass S P ist, es sei fraglich usw.

Nun, wie immer wir dazu Stellung nehmen, ob wir diese oder vielleicht noch andere Auffassungen bevorzugen mögen, jedenfalls in die Grenzen einer formalen Bedeutungslogik unterer Stufe als Formenlehre der Bedeutungen gehört die Reihe der besprochenen Unterscheidungen nicht hinein, die Unterscheidungen zwischen den subjektiven Aktcharakteren des Gewissseins, Schwankens, Zweifelns usw.

Es ist andererseits aber einzusehen, dass die Aussagen über Wirklichkeit, Möglichkeit, Notwendigkeit auch einen allgemein bedeutungstheoretischen Sinn haben können, der des Rekurses auf die Akte des Urteilens, Vermutens u.dgl. entraten kann. Ohne weiteres ist dies klar bei der Aussage „Es ist wirklich so, dass S P ist", welche das wahrhaft Bestehen des Sachverhalts aussagt, ganz ähnlich, wie in Bezug auf Gegenstände im engeren Sinn ausgesagt wird: „Ein S existiert, ist wirklich." Was ferner das „problematische Urteil" anbelangt, die Aussage „S ist möglicherweise P" oder „Es ist möglich, dass S P ist", so kann sie sicherlich meinen, es sei nicht ausgeschlossen, und zwar in einem objektiven Sinn, dass S P sei, und insbesondere, es widerspreche kein Gesetz. Z.B. wenn wir urteilen: „Es ist möglich, dass ein Dreieck einen rechten Winkel hat", da ist gewiss keine Rede von dem Meinen oder Vermuten irgendjemandes, sondern es stehe kein geometrisches Gesetz dagegen, keine zu den Begriffen Dreieck und rechtwinklig gehörige generelle Unverträglichkeit. (Dieses „es ist möglich" ist in der Geometrie, wie in jeder mathematischen Sphäre – bei definiten Mannigfaltigkeiten – rein generellen und damit rein gesetzmäßigen Urteilens, gleichwertig mit „es gibt"; in unserem Beispiel: „Es gibt rechtwinklige Dreiecke." Das, was es da gibt, sind nicht reale Individuen, sondern letzte generelle Einzelnheiten, niederste Differenzen der Gattung Raumgebilde.)

Ebenso ergibt sich ein allgemein bedeutungslogischer Sinn, also ein von aller Beziehung auf Psychologie freier Sinn der Rede von Unmöglichkeit der Aussagen „S kann nicht P sein", „Es ist unmöglich, dass S P ist" und bei Sätzen beliebiger Form M: „Dass M ist, ist eine Unmöglichkeit."

Man kann freilich damit meinen, es sei unglaubhaft; dergleichen zu glauben, sei ganz und gar unberechtigt. Man kann andererseits aber doch meinen (und so fungieren diese Aussagen sehr häufig), dass die Aussage gegen ein Gesetz verstoße. Z.B. „Ein Dreieck mit zwei rechten Winkeln kann es nicht geben, das ist unmöglich", das heißt: Das ist überhaupt unverträglich; die Bestimmungen Dreieckigsein und zwei rechte Winkel zu haben vertragen sich überhaupt nicht in demselben Gegenstand; es ist ein Gesetz, das ihr Zusammensein ausschließt. Das alles besagt mindest in unmittelbarer Äquivalenz dasselbe. Ebenso kann man urteilen über Notwendigkeit: „Es ist notwendig, dass M ist" in dem Sinn von: Es ist gesetzlich so.

Dabei ist aber wohl zu scheiden: 1) Ein Urteil ist ein Gesetz (bzw. die entsprechende Urteilsform ist allgemein gültig, und zwar in der Weise eines Gesetzes, erfüllt). 2) Ein Urteil gilt gesetzlich, gilt notwendig, welches gleichwertig ist damit, dass das Urteil besonderer Fall eines Gesetzes ist.

Z.B. „Ein Winkel im Halbkreis ist notwendig ein rechter"; das sagt: Es ist ein allgemeines Gesetz, dass überhaupt ein Winkel im Halbkreis ein rechter ist. Sagen wir andererseits von einem bestimmten Winkel einer besonderen Konstruktion: „Dieser Winkel α im Halbkreis muss ein rechter sein", so blicken wir dabei wahrscheinlich auf das allgemeine Gesetz hin, den vorliegenden Fall unter das Gesetz ordnend. Wir denken dabei etwa: Das gilt, weil es überhaupt und gesetzlich gilt. Fehlt die Beziehung auf ein bestimmtes Gesetz, so deutet doch die Rede von Notwendigkeit, dann eben unbestimmt, auf die Geltung eines entsprechenden Gesetzes hin. Im ersteren Fall stand das Urteil als Folgeurteil eines Schlusses da, und somit da mit ausgezeichneten Terminis: „Dieser Winkel α im Halbkreis ist ein rechter, weil überhaupt ein Dreieck[1] im Halbkreis ein rechter ist." Die Rede von Notwendigkeit drückt diese Charakteristik, und zwar „als Besonderheit einer Gesetzlichkeit zu gelten", aus, ohne dass das Gesetz aber ausgesagt ist.

Es ist zu all dem nun noch hervorzuheben, dass in laxerer Rede von Notwendigkeit auch gesprochen wird, wo nicht die Beziehung auf ein entsprechendes Gesetz, sondern nur überhaupt auf eine allgemeine Tatsachenwahrheit waltet.

⟨*Die Idee des Gesetzes*⟩

Wie steht es nun mit der Idee des Gesetzes? Was ist damit ausgesagt, es sei ein allgemeiner Satz ein Gesetz? Denn das ist ja klar, dass ein Gesetz ein allgemeiner Satz ist, obschon nicht umgekehrt jeder allgemeine Satz ein Gesetz. Ein Gesetz ist ferner eine allgemeine Wahrheit. Aber auch das genügt noch nicht. Es muss freilich gesagt werden, dass der Begriff Gesetz in verschiedenen, weiteren und engeren, strengeren und laxeren Bedeutungen

---

[1] *Recte* Winkel.

gebraucht wird. Hier kommt es auf einen sehr strengen Begriff an, der speziell in Korrelation stehen soll zu einem strengen Sinn von Notwendigkeit, wie er allgemein logisch markant sich auszeichnet.

Allgemein logisch zeichnet sich nun aus unbedingte Allgemeinheit von nicht unbedingter, von beschränkter Allgemeinheit. Allgemeine Aussagen über alle Feldfrüchte der Umgebung, über alle Bürger unserer Stadt, über alle Staaten Europas u.dgl. sind von beschränkter Allgemeinheit. Nicht das macht den Unterschied gegenüber der unbeschränkten Allgemeinheit, dass Attribute zu dem Allheitsbegriff (alle A) hinzutreten, die den Umfang der Allgemeinheit verringern; denn unbeschränkt allgemein ist es ebenso wohl, wenn wir sagen: „alle edlen Menschen", als wenn wir sagen: „alle Menschen". Vielmehr kommt es darauf an, dass die Allgemeinheit⟨en⟩ nicht durch Beziehungen zu Tatsächlichkeiten, zu singulären Besonderheiten eingeschränkt sind. Z.B. „alle Bürger unserer Stadt": Da steckt in dem attributiven Beisatz „unserer Stadt" eine Existentialsetzung, die einschränkt. Wir können das so charakterisieren: Allgemeine Begriffe, verstanden als beliebige adjektivische Begriffe, können reine Begriffe sein oder unreine. Reine Begriffe sind solche, welche völlig frei sind von jederlei individuell singulären Vorstellungen, also keine Eigenvorstellungen von individuellen Gegenständlichkeiten enthalten, aber auch keine bestimmt oder unbestimmt deiktischen Vorstellungen, d.h. kein auf Individuelles gerichtetes „dies" oder „ein gewisses".[1]

Ein reiner Begriff ist „ein Mensch" – wenn darin gar keine Beziehung stillschweigend gedacht ist auf die Erde, auf die Welt unserer Erfahrung usw. Sowie das geschieht, hätten wir in den Vorstellungen „die Erde", „unsere Erfahrung" deiktische Vorstellungen. Reine Begriffe sind alle mathematischen Begriffe. Zwar kommen in der Mathematik deiktische Vorstellungen vor, aber niemals solche bezogen auf individuelle Gegenständlichkeiten. Im strengen Sinn unbeschränkte Allgemeinheit fordert nun, dass das „alle A", das „ein A überhaupt" unter dem Titel A nur einen reinen Begriff enthält. Andernfalls beschränkt die eingewobene singuläre Vorstellung den Umfang der Allgemeinheit.

Indessen reicht dieser rein begriffliche Charakter des A in „alle A" noch nicht aus, um dem ganzen Satz jenen Charakter der allgemeinen Notwendigkeit bzw. Gesetzmäßigkeit zu verleihen, auf den es uns hier ankommt. Diesen

---

[1] Im Weiteren vergessen, dass unbedingt allgemeine Urteile keine Termini der Partikularität enthalten dürfen, die auf Individuelles bezüglich sind. Cf. später ergänzt ⟨Blatt⟩ 156 ⟨= unten, S. 236f.⟩.

erhalten wir vielmehr, wenn wir im ganzen Satz, nach allen seinen Teilen, jede durch individuelle singuläre Vorstellungen vermittelte Beziehung auf ein individuelles Seinsgebiet ausschließen. Wir können auch sagen: Wenn jeder Terminus der Universalität in einem universellen Urteil ein reiner Begriff ist, so wird das Urteil selbst nicht ein unbedingt allgemeines sein, wenn irgend außerhalb dieser Termini singuläre Vorstellungen auftreten, denn diese schränken die Allgemeinheit des Urteilens ein; z.B. „Alle Menschen leben in den heißen und gemäßigten Zonen der Erde". Es ist hier ein Bedeutungsgesetz übrigens zu erwähnen, auf welches ich erst in diesem Zusammenhang aufmerksam geworden bin: Nämlich wir dürfen wohl aussprechen, dass Urteile deiktische und Eigenvorstellungen, kurzum singuläre, wenn überhaupt, so in Form von Existentialsetzungen in sich schließen, wie auch umgekehrt Existentialsetzungen singuläre Vorstellungen sind; dass reine Begriffe und rein begriffliche Urteile keine Existentialsetzungen einschließen. (Es wäre zu überlegen, ob man nicht geradezu behaupten müsste, dass das, was die singuläre Vorstellung zur singulären macht, ein Setzungscharakter ist.) Diese rein begrifflichen Urteile sind es nun, die diejenige Gesetzlichkeit umschreiben, welche zu dem prägnanten Begriff der apodiktischen Notwendigkeit gehört. Genauer müssen wir definieren: Rein begriffliche allgemeine Wahrheiten sind apodiktische Gesetze; und Besonderung solcher Gesetze, ihre Übertragung auf individuelle Existenz, durch entsprechende Einführung von singulären Terminis, ergibt apodiktische Notwendigkeiten. Das Besondere gilt apodiktisch notwendig als Besonderung eines apodiktischen Gesetzes.

In diesem Sinn sind nun alle so genannten Naturgesetze keine apodiktischen Gesetze. Sie beziehen sich, das gehört wesentlich zu ihrem Bedeutungsgehalt, auf die Erfahrungswirklichkeit und implizieren damit schon Existentialsetzungen von singulären Individualitäten. Sie wollen nicht für jede mögliche Welt etwas sagen, sondern für die durch Erfahrung gegebene individuell bestimmte Welt und für die in ihrem unendlichen Rahmen in der Zeit und dem Raum anzunehmenden wirklichen Dinge und Vorgänge. Dagegen ist jeder rein geometrische, rein phoronomische allgemeine Satz, wofern wir die Beziehung auf den Raum der Wirklichkeit, auf die Zeit der Wirklichkeit ausschließen, ein apodiktisches Gesetz, und erst recht ist jeder formale mathematische Satz ein rein begrifflicher, ein apodiktisch gültiger.

Nun treten uns in diesen Wissenschaften auch singuläre Sätze entgegen, z.B. Sätze, die sich auf die Zahl 2, auf die 1 beziehen u.dgl. Das sind nun freilich keine Gesetze, sie sind ja nicht universelle Sätze. Aber es ist offenbar, dass jedem generellen Satz, auch jedem generell singulären, durch die evident mögliche Umwendung in einen individuell-universellen Satz ein apodiktisch allgemeiner Satz entspricht von einem Gesetzescharakter. „Jedes die Eigenschaft der Dreieckigkeit Habende überhaupt ist ein die bekannte Winkelsumme Habendes“: Das ist Übertragung auf jedes Individuelle überhaupt. Generell heißt es: „Das Dreieck hat zur Winkelsumme zwei Rechte.“ Generell heißt es: „Ton c ist tiefer als Ton d.“ Universell aber können wir sagen von jedem, gleichgültig ob in dieser oder in welcher Wirklichkeit auch immer vorkommenden individuellen Ton c und individuellen Ton d, dass das entsprechende Verhältnis bestehe.

Zur Charakterisierung der apodiktischen Gesetzlichkeit haben wir verwendet den Begriff der reinen und allgemeinen Begriffswahrheit. Wir werden hier nun auf eine etwas allgemeinere Unterscheidung aufmerksam, nämlich zwischen reinen Begriffswahrheiten überhaupt und Tatsachenwahrheiten, d.h. Wahrheiten, welche singuläre Vorstellungen bzw. Setzungen implizieren. Lassen wir die Beschränkung auf Wahrheiten fallen, so haben wir einen ganz allgemeinen Urteilsunterschied, nämlich eine Einteilung der Urteile in reine Begriffsurteile und in Tatsachenurteile. Das ist ein Unterschied der bloßen Form, aber der Form im weiteren Sinn, da die Beziehung auf individuelle Seinssphären ohne Heranziehung der letzten Vorstellungsinhalte nicht herzustellen ist. Beispiele reiner Begriffsurteile bieten natürlich sämtliche rein generellen Sätze, die eben wirklich nichts von Nicht-Generellem enthalten, Beispiele von Tatsachensätzen alle Sätze, die sich auf unsere tägliche Umgebung beziehen, auf die äußere Natur, auf die Sphäre des Psychologischen usw., mögen sie übrigens allgemein sein oder partikular oder wie immer geformt sein, und mögen sie wahr oder falsch sein. Auch ein falscher mathematischer Satz ist seinem Sinn nach ein rein begrifflicher Satz.

Der Erste, der diese für die Logik höchst wichtige Unterscheidung zwischen reinen Begriffswahrheiten und „Tatsachen“wahrheiten in dem Rahmen der Bedeutungslogik zu bestimmen versuchte, war Bolzano. Doch ist ihm die Bestimmung nicht vollkommen geglückt. Er operiert mit einem unzulässigen Begriff von Anschauungen. In der hier gegebenen Bestimmung ist nicht präjudiziert, was für individuell singuläre Vorstellungen in Frage sind. Es könnten z.B. individuelle Bedeutungen sein, wie die Vorstellung „ein Löwe“ eine solche ist. Es scheiden sich also auch in der Bedeutungssphäre scharf apodiktische Bedeutungsgesetze und singuläre Bedeutungssätze; darunter die Besonderungen von Bedeutungsgesetzen als apodiktische Notwendigkeiten.

⟨*Begriffsurteile und Tatsachenurteile*⟩

In der gestrigen Vorlesung definierten wir das apodiktische Gesetz als unbedingt allgemeine oder, was dasselbe ist, rein begriffliche allgemeine Wahrheit. Diese Bestimmung führte uns zurück auf den Begriff des unbedingt allgemeinen Urteils, den wir als einen höchst wichtigen bedeutungstheoretischen Begriff einer eingehenden Analyse unterwarfen. Mit einigen Worten muss ich auf diese Analyse zurückkommen, weil ich (ungleich den logischen Vorlesungen früherer Jahre) ein nicht gleichgültiges Moment zu betonen unterlassen habe.[1] Unbedingte Allgemeinheit soll eine solche Allgemeinheit sein, welche in keiner Weise durch individuelle Existentialsetzungen gebunden, beschränkt ist. So können wir zunächst in scharfer Weise die hier gemeinte Unbedingtheit bezeichnen. Sie fordert nun, dass im Urteil keine Existentialsetzung von Individuellem bedeutungsmäßig vollzogen sei, keine Setzung von bestimmten individuellen Gegenständen durch Eigenvorstellungen oder Dies-Vorstellungen, aber auch keine unbestimmte Beziehung, und zwar Existentialbeziehung auf Individuelles. Es dürfen also keine singulären Vorstellungen vorkommen, weder bestimmte noch unbestimmte – das haben wir betont –, aber natürlich auch keine Termini der Partikularität, wodurch das universelle Urteil, obzwar es in Hinsicht auf seine Termini der Universalität ein universelles ist, zugleich ein partikulares wäre. Partikulare Urteile sind ja Existentialurteilen unmittelbar äquivalent, sie implizieren also einen Existentialgehalt. Kämen nun partikulare Termini, und zwar bezogen auf individuelles Sein vor, so würde das Gesamturteil besagen, es gebe individuelle Gegenständlichkeiten α β …, für welche die und die begrifflichen Zusammenhänge allgemein gelten, und das wäre kein unbedingt allgemeines Urteil mehr. Soll also ein allgemeines Urteil in der Weise unbedingt sein, dass es für individuelles Sein nichts judiziert, dass es keine auf Individuelles bezügliche Existentialsetzung impliziert, so muss es also formal charakterisiert sein durch das Fehlen jedweder sowohl individuell singulärer und individuell partikularer Termini. Was wir sonst ausführten, wird durch diese genauere Präzisierung nicht betroffen. Selbstverständlich ist jedes rein generelle Urteil in ein auf Individuelles bezügliches unbedingt allgemeines Urteil umzuwenden, und daraus geht hervor, dass selbst jedes singulär und partikular generelle Urteil, auch jeder ausdrückliche Existentialsatz im generellen Gebiete in Anwendung auf Sphären individuellen Seins ein Gesetzesurteil ergibt.

[1] *Vgl. vorige Anm.*

(Dabei darf Sie nicht beirren, dass ich von unbedingt allgemeinen Urteilen spreche, die sich auf Individuelles beziehen. Das tun sie unter allen Umständen, wenn ihre Begriffe nicht den Charakter von Gattungsprädikaten, sondern von Individualprädikaten haben. Aber nicht die Beziehung auf individuelles Sein überhaupt ist in Frage, sondern ob individuelles Sein existential gesetzt ist oder nicht.)

Es ist ferner erläuternd zu bemerken, dass natürlich die Rede von rein generellen Urteilen besagt, dass nichts von individuellen Vorstellungen (somit auch nichts von singulären und partikularen) in dem Urteil vorkomme, so dass jedes universell-generelle Urteil *eo ipso* unbedingt allgemein ist.

Wir kommen nun aber auf die wesentlichste Scheidung, die hinter all dem liegt, dadurch, dass wir die Bevorzugung der universellen Urteile aufheben, aber die gefundenen Wesenscharakteristika beibehalten. Wir stoßen dann auf die fundamentale Scheidung der Urteile in rein begriffliche Urteile und in Tatsachenurteile, was in Beziehung auf Wahrheiten die Klassifikation ergibt in rein begriffliche Wahrheiten (rationale) und Tatsachenwahrheiten. Sie enthält, auf schärfste logische Bestimmung gebracht, den Gehalt der leibnizschen Scheidung der Wahrheiten in *vérités de raison* (Vernunftwahrheiten, rational⟨e⟩, ewige Wahrheiten) und Tatsachenwahrheiten (zufällige Wahrheiten) oder, wie man in neuerer Zeit auch sagt, empirisch⟨e⟩, desgleichen den Gehalt der berühmten humeschen Unterscheidung der Urteile in solche über *matters of fact* und solche über bloße Relationen von Ideen.

Verstehen wir unter Dasein individuelle Existenz, so können wir die eine Klasse von Urteilen auch als Daseinsurteile bezeichnen, d.h. es sind Urteile, in denen, gleichgültig in welcher Weise, Dasein gesetzt wird, gleichgültig ob in bestimmter oder unbestimmter Weise, ob durch eingewobene singuläre oder partikulare Vorstellungen oder gar durch explizite Prädikationen über Dasein. Alle Existentialurteile im gewöhnlichen Sinn, die ausdrücklich Dasein prädizieren, gehören also hierher, aber auch alle Urteile, aus denen man durch unmittelbare Folgerungen solche Existentialurteile herausziehen kann. Sowie ein Urteil z.B. Vorstellungen enthält der Art wie „unser Kaiser“, „die Jakobikirche“ u.dgl., ist es schon Daseinsurteil.

Auf der anderen Seite stehen die reinen Begriffsurteile, die, welcher Form sie immer sein mögen, nichts von Daseinssetzung in sich schließen. Zu ihnen gehören also alle rein generellen Urteile und natürlich auch alle diesen äquivalenten Urteile. Die allgemeinen Begriffe, die in rein generellen Urteilen auftreten, beziehen sich ihrem Sinn nach auf generelle Einzelnheiten, aber jedem solchen Begriff entspricht eine Modifikation, wodurch er den Charakter eines allgemeinen Individualprädikats erhält. So ist Farbe ein Gattungsprädikat für Farbenspezies, aber diesem Gattungsprädikat entspricht das Individualprädikat „farbig": Farbig kann nur Individuelles sein. Mit dieser gesetzmäßig möglichen Modifikation hängt die Möglichkeit der Umwendung genereller Urteile in universelle zusammen, die, obschon auf Individuelles bezüglich, nicht aufhören, reine Begriffsurteile zu sein. Zu erwägen ist, ob man wird auch umgekehrt sagen dürfen, dass jedes unbedingt allgemeine Urteil, bezüglich auf Individuelles, eine solche Umwendung eines rein generellen Urteils sein muss, so dass man dann würde behaupten können, dass „reine Begriffsurteile" und „Urteile, die rein generell sind oder rein generellen Urteilen äquivalent sind" Begriffe von sich deckendem Umfang wären. Freilich bedarf es hier noch weiter gehender Forschung, insbesondere bezüglich auf die Bestimmung der Idee des generellen Urteils. Denn wir haben uns für die Klarlegung der Verhältnisse von Gattung und Art nur an Beispiele aus der Sphäre der sachhaltigen aristotelischen Gattungen und Arten gehalten und jene Gattung- und Artverhältnisse wesentlich anderer Art, wie sie z.B. in der Mathematik auftreten, nicht ausreichend berücksichtigt. Eine allseitige und tief dringende Theorie des Generellen ist ein wichtiges Desiderat der Philosophie.[1]

Wie[2] weit tragend die Unterscheidung zwischen reinen Begriffsurteilen und Daseinsurteilen ist, ersehen Sie daraus, dass dadurch eine grundwesentliche Unterscheidung zweier großer Wissenschaftstypen bestimmt ist. Der eine wird expliziert durch jede rein mathematische Wissenschaft, der andere durch jede Naturwissenschaft. Man spricht hierbei auch von apriorischen Wissenschaften auf der einen Seite, von aposteriorischen auf der anderen Seite, ebenso aber auch in Beziehung auf die Urteile selbst, oder vielmehr die Wahrheiten selbst, von apriorischen und aposteriorischen Wahrheiten. Diese neuen Termini haben nicht rein logische, sondern transzendentale, d.i. erkenntniskritische Bedeutung. Mit der Unterscheidung der Wahrheiten hängt nämlich ein grundwesentlicher erkenntnistheoretischer Unterschied zusammen, die Weise betreffend, wie die einen und anderen Wahrheiten letzte Begründung und Einsichtigkeit erhalten. Individuelles ist nämlich für die Erkenntnis gegeben, und seinem Wesen nach nur gegeben durch individuelle Anschauung, zuletzt durch Wahrnehmung. Empirische Objekte sind gegeben durch sinnliche Wahrnehmung oder Erinnerung. Wo immer nun ein Urteil Dasein behauptet, da muss, wo es auf letzte Begründung, auf Evidenz abgesehen ist, das als da seiend Begründete in seinem Dasein zur

[1] Hierher würde schon die Einteilung in reale und kategoriale Begriffssätze gehören.

[2] *Dieser Absatz wurde vielleicht 1910/11 eingeklammert.*

Gegebenheit kommen, und so führt die letzte Bewährung solcher Urteile auf Erfahrung zurück. Entweder sie werden begründet als Wahrnehmungsurteile durch direkte Erfahrung, evtl. als Erinnerungsurteile durch Rekurs auf vergangene direkte Erfahrung, oder sie werden mittelbar begründet, und da ist der letzte Anhalt der Begründung immer, und dem Wesen solcher Urteile gemäß, gegeben in irgendwelchen direkten Erfahrungen. Was also die Weise der Begründung anlangt, wie sie durch das bedeutungstheoretische Wesen der betreffenden Urteile gefordert werden, sind die Daseinsurteile Erfahrungsurteile. Ganz anders die reinen Begriffsurteile. Sie heißen *a priori*, weil ihre Begründung eben *a priori* aller Erfahrung erfolgt und nicht „*a posteriori*". Ist ein Daseinsurteil gefällt, so müssen wir, wie man gewöhnlich sich ausdrückt, in der Erfahrung nachsehen, ob es stimmt. Ein reines Begriffsurteil aber impliziert gar keine Daseinsbehauptung, weder *explicite* noch *implicite*, sein Wesen fordert nicht nur nicht Erfahrungsbegründung, sondern schließt sie sogar aus. Rein logische, rein mathematische Sätze durch Erfahrung begründen wollen, das ist verkehrt. Denn so wie Erfahrung als solche, d.i. existentiale Erfassung eines individuellen Daseins erforderlich ist, ist das resultierende und begründete Urteil selbst ein Daseinsurteil, also nicht ein reines Begriffsurteil. Die Begründung verläuft hier ganz anders, sie verlangt ausschließlich letzte Gegebenheit der rein begrifflichen Zusammenhänge, der den reinen Begriffen entsprechenden Wesenszusammenhänge, deren Wahrhaftsein das Urteil behauptet. Rein Begriffliches aber wird gegeben nicht durch Erfahrung, sondern durch begriffliche Intuition, die von empirisch setzender Anschauung unabhängig ist. Und das ist zugleich der erkenntnistheoretische Evidenzgegensatz des Assertorischen und Apodiktischen, ein Gegensatz, der kein Problematisches zwischen sich hat, da die Möglichkeit, je nachdem sie gemeint ist als empirische oder ideale Möglichkeit, in den assertorischen oder apodiktischen Bereich hineinfällt. Doch all das gehört nicht in die Sphäre der Bedeutungslogik selbst.

Immerhin war die Erörterung der Urteilsformen nach so genannter Modalität auch für diese Logik ertragreich, sofern wir durch die bedeutungstheoretische Interpretation derselben auf den wichtigen Unterschied zwischen reinen Begriffsurteilen und Tatsachenurteilen geleitet wurden. Andererseits ist es aber klar, dass die Urteilsformen selbst, die unter dem genannten Titel aufgeführt werden: „Es ist wahr, dass S P ist", „Es ist möglich und unmöglich, es ist notwendig, dass S P ist", in keiner Weise auf gleiche Stufe zu stellen sind mit den früher besprochenen Formen der Titel Qualität, Quantität und Relation. Es handelt sich hier um Formen reflektiver Urteile, die von gegebenen Sätzen bzw. Urteilen aussagen, dass sie den Charakter der

Wahrheit, der rein begrifflichen und allgemeinen Wahrheit, den Charakter von Einzelfällen solcher Wahrheit haben u.dgl. Natürlich wären in analogem Sinn modal alle sonstigen Urteile zu nennen, die über gegebene Urteile in Hinsicht auf allgemein logische Charakter⟨e⟩ derselben Aussagen machen. Somit handelt es sich hier vielmehr um Bestandstücke der Lehre von den logischen Charakteren, die Urteilen ihrem Wesen nach und evtl. aufgrund ihrer reinen Bedeutungsform zukommen können, und insbesondere auch um allgemeine Geltungscharaktere; genauso wie man parallel in der Lehre von den Begriffen und den logischen Vorstellungen überhaupt mannigfache nützliche Unterschiede machen kann hinsichtlich ihrer allgemein logischen und speziell auch ihrer möglichen geltungslogischen Eigentümlichkeiten. Hierher würde gehören der Unterschied zwischen gegenständlichen und gegenstandslosen Vorstellungen, je nachdem die entsprechenden Existentialurteile wahr oder falsch sind. Ferner der Unterschied zwischen Umfang und Inhalt der Vorstellungen, und näher der begrifflichen Vorstellungen: der Inhalt, das Identische der Vorstellung in allem Wechsel prädikativer Funktion, der Umfang, der Gesamtinbegriff von Gegenständen, die in Wahrheit als Subjekte für die betreffende Vorstellung als Prädikat fungieren können. Desgleichen[1] gehört hierher die Behandlung der Umfangsverhältnisse zwischen Begriffen, worin die eigentliche Funktion der Rede von Umfängen erst zutage tritt. Es handelt sich um Verhältnisse zwischen Begriffen, die durch allgemeine hypothetische Zusammenhänge hergestellt werden: „Sind alle A B und alle B C, so sind alle A C." Man denkt sich die Allheit der A als eine geschlossene Menge, ebenso die der B und der C und sagt dann, der Umfang des Begriffes A sei enthalten in dem des Begriffes B und dieser wieder in dem des Begriffes C. Es handelt sich hier um eine in gewissen Grenzen nützliche, aber rein logisch doch bedenkliche Vorstellungsweise. Ähnliche Unterscheidungen und Verhältnisse ergeben sich zwischen allgemeinen Urteilen niederer und höherer Stufe, auch sie weisen, soweit sie nicht in der Formenlehre der Bedeutungen schon besprochen wurden und dort ihre natürliche Stelle haben, auf die Geltungslogik hin, sofern Eigentümlichkeiten von Sätzen, Urteilen, Wahrheiten hinsichtlich ihrer Geltung zur Sprache kommen. Was hiervon notwendig ist, werden wir in der Behandlung der Geltungstheorien der Logik erörtern. Hier in dem Übergangsgebiet, in dem wir stehen, gebe ich nur das, was noch zur Einleitung in diese Geltungslehre nützlich ist.

---

[1] *Dieser Satz ist Veränderung für* Genau besehen weist das ausschließlich auf adjektivische Vorstellungen, auf Begriffe zurück. Doch ist die eigentliche Funktion der Rede von Umfängen in der Logik mit dieser gewöhnlichen Definition nicht getroffen.

⟨*Analytische und nichtanalytische Wahrheiten*⟩

In dieser Hinsicht habe ich im nahen Anschluss an die Unterscheidung zwischen rationalen Wahrheiten und Daseinswahrheiten (= apriorischen und aposteriorischen Wahrheiten) eine mit ihr oft vermengte Unterscheidung zu besprechen, die zwischen analytischen und nichtanalytischen Wahrheiten. Der Weg zu dieser neuen Unterscheidung ist gebrochen worden durch Kants berühmte Unterscheidung der beiden Begriffspaare apriorisches – aposteriorisches Urteil, analytisches und synthetisches Urteil. Aber leider hat Kant in beiderlei Hinsicht die wesentlichen Punkte verfehlt und in keinem es zu der Herausarbeitung der in logischer und erkenntniskritischer Hinsicht letzten Demarkationen gebracht. Ihm fehlt der echte Begriff des Apriori, weil ihm der logisch wesentliche und völlig scharf zu fassende Begriff des reinen Begriffsurteils fehlt. Erst Bolzano hat diesen zu fassen und zu bestimmen versucht, aber auch er nicht in ausreichender Weise. Andererseits hat Kant sicherlich einen wesentlichen Begriff von analytischem Urteil schon im Auge, aber seine Logik setzt ihn nicht in den Stand, ihn auf das Niveau eines wissenschaftlich brauchbaren und nach seinen wesentlichen Charakteren streng bestimmten Begriffes zu erheben. Infolge davon musste er natürlich den echten Gegensatz zwischen analytischen und nichtanalytischen Wahrheiten verfehlen, und es ist zweifellos, dass er unter dem Titel „synthetisches Urteil“ an eine große Klasse von Urteilen, die unmöglich als in seinem Sinn analytische gelten können, gar nicht gedacht hat. Sicherlich hat er aber darin Recht, dass die Bestimmung der hier gesuchten Unterscheidungen nicht nur für die Logik, sondern für die Kritik der Vernunft von größter Tragweite ist.

Es handelt sich nun vor allem nicht um eine Unterscheidung beliebiger Urteile, etwa ihrer bloßen Form nach, sondern um eine Unterscheidung von Wahrheiten, und um eine solche, die in gewisser Weise verwandt ist derjenigen in rationale und Daseinswahrheiten. Zunächst können wir die letztere gemäß unseren früheren Erörterungen noch in etwas ergänzen. Eine Daseinswahrheit ist charakterisiert durch Setzungskomponenten, welche eben Dasein setzen. Nun wissen wir aber von den notwendigen Wahrheiten her, dass es Daseinswahrheiten gibt, welche bloße Übertragungen von rein begrifflichen Wahrheiten, von rationalen, auf eine gesetzte Daseinssphäre oder auf als da seiend gesetzte Einzelnheiten darstellen. Danach zerfallen Daseinsurteile in notwendige und zufällige. Der triviale Satz, dass diese Tischfläche hier nicht zugleich viereckig und dreieckig ist, ist notwendig gültig, nämlich keine Fläche überhaupt ist zugleich viereckig und dreieckig.

Dagegen ist die Wahrheit, dass dieser Tisch aus der Werkstatt des Herrn X hervorgegangen ist u.dgl., keine notwendige Wahrheit, nämlich nicht bloße Übertragung eines Gesetzes auf dieses faktisch da seiende Ding.

Ähnliche Unterscheidungen haben wir bei den analytischen und nicht-analytischen Wahrheiten zu machen. Zunächst haben wir zu unterscheiden analytische Gesetze und analytisch notwendige Sätze, denn der Begriff des Analytischen bezieht sich auf rein begriffliche Sätze: Eine gewisse Klasse dieser letzteren hat analytischen Charakter. Wir hätten also von analytisch reinen Begriffswahrheiten zu sprechen oder einfacher von analytisch rationalen Wahrheiten. Sie sind also keine Daseinswahrheiten. Andererseits kann ein Daseinssatz Sonderfall eines analytischen Gesetzes sein, Übertragung auf eine gesetzte Daseinssphäre. Ein empirischer Satz kann so analytische Notwendigkeit enthalten; so ist es, wenn wir z.B. recht trivial aussagen: „Wenn das Theater voll ist, so ist es nicht nichtvoll"; das gilt notwendig. Nur ist das darin gesetzte Dasein des Theaters nicht notwendig, es ist der existentiale Bestandteil.

Wir beschränken uns jetzt auf die rein begrifflich gültigen Urteile, im weitesten Sinne des Wortes also auf Gesetze. Wir fragen also: Was ist das für eine wesentliche Demarkationslinie innerhalb der[1] Gesetze und aller reiner Begriffswahrheiten,[2] durch die sich analytische Gesetze von allen anderen Gesetzen sondern? Da gibt es nun eine scharfe Demarkation: ein Unterschied, den wir vor nicht langer Zeit[3] hinsichtlich der letzten Termini in den Sätzen kennen gelernt haben,[4] der Unterschied zwischen real[5] (in einem weitesten Sinn) und kategorial.[6] Danach scheiden sich Bedeutungen, scheiden sich Sätze, Urteile in solche, welche ausschließlich formal-kategoriale Termini enthalten, und solche, die auch reale[7] Termini enthalten. Demnach scheiden sich auch generelle[8] Vorstellungen und Sätze in derselben Weise, also auch reine Begriffssätze und Gesetze.

Worum es sich hier handelt, verstehen Sie sofort, wenn ich an die Beispiele erinnere.[9] Nehmen ⟨wir⟩ Begriffe, nehmen wir irgendwelche Termini, und

---

[1] *Einfügung (1910/11)* reinen.

[2] und aller reiner Begriffswahrheiten *wurde 1910/11 gestrichen.*

[3] den wir vor nicht langer Zeit *wurde 1910/11 gestrichen.*

[4] in den Sätzen kennen gelernt haben *wurde 1910/11 gestrichen.*

[5] real *wurde 1910/11 verändert in* material.

[6] kategorial *wurde 1910/11 verändert in* analytisch-kategorial *und Randbemerkung (1910/11)* Sachhaltigkeit im Sinn ⟨der⟩ Analytik.

[7] reale *wurde 1910/11 verändert in* materiale.

[8] generelle *wurde 1910/11 verändert in* rein begriffliche.

[9] *Der Rest dieses Satzes wurde 1910/11 verändert in* wenn ⟨wir⟩ Beispiele betrachten.

am besten primitive Termini, die von rein adjektivischen oder relationellen Kerninhalten sind,[1] dann ist doch ein wesentlicher Unterschied zwischen solchen, die uns in den Beispielen[2] „grün", „Ton", „Löwe", „intensiver", auch[3] „Vorstellung Löwe", „Vorstellung Ton" vor Augen stehen, und andererseits 1) Begriffen wie Gegenstand, Beschaffenheit, Eigenschaft, Gattung, Vielheit,[4] Sachverhalt, Relation, Existenz u.dgl.: Begriffe, die wir unter dem Titel formal gegenständliche Kategorien befassen;[5] 2) ebenso aber auch Begriffe wie Vorstellung, Satz, Wahrheit, Subjektvorstellung, nominale Vorstellung usw., kurz die reinen Bedeutungskategorien.

Diese logisch und darum auch erkenntniskritisch fundamentale Scheidung der Termini (der die grundwesentlich verschiedene Art entspricht, wie Begriffe der einen und anderen Art entspringen) schafft also einen Unterschied von Wahrheiten. Beispiele für die eine Seite: „Rot ist eine Art Farbe", „Ein Ton der Qualität c ist tiefer wie ein Ton der Qualität d", „Ist irgendein Ton a qualitativ niedriger wie ein Ton b, so ist b qualitativ höher wie Ton a", „Ist a höher wie b, b höher wie c, so ist a höher wie c" usw. Das sind lauter offenbare Wahrheiten vom Gesetzestypus. Äußerlich hierher würde etwa auch der Satz gehören: „Ist der Ton a höher als b, so ist es nicht wahr, dass a nicht höher wie b ist." Jedenfalls treten hier überall reale[6] Begriffe, sachhaltige, auf; z.B. Ton, Farbe, Rot usw. Andererseits, nehmen wir Beispiele wie „Jeder Gegenstand hat irgendeine Eigenschaft", „Je zwei Gegenstände stehen in irgendwelchen Relationen" oder „Gilt für irgendein Paar Termini S und a der Satz ‚S ist α', so gilt nicht der Satz ‚S ist nicht α'" oder, äquivalent ausgedrückt: „Hat irgendein Gegenstand S irgendeine Beschaffenheit α, so ist es nicht wahr, dass derselbe Gegenstand nicht die Beschaffenheit α hat." Auch alle Wahrheiten der Formenlehre der Bedeutungen gehören hierher, z.B. dass irgendeine einheitliche Bedeutung einheitliche Bedeutung bleibt, wenn für jede in ihr vorkommende nominale Vorstellung wieder eine nominale Vorstellung substituiert wird, und so überhaupt bei Substitutionen irgendwelcher Art, in denen nur die grammatische Kategorie der betreffenden Vorstellungen erhalten bleibt.

---

[1] von rein adjektivischen oder relationellen Kerninhalten sind *wurde 1910/11 verändert in* ausgestattet sind mit Vollkernen.

[2] *Randbemerkung (1910/11)* sachhaltige.

[3] *Einfügung (1910/11)* psychische.

[4] *Einfügung (1910/11)* Anzahl, Größe.

[5] *Einfügung (1910/11)* 1) Begriffe, unter die prinzipiell jedes Gegenständliche jeder erdenklichen Gegenstandssphäre gebracht werden kann: formal-ontologische, 2) formal-logische.

[6] reale *wurde 1910/11 verändert in* materiale.

Die[1] Scheidung, die sich so ergibt, können wir auch so bezeichnen: Die an zweiter Stelle explizierte Klasse ist die Klasse der Wahrheiten, welche in den Rahmen der reinen Logik fallen. Der eine scharfe Begriff von reiner Logik ist damit umgrenzt. Sie umspannt die Bedeutungslogik und in weiterer Folge die formale Ontologie, den beiden Gruppen von Kategorien entsprechend. Alle übrigen Wahrheiten überschreiten diesen Rahmen eben dadurch, dass sie reale[2] Begriffe enthalten; von ihnen hat die formale Logik, eben wegen ihres „formalen", d.i. rein kategorialen Charakters, keine Notiz zu nehmen. Statt reine Logik können wir auch sagen Analytik oder Wissenschaft von dem analytisch Erkennbaren überhaupt, Wissenschaft, die die analytischen Gesetze aufstellt und systematisch begründet.

Die realen[3] Wahrheiten, und speziell die realen[4] Gesetzeswahrheiten zerfallen dann wieder in zwei Gruppen: 1) außerwesentliche reale[5] Wahrheiten und 2) wesentliche reale[6] Wahrheiten. Mit[7] diesem Unterschied rekurrieren wir freilich auf das oberste logische Prinzip, das Substitutionsprinzip. Jedes kategoriale[8] Gesetz geht in eine gültige Wahrheit über, wie immer wir für irgendeinen kategorialen[9] Terminus der Universalität einen realen[10] der entsprechenden Kategorie substituieren. Z.B. dem kategorialen[11] Gesetz „Ist irgendetwas a, so ist es nicht nicht-a" entsprechen reale Sätze, wie z.B. der: „Ist irgendetwas rot, so ist es nicht nicht-rot." Das ist eine außerwesentliche reale[12] Wahrheit. Sie ist nicht wesentlich an den Begriff „rot" gebunden und überhaupt an eine sachhaltige Gattung. Sie gilt in Bezug auf die Beschaffenheit „rot", weil sie für beliebige Beschaffenheiten beliebiger Gegenstände gilt. Sie gilt, können wir auch sagen, in formaler (analytischer) Notwendigkeit, eben als Einzelfall eines formalen (analytischen) Gesetzes: Die außerwesentlichen realen[13] Wahrheiten dieser Art ordnen sich in den weiteren Kreis analytischer Notwendigkeiten ein. Wofern ⟨wir⟩ die Begriffe „analytisch" und „formal" zur Deckung bringen und somit unter

---

[1] *Randbemerkung (1910/11)* Begriff der Analytik.
[2] reale *wurde 1910/11 verändert in* materiale.
[3] realen *wurde 1910/11 verändert in* materialen.
[4] realen *wurde 1910/11 verändert in* materialen.
[5] reale *wurde 1910/11 verändert in* materiale.
[6] reale *wurde 1910/11 verändert in* materiale.
[7] *Dieser Satz wurde 1910/11 eingeklammert.*
[8] kategoriale *wurde 1910/11 verändert in* analytisch formale.
[9] kategorialen *wurde 1910/11 verändert in* formalen.
[10] realen *wurde 1910/11 verändert in* materialen.
[11] kategorialen *wurde 1910/11 verändert in* analytisch formalen.
[12] reale *wurde 1910/11 verändert in* materiale.
[13] realen *wurde 1910/11 verändert in* materialen.

analytischen Gesetzen kategoriale Gesetze verstehen, so haben wir auch unter analytischen Notwendigkeiten Besonderungen und Singularisierungen, Individualisierungen analytischer Gesetze ⟨zu⟩ verstehen. Die Individualisierungen unterscheiden sich von den Besonderungen dadurch, dass Individualvorstellungen und damit Daseinssetzungen bei der Substitution benützt werden; z.B. wenn wir bilden: „Ist Sokrates ein Mensch, so ist er nicht nicht ein Mensch." Außerwesentliche reale[1] Wahrheiten oder analytische Notwendigkeiten sind, wie wir auch sagen können, dadurch charakterisiert, dass sie in kategoriale Gesetzeswahrheiten übergehen, wenn wir ihre realen[2] Termini durch unbestimmte Termini der entsprechenden Kategorie ersetzen.[3] In dieser Art charakterisiert sich jeder formal-logisch gültige Schluss als solcher. Z.B. „Wenn alle Menschen sterblich sind und Sokrates ein Mensch ist, so ist Sokrates sterblich": Diese Wahrheit ist außerwesentlich real,[4] d.i. sie ist nicht wesentlich gebunden an die hier stehenden realen[5] Begriffe. Sie ist bloß Sonderfall des Gesetzes, das ein formal-logisches ist: „Wenn alle A α sind und x ist ein A, so ist x auch α." Jeder solche Schluss ist also eine analytische Notwendigkeit.

Definieren wir analytische Gesetze als rein kategoriale Gesetze, so hätten wir, scheint es, um den kantischen terminologischen Gegensatz analytisch – synthetisch festzuhalten, die übrigen Gesetze als synthetische zu bezeichnen. Beiderseits handelte es sich um reine Begriffssätze, also um apriorische. Wir hätten also analytische und synthetische apriorische Sätze, oder vielmehr Wahrheiten. Aber die letzteren scheiden sich in analytische und nichtanalytische Notwendigkeiten, und da es die Intention der Rede von synthetischen Gesetzen ist, das Analytische durchaus, auch als analytische Notwendigkeit auszuschalten, so ist die Einteilung nicht befriedigend.[6]

Wir[7] können aber in folgender Weise modifizieren. Wir definieren zunächst den Begriff des konstanten Gesetzes und verstehen darunter Gesetze, welche nicht mehr Besonderungen anderer Gesetze sind. Seine Konstanz

---

1 reale *wurde 1910/11 verändert in* materiale.

2 realen *wurde 1910/11 verändert in* materialen.

3 *Randbemerkung (wohl 1910/11)* Einen engeren Begriff des Analytischen macht dann die apriorische Analytik aus, einen weiteren die höhere Mathesis.

4 real *wurde 1910/11 verändert in* material.

5 realen *wurde 1910/11 verändert in* materialen.

6 *Einfügung (1910/11)* Vollzieht man diese Ausschaltung, dann gewinnt man folgende Scheidung: 1) *und Randbemerkung (1910/11)* zweite folgende Seite. *1910/11 setzte Husserl die Vorlesung auf der übernächsten Seite des Manuskripts fort* ⟨= unten, S. 247⟩.

7 *Die fünf folgenden Absätze wurden 1910/11 eingeklammert, durch eine Null am Rande als ungültig kenntlich gemacht und mit der Randbemerkung versehen* Diese Seite nicht vorgetragen! Cf. folgende Seite.

besteht darin, dass es keine Termini hat, die variiert werden können innerhalb eines allgemeineren Umfangs. Es sind Gesetze, die nur Quellen für Notwendigkeiten sind, aber nicht selbst Notwendigkeiten. Allgemeiner können wir unter konstanten begrifflichen, rational ewigen Wahrheiten solche verstehen, die keine Besonderungen von begrifflich allgemeineren Wahrheiten, also von Gesetzen sind. Oder auch begriffliche Wahrheiten, die keine Notwendigkeiten mehr sind.

Dann scheiden sich die konstanten begrifflichen Wahrheiten in analytische und synthetische (kategoriale und reale) und demgemäß die apriorischen Notwendigkeiten in analytische und synthetische Notwendigkeiten. Gehen wir dann in die Daseinssphäre über oder, was gleichwertig ist, gehen wir aus der Sphäre der apriorischen (der begrifflichen) Wahrheiten in die Sphäre der aposteriorischen (der Daseinswahrheiten) über, so zerfallen sie in folgende Gruppen:

1) Zufällige Wahrheiten im prägnanten Sinn. Die Zufälligkeit, die Irrationalität, gibt in der Daseinssphäre die singuläre Setzung. Als zufällige Wahrheiten im prägnanten Sinn können wir diejenigen Daseinswahrheiten bezeichnen, welche keine singulären Besonderungen von irgendwelchen apriorischen Sätzen sind, mögen diese nun analytisch oder synthetisch sein. Sie sind sozusagen rein *a posteriori*, rein zufällig. Dahin gehört jede Wahrheit, die einer Beobachtung Ausdruck gibt, jeder Satz der Art wie „Dies ist ein Haus“, „Der Mann heißt Maier“ etc., aber auch jedes Naturgesetz.

Zweitens haben wir zwei Gruppen von Wahrheiten, welche zwar Daseinswahrheiten sind, sofern sie singuläre Setzungen enthalten, Setzungen von individuellem Dasein, andererseits aber als singuläre Besonderungen von apriorischen (rein begrifflichen) Sätzen aufzufassen sind.

Die eine Gruppe ist die der singulären analytischen Notwendigkeiten, z.B. „Dies Haus ist rot und darum nicht nicht-rot“; die andere die der singulären synthetischen Notwendigkeiten, z.B. jede Übertragung einer geometrischen Wahrheit auf empirische Objekte, auf Kristalle u.dgl.

Wir[1] haben in der gestrigen Vorlesung zunächst die Scheidung der rein begrifflichen Wahrheiten (= apriorischen Wahrheiten) in kategoriale und reale vollzogen, die ersteren nur kategoriale Begriffe enthaltend, die letzteren auch Realbegriffe. Das gibt eine scharfe Demarkation, und danach könnte man zunächst den Unterschied zwischen analytischen und synthetischen Sätzen *a priori* zu bestimmen suchen. Indessen geht die Intention

[1] *Die zwei folgenden Sätze wurden 1910/11 eingeklammert und durch eine Null am Rande als ungültig kenntlich gemacht.*

des Terminus „synthetisch" auch dahin, alle bloßen Besonderungen analytischer Sätze auszuschließen. Innerhalb der apriorischen Sphäre, der der Begriffssätze, gehören, wenn man diese Ausschaltung vollzieht,[1] also unter den Begriff der analytischen apriorischen Sätze sowohl die rein kategorialen Begriffssätze oder, wie wir auch sagen könnten, die rein analytisch apriorischen Wahrheiten, als auch die realen Besonderungen solcher Wahrheiten. Andererseits, die synthetischen apriorischen Wahrheiten wären diejenigen realen[2] Begriffswahrheiten, welche sich nicht durch bloße Unterordnung als Besonderungen von rein analytischen Wahrheiten auffassen lassen, die also, wenn sie sich überhaupt verallgemeinern lassen, schließlich zu Gesetzen führen, die noch immer realen[3] Gehalt haben und nun als konstante[4] jeder Verallgemeinerung widerstreben.[5] M.a.W. zu den analytischen apriorischen Wahrheiten rechnet man einerseits die rein analytischen Wahrheiten als auch die außerwesentlichen synthetischen Wahrheiten.[6] Die wesentlichen synthetischen Wahrheiten wären diejenigen apriorischen Wahrheiten, die sich nicht als bloß rein begriffliche Besonderungen von rein kategorialen Gesetzen auffassen lassen. (Gerade auf eine solche Feststellung war es bei der ursprünglichen Prägung des Begriffes „synthetisch" vonseiten Kants abgesehen.) Wichtig ist auch die parallele Durchführung aufseiten der Daseinssätze und näher der Daseinswahrheiten, der aposteriorischen Wahrheiten.

Durch die Daseinssetzungen enthalten sie ein sozusagen irrationales Element; insofern sind sie „zufällig". Unter zufälligen Wahrheiten oder aposteriorischen im prägnanten Sinn verstehen wir aber solche, die nicht nur insofern zufällig sind, als sie Daseinssetzungen implizieren, sondern auch insofern, als sie andererseits nichts von Wesensnotwendigkeit enthalten, d.h.

---

[1] *Das bisherige Stück dieses Absatzes wurde 1910/11 nicht vorgetragen. Der Rest des Satzes wurde 1910/11 verändert in* 1) Unter den Begriff der analytisch apriorischen Sätze gehören sowohl die rein kategorialen Begriffswahrheiten (rein analytischen Sätze) als auch diejenigen Begriffswahrheiten, die materiale Besonderungen solcher Wahrheiten sind.

[2] realen *wurde 1910/11 verändert in* materialen.

[3] realen *wurde 1910/11 verändert in* materialen.

[4] als konstante *wurde 1910/11 gestrichen.*

[5] *Gestrichen* Gehen wir von vornherein von der Möglichkeit der Verallgemeinerung oder Nicht-Verallgemeinerung aus, so können wir auch folgende Möglichkeiten überblicken: Die nicht mehr verallgemeinerungsfähigen (die konstanten) Wahrheiten sind teils kategoriale, teils reale, die einen gehören zu den analytischen, die anderen zu den synthetischen apriorischen Wahrheiten. Beiderseits können wir nun zu mannigfachen Besonderungen übergehen, die ihrerseits verallgemeinerungsfähig sind, eben in umgekehrter Richtung durch Verallgemeinerung zu konstanten analytischen oder synthetischen Gesetzen führen: Solange wir bei der Besonderung nur kategoriale Termini behalten, verbleiben wir in der analytischen Sphäre; ebenso, wenn wir mit rein kategorialen Wahrheiten nichts weiter tun, als reale Termini einzuführen.

[6] synthetischen Wahrheiten *wurde 1910/11 verändert in* materialen Begriffswahrheiten.

sich nicht darstellen als singuläre Besonderungen von irgendwelchen apriorischen Wahrheiten. Dahin gehören alle spezifisch naturwissenschaftlichen Aussagen, alle singulären Aussagen über experimentelle Feststellungen, alle Wahrnehmungs- und Erinnerungsurteile etc., aber auch alle Naturgesetze. Alle übrigen Daseinssätze, welchen also gemein ist der Umstand, dass sie singuläre Besonderungen von apriorischen Wahrheiten sind, zerfallen in analytisch notwendige Daseinswahrheiten (nämlich singuläre Besonderungen analytisch apriorischer Wahrheiten) und in synthetisch notwendige Daseinswahrheiten.

Analytisch notwendige Daseinswahrheiten wären alle Anwendungen rein logischer Gesetze auf singuläre Einzelfälle, etwa in der Naturwissenschaft, synthetisch notwendige aber alle Anwendungen z.B. der Geometrie oder ähnlicher Disziplinen – ich nenne noch die reine Phoronomie – auf die empirische Natur.

Gewöhnlich sagt man, alle analytischen Sätze sind apriorisch, und befasst dabei unter die analytischen Sätze auch die analytischen Daseinswahrheiten. Das rechtfertigt sich insofern, als man bei einer empirischen Aussage nicht Aussagen machen will über das Dasein der in den existentialen Terminis genannten Gegenstände, sondern über das, was ihnen zukommt oder was ihnen unter den und den Bedingungen zukommen würde oder zugekommen wäre u.dgl. Gerade das aber ist die Seite der Notwendigkeit, das, was dem entsprechenden analytischen Gesetz entstammt. Andererseits, wer auf Reinlichkeit im Denken und in den Unterscheidungen hält, kann nicht anders als die von uns vollzogenen Sonderungen festzuhalten.[1]

Ist man schon über den Begriff der deduktiven Notwendigkeit, Notwendigkeit der Folge, im Klaren, so kann man diese Unterscheidungen dann weiterführen, indem man den Begriff der analytischen und synthetischen Grundwahrheit als nicht mehr aus weiteren Wahrheiten als Gründen deduzierbaren Wahrheiten einführt, wodurch[2] man in der Daseinssphäre auf Grundtatsachen und Grundgesetze des Daseins, in der apriorischen Sphäre auf apriorische Grundgesetze und singuläre Grundwahrheiten apriorischer Art zurückgeführt wird. Aber so weit sind wir jetzt nicht.

---

[1] *Gestrichen, aber 1910/11 vorgetragen* In ihnen muss man als besonders wichtig scheiden ⟨*Einfügung von 1910/11* 1)⟩ rein kategoriale Begriffswahrheiten, ⟨*Einfügung von 1910/11* 2).⟩ nicht analytisch verallgemeinerungsfähige reale ⟨*1910/11* materiale⟩ Begriffswahrheiten, und ⟨*Einfügung von 1910/11* 3)⟩ rein zufällige Wahrheiten (rein aposteriorische). Dazwischen haben wir aber die Umschreibungen sozusagen, reale ⟨*1910/11 ersetzt durch* materiale⟩ und apriorisch gültige Wahrheiten, die aber bloße Besonderungen von kategorialen Wahrheiten sind, und aposteriorische Wahrheiten, die singuläre Besonderungen von apriorischen Wahrheiten sind.

[2] *Der Rest dieses Absatzes wurde wohl 1910/11 eingeklammert.*

Charakteristik der apophantischen Theorienlehre (Geltungslehre)[1]

Unsere Betrachtung muss nun fortschreiten zu einer wesentlichen Einteilung des kategorialen Gebietes, des Gebietes der analytischen Wahrheiten im bisherigen sehr weiten Sinn. Die Kategorien sind einerseits Bedeutungskategorien, andererseits gegenständliche Kategorien. Es gibt nun Gesetze, die rein in den Bedeutungskategorien gründen, und Gesetze, die in gegenständlichen Kategorien gründen. Hier liegen freilich manche Schwierigkeiten, die damit zusammenhängen, dass gewisse wesentliche Korrelationen zwischen Bedeutung und bedeuteter Gegenständlichkeit bestehen, wodurch Gesetze der einen Art sich, wie es scheint, in bloß unmittelbarer Äquivalenz umwenden lassen in Gesetze, die der anderen Gruppe ⟨an⟩gehören.

Jedenfalls können wir hier unterscheiden kategoriale Gesetze, die sich auf Bedeutungen überhaupt beziehen, und solche, die es nicht tun. Und auf der ersteren Seite[2] die Gesetze der Formenlehre der Bedeutungen (Gesetze der Bedeutungsformung) und[3] die Gesetze der Geltungslehre (Gesetze der Geltungsformung).

An[4] die Gesetze der Formenlehre der Bedeutungen hat unter dem Titel analytische apriorische Gesetze schon darum Kant nicht und niemand sonst gedacht, weil die Tatsache, dass es überhaupt so eine in sich geschlossene Gruppe von fundamentalen apriorischen Gesetzlichkeiten gibt, bis in unsere Tage hinein völlig unbekannt war. Meine Nachweisungen in dem II. Band meiner *Logischen Untersuchungen* sind freilich in arger Weise missverstanden worden. Sehr begreiflich, da der herrschende Psychologismus den Blick für alle, auch die allereinfachsten apriorischen Gegebenheiten getrübt hat. Abgesehen[5] davon, dass ich den Begriff der Bedeutung jetzt besser, sachgemäßer fasse als damals, halte ich meine Darstellungen für unanfechtbar. Darunter auch die relative Charakteristik dieser Gesetze gegenüber den im gewöhnlichen Sinn so genannten logischen Gesetzen, die ihrerseits unter den Titel Geltungsgesetze gehören: Ich stellte gegenüber formale Gesetze, die dem Unsinn wehren, formale Gesetze, die dem Widersinn wehren.*

---

[1] *Randbemerkung (wohl 1910/11).*

[2] *Einfügung (1910/11)* 1)

[3] *Einfügung (1910/11)* 2)

[4] *Vor diesem Satz Einfügung (1910/11)* 1) Gesetze der „reinen Grammatik", der Formenlehre.

[5] *Der Rest dieses Absatzes und die drei folgenden Absätze wurden 1910/11 durch Nullen am Rande als ungültig kenntlich gemacht.*

* Vgl. IV. Logische Untersuchung, § 14.

Sehen[1] wir jetzt von den Unterschieden ab, welche durch die Typik der Vorstellungskerne bedingt sind. Beschränken wir uns auf die Formenlehre im ersten und engeren Sinn, auf die apophantische Formenlehre. Ihre eigentümliche Gesetzesleistung ist Ihnen aus unseren ausführlichen Darstellungen klar. Ich habe hier der Hauptsache nach nur an Bekanntes zu erinnern. Jede der von uns in der Formenlehre unterschiedenen Satz- und Urteilsform stellt einen apriorischen Typus von möglichen Urteilsformen und besonderen Urteilen dar, und zu jeder gehört das apriorische Gesetz, dass jede durch Besonderung der unbestimmten Termini vollzogene Ausfüllung der Urteilsform in der Tat ein Urteil ergibt, eine Einheit der Bedeutung, Einheit des Sinnes. Und das gilt für jede Bedeutungsform, auch für jede nominale; doch ist das schon mitbeschlossen in dem soeben Gesagten, da jede solche Form als Partialform in Urteilsformen auftritt. Diese Gesetzmäßigkeit besagt also, dass Bedeutungen sich nicht ganz beliebig wieder zu Bedeutungen zusammenschließen lassen, sondern dass, wie immer es mit der Gültigkeit dieser Bedeutung, also bei Urteilen mit der Wahrheit sich verhalten mag, gewisse Formen notwendig innegehalten werden müssen, damit überhaupt eine Bedeutungseinheit hervorgehe. Ich habe allgemeiner nachgewiesen, dass zu jeder Eigenart von Ganzen, von Einheiten, Gesetze gehören, welche den Artungen und Stellungen von Elementen, die zu solcher Art von Ganzen sich sollen verbinden können, eine Regel vorschreiben. Und so auch für Bedeutungen. Bedeutungen verbinden sich, und sie bilden Einheiten, die wieder Bedeutungen sein sollen. Aber nicht jeder beliebige Haufe zusammengelesener Bedeutungen ergibt schon ein Ganzes, eine Einheit des Sinnes, vielmehr müssen die Elemente gewissen Forderungen der Form Genüge tun und sich in bestimmter Weise in ihren Formen aneinander schließen. Und jede der von uns aufgestellten Urteilsformen spricht solch ein Gesetz aus. Verletzung solch eines Gesetzes bedeutet Unsinn. Ich habe diese Gesetze auch reine oder apriorische grammatische Gesetze genannt, weil sie ein apriorisches Gerüst bezeichnen, auf das jede empirische Grammatik wesentlich bezogen ist.

Der wissenschaftliche Grammatiker muss die wesentlichen syntaktischen Formen, die zu dem Aussagegedanken als solchem gehören (genauer: die teils zu seinen Gliedern, teils zu den spezifisch propositionalen Funktionen gehören), kennen, damit er in echt wissenschaftlicher Weise seine Untersuchungen in den empirisch grammatischen Sphären treiben kann. Dass grammatisch, in jeder empirischen Sprache, nicht jede beliebige Zusammen-

[1] Noch einmal von reiner Grammatik.

stellung von Worten gestattet ist, damit Einheit einer in solcher Sprache korrekten Aussage zustande kommt, das liegt zum erheblichen Teil natürlich an empirischen Gründen, an der Faktizität der historischen Entwicklung dieser Sprache. Zu einem anderen und noch wichtigeren Teil liegt es aber an apriorischen Gründen. Nämlich Einheit des Ausdrucks will eine solche Einheit sein, die Einheit des Sinnes ergibt. Aber Sinneseinheit ist gebunden an das Wesen von Sinn, von Bedeutung überhaupt. Hier walten die kategorialen Gesetze der Bedeutung, die die Formenlehre näher auseinander legt. Das empirisch Ungebräuchliche, das das wohl gebildete Sprachgefühl Verletzende, ist also sorgsam zu scheiden von dem Unsinnigen oder von dem in der gegebenen Sprache darum einheitlich nicht Aussagbaren, weil die prätendierte Einheit der Aussage an dem Unsinn scheitert. Das Unsinnige ist das, was eben keine Einheit des Sinnes ist, was durch das Wesen der betreffenden Bedeutungskategorien als Bedeutungseinheit unmöglich ist. Z.B. in dieser Art unsinnig wäre die Rede: „Ein Mensch ist 2×2 ist 4", „2 oder ähnlich nicht ein Haus". Dagegen ergibt es einen Sinn, wenn ausgesagt wird: „Ein Dreieck ist ein loser Knabe", „Die Seele ist Stiefelwichse" u.dgl. Natürlich habe ich absichtlich lächerliche Sätze gewählt, und widersinnige. Es ist kein Unsinn, wenn wir einen Widerspruch aussagen, wie „Ein Dreieck hat vier Ecken". Zwischen Widersinn, Widerspruch und Unsinn ist sorgsam zu trennen. Unsinn bedeutet in der strengen Rede eben, was kein Sinn, keine einheitliche Bedeutung ist.

Die kategorialen Bedeutungsgesetze, welche dem Unsinn wehren, die der apophantischen Formenlehre der Bedeutungen, unterscheiden sich nun, wie wir früher schon besprochen haben und wie wir jetzt viel besser verstehen, von denjenigen kategorialen Bedeutungsgesetzen, welche sich auf die Geltung der Bedeutungen überhaupt beziehen. So wie die empirische Grammatik den Gesichtspunkt der Geltung im Sinne der Wahrheit oder Falschheit der grammatisch zu bildenden Aussagen nicht kennt, so gilt dasselbe von der sozusagen apriorischen Grammatik, d.i. von der reinen Formenlehre der Bedeutungen. Ein einheitlicher Satz, ein einheitliches Urteil ist eine Einheit des Sinnes. Heißt es nun, dass dieses Urteil falsch ist, so hebt das Prädikat „falsch" die Einheit des Sinnes nicht auf, sondern setzt sie vielmehr voraus. Erst muss ein einheitlicher Satz, also eine einheitliche Bedeutung da sein, ehe wir die Frage nach Wahrheit oder Falschheit aufwerfen können.

Die[1] reine Geltungslehre nun, die wir im Auge haben und die wir auch die apophantische Geltungslehre nennen werden, beabsichtigt die systema-

---

[1] *Vor diesem Satz Einfugung (1910/11) 2)*

tische Aufsuchung der Gesetze, an die Geltung (oder, was dasselbe ist, Wahrheit) von Urteilen gebunden ist, und zwar gebunden vermöge ihrer bloßen apophantischen Form (daher Gesetze der Geltungsformen). Was für Gesetze sind hier zu erwarten? Wir können ihren Typus etwa so beschreiben: Zunächst kann für irgendeine der, sei es einfacheren oder komplizierteren reinen Urteilsformen, die ihre Stelle in der apophantischen Formenlehre haben, das Gesetz gelten: Jedes Wertesystem (d.i. jedes System bestimmter Bedeutungen), das für die leeren Termini in diese Form substituiert wird, ergibt ein wahres Urteil.[1] Oder auch negativ: Für jedes Wertsystem geht diese Form in ein falsches Urteil über. Z.B. nehmen wir die konjunktive und reine Form „S ist p und dasselbe S ist nicht-p", so gilt das Gesetz, dass für jedes Wertesystem „S und p" das resultierende konjunktive Urteil falsch ist. Oder auch Gesetze folgenden Typus: Jedes Wertesystem αβγ, das die beiden Urteilsformen U(αβγ) U'(αβγ ...) wahr macht, macht auch die Form U"(αβγ) wahr; oder auch: macht sie falsch. Es können auch beliebig umfassende Gruppen von Formen hinsichtlich ihrer Wahrheit oder Falschheit in solche Beziehungen der Abhängigkeit gebracht sein, dass das Erfülltsein der einen in Wahrheit oder Falschheit das Erfülltsein der anderen in Falschheit oder Wahrheit nach sich zieht. Somit verstehen Sie wohl den ganz anderen Charakter dieser Gesetze der reinen Geltungsformen der Bedeutungen gegenüber denjenigen der reinen Formenlehre, der Lehre von den bloßen Bedeutungsformen überhaupt. Die Letztere ist vorausgesetzt, und die neue Frage ist in der höheren Stufe die, ob sich durch reine Betrachtung der betreffenden Formen, also innerhalb der Sphäre des rein Kategorialen, über ihre Erfüllbarkeit im Sinne der Wahrheit oder Falschheit etwas aussagen lässt. Nicht auf singuläre Aussagen ist es abgesehen, wie die: Es gibt ein Wertesystem, das eine bestimmte Form zu einem wahren Urteil macht; z.B. dass der Form „S ist ein p" ein Urteil entspricht: „Sokrates ist ein Mensch", sondern um Gesetze handelt es sich, die von der Erfüllbarkeit überhaupt durch beliebige Wertesysteme in reiner Allgemeinheit sprechen. Und die Allgemeinheit ist eine rein kategoriale, sofern in solchen Gesetzen gar kein sachhaltiger Begriff auftritt, der die Variabilität auf den Umfang einer realen Sphäre beschränkte. Andererseits sind die hier maßgebenden Kategorien ausschließlich die Bedeutungskategorien, alle Formen sind rein bedeutungsmäßig bestimmt. Somit erschöpfen diese Gesetze nicht die kategorialen Gesetze überhaupt. Es gibt ja Gesetze, die aussagen, was zu Gegenständen, Eigenschaften, Sachverhalten, Rela-

---

[1] *Randbemerkung (wohl 1910/11)* Solche gibt es aber nicht.

tionen usw. als solchen gehört in kategorialer Allgemeinheit, wobei nicht davon die Rede ist, was Bedeutungsformen gültig macht, da das Beurteilte hier eben nicht Bedeutungen und Bedeutungsformen sind. Wir nennen die uns jetzt zunächst interessierende Sphäre kategorialer Gesetze die der apophantisch-analytischen Gesetze. Sie machen also den Inhalt der zur apophantischen Formenlehre als höheres Stockwerk gehörigen apophantischen Geltungslehre ⟨aus⟩.

Es ist klar, dass wir hier ein völlig scharf umgrenztes Gebiet haben. Die traditionelle Logik bringt, was sie unter dem in dasselbe Hineingehörige überhaupt kennt, unter dem Titel Lehre vom Schluss. Aber hier zeigt sich wieder die völlig schiefe Einteilung der logischen Materien in die drei alten Titel: Lehre vom Begriff, vom Urteil und vom Schluss, mit der alle wesentlichen Demarkationen verloren gehen. Begriffe sind vom Standpunkt der formalen Logik Bestandstücke von Urteilen, Schlüsse aber sind selbst nur gewisse Sorten von Urteilen. Ihre Formen gehören also, und natürlich als bloße Formen vor aller Geltungserwägung genommen, in die reine Formenlehre der Urteile hinein. Sobald dann aber die Geltungsfrage aufgerollt wird, gibt es keine bloße Lehre von den geltenden Schlüssen, sondern allgemein eine Lehre von den geltenden Urteilen überhaupt, und darin unter anderem die Behandlung der geltenden Schlussformen. Denn nicht alle formalen Geltungsgesetze sind Schlussgesetze. Damit stimmt es auch, dass die traditionelle Logik sich genötigt sieht, zu Beginn der Schlusslehre unter dem Titel Prinzipien des Denkens eine sehr dürftige Reihe von Gesetzen vorauszuschicken, die nicht selbst Schlussgesetze sind.

⟨*Zur Schlusslehre*⟩

Da die Schlusslehre das seit Aristoteles am sorgfältigsten durchgearbeitete Kapitel und das durch seine formelle Geschlossenheit am meisten imponierende Kapitel der traditionellen Logik ist, so wird es gut sein, wenn wir ihm nähere Aufmerksamkeit zuwenden. Wir wollen überhaupt dem Gedanken einer Geltungslehre der Bedeutungen nachgehen durch das Medium des beschränkteren Gedankens einer formalen Schlusslehre. Ich möchte doch dafür sorgen, dass Sie den inneren Zusammenhang verstehen zwischen der formell so geschlossenen, theoretisch aber sehr unvollkommenen Syllogistik der Tradition und der echten Lehre von den Geltungsformen. So sollen Sie in den Stand gesetzt werden, zur Tradition richtig Stellung zu nehmen. Ich muss aber gleich sagen, dass die Anordnung der jetzt zu behandelnden Lehren eben durch diesen praktischen Gesichtspunkt bestimmt ist.

Vom innigen Zusammenhang der Begriffe Schluss und kausales bzw. hypothetisches Urteil haben wir früher gesprochen. Daran knüpfen wir an. Wir führen also unsere früheren Betrachtungen über hypothetisch schließende Beziehungen fort. Jeder hypothetische Satz, so haben wir gelernt, hat Termini, welche als Träger der Bedingtheitsbeziehung fungieren. So wie jeder allgemeine Satz Träger der Allgemeinheit, also jedes Gesetz Träger der Gesetzlichkeit hat, so muss dasselbe auch von dem Gesetz oder allgemeinen Urteil gelten, welches dem echten hypothetischen Urteil korrespondieren muss und ihm gleichsam zugrunde liegt. Den Trägern der Gesetzlichkeit entsprechen dann in der hypothetischen Beziehung selbst die Träger derselben. Es sind die Termini, welche, wenn das Gesetz gegeben ist, unbeschränkt freie Variation gestatten. All das gilt natürlich auch von entsprechenden kausalen Beziehungen, vor allem von den Schlüssen. Wir schließen z.B.: „2 ist eine Primzahl. 2 ist auch eine gerade Zahl. Also gibt es eine gerade Zahl, die zugleich Primzahl ist.“ Hier sind „2“, „Primzahl“ und „gerade Zahl“ die Termini. Wir können sie unbeschränkt variieren. Wir können sie also durch Unbestimmte ersetzen und erhalten dann die Formulierung des korrespondierenden Gesetzes: Ist irgendein G α und dasselbe G β, so gibt es etwas, das zugleich α und β ist. Umgekehrt entspricht jeder beliebigen Besonderung der Termini ein Notwendigkeitszusammenhang bzw. ein Schluss. Freilich sind die Verhältnisse nicht immer so einfach zwischen hypothetischem bzw. kausalem Urteil und entsprechendem Gesetz bzw. allgemeinem Satz.

Vorerst tun wir gut zu scheiden zwischen apodiktischen hypothetischen und kausalen Urteilen und nichtapodiktischen. Die ersteren sind dadurch charakterisiert, dass das entsprechende universelle Urteil ein Gesetz ist, und dann haben ⟨wir⟩ wieder zwei Fälle: 1) ein reines Gesetz (also ein reiner Begriffssatz) und 2) ein Gesetz im Sinne des Naturgesetzes, eines der Form nach unbedingt allgemeinen Satzes, aber mit der Beschränkung auf die Sphäre der Natur überhaupt. Wir beschränken uns auf reine Gesetze, Gesetze im reinen und strengen Sinn, denen dann auch apodiktische Notwendigkeiten im reinen Sinn entsprechen, also in dem von uns früher besprochenen.

Wir können nun schon den echten Begriff des Schlusses bezeichnen und ebenso des schließenden hypothetischen Urteils; freilich einen ziemlich weiten Sinn. Ein solches Urteil ist dann im rechten Sinn ein schließendes, wenn in seiner Bedeutung die Termini ausgezeichnet sind und das zu diesen Terminis gehörige Gesetz ein reines Gesetz ist. Und ebenso bei kausalen Urteilen. Und vor allem solche kausale Urteile nennt man Schlüsse schlechthin, bei denen das Entsprechende gilt, die Notwendigkeit also eine streng apodiktische ist, auf die ausgezeichneten Termini bezogen.

Wir[1] brauchen nun aber weitere Scheidungen, die übrigens parallel in laxerem und im strengsten Sinn, auf reine Gesetzlichkeit bezogen, verstanden werden können. Wir wollen gleich die strengeren Begriffe hervorheben. Es handelt sich um den Unterschied perfekter und imperfekter hypothetischer Urteile und Schlüsse. Die perfekten sind dadurch ausgezeichnet, dass das hypothetische Urteil seinem Sinn nach auf ein Gesetzesurteil hinweist, welches dadurch erwächst, dass die Termini einfach durch unbeschränkte Variable ersetzt werden. In einem anderen Fall ist das entsprechende Gesetz erst aufzuweisen, wenn man das hypothetische Urteil um einen Prämissensatz passend erweitert und dann erst die fragliche Operation vollzieht.

Doch[2] hier bedarf es größerer Genauigkeit. Zunächst eine allgemeine Überlegung, das genauere Wesen des Schlusses betreffend. In sich, müssen wir doch sagen, enthält das hypothetische Urteil *explicite* nichts vom Gedanken eines Gesetzes. Urteilen wir hypothetisch: „Wenn alle Menschen sterblich sind und alle Neger Menschen sind, so sind alle Neger auch sterblich", so denken wir sicherlich an kein Gesetz. Aber sowie wir den Zusammenhang als Notwendigkeitszusammenhang meinen und dem Sinn dieser Notwendigkeit nachgehen, kommen wir auf ein Gesetz. Tun wir das, so beziehen wir uns auf einen Zusammenhang der Geltung: Ist das hypothetische Urteil wahr und ist es als echt hypothetisches in Beziehung der betreffenden ausgezeichneten Termini eine Notwendigkeit, so gilt das bezügliche Gesetz, in unserem Beispiel das Gesetz, dass überhaupt, wenn alle A B und alle B C sind, auch alle A C sind. Und umgekehrt korrespondiert dem Gesetz eine Klasse von Notwendigkeiten hypothetischer Art, wenn die Termini beliebig variiert werden. Dabei ist das Gesetz, das für jedes Wertesystem A B C gilt, dass, wenn alle A B und alle B C sind, auch alle A C, äquivalent mit dem Gesetz, dass jedes die Satzformen „Alle A sind B" und „Alle B sind C" geltungsmäßig erfüllende Wertsystem auch die Satzform „Alle A sind C" erfüllt; worin der hypothetische Gedanke fehlt.

Die Sachlage wäre dann die, dass wir zu scheiden hätten zwischen schlichten hypothetischen Urteilen, in denen die Notwendigkeit nicht selbst ausgesagt ist, und denen, in welchen sie ausgesagt ist. Also ausdrücklich gesagt: „Es ist notwendig, dass, wenn M, so N." Zum Wesen des hypothetischen Urteils gehört aber das Gesetz, dass, wenn es wahr ist, auch das Urteil wahr ist, m.a.W. jede hypothetische Wahrheit, obschon sie in sich nicht

---

[1] *Notiz (1910/11)* Vorher der Unterschied der mittelbaren und unmittelbaren Schlüsse, cf. bei ⟨Blatt⟩ 169 und 176 ⟨= unten, S. 258, Anm. 1 und S. 267, Anm. 1⟩.

[2] *Dieser Absatz trägt die Randbemerkung* Unklar!

Notwendigkeit prädiziert, ist eine notwendige Wahrheit, als solche eine gesetzlich gültige Wahrheit, und die Termini der hypothetischen Wahrheit sind zugleich Termini des Gesetzes. Dabei ist aber immer zu beachten, dass wir hier zunächst von hypothetischen Urteilen sprechen mit bestimmt ausgezeichneten Terminis; sehr oft, wissen wir, fehlt die Auszeichnung, und dann haftet dem hypothetischen Urteil eine gewisse Unbestimmtheit an. Es gilt dann, dass, wenn das hypothetische Urteil wahr ist, es wahr ist aufgrund „gewisser" in ihm aufzuweisender Termini, und dass somit in jedem Fall, wenn ein hypothetisches Urteil Wahrheit ist, es eine notwendige Wahrheit ist mit Beziehung auf ein ihm korrespondierendes Gesetz. Dabei aber besteht nur der Unterschied, dass im Fall der Auszeichnung der Termini schon ein bestimmter Hinweis auf das Gesetz, das ja dieselben Termini haben muss, gegeben ist, ein Hinweis, der im anderen Fall mangelt.

Damit haben wir uns die Sachlage bei den hypothetisch schließenden Urteilen und bei den Schlüssen selbst zu genauer Analyse gebracht: Die Schlüsse umfassen die Fälle ausgezeichneter Termini innerhalb der hypothetischen Urteilsbedeutung.

Beschränken wir uns auf hypothetische Wahrheiten dieser Gruppe, der schließenden, so tritt uns, sagte ich vorhin, der Unterschied der perfekten und imperfekten Schlüsse entgegen. Der Einfachheit der Rede halber befassen wir jetzt unter dem Titel Schluss sowohl die zugehörigen hypothetischen Sätze wie die kausalen. Nehmen wir Beispiele. Sage ich: „Wenn alle Menschen sterblich sind, so sind alle Neger sterblich", so verstehen wir das so, dass „Menschen", „sterblich" und „Neger" die Termini sind. Aber hier können wir die Termini nicht durch freie Variable ersetzen und danach das notwendig machende Gesetz konstruieren: „Wenn alle A C sind, so sind alle B C"; das wäre natürlich keine Wahrheit. Fügen wir dagegen zur Prämisse konjunktiv die zweite Prämisse bei: „Alle Neger sind Menschen", so wird es anders. Der vervollständigte Schluss lässt die Operation der Ersetzung der Termini durch freie Variable zu, und das ergibt das wahre Schlussgesetz: „Wenn alle A B und alle B C sind, so sind alle A C"; in der Tat ein wahres Gesetz, das wieder zurückführt auf das Gesetz, das vom hypothetischen Gedanken frei gemacht ist: Jedes die Prämissenformkonjunktion „Alle A sind B" und „Alle B sind C" erfüllende Wertesystem A B C erfüllt auch die Schlusssatzform „Alle A sind C".

Wir nennen jeden Schluss einen perfekten (vollständigen), welcher sein Gesetz in der angegebenen Weise in sich trägt, der also in sich eine perfekte Notwendigkeit darstellt. Die bloße Ersetzung der Termini durch Unbestimmte ergibt das Gesetz. Jede echte hypothetische Wahrheit, die diese

Eigenschaft nicht hat, nennen wir imperfekt, und es gilt geradezu das Gesetz, dass jede solche Wahrheit auf dem Wege der verkürzenden Destruktion aus einem perfekten Schluss herstammt, bzw. dass es durch passende Ergänzung seiner Prämissen in eine perfekte übergeht. Nämlich jeder perfekte Schluss mit mehr als einer Prämisse (ob er ein kausaler oder hypothetischer ist) lässt sich in dem Sinn destruieren, dass man unter den konjunktiv vereinigten Prämissensätzen einen oder mehrere, die für sich Wahrheiten sind, wegstreicht, natürlich bis auf einen. Hierbei lautet das Gesetz: Weil oder wenn U W $\in$ V und W eine Wahrheit ist, so gilt U $\in$ V. Auch der imperfekte Schluss ist noch eine notwendige Wahrheit, aber das zugehörige Gesetz gestattet nicht, alle hypothetischen Urteile der Form U $\in$ V als Wahrheiten anzusprechen, sondern nur diejenigen, welche sich auf die Form des nicht destruierten Schlusses beziehen lassen durch eine passende Ergänzung von Wahrheiten. Jede hypothetische Wahrheit ist eine notwendige Wahrheit, aber die Notwendigkeit besteht darin, dass entweder aus den Prämissen allein oder aus ihnen in Verbindung mit einer zu adjungierenden Wahrheit der Schlusssatz gesetzlich folgt. Wir können auch sagen: Die imperfekte Folge folgt aus dem Grund mit „Rücksicht" auf die ergänzenden Gründe; ihren „perfekten Grund" hat sie nicht im Prämissensatz allein, sondern in ihm zusammen mit der zu adjungierenden Wahrheit.

Unter Schlüssen im prägnanten Sinn pflegt man nur perfekte kausale Urteile zu verstehen, also die unvollständigen Schlüsse nicht mitzurechnen. Doch bedarf es, näher besehen, noch einer weiteren Beschränkung. Knüpfen wir an ein Beispiel an. Sicherlich dürfen wir doch urteilen: „Wenn $2 \times 2 = 4$ ist und alle Menschen sterblich sind und alle Neger Menschen sind, so sind alle Neger sterblich." Aber der erste Prämissensatz ist offenbar überflüssig, er ist keine eigentliche Prämisse, seine Termini keine eigentlichen konditionalen Termini. Warum wir doch so hypothetisch urteilen können, und in welcher Richtung die Gesetzlichkeit liegt, die das Ganze umspannt, davon werden wir noch sprechen. Hier ist es aber klar, dass wir durch Wegstreichen der Wahrheit $2 \times 2 = 4$ aus den Prämissen insofern keine Destruktion üben, als ein perfekter Zusammenhang übrig bleibt. Klar ist auch, dass dieser mit dem weggestrichenen Satz kein inneres Band der Notwendigkeit gemein hat. Die Sachlage hängt wieder zusammen mit einem Gesetz: Nämlich wenn wir eine hypothetische Wahrheit haben, gleichgültig ob sie perfekt ist oder nicht, sagen wir: „wenn M $\in$ N", so können wir jeden beliebigen Satz W den Prämissen hinzufügen. Haben wir die Form „Weil M, so N", so können wir eine ganz beliebige Wahrheit den Prämissen hinzufügen; also: M W $\in$ N (Termini: der ganze Satz W und andererseits die Termini in M und N). Wir müssen dem somit Rechnung tragen durch Unterscheidung irreduktibler von den reduktiblen Schlüssen. Wir nennen einen Schluss „irreduktibel", wenn sich kein Bestandteil in ihm so wegstreichen lässt, dass wieder ein Schluss hervorgeht, der, sei es dieselben Termini hat, sei es eine kleinere Gruppe von den ursprünglichen Terminis.[1]

Ehe wir weitergehen, haben wir noch eins nachzutragen: Wir sprechen hier überall von Wahrheiten, wir unterscheiden die hypothetischen Wahrheiten in perfekte und imperfekte. Ich frage: Können und müssen wir nicht auch von perfekten und imperfekten hypothetischen Urteilen sprechen? Sind denn Schlüsse immer Wahrheiten? Gibt es nicht Fehlschlüsse?

Darauf ist zu sagen: Wenn wir von den echt hypothetischen Urteilen sagen, dass sie eine eigentümliche Urteilsform haben, also einen ihnen eigentümlichen neuen Sinn, so entspricht dem, dass die hypothetischen Wahrheiten Sachverhalte von eigentümlicher Form zu Korrelaten haben. Und gehen wir dann auf die Urteilsakte zurück, näher auf solche, in denen als evidente die Sachverhalte zur Gegebenheit kommen, so ist auch das Eigentümliche dieser Sachverhalte klar vor Augen liegend und nun leicht zu beschreiben. Versetzen Sie sich etwa in einen evident vollzogenen Akt des Schließens. Vollzogen ist dabei ein Urteil, das aber eine Verknüpfung von Sätzen bzw. Urteilen ist. In diesem Urteilsbewusstsein lebend steht uns gleichsam etwas vor Augen. Indirekt können wir darüber Folgendes mit Evidenz aussagen: Das in den Prämissenakten Geurteilte „schließt" das im Schlusssatz Geurteilte „in sich", das Letztere ist in dem Ersteren beschlossen, und unser Urteilen holt es gleichsam daraus hervor, schließt es heraus. So beim kausalen Schluss. Im bloß hypothetischen sagen wir: Die Voraussetzungen schließen die Folgesetzung in sich ein, diese ist in jenen „enthalten". Wir müssen dabei scheiden das Voraussetzen und die Voraussetzung, das Folgesetzen und die Folgesetzung; genauso wie wir scheiden das Urteilen und das Urteil: Wir blicken jetzt auf das Was hin und nicht auf den Akt, wenn wir charakterisieren wollen, was im gesamten Schlusserlebnis das geurteilte Was ist.

Im Voraussetzen steht uns die Voraussetzung, d.h. das Vorausgesetzte vor Augen, im Urteilen das Geurteilte. Seinem Wesen nach kann es dasselbe sein, nämlich „S ist P", aber einmal hat es den Setzungscharakter des Urteils als Seinscharakter, das andere Mal den bloßen Voraussetzungscharakter. Und auf diese unter unserem Titel Bedeutung stehenden Gegenständlichkeiten

[1] *Notiz (1910/11)* Die Anordnung des Weiteren ist unpassend. Die Unterscheidung der Schlüsse in unmittelbare und mittelbare von S. 176 ⟨= unten, S. 267 f.⟩ muss allem voran kommen, und zwar schon vor den imperfekt-perfekt-Unterschied, da die imperfekten immer mittelbar sind.

bezieht sich das Verhältnis, dessen Eigentümlichkeit wir als „einschließen“ bzw. Beschlossensein bildlich bezeichnen.[1] Bildlich: Denn nicht etwa ist es so, dass reell die Prämissenbedeutung die Schlussbedeutung impliziert, wie es etwa der Fall wäre, wenn wir sagen, die konjunktive Verbindung „S ist P, und Q ist R“ enthalte „S ist P“, oder ein Satz der Form „S ist P“ enthalte die Vorstellung S. Dieses Enthaltensein ist reelles Enthaltensein von Bedeutung in Bedeutung. Dagegen handelt es sich bei den Schlüssen, und zwar den perfekten, um Enthaltensein im Sinne der Geltung. Das geltungsmäßige Enthaltensein, das auch heißt Enthaltensein der Folge im Grund, kann zugleich als ein reelles Enthaltensein dastehen, wie wenn der Schluss heißt: „Weil A und B ist, so ist A“. Aber das ist Ausnahmsfall, und dem Sinn nach fällt beides auch da nicht zusammen.

Dieses eigentümliche und, wie ich sagte, bildlich als Enthalten- oder Eingeschlossensein bezeichnete Verhältnis wird uns also gegeben in der Evidenz; oder vielmehr: Es kommt darin zur Gegebenheit die syntaktisch aufeinander gebaute Einheit von Voraussetzung und Folgesetzung, die sich evidenterweise doppelt prädikativ fassen lässt, nämlich in der Form „M schließt N als Folge ein“ und „N liegt in M beschlossen“.

Genau dieses selbe Verhältnis bzw. derselbe Schluss-Sachverhalt kann nun statt wirklich gesehen auch bloß vermeintlich gesehen sein und so dann überhaupt bloß gemeint sein, direkt gemeint in Form eines hypothetisch gegliederten Urteils. Natürlich besagt dieses nicht: nominal gemeint, sondern eben so, wie im Urteilen das Urteil „gemeint“ ist, nämlich Inhalt des Urteilens ist.

In diesem Falle blind und dabei evtl. falsch vollzogener Schlüsse müssen wir in der Tat sagen, zum Sinn derselben gehöre ganz so wie bei den einsichtig vollzogenen Schlüssen auch jene Perfektion. Das Urteilen m e i n t dann eben einen perfekten Notwendigkeitszusammenhang, mag derselbe übrigens in Wahrheit bestehen oder nicht, ganz so, wie es im Fall der Einsicht ihn einsieht. In anderen Fällen enthält das Urteil diesen Sinn der Perfektion nicht, aber es gehört dann zu dem Sinn, wenn er seine bestimmten Termini enthält, geltungsmäßig die Beziehung, dass der Schlusssatz, sei es in den Prämissen allein, sei es in ihnen nach einer Vervollständigung durch gewisse mit gleichen Terminis behafteten Prämissen liege. Jedenfalls gehört also der Unterschied zwischen perfekt und imperfekt in die Sphäre der Bedeutung selbst. Und die Bedeutungslage wird noch unbestimmter, aber bleibt im

[1] Analog: geltungsmäßiges Enthaltensein des Prädikats im Subjekte, des Subjekts mitsamt seinen Prädikaten im Sachverhalte.

Übrigen ähnlich, wenn die Termini bedeutungsmäßig nicht ausgezeichnet sind. Natürlich entsprechen all diesen Unterschieden auch hinsichtlich der konstituierenden Akte verschiedene Bewusstseinslagen.

Damit dürfte allem Erforderlichen Rechnung getragen sein. Ich habe zunächst die Beziehung auf Wahrheiten bevorzugt, weil es mir schien, dass diese Komplikationen Ihnen leichter zugänglich würden, wenn ich so täte, als ob schließende Urteile eben Wahrheiten seien, während sie im Allgemeinen, wie alle Urteile, sozusagen bloß Wahrheiten sein wollen.

Wir gehen nun zu weiteren Unterscheidungen über.

Eine fundamentale Scheidung ist die in propositionale und nichtpropositionale Schlüsse. Die ersteren sind dadurch ausgezeichnet, dass die ganzen Sätze, die als Prämissen oder in den Prämissen als Glieder auftreten, als Termini fungieren. In den nichtpropositionalen Schlüssen liegen die Termini in den Prämissen und Schlusssätzen als deren Glieder. Es ist das also eine formale Scheidung nach der Art der Termini, ob Satz oder Nichtsatz, wobei aber offen gelassen ⟨werden⟩ soll die Möglichkeit von Mischungen.

Die nichtpropositionalen Schlüsse sind schwer zu benennen, weil wir einen wirklich passenden Namen für die Vorstellungen, für mögliche Glieder einfacher Urteile entbehren. In unserer Terminologie müssten wir sagen: Vorstellungsschlüsse. Wir hätten danach die Einteilung in reine Satzschlüsse, reine Vorstellungsschlüsse, und evtl. in Mischung: Schlüsse, in denen sowohl Sätze wie auch Vorstellungen als Termini fungieren.

Die weitere Scheidung betrifft dann die Natur der Vorstellungen, und zwar ihre Bedeutungsform. Vorstellungen können sein nominale, adjektivische und relationelle, und danach scheiden sich die Vorstellungsschlüsse in nominale Schlüsse, adjektivische und relationelle, und zwar wieder unter Zulassung von Mischungen. Doch ich habe in dieser Aufzählung keine Beispiele gegeben.

Die propositionalen Schlüsse beruhen auf der Möglichkeit, dass ganze Sätze als Termini fungieren, und diese wieder darauf, dass es die drei Grundformen von propositional zusammengesetzten Urteilen bzw. Sätzen gibt, die wir konjunktive, disjunktive und hypothetische nannten: „M und N", „M oder N", „Wenn M, so N". Diese spielen in der Lehre von den propositionalen Schlüssen die beständige Rolle.

Wir erhalten nun z.B. einen solchen Schluss, wenn wir etwa schließen nach dem Schema: „Da beides gilt, gilt auch das eine." Oder wenn wir nach dem Schema des so genannten *modus ponens* schließen: „Ist es wahr, dass, wenn A gilt, auch B gilt, und gilt A, dann gilt auch B." Wieder: „Gilt, dass, wenn A ist, so B ist, und gilt B nicht, so gilt auch A nicht." Hier sind immer Sätze die Variablen, und dabei ist immer zu beachten, dass wir in diesen Schemen schließend keineswegs immer über die Sätze und ihre Wahrheit explizit prädikativ urteilen müssen, mit dem Prädikat „Gültigkeit“. Angenommen, jemand schlösse beispielsweise so: „Wenn Gott gerecht ist, so werden die Bösen bestraft. Nun werden die Bösen nicht bestraft, also ist auch nicht Gott gerecht.“ Hier können wir natürlich auch äquivalent sagen: „Wenn das Urteil wahr ist, ‚Gott ist gerecht‘, und wenn das Urteil wahr ist – usw.“ Aber das ist eine Mischung. Trotzdem fungieren die ganzen Sätze als Termini. Natürlich setzt das einen gewissen Hinblick auf diese Sätze voraus; aber das ist ja das Eigentümliche aller drei Arten von Satzverbindungen, dass sie sozusagen eine Unterschicht und eine Oberschicht haben. Die Einheit ist eine die schon abgeschlossenen Sätze formende Einheit und eine Einheit der Geltungsverbindung, nur dass nicht etwa die unterliegenden Sätze in der Weise von nominalisierten Sätzen fungieren.

Beispiele für Vorstellungsschlüsse bieten alle Syllogismen. Sie bilden eine Hauptklasse oder eine Verbindung von zwei Hauptklassen der Vorstellungsschlüsse, nämlich diejenigen, welche als variable Termini nominale Vorstellungen und Begriffe (d.i. volle Prädikate) haben. Oder sagen wir deutlicher: In Syllogismen – und das macht ihre Charakteristik aus – sind die in den primitiven Sätzen auftretenden Subjekte und adjektivischen Prädikate die Variablen. Ausschließlich betrachtet man Sätze und Satzverbindungen nach dem Gesichtspunkt ihrer Bildung aus kategorischen Sätzen (Existentialsätze ausgeschlossen), die als solche ihre Subjekte und Prädikate haben, und diese sind die Variablen. Das gibt aber eine ganz bestimmte Auswahl möglicher Schlüsse aus der Vorstellungssphäre, und keineswegs alle.

Ganz unberücksichtigt bleiben z.B. die Relationsschlüsse, besser Relatenschlüsse. Syllogistisch ist z.B. der Schluss „Alle Menschen sind sterblich etc.“ Nicht syllogistisch aber der Schluss „Wenn a φ b und b φ’ c, so ist a φ” c.“ (φ, φ’). (Hier haben wir zwar auch eine Bildung aus kategorischen Sätzen – jede Prämisse hat ja diese Form –, aber nicht die Prädikate der kategorischen Sätze, also „ähnlich b“, „ähnlich c“ sind Variable, sondern Variable sind bloß nominale Vorstellungen, nämlich die der Beziehungspunkte der Ähnlichkeitsrelationen. Solche Schlüsse hat die traditionelle Logik völlig ignoriert wie so viele andere.)

Eine weitere sich mit dieser kreuzende Einteilung der Schlüsse ist die in logisch-kategoriale und reale (parallel laufend natürlich der Einteilung der Gesetze in rein kategoriale und in reale), je nachdem abgesehen von den Terminis reale Vorstellungen im Schluss auftreten oder nicht. So enthält z.B. jeder auf die qualitativen Verhältnisse des Höher und Tiefer von Tönen bezogene Schluss reale Bestandstücke. Das Schlussgesetz ist hier selbst ein reales, nämlich etwa dies: „Wenn a höher ist wie b und b höher wie c, so ist a höher wie c"; ebenso wenn wir das Kongruenzverhältnis nehmen und somit Schlüsse der Form und des Gesetzes: „Wenn a kongruent mit b und b kongruent mit c, so a kongruent mit c." Offenbar sind in solchen Gesetzen die realen Relationsvorstellungen nicht wegzuschaffen. Ebenso wenn wir schließen: „Wenn a westlich von b, b westlich von c, so a westlich von c" (innerhalb derselben Umlaufsrichtung). Ebenso Schlüsse in Bezug auf Zeitverhältnisse etc.

Ganz anders in den Schlüssen, die an den reinen Bedeutungsformen hängen, in den spezifisch formal-logischen Schlüssen, also Schlüssen der Art wie der *modus ponens*, der *modus barbara*. Auch Relationsschlüsse gehören hierher, z.B. „Wenn a in einer gewissen Relation zu b steht und b in einer gewissen Relation zu c, so a in einer gewissen Relation zu c." Hier ist die Rede nicht von Höhenrelationen, von Zeitrelationen u.dgl., sondern überhaupt von einem In-Relation-Stehen.

Wir beobachten hier folgenden Unterschied. In den betreffenden hypothetisch schließenden Sätzen sind die Variablen überall unbeschränkt. Ich kann daher im Relationsschluss der Kongruenz für die Termini wirklich alles und jedes setzen, nämlich hypothetisch. Ich kann also z.B. auch sagen: „Wenn die Seele kongruent ist mit einem Haus und wenn dieses Haus kongruent ist mit der Zahl π, so ist die Seele kongruent mit der Zahl π." Und zwar in Wahrheit kann ich das sagen. Dagegen als Schluss im prägnanten Sinn, als kausales Urteil, kann dergleichen nie wahr sein. Denn der Schluss ist nur wahr, wenn die Prämissen eben wahr sind, wie sie urteilsmäßig als Wahrheiten gesetzt sind. Und da zeigt es sich, dass die Variabilität der Termini im Schluss *a priori* gebunden ist: Der Kongruenzschluss setzt Raumgrößen voraus – nur solche Größen können in diesem Verhältnis stehen; der Höhenschluss (die Höhe als qualitative Höhe gedacht) setzt voraus die Qualitätsgattung – es ist die Variabilität gebunden an die Gattung Tonhöhe. Und so überall.

Ganz anders in den rein kategorialen Schlüssen. In diesem Sinn ist hier die Variabilität nicht beschränkt, nämlich an gar keine reale Gattung ⟨gebunden⟩. Natürlich, wenn im Schluss vorkommt „Alle A sind B", so müssen in Wahrheit die A die Beschaffenheit B haben; aber an keinerlei Gattung sind wir gebunden z.B. im *modus barbara*: Wir können für B ein beliebiges Prädikat setzen, und dann erst beschränkt das Prädikat die Variabilität des Subjekts.

Danach können wir, wie es scheint, sagen, dass die Sphäre der rein logischen Schlüsse systematisch abgegrenzt sei als die der rein kategorialen Schlüsse, Schlüsse also, die neben den Terminis, welche frei variierbar sein müssen, wenn der Schluss wahr ist, nur kategoriale Formen und überhaupt nur kategoriale Bedeutungen enthalten.

Indessen ist hier noch eine Begrenzung zu vollziehen, die innerhalb der kategorialen Urteilssphäre, im Besonderen innerhalb der Sphäre rein kategorialer Schlüsse verläuft.

Wir orientieren uns am besten an Beispielen. Es ist zweifellos, dass die Begriffe „Inbegriff" (oder wie die Mathematiker sagen: „Menge") Anzahl, Ordinalzahl, Kombination u.dgl. rein kategorial sind in unserem Sinn. Demgemäß auch die zu ihnen gehörigen Relationsschlüsse, wie z.B. dass aus „a mehr wie b" folgt: „b weniger wie a", dass in Beziehung auf Mengen aus „a in b, b in c" folgt: „a in c" usw. Die hier auftretenden Relationstermini sind als im Wesen der kategorialen Begriffe Menge, Anzahl gründende selbst kategorial. Nun ist es aber offenbar, dass solche Schlüsse von einem anderen Charakter sind als die in der traditionellen Logik behandelten, z.B. „Wenn jedes A B ist, so gibt es kein A, das nicht B ist", „Wenn einige a b sind, so braucht darum nicht jedes a b zu sein" u.dgl.

Schon darin merken wir einen Unterschied, dass jene Mengenschlüsse, Zahlenschlüsse u.dgl., ähnlich wie die real sachhaltigen Schlüsse hinsichtlich der Variabilität ihrer Termini gebunden sind, gebunden beziehungsweise an die Zahlensphäre, an die Mengensphäre usw. Wo aber in einem Syllogismus, und überhaupt in der besonderen Schlusssphäre, die wir jetzt abgrenzen wollen, irgendein nominaler Terminus steht, also ein Terminus etwa von der Form „etwas, das a ist", da können wir für das „etwas" wirklich alles und jedes substituieren; wir sind hier nicht gebunden, es sei denn an die Bedeutungsform „nominale Vorstellung".

Charakteristisch ist aber Folgendes. Gehen wir von der Formenlehre der Urteile aus, und der Bedeutung überhaupt, so bilden alle Geltungsgesetze, welche durch die reine Form im Sinne dieser Formenlehre bestimmt sind, eine geschlossene Gesetzesgruppe. Und demgemäß auch alle Schlussgesetze dieser Art, das heißt: die rein auf die Bedeutungsform bezogen sind. Wir können solche Gesetze ihrem Typus nach etwa so charakterisieren: Wenn irgendein Satz der apodiktischen Form M gilt, so gilt ein Satz der korrelaten Form N. Darunter befassen können wir die Fälle, wo aufseiten der Hypothesis und Thesis beliebig viele Sätze auftreten, also „Wenn irgendwelche Sätze der Formen M' M" ... gelten, so gelten zugleich die Sätze der korrelaten Formen N N' ...". Wir können ja M' M" ... in einen konjunktiven Satz gefasst denken.

Es handelt sich, können wir deutlicher sagen, überall hier um Gesetze, die den Charakter reiner Funktionswahrheiten haben, und näher solcher, deren Funktionen die apophantisch-logischen Funktionen, die rein propositionalen Formen sind.

Selbstverständlich sind diese Gesetze bezogen gedacht auf die in den Sätzen auftretenden Termini, welche innerhalb ihres rein grammatischen Typus, der ihnen durch die Satzformen vorgezeichnet ist, unbeschränkte Variable sind. Z.B. wenn zusammen zwei Sätze der Formen „Alle A sind B" und „Alle B sind C" gelten, so gilt ein Satz der entsprechenden Form: „Alle A sind C", und zwar für dieselben Wertesysteme. Wenn irgendein Satz der Form „Irgendetwas ist A" gilt, so gilt der Satz entsprechender Form: „Dasselbe Etwas ist nicht nicht-A" usw.

Die hier dem Typus nach bezeichneten Schlussgesetze bestimmen nun eine in sich geschlossene Klasse von ihnen korrespondierenden bestimmten Schlüssen. Es sind die im prägnanten Sinn apophantischen Schlüsse, die Schlüsse der Bedeutungslogik. Sie sind dadurch ausgezeichnet, dass ihre konditionalen Termini nur durch die rein grammatische syntaktische Kategorie charakterisiert und beschränkt sind und dass sich in den Sätzen, aus denen sich diese Schlüsse aufbauen, neben diesen konditionalen Terminis überhaupt keine Termini mehr finden, sondern nur die unselbständigen apophantischen Formen, die „ist", „nicht", „und", „oder", „entweder" usw.

Vergleichen wir die Schlüsse der apophantischen Sphäre mit denjenigen der weiteren kategorialen Sphäre, z.B. mit den Zahlenschlüssen, Mengenschlüssen u.dgl., so sehen Sie, dass die letzteren in der Tat durch den angegebenen Charakter wesentlich sich unterscheiden von den apophantischen Schlüssen. Schließen wir: „Wenn a mehr ist als b, so ist b weniger als a", so können die nominalen Vorstellungen a und b nicht innerhalb der nominalen Sphäre frei variieren; von vornherein können wir daher gleich sagen: „Wenn die Zahl a mehr ist als die Zahl b ...", womit wir den Umfang der Variation bezeichnen. Ferner bleiben nach Abzug der Termini nicht bloß apophantische Formen übrig; vielmehr treten hier Relationstermini auf: „mehr – weniger", die nicht Träger der Konditionalität (bzw. im Gesetz Träger der Gesetzlichkeit) sind.

In Bezug auf die apophantischen Schlüsse und Schlussgesetze füge ich noch bei, dass wir zu ihnen auch die unmittelbar äquivalenten Umformungen rechnen, welche durch bloße Umschreibung mittels kategorialer Termini erwachsen. So z.B. wenn wir in einem Schluss, statt zu sagen: „Weil alle Menschen sterblich sind ...", vielmehr sagen: „Weil der Satz ‚Alle Menschen sind sterblich' gilt", „Weil der Sachverhalt besteht" u.dgl. Wir könnten auch sagen: „Weil alle Menschen das Prädikat sterblich haben, dem Begriff sterblich unterstehen" oder auch: „Weil alle Gegenstände, die Menschen sind usf." Das sind vom Standpunkt der Geltungslogik und für ihre Interessen außerwesentliche Umformungen.

Offenbar ist, dass der Scheidung der Schlussgesetze parallel läuft die allgemeinere der kategorialen Gesetze überhaupt, also eine Einteilung derselben in kategoriale Geltungsgesetze, die rein apophantische Funktionen als Funktionsinhalt ihrer Universalität haben, und in kategoriale Gesetze, die diese Beziehung nicht haben. In die letztere Klasse gehören alle rein arithmetischen, alle rein mengentheoretischen Gesetze u.dgl. Dass es sich jetzt wirklich um eine allgemeinere Unterscheidung handelt, ist klar. Alle rein arithmetischen Gesetze sind, wie wir noch näher begründen werden, kategoriale Gesetze, aber nicht alle solche Gesetze sind Schlussgesetze. Zwar können wir aus jedem echten Gesetz Schlussregeln ziehen, aber nicht jedes ist selbst ein Schlussgesetz. Z.B. das Gesetz, dass jede Gleichung vierten Grades algebraisch lösbar ist, ist in sich kein Schlussgesetz. Ebenso sind auch nicht alle rein apophantischen Gesetze Schlussgesetze. Z.B. das Gesetz, dass jedes Urteil der Form „A ist α und ist zugleich nicht α" falsch ist, ⟨ist⟩ in sich kein Schlussgesetz. Damit hängt es zusammen, dass eine Theoriewissenschaft der apophantischen Schlüsse, und wieder, dass eine Theoriewissenschaft der Mengenschlüsse, eine Theoriewissenschaft der Anzahlenschlüsse u.dgl., ich sage, dass solche Theorien keine Sonderexistenz und kein Sonderrecht haben gegenüber einer theoretischen Apophantik überhaupt, einer theoretischen Mengenlehre überhaupt, einer theoretischen Arithmetik überhaupt usw. Dabei spielt freilich ein noch unerörterter Begriff von theoretischer Wissenschaft hinein, den Sie sich aber am Exempel der Arithmetik vorläufig deutlich machen können.

Historisch bemerke ich noch, dass die ältere Logik den Unterschied zwischen spezifisch logischen Schlüssen und außerlogischen nicht gekannt hat, geschweige denn, dass sie über einen Begriff des spezifisch Logischen, sei es im Sinn des Kategorialen überhaupt, sei es im ausgezeichneten Sinn des Apophantischen, verfügt hätte. In neuester Zeit empfand man hier und da das Bedürfnis nach einer Unterscheidung zwischen logischen und außerlogischen Schlüssen, aber von den fundamentalen Unterscheidungen, die wir zu bezeichnen versuchten, finden wir keine Spur.

Sigwart hat es sogar versucht, jede Scheidung zu leugnen, die spezifisch logische Schlussformen von außerlogischen trennen möchte. Aber er verwickelt sich dabei in kaum begreifliche Trugschlüsse. Er geht von der Bemerkung aus, dass alle Notwendigkeit ihren Grund hat in einer Gesetzlichkeit (obschon der reine und strenge Gesetzesbegriff bei ihm nicht zur Abhebung kommt). Er sagt weiter, die einzige Form, in der uns Notwendigkeit zum Bewusstsein komme, sei die der Folge aus der entsprechenden Allgemeinheit, ein Satz, der schon sehr bedenklich ist, obwohl Wahrheit hinter ihm steckt. Und daraus folgert er nun, dass jeder Schluss einen allgemeinen Obersatz enthalte und die Form der Einsetzung des Besonderen in das Allgemeine bzw. einer Annahme des Besonderen aufgrund des Allgemeinen besitzen müsse.* Wäre diese Auffassung richtig, dann verschwände auch der Unterschied zwischen realen und kategorialen, zwischen nichtapophantischen und apophantischen Schlüssen, denn alle Schlüsse wären eigentlich von einer einzigen Form, Schlüsse vom Allgemeinen auf das Besondere, und somit apophantisch gültig. Es ist aber klar, dass diese Auffassung zu einem unendlichen Regress führt. Denn wenn in einem gegebenen Fall vom Allgemeinen auf das Besondere geschlossen wird, so dürfte dies nur geschehen in Hinblick auf das allgemeine Gesetz, dass man überhaupt vom Allgemeinen auf das Besondere schließen dürfe. Dann hätten wir aber wieder einen Schluss vom Allgemeinen auf das Besondere vollzogen, wir müssten also wieder auf den Obersatz, dass man vom Allgemeinen auf das Besondere schließen dürfe, zurückgehen, und so *in infinitum*. Es ist allerdings sicher, dass alle Schlüsse auf den Typus des Schlusses vom Allgemeinen auf das Besondere zu bringen sind, nämlich durch eine gewisse äquivalente Umwandlung; dass es sich um eine bloß äquivalente Umwandlung handelt, sieht Sigwart nicht. Schließen wir: „Wenn a größer b, so ist b kleiner a", so wäre das nach Sigwart kein vollständiger Schluss. Vollständig hätten wir zu schließen: „Es gilt das Gesetz, dass, wenn $a > b$, so $b < a$. Nun gilt für die jetzt gegebenen a, b: $a > b$. Also ist auch hier $b < a$." Hier wird das Schlussprinzip in eine Prämisse verwandelt und dann ein neuer Schluss konstruiert, der vom Allgemeinen auf das Besondere. Das ist eine sicher mögliche, und *a priori* mögliche Umwandlung. Andererseits ist es klar, dass der nun vollzogene neue Schluss eben ein Schluss ist und dass auch er als solcher eine Notwendigkeit ist, die auf gesetzmäßige Allgemeinheit zurückweist, und dass, wenn wir dies formulieren und durch Subsumtion unter sie schließen müssten, wir wieder auf einen neuen Schluss kämen, und so *in infinitum*. Es ist also falsch, dass der erstbetrachtete Intensitätsschluss unvollständig ist. Wahr ist nur, dass jeder Schluss unter sein Gesetz gebracht werden kann; und wieder, dass mittels der Formulierung aller Schlussgesetze und ihrer Hineinziehung in die Prämissen alles Schließen auf Subsumtion zurückgeführt werden kann. Die mannigfaltigen Schlussgesetze sind damit aber in

* Vgl. Sigwart, *Logik*, Bd. I, S. 429f.

ihrer Eigenart nicht beseitigt, sondern sie bleiben, was sie sind. Die Tatsache aber, dass man auf dem angegebenen Weg alle realen Schlüsse auf kategoriale und selbst innerhalb der kategorialen Sphäre alle Schlüsse auf apophantische und alle apophantischen auf den einen Subsumtionsschluss zurückführen kann, ist darum doch von großer Wichtigkeit. Es ist das der Weg, der z.B. eine „Arithmetisierung" aller sachhaltigen mathematischen Disziplinen oder ihre Formalisierung ermöglicht und innerhalb der formalen Mathematik selbst das Ideal höchster Strenge ermöglicht, das eben in der Reduktion der vollendeten Deduktion auf lauter Schritte bloßer Subsumtion besteht. Aber hier ist nicht der Ort, den Sinn dieser Verfahrungsweise aufzuklären.

Noch[1] eine innerhalb der Lehre vom Wesen der Schlüsse sehr wichtige Unterscheidung haben wir zu besprechen. Es handelt sich um die Unterscheidung zwischen unmittelbaren und mittelbaren Schlüssen. Orientieren wir uns wieder an Beispielen: Ein unmittelbarer Schluss liegt vor, wenn wir etwa urteilen: „Das Dreieck ABC ist ein gleichseitiges Dreieck, und da jedes gleichseitige Dreieck gleichwinklig ist, so ist auch dieses Dreieck gleichwinklig." Es wäre aber schon ein mittelbarer Schluss, wenn wir so urteilen wollten: „Die Eigenschaft der Gleichseitigkeit kommt dem Dreieck ABC zu. Da jedes gleichseitige Dreieck gleichwinklig ist, so ist auch dieses Dreieck gleichwinklig." Beide Schlüsse sind durchaus äquivalent. Aber die eine Prämisse haben wir durch eine äquivalente Relationsprämisse ersetzt, und diese Prämissenänderung macht es, dass nun der Schlusssatz nicht unmittelbar in den Prämissen liegt. Ebenso wäre es, wenn wir bei Erhaltung der ursprünglichen Prämissen den Schlusssatz in ein Relationsurteil verwandeln und ihm das umgekehrte Relationsurteil substituieren würden: „Die Eigenschaft der Gleichwinkligkeit kommt dem Dreieck ABC zu." Ähnlich verhält es sich, wenn wir schließen: „$a > b$. $b > c$. Also $c < a$." Unmittelbar liegt in den Prämissen $a > c$, und ein weiterer Schritt unmittelbarer Schlussfolgerung (der Umkehrung) ergibt erst $c < a$.

Man wird sagen müssen, dass dieser Unterschied der Unmittelbarkeit und Mittelbarkeit zum bedeutungsmäßigen Wesen der hypothetisch schließenden Zusammenhänge bzw. Schlüsse gehört (und eigentlich wäre der natürliche Ort der Behandlung dieses Unterschieds ein früherer, bei dem Unterschied der perfekten gewesen) und keineswegs Zufälligkeiten unserer subjektiven Akte betrifft. Nehmen wir die imperfekten hypothetischen Zusammenhänge hinzu, so können wir sagen, dass auch sie von dem Unterschied betroffen werden, nämlich imperfekte hypothetische Zusammenhänge sind

[1] *Notiz (1910/11)* Voranstellen vor ⟨Blatt⟩ 169. *Siehe S.* 258, *Anm.* 1.

eo ipso mittelbar: Jeder solche weist zurück auf eine perfekte hypothetische Beziehung, und zwar auf eine unmittelbare oder einen Zusammenhang unmittelbarer und hat selbst den Charakter der Mittelbarkeit.

Jeder mittelbare Schluss und überhaupt jede mittelbare hypothetische Beziehung weist auf einen schließenden Zusammenhang zurück, der sie begründet und der selbst aus lauter unmittelbaren Schritten besteht. Eine unmittelbare hypothetische Beziehung ist ihrem Wesen nach perfekt und irreduktibel: Es ist eine solche, in der eben unmittelbar die Folge im Grund liegt. Auch reduktible hypothetische Sätze sind bloß mittelbar: Jede überflüssige Prämisse kann als Prämisse nur mittun vermöge eines Notwendigkeitsgedankens, und dieser ist ein wesentlich anderer als der dem reduzierten Schluss entsprechende. Beides verknüpft sich nur durch eine Mittelbarkeit und einen begründenden Schluss.

Danach ist der Unterschied zwischen unmittelbaren und mittelbaren hypothetischen Beziehungen, und näher Schlüssen, ein sehr wesentlicher und hätte eigentlich schon vor dem Unterschied der Perfektion und der Irreduktibilität besprochen werden müssen.[1]

Mit[2] dem Unterschied, den wir eben erörtert haben, hängt zusammen der Unterschied der zusammengezogenen und entfalteten Schlüsse bzw. Beweise und somit der Begriff des Beweises. Schlüsse können sich miteinander verketten: Aus einer oder mehreren Prämissen, sagen wir A, folgt B, aus B in Verbindung mit neuen Urteilen B' folgt C, aus C in Verbindung mit neuen Urteilen C' folgt D usw. Das Ganze endet mit einem letzten Schlusssatz Z. So sieht jeder Beweis aus. Psychologisch gesprochen: Wollen wir Z beweisen, nehmen ⟨wir⟩ dabei schon bekannte Wahrheiten zum Ausgangspunkt, bzw. Sätze, die wir für Wahrheiten halten; geben diese das Z nicht direkt her, so suchen wir einen Beweisweg zu Z, indem ⟨wir⟩ uns im Gebiet unserer gewonnenen Erkenntnis umsehen und aus dem Fonds bereits begründeter Wahrheiten neue Prämissen heranziehen, die, mit den schrittweise erschlossenen verbunden, uns in solcher Schlussverkettung endlich zu dem Z führen. Solcher Wege bedarf es, weil nur unmittelbare Schlüsse unmittelbar einleuchten; in unmittelbaren Schlüssen liegt die Folge direkt im Grunde und kann daher in der Evidenz unmittelbar aus den Prämissen entnommen werden. Wo aber eine Wahrheit nicht direkt gegeben und nicht direkt aus Grundwahrheiten zu entnehmen ist, da kann sie als mittelbar in denselben enthalten evtl.

[1] Es ist auch zu überlegen, inwiefern in jedem gewöhnlichen Syllogismus wirklich schon eine Mittelbarkeit liegt, mit der verschiedenen Anordnung der Prämissengedanken.

[2] *Randbemerkung (wohl 1910/11)* Beweis (analytischer Beweis).

eingesehen werden, und das leistet ein bestimmt gebauter Beweisgang, d.h. ein bestimmt gebauter Zusammenhang von einfachen Schlüssen, und zwar unmittelbaren.

Sehen wir nun auf die bedeutungsmäßige Konstitution der Schlusszusammenhänge, die in der Tat einen Beweis im echten logischen Sinn ausmachen, so müssen offenbar alle einzelnen Schlüsse, die ihn aufbauen, perfekte und näher unmittelbare sein. Weiter muss der Zusammenhang insofern den Charakter der Perfektion haben, dass keiner der Schlüsse und Partialzusammenhänge überflüssig ist, also ohne Schaden für das Resultat weggestrichen werden kann. Damit hängt Folgendes zusammen. Der ganze Beweiszusammenhang ist nicht bloß eine Verknüpfung von Schlüssen, also von Urteilen, sondern selbst eine Urteilseinheit, ein Urteil, und aus diesem kann nach evidenten und nahe liegenden Gesetzen immer ein einfaches kausales Urteil abgeleitet werden, dessen Prämissen die gesamten im Beweis in den einzelnen Schritten verwendeten Prämissen, und zwar die in ihm nicht erschlossenen konjunktiv zusammenfassen, während der kausale Nachsatz der bewiesene Satz ist.[1] Z.B. „Weil A ist, ist A'; weil A' und B ist, ist B'"; daraus können wir ziehen: „Weil A und B ist, ist B'." Geht der Beweis weiter: „Weil B' und C ⟨ist⟩, ist C'", so können wir herausziehen: „Weil A und B und C ist, ist C'" usw. Zuletzt haben wir also: „Weil A B C ... Y ist, ist Z." In einem perfekten und irreduktiblen Beweis muss dieses kausale Urteil perfekt und irreduktibel sein, es darf sich keine der Prämissen und keiner ihrer Teilsätze wegstreichen lassen. Andererseits darf dieses Urteil nicht selbst ein unmittelbarer Schluss sein, sonst wäre der ganze Beweis überflüssig, das Z, der Schlusssatz läge ja unmittelbar geltungsmäßig in den A B ... Y darin. Einen solchen Schluss umgekehrt, „Weil A B ... Y ist, ist Z", nennen wir einen zusammengezogenen Beweis. Seiner Natur nach, da er ein mittelbarer Schluss ist und dabei ein perfekter und irreduktibler, fordert er eine Entfaltung in einen Zusammenhang sich verkettender unmittelbarer Schlüsse, und zwar in einen perfekten Beweis. Der Beweis ist die Entfaltung und heißt entfalteter Beweis nur mit Beziehung auf jenen Schluss, der die gesamten Gründe zusammenzieht und die erwiesene Folge auf sie bezieht. Im korrekten Beweis bilden also die sämtlichen nicht in ihm erschlossenen Prämissen in ihrer Einheit einen perfekten und irreduktiblen Grund für den Schlusssatz als Folge.

---

[1] *Gestrichene Notiz* Termini! Unterschied der Buchstabentermini, die grammatisch kategoriale Form haben und in ihr eine Sphäre der Variabilität haben, und des „Etwas", das unbeschränkte Variable ist. So in allen Schlussgesetzen. Hat das nicht Einfluss auf die Begriffsbestimmung von Terminus?

Zu[1] beachten ist immer wieder, dass es eine Wesenseigentümlichkeit des Schlussgebietes ist, dass es einen Unterschied zwischen unmittelbaren und mittelbaren Schlüssen gibt und dass in Zusammenhang damit der zusammenziehende Schluss[2] wesentlich mittelbar ist. Der Beweisgang ist ein im echten Beweis fester und nicht ein zu ersparender sozusagen. Das schließt nicht aus, dass es für denselben Satz mehrere Beweise gibt, nämlich mit Beziehung auf verschiedene Prämissensysteme.

Wenn Sie sich diese Sachlage im Einzelnen an geometrischen Beweisen klarmachen, so müssen Sie natürlich dafür sorgen, dass der Beweis wirklich vollständig ist, dass unter den Prämissen jedes verwendete Axiom ausdrücklich aufgenommen und durch Rekurs auf Anschauung statt auf formulierte Axiome kein Axiom unterschlagen sei.[3]

Aus den Darstellungen der letzten Vorlesung geht hervor, dass auch Schlüsse und Beweise ihre wesentlichen bedeutungstheoretischen Charakteristika haben und dass es auch in dieser Sphäre gelingt, unter Absehen von allem Psychologischen rein objektive und ideale Unterscheidungen abzugrenzen, die in das System der apriorischen Bedeutungslogik hineingehören.[4]

Ich habe zu den Ausführungen der letzten Vorlesung noch eine Ergänzung hinzuzufügen. (In einem irreduktiblen perfekten Beweis haben wir eine Verkettung unmittelbarer und nicht zu entbehrender Schlüsse, die von

[1] *Randbemerkung (wohl 1910/11)* Unmittelbar⟨keit⟩ und Mittelbarkeit in Bezug auf Beweise.

[2] *Gestrichen* der die im logischen Beweis sich entfaltenden Verknüpfungen von Gründen und Folgen auf den Zusammenhang zwischen der letzten erwiesenen Folge und dem Inbegriff ihrer Gründe reduziert.

[3] *Gestrichen* Selbstverständlich ist es ferner, dass auch eine Mehrheit von Beweisen sich zusammenschließen können zu der Einheit einer zusammenhängenden Beweisverkettung, und dass eine solche Verkettung den Charakter eines einzigen zusammenhängenden Beweises annehmen kann.

[4] *Gestrichen* Im Zusammenhang mit der Aufklärung bzw. Bestimmung des Begriffes unmittelbarer Schluss können wir einen von uns schon viel benützten sehr wichtigen Begriff, nämlich den der unmittelbaren Äquivalenz bestimmen. (Wir könnten scheiden absolute Äquivalenz als perfekte und irreduktible, und relative, imperfekte. Z.B. zwei Axiomensysteme sind äquivalent im absoluten Sinn, sie sind perfekte irreduktible Folgen voneinander.) Im weitesten Sinn äquivalent sind zwei Sätze M und N, die wechselseitig auseinander folgen. Da die Rede von Folgen auf einen schließenden Zusammenhang zurückweist, so müssen wir noch näher bestimmen, dass dieser Zusammenhang beiderseits derselbe sein soll, d.h. wir beziehen uns auf ein und dasselbe System von Terminis und auf einen Fonds auf diese bezüglicher Grundwahrheiten, mit Beziehung auf welche M aus N und N wieder aus M folgt. Dabei brauchen aber M und N rein für sich betrachtet nicht dieselben Termini zu haben. Von ungleich größerer Wichtigkeit ist der besondere Fall, wo M und N unmittelbar auseinander folgen, wo also keine weitere Wahrheit zum Beweis zu adjungieren ist. Das ist der Fall der unmittelbaren Äquivalenz (Äquipollenz). Ein anderer wichtiger Fall ist der der perfekten Äquivalenz, wo M und N perfekte (und irreduktible) Folgen voneinander sind, also auch keines Sukkurses anderer Wahrheiten bedürfen.

den Ausgangsprämissen zum Schlusssatz hinführen. Beweisgründe sind die ersten Prämissen, aber nicht nur die, sondern alle im Fortgang des Beweises begründenden, aber in ihm nicht selbst begründeten Prämissen. Verknüpfen wir den Inbegriff der Beweisgründe, so können wir aussagen, dass aus diesem Inbegriff der erwiesene Satz folgt, dass er aus ihnen erwiesen ist, und so entsteht eine kausale Wahrheit, die den Beweis in einen mittelbaren Schluss zusammenzieht.) Zum prägnanten Begriff eines Schlusses und Beweises gehört, dass er uns etwas Neues lehrt, nämlich etwas, das zwar in den Beweisgründen beschlossen ist, aber eben erst daraus herauszuholen ist; und etwas sachlich Neues und nicht bloß etwas, was sich als eine bloß logische und sachlich irrelevante Modifikation darstellt. (Wir hätten in dieser Hinsicht schon bei den Schlüssen einen Unterschied geltend machen müssen mit Beziehung auf die letzthin erwähnten Modifikationen der apophantischen Gesetze, die wir als logisch außerwesentlich bezeichneten.) Wenn wir von Schlüssen in prägnantem Sinn sprechen, denken wir nicht an Schlüsse der Art wie der folgende: „Sokrates ist sterblich. Also hat er die Eigenschaft der Sterblichkeit" oder „Also ist der Gegenstand der Vorstellung Sokrates sterblich" etc. Aus den Beispielen geht hervor, dass derartige Modifikationen, welche immer gestattet sind und darin bestehen, dass indirekte Bezeichnungen der apophantischen Funktionen eingeführt werden oder korrelativ eingeführt werden ontologische Kategorien (wie wenn statt „Sokrates" gesagt wird: „Gegenstand Sokrates", statt „sterblich": „Eigenschaft der Sterblichkeit"), als außerwesentlich gelten. Und das gilt natürlich auch im Zusammenhang der Beweise.

Schalten wir dies aus, so zerfallen die unmittelbaren Schlüsse[1] in solche, bei denen Prämissen und Schlusssätze sich bloß durch die logische Form unterscheiden, also beiderseits die Termini dieselben ⟨sind⟩, und solche, wo das nicht der Fall ist; z.B. „Alle Menschen sind sterblich. Also, es gibt keinen Menschen, der nicht sterblich ist". Da haben wir dieselben Termini, nur in anderer logischer Verknüpfung. Auf der anderen Seite stehen die Fälle, wo die Termini nicht dieselben sind. Dahin würde schon gehören ein Schluss wie „Sokrates ist ein Mensch. Also, es gibt einen Menschen". Eine weitere, sich mit dieser kreuzende Unterscheidung ist die zwischen Schlüssen aus einer Prämisse und Schlüssen aus mehreren. Und unter den letzteren treten uns entgegen die besonders interessanten Schlüsse,[2] wo zwei Prämissen durch einen gemeinsamen Terminus verkettet sind und der Schlusssatz nun den

[1] *Gestrichen* und zwar die rein apophantischen.
[2] *Einfügung (1910/11)* die Eliminationsschlüsse.

gemeinsamen Terminus nicht enthält und die jeder der Prämissen eigentümlichen Termini in eine neue logische Verbindung bringt. So ist es beim Gleichheitsschluss, beim Größenschluss, und so in der rein apophantischen Sphäre beim Schluss „Alle A sind B. Alle B sind C. Also alle A sind C"; oder auch „$M \in N \in P$". Unter Schlüssen im prägnanten Sinn pflegt man solche Schlüsse zu verstehen. Das „Neue", das sie lehren, besteht in einem wahren Satz, der unmittelbar noch nicht verknüpfte Termini zur Verknüpfung bringt. Wir könnten solche Schlüsse Eliminationsschlüsse nennen. Die traditionelle Logik scheidet hier in der Regel nur Schlüsse aus einer Prämisse als bloße „Folgerung" und Schlüsse aus mehreren Prämissen. (Doch ist das nicht ganz korrekt, dass sie Schlüsse aus mehr als zwei Prämissen als mittelbare ansieht und ebenso nicht beachtet, dass auch Schlüsse aus zwei Prämissen nicht immer dem von ihr in der Regel gemeinten Typus der Eliminationsschlüsse angehören. Es mischt sich übrigens bei ihr, wie mir scheint, auch die Unterscheidung der Schlüsse, die nichts weiter tun, als die logische Form zu ändern, von solchen, die im Sachverhalt eine Änderung hervorbringen, unklar mit hinein.

Mit dem Begriff des Eliminationsschlusses hängt offenbar ⟨der⟩ des Eliminationsbeweises zusammen, d.h. eines solchen, der mittelbar aus einer Anzahl von Beweisgründen ein Eliminationsresultat zieht. Dahin gehört jeder so genannte Kettenschluss, z.B. „Alle A sind B, alle B C, alle C D etc. Also alle A D".

Wir beschließen die Betrachtungen über Schlüsse mit einigen wichtigeren Bestimmungen über logische Äquivalenz und Äquivalenz überhaupt. Äquivalent heißen zwei Sätze M und N, die wechselseitig auseinander folgen. Das kann mittelbar der Fall sein. Da die Rede vom Folgen auf einen schließenden bzw. beweisenden Zusammenhang mit den darin ausgezeichneten Terminis hinweist, so müssen wir näher bestimmen, dass dieser Zusammenhang beiderseits wesentlich derselbe sein, d.h. sich beziehen soll auf dasselbe System von Terminis und einen und denselben Fonds von Beweisgründen. Also mit Beziehung auf denselben Inbegriff von Grundwahrheiten und dieselben Termini soll M aus N und N aus M folgen bzw. beweisbar sein. Natürlich brauchen dabei M und N nicht dieselben Termini zu haben.

Der einfachere Fall ist der, dass M und N unmittelbar auseinander folgen, ohne Rekurs also auf eine zu adjungierende Wahrheit als außen liegenden Beweisgrund; immer aber festgehalten in Bezug auf dieselben Termini. Wir sprechen da von unmittelbarer Äquivalenz. Beispiele von mittelbarer Äquivalenz: dass im System der euklidischen Geometrie, also mit Beziehung auf das System der Axiome als letzter Grundwahrheiten, der Satz von der

Winkelsumme und der pythagoreische Lehrsatz äquivalent seien. Sie sind mittelbar, relativ äquivalent. Beispiele von unmittelbarer Äquivalenz sind: „Wenn a > b, so b < a“, „Wenn a = b, so b = a“ usw. (Ein besonderer Fall von mittelbarer Äquivalenz wäre der der perfekten oder absoluten Äquivalenz im prägnanten Sinn, wo M und N perfekte und irreduktible Folgen auseinander sind, also auch ohne Sukkurs von anderen Wahrheiten als Grundwahrheiten. Dazu gelangen wir, wenn wir alle Beweisgründe, mit Beziehung auf welche eine relative Äquivalenz statthat, in die betreffenden Prämissen mit hineinziehen. Sie würde sich dann in eine perfekte verwandeln. Danach würde sich scheiden relative Äquivalenz von absoluter, und innerhalb der absoluten unmittelbare und mittelbare.)

Wichtiger ist aber die Hervorhebung der spezifisch logischen Äquivalenz, genauer gesprochen der apophantisch-logischen. In diesem Sinn sind a > b und b < a nicht äquivalent, aber wohl äquivalent die beiden Urteile „Alle Menschen sind sterblich“ und „Es gibt keinen nicht sterblichen Menschen“. Hier ist die Folgerung eine apophantische, unter rein apophantischen Folgerungsgesetzen stehend.

Ein besonderer Fall der logischen Äquivalenz ist die durch die besprochenen außerwesentlichen kategorialen Modifikationen. Sie bringen unter allen Umständen unmittelbar äquivalente Änderungen hervor, und näher solche, die gewissermaßen dieselbe Sachlage, nur in verschiedener Weise mittels Subsumtion unter kategoriale Begriffe umschreiben. Von so äquivalenten Urteilen pflegt man zu sagen, sie seien im Wesentlichen dasselbe Urteil; z.B. „Rot ist eine Farbe“ – „Rot ist eine Farbenart“; „Jeder Mensch ist sterblich“ – „Jeder Mensch hat die Beschaffenheit der Sterblichkeit“. Im Übrigen sagt man auch bei anderen unmittelbaren Äquivalenzen gelegentlich, das Urteil sei im „Wesentlichen“ dasselbe, z.B. „Irgendetwas ist rot“ und „Es gibt etwas Rotes“; „Einige Menschen sind weise“ = „Es gibt weise Menschen“. Ja sogar bei sachhaltigen Äquivalenzen wie a > b, b < a spricht man so. Nämlich die geurteilte „Sachlage“ ist in der Tat in gewissem Sinn beiderseits dieselbe, dieselbe Sachlage ist gewissermaßen in doppelter Weise kategorial gefasst und geurteilt. Im Fall der unmittelbaren logischen Äquivalenz haben wir einen sachlichen Gehalt nur ⟨in⟩ den Terminis ausgedrückt, die in den beiden äquivalenten Sätzen dieselben sind. Die beiden Sätze sind von demselben Sachgehalt und nur von verschiedener logischer Form, und zwar so, dass die Sachlage beiderseits dieselbe ist. Genauer besehen steckt übrigens der Sachgehalt ausschließlich in den letzten Inhalten, in den Kernen; wie man denn überhaupt korrekterweise sagen müsste, dass in allen Verhältnissen des Schließens, also in allen Verhältnissen von Grund und Folge, die Vorstellungskerne die wahren letzten Termini sind und das in den Schlussgesetzen wahrhaft Variable, während die Form, die diese Kerne haben, die grammatische Gestaltung zur nominalen, adjektivischen Vorstellung etc., offenbar mit zu dem ganzen apophantischen Formgehalt gehört, der konstant bleibt.

Der Name Äquivalenz weist auf die Funktion von Urteilen als möglichen Prämissen hin. Gilt, dass, wenn M N P ... ist, Z ist, so kann, ohne die Wahrheit dieses Satzes zu ändern und seinen durch die Termini bestimmten Sinn, für jede Prämisse irgendeine unmittelbar äquivalente substituiert werden. Im Fall mittelbarer und relativer Äquivalenz muss dabei aber Rücksicht genommen werden auf Termini und Beziehung auf Beweisgründe.

⟨*Ausblick auf die apophantische Gesetzeslehre*⟩

Wir[1] erweitern nun unsere Betrachtungen, wir verlassen die Betrachtung des Wesens der Schlüsse und die Beschreibung der zu ihnen gehörigen allgemeinen Eigentümlichkeiten. Ehe wir uns, was unser nächstes Ziel ist, der apophantischen Gesetzeslehre zuwenden, welche in systematischer Theorie die Gesetzmäßigkeiten der apophantischen Schlüsse mit umspannt, werfen wir noch einen Blick auf eine wesentliche Eigentümlichkeit des Gesetzesgebiets und erwägen die uns durch die Unterscheidung zwischen unmittelbaren und mittelbaren Schlüssen nahe gelegte Frage, ob ihr nicht auch aufseiten der Schlussgesetze und der Gesetze überhaupt etwas entspricht; und daher auch, ob, wie wir bei den hypothetischen Notwendigkeiten, nicht auch bei den übrigen Notwendigkeiten von an sich unmittelbaren und mittelbaren, an sich früheren und späteren zu sprechen hätten. Man wird diese Fragen wohl bejahend beantworten müssen.

Ich erinnere an den Unterschied zwischen an sich unmittelbaren und mittelbaren Begriffswahrheiten (Grundsätze in theoretisch mathematischen Disziplinen). Denken wir uns ein singuläres Rot, so sehen wir mit Evidenz, dass die Wahrheit, dieses Rot sei eine Farbe, eine Notwendigkeit sei, und zwar eine unmittelbare; und ebenso, dass die reine Begriffswahrheit „Rot ist eine Farbe" eine unmittelbare sei. Ebenso werden wir von unmittelbaren und reinen Begriffswahrheiten sprechen bei Sätzen wie $2+1 = 1+2$ und allgemeiner $a+1 = 1+a$; dies alles in Gegensatz zu Notwendigkeiten bzw. zu reinen Begriffswahrheiten, die in einem System deduktiver Theorie von solchen „Axiomen" entfernt stehen.[1]

[1] *Randbemerkung (wohl 1910/11)* Das Weitere gehört in die Noetik.

[1] *Gestrichen* Wahrheiten, wie die entlegenen Lehrsätze der euklidischen Geometrie, leuchten

Solche Wahrheiten, wie die Lehrsätze der euklidischen Geometrie oder die Lehrsätze in einem System der Arithmetik, leuchten uns, subjektiv gesprochen, erst durch Beweis, also durch eine Kette von Schlussfolgerungen ein. Dadurch erhalten sie den Charakter der deduktiven Notwendigkeit. Aber die bloße deduktive Notwendigkeit macht es nicht, d.h. die Notwendigkeit, die jeder irgendwie gefolgerte Satz als solcher hat. Vielmehr gehört es zum Wesen des echten Lehrsatzes, dass er nur mittelbar eingesehen werden kann, und zum Wesen des Grundsatzes, des Axioms in prägnantem Sinn, dass er unmittelbar eingesehen werden kann. Das ist aber nichts Subjektives

---

uns, subjektiv gesprochen, erst ein durch Beweis, also Ketten von Schlussfolgerungen. Dadurch erhalten sie den Charakter der deduktiven und zugleich mittelbaren Notwendigkeit, und wir meinen, dass die Ordnung der Sätze in Grundsätze und Folgesätze nichts Zufälliges ist und das mittelbar Notwendigsein hier etwas Besonderes besagt ebenso wie das Unmittelbarsein der Axiome. (Es ist dabei zu beachten, dass die bloße Notwendigkeit des Gefolgerten als solchen wohl zu unterscheiden ist von diesem im Wesen des Lehrsatzes liegenden Beruf, nur mittelbar eingesehen werden zu können. Überhaupt haben wir verschiedene Begriffe wohl zu unterscheiden. Das Notwendigkeitsein als Charakter des Erschlossen-, Erwiesenseins ist zu unterscheiden von der Notwendigkeit, die wir dem Schluss und Beweis als solchen zusprechen, und wieder von der Notwendigkeit, die wir wieder dem Schlussgesetz zusprechen, so wie jedem Gesetz. Das Gesetz ist notwendig, sofern es Quelle von Notwendigkeiten ist, die ihrerseits notwendig sind als Einzelfälle eines echten Gesetzes. Ist ein Gesetz selbst erschlossen, so ist es notwendig im Sinn des Notwendige-Folge-Seins, abgesehen davon, dass es mittelbar notwendig ist als Lehrsatz, als ein nur aus Grundsätzen Ableitbares, und abgesehen davon, dass es als Gesetz an sich Quelle von Notwendigkeiten ⟨ist⟩.)

Wir betrachten jetzt nun Gesetze, im weitesten Sinn von reinen Begriffssätzen, und betrachten sie in Zusammenhängen, wo sie entweder als Gründe oder als Folgen fungieren, also in schließenden und beweisenden Zusammenhängen einer reinen Gesetzessphäre, z.B. der Arithmetik oder Geometrie. In solchen Zusammenhängen stehen Gesetze an früherer Stelle als Gründe für Gesetze, die im Beweiszusammenhang an späterer Stelle auftreten; und die Idee einer deduktiven Theorie, und zwar einer apriorischen, besteht darin, dass ein endlicher geschlossener Inbegriff von Gesetzen als letzte Gründe, d.i. als nicht begründete Gründe fungieren, aus denen nun die Reihe der begründeten Gesetze, der Lehrsätze, hervorquillt; wie z.B. in der euklidischen Geometrie oder der reinen Mathematik, wo Gesetze in unerschöpflicher Mannigfaltigkeit aus einer kleinen und abgeschlossenen Anzahl von Axiomen deduziert werden.

Wenn wir nun erwägen, ob der Unterschied der Unmittelbarkeit und Mittelbarkeit auf Gesetze Anwendung findet, so ist das Problem auch so zu fassen, ob dann gegenüber dem relativen Gründen und Begründetsein, welches es gestattet, dieselben Sätze einmal als Gründe zu verwenden und das andere Mal zu begründen, ob demgegenüber es auch eine absolute Ordnung gibt, ein An-sich-Gründen und -Gegründetsein, ein An-sich-Grund und Letzter-Grund-Sein, und wieder ein An-sich-Folge-Sein.

Wir haben schon angedeutet, dass wir hier den relativistischen Standpunkt nicht billigen könnten und es auch hier verkehrt finden, die Frage psychologistisch zu beantworten, etwa mit Argumenten der Denkökonomie oder biologischen Denkanpassung, als ob die Grundsätze einer deduktiven Disziplin, an sich und *a priori* betrachtet, keinen inneren Vorzug hätten und es Sache unserer zufälligen Entwicklung wäre, dass uns gerade die Sätze unmittelbar einleuchten und wir nun trachten, alles andere im Gebiete aus ihnen zu deduzieren.

und Zufälliges, sondern etwas zum ⟨Wesen⟩ der betreffenden Wahrheiten Gehöriges. Abgesehen von allem faktischen Einsehen oder Nicht-Einsehen sind gewisse Wahrheiten, hier: Gesetzeswahrheiten, in sich unmittelbar und andere in sich mittelbar. Das Grundsatz- und Lehrsatz-Sein, das betrifft also etwas Wesentliches, etwas, was es gestattet, von einer Ordnung der Wahrheiten an sich zu sprechen, zum mindesten innerhalb geschlossener Wahrheitsgebiete, und zwar apriorischer.

Danach gewinnen die Begriffe Grund und Folge und korrelativ die Begriffe Grundwahrheit und Folgewahrheit einen prägnanten und ganz eigentümlichen Sinn, den eines nicht bloß relativen, sondern absoluten Unterschieds. Der Begriff der an sich abhängigen, notwendige Folge seienden Wahrheit ist wohl zu scheiden von dem der überhaupt deduzierten, überhaupt gefolgerten.[1]

Damit bestimmt sich auch ein prägnanter Begriff von deduktiver, von schließender Begründung und in weiterer Folge ein strenger Begriff von deduktiver Theorie. Wir könnten hier das aristotelische Wort *Apodeixis* verwenden. Ein apodeiktischer Schluss, ein apodeiktischer Beweis geht von echten apodeiktischen Gründen zu apodeiktischen Folgen. Diesen Charakter hat aber keineswegs ein beliebiger Schluss und Beweis (ein beliebiger Schluss: z.B. durch bloße Unterordnung eines Einzelnen unter den vorher bekannten allgemeinen Satz). Offenbar kann man in einem System strenger Begriffswahrheiten, wie in der Mathematik, aus Wahrheiten, die an späterer Stelle des Systems stehen, zurückschließen auf solche, die ihrer Natur nach den Grundwahrheiten näher stehen, wenn man eben diese späteren Wahrheiten rein für sich als Prämissen formuliert und nach formal-logischen Gesetzen unter Zuzug einiger Axiome seinen Schluss macht.

---

[1] *Der folgende Satz ist durch eine Null am Rande als ungültig kenntlich gemacht* Bei Gelegenheit mache ich auf verschiedene Begriffe von Notwendigkeit aufmerksam. *Dazu Randbemerkung* Verschiedene Begriffe von Notwendigkeit. Gehört natürlich an eine andere Stelle. *Der folgende Text ist gestrichen* Wir nennen jedes Gesetz eine Notwendigkeit in dem Sinn, dass es eben Gesetz und als solches Quelle von Notwendigkeiten in einem anderen Sinn ist, eben von Wahrheiten, die Einzelfälle von Gesetzen sind. Wir nennen demnach auch jeden Schluss eine Notwendigkeit, und dann wieder nennen wir den erschlossenen Satz eine Notwendigkeit in dem Sinn, dass er eben erschlossener und als solcher nach einem Gesetz gefolgerter ist. In diesem letzteren Sinn ist jede mathematische Wahrheit, die unter den Lehrsätzen steht, notwendig, aber sie ist es auch in einem anderen Sinn, vermöge ihres Gesetzescharakters, als echte Begriffswahrheit; aber dazu kommt noch, dass es zum Wesen der Lehrsatzwahrheit gehört, dass sie mittelbare und nur mittelbare Wahrheit ist und eben nicht Grundwahrheit, zu deren Wesen es umgekehrt gehört, eben unmittelbar zu sein. Der wesentlich mittelbaren Wahrheit ist es damit wesentlich, notwendige Folge von Grundwahrheiten zu sein.

Das Charakteristische einer apodeiktischen Theorie besteht darin, dass ein Inbegriff von echten Grundsätzen, von Axiomen, die durch die Beziehung auf einen oberen Gattungsbegriff, wie Anzahl, Menge, Raumgröße u.dgl., wesentliche Einheit haben, das Fundament abgibt für eine geordnete apodeiktische Ableitung von Lehrsätzen. In diesem Sinn ist jede rein mathematische Disziplin vom Charakter einer apodeiktischen Theorie.

Mit solchen Lehren habe ich mich also auch in diesen Fragen der *Apodeixis* gegen den Psychologismus und Relativismus gewendet, der alle Theoretisierung und alle Ordnung von Wahrheiten in Form von systematischen Theorien auf bloße psychologische oder biologische Prinzipien glaubt zurückführen zu können. Man redet hier von einer Denkökonomie, die wieder zusammenhängt mit dem Komplex von Anpassungstatsachen, die es ausdrücken, dass der Mensch, wie in jeder anderen biologischen Beziehung, so auch in intellektueller seine Anpassung hat an die Natur.

Hier brauche ich mich auf eine Kritik nicht einzulassen hinsichtlich des Allgemeinen solcher Theorien. Jedenfalls hätten nach ihnen die Grundsätze in deduktiven Theorien, an sich und *a priori* betrachtet, keinen inneren Vorzug, es wäre eben Sache bloß zufälliger menschlicher Entwicklung, dass uns gerade Sätze solchen Inhalts unmittelbar einleuchten und nicht vielmehr irgendwelche entlegene Lehrsätze im System. Vertieft man sich aber in den Bedeutungsgehalt von Grundwahrheiten und von Lehrsatzwahrheiten, so erkennt man bald, dass in ihnen selbst, rein innerlich und wesentlich, der Unterschied der Mittelbarkeit und Unmittelbarkeit angelegt ist; die Lehrsätze weisen in sich selbst auf mittelbare Zusammenhänge zurück und fordern in sich selbst den Rückgang auf die dieselben auseinander legenden Unterordnungen unter Grundsätze und die verknüpfenden primitiven Schlüsse. Der Lehrsatz gilt an sich, weil die Grundsätze gelten, und dieses „weil" hat eine andere Dignität wie jedes beliebige „weil". Weiß ich schon, gleichgültig woher, etwa weil mein Lehrer mir es gesagt hat, dass nur eins von A und B gilt, und weiß ich woandersher zufällig, dass A nicht gilt, so weiß ich nun natürlich, dass B gilt. Aber dieser propositionale Schluss, obschon er mich der Geltung der B gewiss macht, begründet nicht die Wahrheit des B in apodeiktischem Sinn. Ich sage natürlich auch hier: „B gilt, weil nur eins von A und B gilt etc.", aber das „weil" gibt hier keinen echten Wesensgrund, keinen apodeiktischen Grund an. „Deduziert" ist nun nicht mehr dasselbe wie „begründet".

Eins muss ich noch erwähnen. Wenn wir die zu Gegenständen eines allgemeinen Begriffs G *a priori*, also rein begrifflich gehörigen Eigenschaften und Relationen erwägen, also auf eine Reihe von unmittelbaren Begriffswahrheiten stoßen, die als Axiome für eine deduktive Disziplin zu fungieren berufen sind, so ist es nicht ausgeschlossen, dass dann diese unmittelbaren Axiome voneinander nicht deduktiv independent sind, trotz ihrer Unmittelbarkeit. M.a.W. es kann da sein, dass in der Reihe unmittelbarer Axiome A_1, A_2 ... A_n das eine oder andere sich als bloße deduktive Folge der übrigen erweisen lässt, ohne dass man darum doch sagen dürfte, es sei in ihnen apodeiktisch begründet. Eine technisch vollkommene deduktive Theorie ist nun so gebaut, dass man ein System voneinander deduktiv independenter Grundsätze als Axiome zugrunde legt und von da aus apodeiktisch herleitet, also evtl. auch einige Sätze beweist, die in sich den Charakter von Grundsätzen haben, so gut wie die bevorzugten Axiome. Ebenso wird man auch für den weiteren Fortschritt nicht sagen können, dass dieser eindeutig sein muss. Es wird Gruppen von einander in der Stufe der Mittelbarkeit gleichstehenden Sätzen geben können, in deren apodeiktischer Herleitung man verschiedene Möglichkeiten hat derart, dass, wenn man e i n e n von ihnen aus den Axiomen erwiesen hat, die anderen sich als Folgen ergeben, aber auch umgekehrt. Demnach ist das System als Ganzes in der Hauptsache apodeiktisch, während man nicht sagen kann, dass jeder andere Weg nicht apodeiktisch ist.[1] Beispiele dafür geben unsere mathematischen Wissenschaften, wo es bekanntlich nicht gelingt, einen Aufbau herzustellen, von dem man sagen könnte, es sei der absolut gebotene. Doch bedürfte all das noch näherer Erforschung.[2]

---

[1] *Gestrichen* und jede Prämisse eines Schlusses apodeiktische Gründe des Schlusssatzes bieten muss.

[2] *Vermutlich gebrauchte Husserl für die restlichen Vorlesungsstunden den Teil der Logikvorlesung von 1902/03 wieder, der von der Schlusslehre der traditionellen Logik sowie von der reinen Mathesis handelt; evtl. auch noch den Teil über Wahrscheinlichkeitslehre* (= Husserliana Materialien, *Bd. II, S. 217–267).*

NACHWEIS DER ORIGINALSEITEN

In der linken Kolonne findet sich die Angabe von Seite und Zeile im gedruckten Text, in der rechten Kolonne die des Manuskriptkonvoluts und der Blattzahlen im Manuskript nach der offiziellen Signatur und Nummerierung des Husserl-Archivs.

3,5–**21**,18	F I 1	3–15
21,18–**22**,17		18a
22,18–**25**,25		16–17
25,26–**35**,10		18b–24a
35, Anm. 1		26b
35,10–**83**,8		24b–58
83,9–**83**,28		60
83,29–**84**,6		59a
84,7–**96**,6		60–69
96, Anm. 1		105
96, Anm. 4		70
96, 7–**99**,13		71–72
100,5–**102**,3		74–75
102,4–**102**,18		73
102,19–**107**,21		75–79
107, Anm. 1		81a
107, 21–**109**,25		79–80
109,26–**111**,35		83–84
111, 36–**112**,20		86
112,21–**113**,12		85
113,13–**122**,33		86–92a
122,34–**123**,20		94
123,21–**125**,13		92b–93
125, 14–**135**,15		95–103
135,16–**139**,2	F I 19	147–148
139,3–**140**,6	F I 1	104
140,6–**150**,3		106–112

150, Anm. 1		114b
150,4–**152**,13		113–114a
152,14–**152**,39		115
153,1–**164**,20	A I 1	2–10
164, Anm. 1	K I 23	33–34
165,1–**185**,3	A I 1	11–25
185,4–**193**,15	F I 2	85–90
194,1–**215**,11	F I 1	119–134
215, Anm. 1	A I 12	4
215,12–**217**,22	F I 1	134–135
217,23–**228**,9	A I 32	9–15
228, Anm. 1	F I 1	137b
228,10–**229**,23		137a
229,23–**274**,10		138–166
274,12–**278**,21	F I 12	7–9

NAMENREGISTER

Husserliana

EDMUND HUSSERL MATERIALIEN

1. **Logik.** Vorlesung 1896. Hrsg. von Elisabeth Schuhmann. 2001
ISBN 0-7923-6911-4
2. **Logik.** Vorlesung 1902/03. Hrsg. von Elisabeth Schuhmann. 2001
ISBN 0-7923-6912-2
3. **Allgemeine Erkenntnistheorie.** Vorlesung 1902/03. Hrsg. von Elisabeth Schuhmann. 2001
ISBN 0-7923-6913-0
4. **Natur und Geist.** Vorlesungen Sommersemester 1919. Hrsg. von Michael Weiler. 2002
ISBN 1-4020-0404-4
5. **Urteilstheorie.** Vorlesung 1905. Hrsg. von Elisabeth Schuhmann. 2002
ISBN 1-4020-0928-3
6. **Alte und neue Logik.** Vorlesung 1908/09. Hrsg. von Elisabeth Schuhmann. 2003
ISBN 1-4020-1397-3

Kluwer Academic Publishers – Dordrecht / Boston / London